2022 年度浙江省哲学社会科学规划"高校思想政治工作"专项研究课题
"高校思政课灌输－启发式教学的理论与实践研究"
（编号：22GXSZ059YBM）研究成果

2023 年浙江省大学生科技创新活动计划暨新苗人才计划项目
"品德三维结构说在研究生现代人格培育中的运用探析"
（编号：2023R406089）研究成果

2024 年度高校思想政治理论课教师研究专项一般项目
"'大思政课'视域下地方红色文化资源融入高校思政课教学路径研究"
（编号：24JDSZK036）研究成果

浙江理工大学学术著作出版资金资助（2024 年度）

浙江省高校思想政治工作研究文库
浙江省教育厅宣传教育与统战处 组编

# 高校时代新人现代人格培育

## 基于品德三维结构说

陈卓 熊峰 孙宁 ◎ 著

浙江大学出版社
·杭州·

图书在版编目（CIP）数据

高校时代新人现代人格培育：基于品德三维结构说 / 陈卓，熊峰，孙宁著. -- 杭州：浙江大学出版社，2024.9. -- ISBN 978-7-308-25442-7

Ⅰ.G641

中国国家版本馆CIP数据核字第2024GZ3441号

# 高校时代新人现代人格培育：基于品德三维结构说

陈 卓 熊 峰 孙 宁 著

| 策划编辑 | 吴伟伟 |
| --- | --- |
| 责任编辑 | 陈　翩 |
| 文字编辑 | 刘婧雯 |
| 责任校对 | 丁沛岚 |
| 封面设计 | 雷建军 |
| 出版发行 | 浙江大学出版社 |
|  | （杭州市天目山路148号　邮政编码　310007） |
|  | （网址：http://www.zjupress.com） |
| 排　　版 | 杭州林智广告有限公司 |
| 印　　刷 | 广东虎彩云印刷有限公司绍兴分公司 |
| 开　　本 | 710mm×1000mm　1/16 |
| 印　　张 | 20 |
| 字　　数 | 317千 |
| 版 印 次 | 2024年9月第1版　2024年9月第1次印刷 |
| 书　　号 | ISBN 978-7-308-25442-7 |
| 定　　价 | 98.00元 |

版权所有　侵权必究　　印装差错　负责调换

浙江大学出版社市场运营中心联系方式：0571-88925591；http://zjdxcbs.tmall.com

# 前　言

党的二十大报告提出以中国式现代化全面推进中华民族伟大复兴，并延续党的十九大报告再次强调着力培养担当民族复兴大任的时代新人。社会的现代化与人的现代化，两者之间存在辩证关系。一方面，就社会的现代化而言，在走中国式现代化道路的过程中，应当着力培养担当民族复兴大任的时代新人。另一方面，就人的现代化而言，培养时代新人意味着促进人的自由全面发展，品德教育在其中发挥着重要作用。如何辩证地对待社会关系（社会性）和自由意志（个人性）之间的关系，如何让马克思关于人的自由全面发展学说不仅仅停留于一种理论抽象，而且能真正落实到大学生品德教育的实际过程中？这是亟须回答的重大时代问题。我们坚持历史唯物主义的基本观点，立足于已有的前期成果，以新的品德三维结构说为基础，深入分析大学生品德教育的理论内涵、现状特点及实践路径，提出并实施三维互构式品德教育，体现教育效果与教育过程、个人性与社会性的辩证统一，从而有利于更好地坚持立德树人、培养时代新人，具有十分重要的理论价值和现实意义。

党的十九大以来，如何培养时代新人在国内外引起了广泛关注。因培养时代新人目标具有鲜明的政治立场和意识形态特征，尚未发现国外有专家学者对这一问题进行专门研究。但是，需要看到发达国家高等教育改革的趋势和实施人文教育的新概念、新措施（如"居安思危的教育态度""有所作为的课程理念""丰富有效的学生活动"等）对于我们强化人文教育、培养时代新人具有十分重要的启示。

就国内研究情况而言，党的十九大以来，关于时代新人研究的图书、文章、学术会议日益增多，但图书以面向青少年的教材、读本为主，相关理论研究较少。立项的课题主要涉及习近平总书记关于培养时代新人的重要论述及当代价值，以及时代新人的科学内涵、培养机制和培养路径，时代新人的劳动精神培养及团组织在时代新人培养上的重要作用等方面。相关学术会议主要是从"大思政"的层面，研讨时代新人的培养问题。

具体到高校时代新人培养，代表性的著作有罗雄的《高等学校时代新人培育研究》（广东人民出版社2021年版）和邓军的《革命精神融入高校时代新人培育的理论与实践》（广西师范大学出版社2022年版）。梳理2018—2023年的相关学术论文，可以发现，国内学术界和理论界在高校时代新人培养方面取得了一定的研究成果，主要体现为高校时代新人的内涵和培养高校时代新人的路径两个大的方面。具体内容见表0-1。

表0-1　2018—2023年高校时代新人研究的代表性学术论文统计

| 研究领域 | 研究内容 | 代表人物及论文发表时间 |
| --- | --- | --- |
| 高校时代新人的内涵 | 提出高校时代新人培育的背景与意义 | 郑士鹏，2018；韩俊兰，2018；张兴华，2018；山红红，2020；靳诺，2020；杨胜才，2021；胡华、刘社欣，2021；安钰峰，2022 |
| | 高校时代新人的定位与定性 | 山红红，2018；焦佩，2018；张涛，2020；蒋明敏，2020；邵捷、李艳，2020 |
| | 高校时代新人的内在逻辑和精神实质 | 王宝鑫、段妍，2018；张国启、汪丹丹，2018；潘玉腾、陈虹，2019；褚辉、高向辉、曲洪波、于莹莹，2020；刘波，2022；彭丽，2022 |
| | 高校时代新人的要素和特性 | 冯淑萍，2019；庞玉红，2022；王志林，2022；杨子强，2022 |
| 培养高校时代新人的路径 | （高校）组织管理服务育人 | 商志晓，2019；冯秀军，2019；曲翔、彭雪婷，2021；赵红灿，2021；章熙春，2022；代玉启、杨瑞，2022；孙棋、严晓莹，2022；邱萍，2023；苏莉、龙滔滔，2023；徐夏帆、张瑜洁、黄威桢，2023；黄茉、兰立娟、周垠硕，2023 |
| | 思想政治教育育人 | 闫东，2018；郑士鹏，2019；李成超，2019；张润枝，2019；吴俊锋、侯欣，2019；丘艳娟，2020；赵川乐，2023 |
| | 文化育人 | 袁占亭，2019；朱庆葆，2019；石莹、刘占祥，2019；田修胜、胡树祥，2019；凌海青，2020；张馨、杨琳，2020；王妮，2022；孙雷、高晨光，2022；王全林，2023 |
| | 历史育人 | 代玉启，2019；刘嘉圣、梁超锋，2021；龚旗煌，2022 |
| | 课程育人 | 郜火星，2019；余旭力、高燕，2022；刘芸秀，2023 |
| | 道德育人 | 包丽颖，2021 |
| | 实践育人 | 吕小亮，2019；王进，2023 |
| | 生态育人 | 刘毓航，2020；刘波，2022 |
| | 叙事路径 | 付洪、栾淳钰，2019 |
| | 品德教育 | 马卿誉，2019；李斌，2019；张力，2020；余超，2020 |

从总体上看,当前的研究从学理上对时代新人的系统性解读仍需要继续深化,对于时代新人相关的许多重大问题仍需要继续关注和解答;关于在时代新人培养视野下大学生品德教育的专门研究数量不多,质量不高,未发现相关专著,只找到三篇学术论文和两篇硕士学位论文。其中,大部分研究从宏观上探讨时代新人个人品德建设的途径,涉及社会、学校、家庭和个人等诸多方面,强调全社会为时代新人加强品德修养创造良好的环境和氛围,学校加强师德师风和校园文化建设,以良好的家教家风构建"道德共同体",以个人的勤学、明辨、慎独、笃实促进品德修养;有一项研究聚焦"友善"这一具体品德,提出培养时代新人的依据、价值与进路。上述研究虽然将时代新人培养与品德教育结合起来,但关注的重心都放在教育过程上,相对忽视了教育效果,主要强调受教育者的社会性,相对忽视了受教育者的个体性。鉴于此,我们从马克思主义的辩证系统思想出发,搭建沟通教育效果和教育过程的桥梁,创新品德结构理论,提出并实施三维互构式品德教育,将担当民族复兴大任和人的自由全面发展结合起来,探索培养时代新人的有效路径。

我们的研究在理论和实际应用上的价值如下。

第一,以大学生为特定对象,关注其品德发展。从成果数量上看,当前学术界对培养时代新人的时代背景、内涵要求、现实意义和培养路径等都有一定的研究;但从大学生的视角进行时代新人培养的研究相对较少。一方面,青少年是时代新人培养的主体,高校作为人才培养的主阵地之一,在时代新人培养上大有可为且应大有作为。我们关注大学生这一特定对象,使得时代新人培养的理论和实践研究更为聚焦,在同类研究中凸显出对象的独特性。另一方面,已有的研究大多侧重于教育过程,相较而言,对教育效果的研究显得相对不足。鉴于此,我们沿着从品德三维结构说到三维互构式品德教育的主线,坚持教育效果与教育过程相结合,重点关注大学生品德发展,为培养时代新人的理论和实践研究提供了坚固的基石。

第二,以历史唯物主义的基本原理和方法为指导,"现代"观点贯穿研究始终。在《中国教育现代化2035》中,中共中央、国务院提出力争"到2035年,总体实现教育现代化,迈入教育强国行列"。实现教育现代化的战略目标既是高等学校时代新人培养的机遇,也是高等学校时代新人培养所面临的现实挑战。就现实反思而言，高校时代新人培养必须正视教育现代化、文化多元化、政治民主化和社会信息化等潮流给青年大学生品德教育带来的挑战，必须直面技术理性的"僭越"给人的自由全面发展带来的困扰。解决上述问题，通过品德教育培养时代新人应当具备的品德，这是一个无法回避的重要命题。时代新人培养视野下的大学生品德教育根植于马克思主义人学理论，立足于中国特色社会主义新时代，秉承中国共产党"育新人"的传统，着眼于中国式现代化进程中的育人反思。

第三，体现较强的现实针对性，为一线教师的教育教学提供借鉴和参考。当前高校思想政治教育面临一个严峻的现实问题：侧重于外部的、显性的呈现方式，更多地考虑教育过程的规范完备，从而容易偏离教育目标、忽视教育效果。导致"宣传""表演"意味较浓，而"教育"意味较淡；介绍教师的改革举措较多，关注学生的品德发展较少。作为思想政治教育的重要组成部分，品德教育将教育效果与教育过程结合在一起，在时代新人培养方面具有显著优势。当代大学生的品德发展有何特点？时代新人应该具备怎样的品德？如何完善大学生品德教育，使之更好地围绕并服务于时代新人这一培养目标？这是一线教师无法回避的现实问题。我们围绕品德三维结构说和三维互构式品德教育，尝试发展出从理论到实践、从思想观念到技术方法的综合系统，为一线教师的教育教学提供借鉴和参考。

我们的研究试图在以下几个方面有所突破。

第一，全面把握品德教育，实现教育效果研究与教育过程研究的统一。近年来，随着党和国家对高校思想政治教育重视力度的加强，关于高校思想政治教育理念、模式、内容和方法等的探索日益增多，并取得了显著成果；相比之下，对高校思想政治教育效果关注有所欠缺，"只问耕耘不问收获"的现象在教育现实中不同程度地存在。针对该现象，我们以大学生品德教育为核心，全面把握品德教育，通过提出品德三维结构说和三维互构式品德教育，探索实现教育效果研究与教育过程研究相统一的有效途径。

第二，在前人研究的基础上发展品德三维结构说，深入分析高校时代新人品德特征。以我国著名德育专家班华教授提出的品德三维结构说为基础，将原有的"能力维"替换为"层次维"，提出新的品德三维结构说，实现品德结构研究从心理学到社会学的范式转换。新的品德三维结构说关注品德内容的完整性、品德形式的统一性、品德层次的协调性，并强调三者之间的交叉融合。提出高校时代新人品德的三个基本特征，即独立人格、自由个性、理性精神，并运用新的品德三维结构说，围绕品德的内容、形式、层次三个维度，深入探究高校时代新人的品德特征。

　　第三，提出三维互构式品德教育的思路框架，寻求优化大学生品德教育的有效途径。从品德三维结构说出发，采用建构论路径，围绕从品德三维结构说到三维互构式品德教育这条主线，以及价值建构、真我探寻、个体认同三条教育支线，明确各个维度的教育目标、教育原则、教育过程。不同于已有的相关研究，三维互构式品德教育的主要特点在于，它从品德三维结构说的内容、形式、层次三个维度出发，探究价值建构、真我探寻、个体认同三条教育支线在大学生品德教育过程中各自的结构和功能，并始终强调三者之间的交叉融合、彼此渗透。

# 目 录

## 第一部分 理论阐释

**第一章 要素·结构·功能：品德结构研究的逻辑进路** /7

　　一、品德结构研究的历史逻辑 /8

　　二、品德结构研究的特点与趋势 /10

　　三、品德结构研究的形式与内容 /14

**第二章 品德三维结构说：实践导向的理论探讨** /19

　　一、结构：品德结构的三种研究路径 /19

　　二、层次：形式与内容之外的第三个维度 /23

　　三、功能：从主观目的到客观结果 /28

**第三章 现代人格养成视野下大学生自我的特性分析** /33

　　一、现代人格与大学生自我 /33

　　二、大学生自我的独立性 /36

　　三、大学生自我的同一性 /40

　　四、大学生自我的发展性 /46

**第四章 品德教育概念辨析** /51

　　一、语义与语用：品德教育与品格教育关系辨析 /52

　　二、品德教育层次Ⅰ：品德教育与道德教育关系辨析 /57

　　三、品德教育层次Ⅱ：品德教育与德育关系辨析 /62

**第五章　思想政治教育坚持灌输性和启发性相统一的三个维度** / 68

　　一、问题的提出：思想政治教育要坚持灌输性和启发性相统一的原则 / 68

　　二、思想政治教育本质：坚持品德塑造和品德养成相统一 / 70

　　三、思想政治教育内容：坚持共同价值和多元价值相统一 / 74

　　四、思想政治教育方法：坚持理论教育和实践教育相统一 / 78

# 第二部分　现状研究

**第六章　实践导向的品德三维结构说**

　　——基于浙江省大学生的实证研究 / 89

　　一、品德三维结构说的理论及实证 / 89

　　二、品德内容的普遍性 / 93

　　三、品德形式的完整性 / 97

　　四、品德层次的协调性 / 100

**第七章　大学生思想政治教育目标实践状况的实证研究**

　　——基于 A 大学的个案调查与分析 / 105

　　一、问题的提出 / 105

　　二、大学生思想政治教育目标的现状分析 / 109

　　三、落实大学生思想政治教育目标面临的难题 / 112

　　四、贯彻落实思想政治教育目标的有效路径 / 116

**第八章　大学生制度德育的现状调查及对策分析**

　　——基于 A 大学的实证研究 / 123

　　一、大学生制度德育的理论内涵 / 123

　　二、大学生制度德育的实证研究 / 124

　　三、大学生制度德育中的民主建设 / 128

　　　　四、大学生制度德育中的法治建设　/134

**第九章　品德三维结构说在研究生现代人格培育中的运用探析**
　　　　——基于硕士研究生深度访谈的质性研究　/141
　　　　一、研究生现代人格培育的实证研究：基于品德三维结构说　/142
　　　　二、表里合一：以价值建构促进研究生品德内容的普遍性　/145
　　　　三、知行合一：以真知探寻促进研究生品德形式的完整性　/150
　　　　四、人我合一：以个体认同促进研究生品德层次的协调性　/156

**第十章　"思想道德与法治"课灌输性和启发性相统一的现状研究**
　　　　——基于Ａ大学的实证研究　/163
　　　　一、问题的提出　/163
　　　　二、研究总体设计　/164
　　　　三、研究过程安排　/165
　　　　四、研究结果分析　/168
　　　　五、总体结论及启示　/182

# 第三部分　路径探讨

**第十一章　现代人格养成视野下的三维互构式思想政治教育**　/194
　　　　一、从品德三维结构说到三维互构式思想政治教育　/194
　　　　二、三维互构式思想政治教育的逻辑向度　/196
　　　　三、三维互构式思想政治教育的实践路径　/201

**第十二章　中国式现代化的人格塑造：论个体认同的层次**　/212
　　　　一、个体认同的三个层次　/213
　　　　二、个体认同的层次Ⅰ：心口一致　/217
　　　　三、个体认同的层次Ⅱ：言行一致　/221
　　　　四、个体认同的层次Ⅲ：主客一致　/226

## 第十三章　信仰与自信：大学生马克思主义信仰教育中的个体认同研究　/231

一、"有我的信仰"与"无我的信仰"：中国社会文化中个体认同的缺失　/232

二、信仰与自信：个体认同之于人的自由全面发展的重要意义　/238

三、形而上与形而下：马克思主义信仰教育中个体认同的确立　/243

## 第十四章　大中小学爱国主义教育优化路径探析
——以"三水平六阶段"理论与品德三维结构说的结合为视角　/249

一、大中小学爱国主义教育的现状及问题　/250

二、品德三维结构说与"三水平六阶段"理论的逻辑关系　/254

三、大中小学爱国主义教育的优化路径　/260

## 第十五章　思想政治理论课灌输—启发式教学的实践路径
——以"思想道德与法治"课为例　/266

一、问题的提出：思政课灌输—启发式教学　/266

二、宏观层面：以专题教学补充完善教材内容，体现灌输性和启发性相统一　/269

三、中观层面：以问题教学法破解教学难题，体现灌输性和启发性相统一　/273

四、微观层面：以共同价值命题为基础选择教学方法和技巧，体现灌输性和启发性相统一　/276

**参考文献**　/281

**附　录**　/304

**后　记**　/305

# 第一部分 理论阐释

如何科学地评价高校思想政治教育工作及其质量，这是历史遗留给我们的一个世界性难题。近年来，随着党和国家对高校思想政治理论课（简称思政课）重视程度的提高，关于高校思想政治教育理念、模式、内容和方法等的探索日益增多，并取得了显著成果；相比之下，对高校思想政治教育评价的关注不够，"只问耕耘不问收获"的现象在教育现实中不同程度地存在。在思政教育评价及其研究中，要特别重视思政教育质量的评价。在思政教育质量评价中，要以学生品德评价为主。"品德"等同于"德性""思想品德""道德品质""思想政治品德""思想政治素质"等概念。思政教育质量主要体现在学生品德水平的提高上。思政教育质量评价的难点与关键也在于对学生品德的科学评价。品德结构是思政教育理论研究的核心问题，也是心理学、教育学、伦理学和社会学共同关注的问题，无论是对思政教育理论的建构还是对和谐社会的建设都具有深远的意义。品德结构是品德的核心和关键，对品德结构的认识为品德评价提供相关理论依据。系统梳理中外学者的成果，提出新的品德三维结构说，在此基础上进行大学生品德评价，可以为构建新时代高校思想政治教育效果评价体系提供有益的启示，同时提升高校思想政治教育工作的针对性和实效性。

以品德三维结构说为基础，深化思想政治教育改革，培养时代新人现代人格，首先要围绕"要素""结构""功能"这三个关键词，梳理品德结构研究的逻辑进路。纵观半个多世纪以来我国品德结构研究的逻辑路径，可以发现，品德结构研究沿着"组成部分（要素）—搭配方式（结构）—积极作用（功能）—发展程序（过程）"的轨迹，取得了明显的成效。随着研究的不断深入，一些不足之处也暴露出来：或者忽视品德的深层结构、动力机制和动态发展性，或者忽视品德结构在不同年龄段和不同个体之间的差异性，或者忽视品德与品德结构的区别。更为重要的是，由于没有注意区分德育系统中"品德结构形成和发展过程""品德形成和发展过程""德育过程"三种不同层次的"过程"，很容易偏离品德"结构"本身，导致"结构"与"功能"的混淆。鉴于此，回到"结构"这一原点，将品德结构研究的重点放在品德的形式和内容上，进而实现从心理学研究范式向社会学研究范式的转化，使品德结构扎根于德育实践、教育实践和社会实践之中，这应当是突破当前的理论研究瓶颈的一个重要途径。

品德结构一直是思想政治教育理论研究中的重要问题。以往的品德结构研究，主要集中在理论分析领域。其中最具代表性的是南京师范大学班华教授提出的品德三维结构说，即"旧的品德三维结构说"，包括品德的心理形式维、内容维和能力维三个维度。他认为，品德的心理形式维，包括认知、情感、意志、行为，即通常所说的知、情、意、行；品德的心理内容维，包括思想意识、政治觉悟和伦理道德；品德的心理能力维，包括思想品德认识能力、思想品德践行能力、自我教育能力等。三个维度相互联系、相互制约、不可分割。在借鉴旧的品德三维结构说的基础上，本书提出了新的品德三维结构说（在没有特别说明的情况下，以下统称为品德三维结构说）。新的品德三维结构说用层次维替换了能力维，关注主体的生活情景和社会关系，从而实现了品德结构研究从心理学向社会学的转变。具体而言，品德三维结构说在理论上提出了一个结构完整、逻辑自洽的品德结构解释框架，包括层次维（划分为自我、他人、社会三个方面）、形式维（划分为认知、情感、行为三个方面）和内容维（划分为道德、政治、法律三个方面），三个维度互相联系、互相包含。

　　养成高校时代新人现代人格，需要全面客观地把握大学生自我的特性。要想有针对性地解决当代大学生的现实问题，仅仅关注教育过程中内容与手段等的创新是远远不够的，还需要回到自我本身，把握大学生自我的独立性、同一性和发展性。需要注意的是，自我的三种属性是相互联系、彼此渗透的，社会文化属性将自我独立性、同一性和发展性三者有机统一起来。现代社会与前现代社会的一个重要区别在于，前者以自我意识的觉醒为基础，强调人格独立；后者则建立在人身依附关系的基础上，无论是人格还是自我，都处于不独立的状态。无论是否独立，在追求同一性这一点上，两者是一致的。区别在于，前现代社会更多地以歪曲现实的方式达到某种人格和自我的同一，如列维－布留尔（Lucien Lévy-Bruhl）所分析的"原始思维"的三大特征：集体表象、互渗律和前逻辑[1]；现代社会则因为建立在自我独立的基础上，能使人尽可能摆脱集体表象和互渗律的影响，用更为理性的方式处理个人与社会、

---

[1] 列维－布留尔. 原始思维[M]. 丁由，译. 北京：商务印书馆，1981：5，70-71.

理想与现实之间的关系，从而具有明显的"发展"色彩。自我同一性对大学生具有特殊意义，我们依然需要将它放到具体的社会文化中，结合自我独立性和自我发展性进行分析。解决大学生品德发展中的种种问题，需要综合动态地把握自我的独立性、同一性和发展性，对其中任何一方的忽视，都会导致自我发展的偏失。从更广泛的意义上说，这不仅仅是一个教育问题，更是一个社会问题。

在道德教育、德育、思想政治教育理论研究与实践探索过程中，品德教育的影子若隐若现。个体行动与社会结构之间存在辩证关系，要想坚定不移走好中国式现代化道路，时代新人现代人格培育是新时代迫切需要解答的课题。在这样的背景下，基于人格与品德之间的密切联系，品德教育的重要性更加凸显出来。梳理品德教育与品格教育、道德教育、德育之间的关系，可以更为深入地把握品德教育的本质：品德教育就是品格教育，两者均对应于英文 character education。根据道德教育（小德育）与德育（大德育）的种属关系，区分出品德教育的两个层次：品德教育层次Ⅰ对应于道德教育，品德教育层次Ⅱ对应于德育。品德教育在不同层次上均有广义与狭义之分：在品德教育层次Ⅰ中，广义的品德教育等同于道德教育，狭义的品德教育专指以德性伦理学为基础的道德教育（区别于以规则伦理学为基础的道德教育）；在品德教育层次Ⅱ中，广义的品德教育等同于德育，狭义的品德教育专指以行为者为中心的德育（区别于以行为为中心的德育）。不同历史阶段的品德教育具有不同的发展特点，美国新品德教育较之旧品德教育更加多元、综合、立体、灵活，但依然无法克服由德性伦理学与规则伦理学之间的张力带来的固有矛盾。当前我国关于品德教育的理论研究和实践探索，有利于走出道德教育和德育重教育过程轻教育效果的困境，品德教育的主线是从教育效果出发，寻求衔接教育效果与教育过程的有效途径。在这个过程中，围绕品德内容的普遍性、品德层次的协调性、品德形式的完整性，进一步推动品德教育与价值观教育、信仰教育、公民教育的融合，是一个值得关注的趋势。

培养时代新人的现代人格与思想政治教育效果联系在一起，与之相对，在思想政治教育过程中，笔者尝试通过分析坚持灌输性和启发性相统一的三个维度，将思想政治教育效果与思想政治教育过程结合起来。灌输性和启发性相统一作为思想政治教育应当坚持的一条基本原则，在教育本质、教育内容和教育方法三个维度上可以被分解为三条主导原则：品德塑造和品德养成相统一、共同价值和多元价值相统一、理论教育和实践教育相统一。这些原则体现了外铄和内发的辩证关系、普遍和特殊的辩证关系、理论和实践的辩证关系。从符号隐喻的角度看，虽然都强调"统一"，但不同原则实现"统一"的方式却存在差别，"统一"本身也是辩证的。首先，就思想政治教育的本质而言，由于灌输和启发、外铄和内发、塑造和养成三组概念之间存在高度的契合性，以外铄论和内发论为理论依据，坚持灌输性和启发性相统一便顺理成章地转化成了坚持品德塑造和品德养成相统一，后续研究可以关注在这几组概念背后发挥奠基性作用的人类共相。其次，就思想政治教育的内容而言，坚持灌输性和启发性相统一被引申为处理普遍性和特殊性的关系，灌输性意味着对共同价值的坚守（"守一"），启发性则强调基于自由意志而进行的多元价值选择（"望多"），教育者需要从整体上把握从普遍性到特殊性的价值谱系，进而增强思想政治教育内容的针对性和区分度。最后，就思想政治教育的方法而言，灌输性和启发性、理论教育和实践教育，这两组概念之间为平行关系，因而需要建构一个二维四象限的谱系图，得出四种不同的组合类型，逐一分析理论灌输法、理论启发法、实践启发法和实践灌输法，进而关注理论教育和实践教育相统一、灌输性和启发性相统一各自的不同层次，以及彼此之间的深层关系。

# 第一章 要素·结构·功能：品德结构研究的逻辑进路

2018年9月10日，习近平总书记在全国教育大会上发表重要讲话指出，"要在加强品德修养上下功夫，教育引导学生培育和践行社会主义核心价值观，踏踏实实修好品德，成为有大爱大德大情怀的人"[1]。品德指的是品质道德，又称品格、品性、德性；品德结构指的是组成个体品德的成分及构成方式。当前学校德育往往侧重于外部的、显性的表达手段，在更多地考虑如何形象生动地"言此及彼"的同时，很容易偏离教育目标。表现在实践中就是"宣传""表演"意味较浓，而"教育"意味较淡；介绍教师的改革举措较多，关注学生的品德[2]发展较少。德育效果评价的评定、反馈、预测和传导功能没能得到有效发挥，导致学校德育在教育过程中偏离教育目标，并以不同形式从不同角度反映到社会现实中。尤其是随着信息网络技术的飞速发展，网络上出现了不少极端化的言论，价值观混乱和撕裂的现象凸显出德育效果评价研究的紧迫性。品德结构研究总体上呈现出什么样的逻辑路径？品德要素、品德结构和品德功能之间存在什么样的关系？这是当前社会现实提出的重要理论问题。对该问题的回答，有利于把握当代学生的品德结构的特点，从而完善学校德育效果评价，使之更好地围绕并服务于人才培养目标。

---

[1] 习近平在全国教育大会上强调：坚持中国特色社会主义教育发展道路 培养德智体美劳全面发展的社会主义建设者和接班人[N]. 人民日报，2018-09-11.

[2] 不同学科、学者关于"品德"的表述方式各不相同，在没有特殊说明的情况下，本书中的"品德"等同于"德性""思想品德""道德品质""思想政治品德""思想政治素质"等概念。

## 一、品德结构研究的历史逻辑

德育效果评价是有针对性地开展德育的起点与基础，是检验新时代德育实效性发挥的重要手段。围绕学生品德结构测评，构建新时代学校德育效果评价体系，成为理论研究者和实践工作者必须面对的重要课题。然而，到目前为止，德育效果评价体系的构建，仍然是一个尚未解决的问题。一个重要原因在于对学生品德评价重视不够，从而导致研究无法真正"落地"。品德测评是一种建立在对品德特征信息"测"与"量"基础上的分析与评判活动，是品德评价的一种科学表现形式。品德结构是品德的核心和关键，对品德结构的认识为品德测评提供相关理论依据。对品德结构研究的述评，是所有相关研究的逻辑起点。

品德结构是德育研究的重要课题，中外学者对此进行了长期的探索，取得了丰硕的成果。西方品德结构理论以心理过程研究为基础，对品德结构要素的划分主要有"二分说""三分说"和"四分说"。其中，以皮亚杰（Jean Piaget）、柯尔伯格（Lawrence Kohlberg）为代表的道德认知学派强调了认知方面，而埃里克森（Erik Erikson）等学者则更重视情感在人格（包括品德）发展中的作用。苏联一些学者提出动机圈理论，认为德育就是对个性的培养，而个性是"稳定的需要，动机和相应的行为方式的统一体"[1]。杨韶刚从纵向的历史发展的角度，将我国学者对品德结构的分析范式概括为三个方面：静态的结构成分分析、动态的功能系统分析和发展的价值结构分析。三种分析范式代表了我国品德结构研究的三个主要阶段，每个阶段都有若干代表人物，包含着多种具体学术观点和主张，并表现为不同的阶段性特点。[2] 在杨韶刚分析框架的基础上，根据对相关文献的梳理，笔者对我国学者品德结构研究概况进行了进一步的总结提炼，补充完善，详见表1-1。

---

[1] 左其沛. 略谈对品德心理的几个基本问题的看法[J]. 上海教育科研，1999（2）：47.
[2] 杨韶刚. 道德教育心理学[M]. 上海：上海教育出版社，2007：130-142.

表1-1 我国学者品德结构研究概况

| 分析范式 | 主要理论 | 代表人物 | 主要内容 | 理论特点 |
|---|---|---|---|---|
| 静态的结构成分分析 | 二因素说 | 潘菽 | 道德认识、道德意向 | 1. 从静态的观点看待个体品德结构，强调人类品德结构的普遍性特点；<br>2. 忽视品德的深层结构、动力机制和动态发展性 |
| | 三因素说 | 潘菽 | 道德认识、道德情感、道德行为方式 | |
| | 三因素说 | 王海明 | 道德认识、道德情感、道德意志 | |
| | 三因素说 | 古人伏 | 政治品质、思想品质、道德品质 | |
| | 四因素说 | 戚万学 | 道德认识、道德情感、道德意志、道德行为 | |
| | 五因素说 | 檀传宝 | 道德认识、道德情感、道德意志、道德行为、道德信念 | |
| | 五因素说 | 汪凤炎 | 道德认知、道德情感、道德意志、道德行为、道德自我（良心） | |
| | 五因素说 | 熊建生 | 政治素质、思想素质、道德素质、法纪素质、心理素质 | |
| | 八因素说 | 陈欣银 | 集体、尊老、真诚、律己、报答、责任、利他性、平等 | |
| | 四项意识说 | 韩树华 | 政治观、世界观、人生观、道德观 | |
| | 三环结构说 | 赵志毅 | 心理要素环、个性倾向环、品德心理能力环 | |
| 动态的功能系统分析 | 功能结构理论 | 章志光 | 生成结构、执行结构、定型结构 | 1. 把品德结构视为一个完整的功能系统，从互动的、变化的视角分析品德结构；<br>2. 忽视品德结构在不同年龄段和不同个体之间的差异性 |
| | 系统结构理论 | 林崇德 | 深层结构和表层结构的关系系统、心理过程和行为活动的关系系统、心理活动和外部活动的关系及其组织形式系统 | |
| | 三维结构说 | 班华 | 心理内容、心理形式、心理能力 | |
| | 品德结构层次系统说 | 曾欣然 | 智能系统、内容的构成系统、自我意识系统 | |
| | 球形四环多维立体结构说 | 刘惊铎 | 信念+行为，社会内容、心理形式、心理内容、品德能力 | |
| | 意向主系统说 | 冉乃彦 | 意向系统、认识系统、情绪系统 | |
| | 基本维度说 | 薛殿会 | 最深层、较低层、最高层 | |
| | 螺旋结构说 | 肖兴政 | 先天素质、品德需要、社会适应、道德信念、三观行为 | |
| 发展的价值结构分析 | 道德价值结构说 | 李伯黍 | 道德价值的形式、道德价值的内容 | 1. 侧重分析不同对象的品德发展过程、作用机制；<br>2. 忽视品德与品德结构的区别 |
| | 态度模式说 | 郭祖仪 | 用态度替换品德 | |
| | 品德心理运行结构说 | 曾欣然 | 激发意识、重现规范、运用智慧、组合能力、组合意向、实施行为、评价反馈 | |
| | 道德学习说 | 王健敏 | 品德结构=态度结构（动机部分+行为部分） | |
| | 四面体说 | 曹世敏 | 生理、心理、意识、时间 | |

## 二、品德结构研究的特点与趋势

表1-1是品德结构研究的基础，下面的分析都将围绕它展开。本部分主要从整体上梳理我国品德结构研究的历史，概括其发展特点与趋势。

第一，静态的结构成分分析、动态的功能系统分析和发展的价值结构分析，这三种分析范式大致上按照时间顺序先后出现；具体到某位学者的观点主张，并不一定严格按照三种范式的时间顺序先后呈现，也不一定只能归入某一种范式。一方面，从总体上看，结构的变化将会导致不同功能的出现，这一变化的具体过程的确需要关注。从探寻品德结构的组成部分出发，在此基础上分析各种成分之间的搭配方式，进而关注品德结构中不同系统的功能作用，并在德育实践中探究品德的产生和发展过程，这种"组成部分（要素）—搭配方式（结构）—积极作用（功能）[①]—发展程序（过程）"的研究轨迹符合人们的认知发展规律，体现出逻辑与历史的统一。另一方面，就个体而言，不同学者由于知识结构、兴趣爱好的不同，以及受时代背景、社会因素的影响，体现出理论上的超前性或滞后性，同时表现出个体之间的差异性。例如，从1978年起，李伯黍就开始和全国各地的同行协作，对皮亚杰的道德认知发展的理论做了系统的验证性研究与客观性评价，所以虽然发展的价值结构分析是在第三阶段才出现的，但李伯黍的道德价值结构说却具有引领时代的积极作用，体现出明显的超前性。即使是同一位学者，也存在前后不同时期观点发展变化的情况。例如，潘菽的二因素说和三因素说分别是在20世纪60年代初和80年代初提出的，曾欣然先后提出了品德结构层次系统说和品德心理运行结构说，它们分别属于动态的功能系统分析和发展的价值结构分析。同理，选取某位学者的主要观点或研究重心进行归类，并不意味着简单机械地"对号入座"，更不意味着忽视该学者的其他观点或主张。例如，韩树华在提出品德结构由政治观、世界观、人生观和道德观组成的基础上，还把人的思想品德形成过程分为以道德意识为主的、以政治意识为主的及过渡的三个

---

[①] 在品德结构研究中，"功能"往往被理解为积极作用，体现了行动者的目的和动机；与之不同，笔者主张采用默顿的功能观，将功能理解为客观结果，与行动者的目的和动机无关，除了关注正功能和显功能，同样关注负功能和潜功能。具体内容将作另文专门论述。

阶段。[①] 前者属于静态的结构成分分析，后者属于发展的价值结构分析，考虑其理论解释力及学术影响力，遂将其归为静态的结构成分分析范式。肖兴政的螺旋结构说除了介绍组成品德结构的五大基本要素（先天素质、品德需要、社会适应、道德信念、三观行为）及其层次关系，还分析了品德结构要素的运行机制。[②] 可以说成分分析、系统分析和机制分析均有所涉及，但考虑到其理论最大的特色在于分析五大要素之间的螺旋结构，而且并未形成一个逻辑完整的关于成分分析、系统分析和机制分析的体系，故归入动态的功能系统分析范式。

第二，从静态的结构成分分析到动态的功能系统分析，再到发展的价值结构分析，三个研究阶段呈现出由单维向多维、一体向多样、静态向动态、内在向外在不断延伸拓展的趋势；与此同时，研究重心也逐渐发生了偏移，表现为从品德结构研究转移到品德功能研究，进而侧重于关注德育过程。"结构"指的是"各个组成部分的搭配和排列"[③]，从这个定义上看，静态的结构成分分析在确定品德要素的基础上，围绕品德结构的形式与内容展开分析，最符合"结构"一词的本义。功能是品德各种要素之间搭配和排列的结果，结构与功能均以品德为分析对象，犹如一枚硬币的两面，因此，静态的结构成分分析和动态的功能系统分析两个阶段之间也体现出内在逻辑上的连贯性。到了发展的价值结构分析阶段，不同的研究者虽然大都会使用"结构"一词，但他们谈论的重点已经变成了"过程"。"过程"指的是"事物进行或事物发展所经过的程序"[④]。在人们的日常经验中，"过程"往往与"结构"相对应，前者表示的是时间，后者表示的是空间，两者体现出辩证关系。但是，具体到品德结构研究上，德育系统中存在不同层次的"过程"，它们之间的界限不可混淆。表1-2列出了德育系统中三种不同层次的过程："德育过程""品德形成和发展过程""品德结构形成和发展过程"，它们的指称对象、意义解释和地位作用均不相同。

---

[①] 韩树华. 论人的思想品德结构[J]. 教育研究, 1983（10）: 42-49, 65.
[②] 肖兴政. 品德结构新论[J]. 西南师范大学学报（哲学社会科学版）, 1996（2）: 40-42.
[③] 中国社会科学院语言研究所词典编辑室. 现代汉语词典[M]. 7版. 北京: 商务印书馆, 2016: 666.
[④] 中国社会科学院语言研究所词典编辑室. 现代汉语词典[M]. 7版. 北京: 商务印书馆, 2016: 501.

表 1-2　德育系统中三种不同层次的过程

| 名称 | 指称对象 | 意义解释 | 地位作用 |
|---|---|---|---|
| 品德结构形成和发展过程 | 品德结构 | 品德要素的搭配形式 | 内在、客观原因 |
| 品德形成和发展过程 | 品德功能 | 品德实际发挥的作用 | 客观结果 |
| 德育过程 | 德育活动 | 人（教师）的行动 | 外在、主观原因 |

发展的价值结构分析范式往往强调过程研究，这是对前两个研究阶段的有益补充，具有积极意义。但是，这种意义主要集中在"品德形成和发展过程"方面，而不是"品德结构形成和发展过程"。它关注的重点是品德实际发挥作用的过程，而不是品德要素搭配形式的变化过程。虽然归在"结构"名下，但是激发意识、重现规范、运用智慧、组合能力、组合意向、实施行为、评价反馈等品德心理活动过程，实际上谈的是品德形成和发展过程，而不是品德结构形成和发展过程。与"德育过程"相比，"品德结构形成和发展过程"和"品德形成和发展过程"可以并入一起，统称为"德育结果"。需要说明的是，三种不同层次的过程在德育实践中相互作用，彼此渗透。对于深化品德研究而言，三者也都是不可或缺的，但研究者需要在明确三者各自界限的前提下，综合、系统、能动地考查它们各自的作用及彼此之间的关系，否则就会出现张冠李戴的现象。

第三，由于研究重心的转移并非源自对品德"各个组成部分的搭配和排列"研究的深化，而更多地表现为问题之间的游移，因此一旦回到结构问题（原点）上，往往只能采取一种整体上的还原论思维，从最初的要素说中寻找依据。就理论分析自身的逻辑而言，回到原点是品德结构研究的必然。目前的关键问题在于：对品德组成部分和搭配形式的研究深度不够，直接影响到后续的功能研究和发展研究的科学性、有效性。例如，郭祖仪的态度模式说认为，"把品德的心理结构视为一种态度，能更深刻地揭示品德心理结构的普遍本质"[1]。问题的核心在于，即使有充分的理由证明"态度"能够替代"品德结构"，但"态度"又是一种什么样的结构呢？与之相似，王健敏的道德学习说认为"品德结构也是一种态度结构"，她认为这种结构主要由动机和行为两个

---

[1] 郭祖仪.论品德心理结构的社会心理模式[J].陕西师范大学学报(哲学社会科学版),2000（2）:151-157.

部分构成①，这种解释可以理解为脱胎于中国传统的知行关系说而提出的一种二因素说。在肯定这些研究对道德教育具有积极的思想启示价值时，也需要意识到"过程""系统"和"机制"等，都是不同于"结构"的范畴，将品德结构等同于态度结构的观点有其学术价值，但似乎并不集中于品德结构研究领域。实际上，态度研究最根本的问题就是概念的构成和方法学，也就是什么是态度（理论）以及如何研究态度（方法）的问题。②在这两个方面，态度模式说和道德学习说并没有给出具有足够说服力的解释。

第四，品德结构研究具有浓厚的心理学色彩，许多研究者从普通心理学和发展心理学中寻找理论依据；虽然心理学重视实证研究，但关于品德结构的实证研究却为数不多。心理学是教育学的基础学科，潘菽、林崇德和李伯黍都是著名的心理学家，章志光是著名的教育心理学家，所以品德结构研究具有浓厚的心理学色彩并不奇怪。尤其是在品德结构研究的初始阶段，从"科学化"程度相对较高的心理学中寻找理论依据，顺理成章。在品德结构的各种因素说中，有相当部分是从普通心理学中的心理过程（包括认知过程、情感过程和意志过程）类推出来的，之后的讨论往往在此基础上，辅之以个性心理（包括个性倾向性和个性心理特征），总之，都是在心理活动的领域展开讨论。以至于有人认为："品德是个性的一部分，对品德结构的研究不应偏离或超出个性心理的范畴。"③不少研究者在表述上也习惯于使用"品德心理结构"而不是"品德结构"。但是，随着研究的不断深入，心理学自身的局限性也在品德结构研究中表现得越发明显。例如，皮亚杰的道德认知发展理论是品德结构研究的重要理论依据，但学术界认为皮亚杰关于发展先于学习的论点在教育价值方面显得不足，他的研究结果只为教育界提供了一些认知发展的现象与事实，而未进一步就教育文化的观点，提供促进认知发展的建议。④多学科交叉融合成为品德结构研究必然趋势。与此同时，学者们一方面倾向于借鉴心理学的概念和思路，另一方面又对心理学实证主义倾向的研究方法显得并不

---

① 王健敏. 道德学习论[M]. 杭州：浙江教育出版社，2002：9.
② 杨韶刚. 西方道德心理学的新发展[M]. 上海：上海教育出版社，2007：120.
③ 林及芬，何贵兵. 国内近年品德心理结构研究综述[J]. 应用心理学，1993（4）：45-50.
④ 张春兴. 教育心理学[M]. 杭州：浙江教育出版社，1998：102-103.

热心。与理论探讨相比，品德结构的实证研究相对较少。理论与实践的脱节导致了一些理论主张成为空疏之学，无法回应社会现实的需求。

## 三、品德结构研究的形式与内容

从"结构"一词的本义来看，品德结构研究的第一步是明确其组成部分（要素），并在此基础上分析各要素之间的搭配和排列，这就涉及品德的形式与内容。以往的研究在这方面取得了丰富的成果，同时也因为局限于二维化思维，出现了一系列"结构性"问题。解决这些问题，需要转变思路，回到原点，从一个新的视角审视品德形式与内容的关系，将研究重点从"德育内容的结构"转为"品德自身的结构"；进而打破以往品德结构研究局限于心理学的局面，从社会学的视角比较关于"结构"的三种研究路径，从而尝试建构一种新的解释框架。

形式与内容是一对辩证的关系："内容非他，即形式之转化为内容；形式非他，即内容之转化为形式。"[1] 在形式与内容的无限转化过程中，万事万物得以存在。在柯尔伯格看来，道德教育不能以传授特定具体的道德规则为目标，而应以发展普遍的人类基本道德价值（诸如尊重人权、生命、自由和人格尊严等）为目标。在这些基本的道德价值中，既包含了内容，又是有形式的内容，内容"积淀"为形式，内容与形式统一成一种广义的道德结构或道德判断，以及思维能力。在道德教育中，这些基本的道德价值体系、结构或能力就是逐渐被建构成的或结构化了的内容与形式的统一体。[2] 从品德结构研究的历史上看，静态的结构成分分析是一维的，这种分析范式导致"结构"与"内容""形式"是一个东西，它往往被表述为各种"因素"，或者"意识"，或者直接称为"结构"。不管如何称呼，也不管列出的因素有多少种，静止的、平面的、单线的思维结构却是一致的，所以很自然地会招来"忽视品德的深层结构""忽视品德结构的动态性、发展性和主体性"等批评。但是，需要注意的是，这是品德结构研究的第一个阶段，类似于意义的初始化，粗糙在所难

---

[1] 黑格尔. 小逻辑[M]. 贺麟，译. 北京：商务印书馆，1980：278.
[2] 魏贤超. 论柯尔柏格对道德教育的建构主义探讨[J]. 华东师范大学学报（教育科学版），1987（1）：45-58.

免；更重要的是，这种简单粗糙的呈现方式从另一个角度恰恰最能反映品德结构研究中的若干基本问题，在后来的研究阶段中，这些问题被有意无意地遮蔽起来。例如，品德结构研究的出发点是客观性，而不是相关性和因果性，这个十分重要的原则在很大程度上被人们忽视了，以解释性研究代替描述性研究的情况至今仍很常见。所以，弄清品德结构的内涵，需要回到原点，通过考查静态的结构成分分析范式中的各种观点，厘清品德结构中形式与内容的关系。从对品德形式与内容的不同侧重上，可以将表1-1中静态的结构成分分析中的各种因素说分为两组：一是潘菽的二因素说和三因素说、王海明的三因素说、戚万学的四因素说、檀传宝的五因素说和汪凤炎的五因素说；二是古人伏的三因素说、熊建生的五因素说和陈欣银的八因素说。这两组观点之间在何为品德"结构"方面存在根本性差异。

作为中国现代心理学的奠基人之一，潘菽的一个重要学术贡献就是将心理活动分为意向活动和认识活动，这便是品德结构二因素说的源起。他之后提出的三因素说是在二因素说基础上的拓展，没有实质上的区别。王海明的三因素说将道德认识看作品德的指导因素、首要环节，将道德情感看作品德的动力因素、决定性因素，将道德意志看作品德的过程因素、最终环节。[①] 虽然在表述方式上突出了三种因素的动态功能，但由于分类标准仍然停留在心理过程这一维度上，因此仍属于静态的结构成分分析。戚万学的四因素说认为，任何一种品德都包含一定的道德认识、道德情感、道德意识和道德行为方式等四种基本成分，简称为品德结构的知、情、意、行。[②] 这种观点颇具代表性，实际上仍然是我国基础教育领域和教育心理学研究中的主流。檀传宝的五因素说是在四因素说的基础上加上了"道德信念"，他认为："道德教育的目的实际上就是要形成知、情、信、意、行五个方面所构成的个体的品德或'德性'。"[③] 该观点在德育界也具有一定的代表性。汪凤炎的五因素说将道德自我（良心）作为一个因素，主张道德自我对其他四种心理成分具有调节和统

---

[①] 王海明. 论品德结构[J]. 湖南师范大学社会科学学报，2008（2）：25-30.
[②] 陈泽河，戚万学. 中学德育概论[M]. 济南：山东教育出版社，1991：46.
[③] 檀传宝. 德育原理[M]. 北京：北京师范大学出版社，2007：131.

摄作用。[①] 在吸收中国传统德育思想的基础上，突出了道德主体的主观能动性。

第一组观点在谈及品德结构时，以心理过程为主要依据，重点在于品德的形式而非内容；与之相对，第二组观点则是围绕品德的内容展开分析的。古人伏的三因素说认为，品德结构包括三个方面：政治品质、思想品质和道德品质。[②] 这里的品德"结构"实际上已经不是指品德的"形式"而是"内容"，作者显然已经意识到这一点，所以他又区分了思想品德的"内在本质"和"外在表现"。熊建生的五因素说将心理素质作为与政治素质、思想素质、道德素质、法纪素质并列的内容，并对这些素质进行了初次、二次细分，最终提出了 24 种思想政治素质，从而建构了由三个层次构成的思想政治素质结构。[③] 陈欣银的八因素说侧重于对"同一形式水平的不同内容"进行因素分析，从中抽取出集体、尊老、真诚、律己、报答、责任、利他性及平等八个独立的成分，接着又对它们在不同年龄被试者身上的价值分布及其发展进行研究。[④] 相比于古人伏的三因素说，这里的品德内容更为具体，实际上已经被细化为八种德目。按照上述逻辑，赵志毅的三环结构说和韩树华的四项意识说可以分别归为第一组和第二组。

基于上述两组分类，以实践为导向，可以进一步分析在品德结构测评中需要解决的一些重要问题。就品德结构的内容而言，如同品德结构有其自身的形式与内容，作为一项整体活动的品德结构研究可以采用实证研究的形式，同时也需要有具体的研究内容，后者与德育目标关系密切，因为德育目标层次和序列的划分直接关系到调查问卷中问题内容的设置。从层次的角度看，德育的总目标是第一层次；思想教育目标、道德教育目标、政治教育目标、法治教育目标是第二层次；思想教育目标中的人生观教育（只举一例，下同）、道德教育目标中的社会公德教育目标、政治教育目标中的爱国主义教育目标、法治教育目标中的纪律教育目标等是第三层次。[⑤] 这种关系还可以继续延展下去，从而生发出第四、五、六等多种不同层次。从理论上说，上述各个层次

---

① 汪凤炎. 中国传统德育心理学思想及其现代意义[M]. 上海：上海教育出版社，2007：111-121.
② 古人伏. 德育学教程[M]. 上海：华东化工学院出版社，1993：18-20.
③ 熊建生. 思想政治教育内容结构论[M]. 北京：中国社会科学出版社，2012：96.
④ 陈欣银. 道德价值结构研究的几个问题[J]. 华东师范大学学报（教育科学版），1987（2）：53-62.
⑤ 鲁洁，王逢贤. 德育新论[M]. 南京：江苏教育出版社，2010：167-168.

的德育目标都可以成为品德结构调查问卷中的问题内容。在实际的调查过程中，第一层次十分宏观和抽象，发挥着引领作用，问题集中在第二层次与其他层次的关系上。古人伏和韩树华虽然在观点的具体内容上存在差异，但两人都是从德育目标的第二个层次上确定品德结构的内容。因为如果不划定边界而任其继续细分下去，就很可能出现目标越分越细、内容越来越多的情况，调查者和被调查者最终有可能被淹没在茫茫"题海"中；更重要的是，这样做的结果非但不可能把握品德结构，反而会把品德"肢解"得支离破碎。由此可见，区分"品德自身的结构"和"德育内容的结构"很有必要。前者将"内容"作为"结构"的一个部分，强调的是"处于结构之中的内容"；后者将"结构"作为划分"内容"的一种思维方式，强调的是"对内容的结构分析"。后者的一个典型代表是熊建生的五因素说。在建构"思想政治教育内容的结构体系"时，熊建生提出了思想政治教育基础性内容、主导性内容和拓展性内容的区分，并强调这种"划分是相对的，更多是出于形式上或理论上的把握"，在实践中"它们相互包含、相互贯通、相互依存、相互作用，构成一个有机的整体"。[①] 从思想政治素质结构到思想政治教育内容的结构体系，两者之间的内在逻辑关联并不明显，在思想政治教育内容的建构过程中需要遵循层次性原则，但后者反而离这一原则更远了。不同于"德育内容的结构"研究，"品德自身的结构"研究由于将"内容"作为其中的一个要素，同时考虑其他方面（如形式、层次等）的影响，这就为进一步拓宽研究视野提供了可能性。

同样是从品德结构的内容出发，陈欣银的八因素说采取了另一种思路：用若干具体的德目代替多层次的德育目标。德目是用以规定某种品格、行为及人际关系应有状态的一系列经验性和社会历史性范畴，把这些范畴作为固定的价值加以实体化并传授给学生称为直接的道德教育或德目教学，一般被看作传统道德教育的一种典型形式。在德育实际过程中，如果方法使用不当，很容易成为柯尔伯格批评的"美德袋"式的教育；在品德结构的实证研究中，围绕德目设计具体问题的做法往往会面对以下几个方面的质疑。其一，如果选择一个德目，何以确定它在德育内容方面的代表性？例如，围绕律己问题

---

[①] 熊建生. 思想政治教育内容结构论[M]. 北京：中国社会科学出版社，2012：196-197.

得出的品德结构和围绕利他性、报答以及尊老等其他问题得出的品德结构是同一种结构吗？其二，如果选择多个德目，除了代表性问题之外，还会产生新的问题：这些德目之间的关系如何？它们作为自变量会不会互相干扰，从而影响德育结构的最终测评结果？选择两个、三个或者四个德目，不同的研究得出的结论是一样的吗？如果不一样，品德结构测评如何进行？其三，就量化问题而言，不同德目之间可能存在质的差别。肖政鸣提出了 49 个品德测评指标，但在指标量化过程中不得不承认，"遵纪守法""乐于助人"等指标本身可以有客观的次数差异（统计违纪行为和好人好事的次数）作为评分的标准或依据，但"爱岗精神""集体主义"等指标在程度上的差异却缺乏客观的标准与依据，换言之，无法明确达到什么程度算是对"爱岗精神""集体主义"非常坚定、比较坚定或不坚定。[①] 要想解决这些问题，就不能仅仅停留在品德结构分析的原点，在形式与内容两分的基础上关注品德的具体内容或德目，而应该将视野拓宽到品德结构本身。从这个意义上说，我们还能够拓展更广阔的研究空间，克服当前学术界在品德结构研究中理论与实践脱节的毛病，既积极回应社会现实的需求，避免理论主张成为空疏之学，又充分发挥理论的引领作用，不让德育蜕变为表演和作秀。在此基础上把握学生品德结构的特点，构建新时代学校德育效果评价体系。

---

① 肖政鸣. 人才品德测评的理论与方法[M]. 北京：中国劳动社会保障出版社，2008：434-435.

# 第二章　品德三维结构说：实践导向的理论探讨

## 一、结构：品德结构的三种研究路径

根据马克思主义经典作家的观点，"人的本质并不是单个人所固有的抽象物，在其现实性上，它是一切社会关系的总和"[①]。道德是一定社会—文化中价值体系的一个层次，由于一定社会—文化中人们的德性不同，也不可能完全相同，故"道德"概念的内涵便有习俗道德与伦理道德、义务道德与美德之类的区别；反之又按照既成的道德概念与价值标准评价不同的道德人格，并从不同道德人格的比较中，显示出人品的不同。这便是所谓的"品德"问题。[②] 品德不仅是一个心理学问题，还是一个社会学问题。推动品德结构研究的深入，需要跳出心理学的思维定式，借鉴社会学、文化学、人类学等多学科的成果。已有一些学者看到了这一点，并从某些方面进行了尝试。例如，张海平等在提出品德结构的三种要素之后，进一步分析了品德结构得以形成的内在机制和外在条件[③]；张耀灿和王智慧在提出人的思想品德由思想、品德、政治观、法律观四要素构成之后，进一步指出这四者都包含价值和意义双重结构，并对这种双重结构进行了较为细致的分析[④]；曹世敏从文化视角提出品德结构的"四面体说"，试图将生理、心理、意识和时间等多方面因素结合起来[⑤]；郭祖

---

① 马克思，恩格斯. 马克思恩格斯选集（第1卷）[M]. 中共中央马克思恩格斯列宁斯大林著作编译局，编译. 北京：人民出版社，2012：139.
② 陈桂生. 德育引论[M]. 上海：华东师范大学出版社，2018：18.
③ 张海平，朱福棣，周鸿. 试论思想品德的内在结构与形成过程[J]. 湖北大学学报（哲学社会科学版），2003（6）：120-124.
④ 张耀灿，王智慧. 思想品德结构的生存论视域[J]. 湖北社会科学，2013（8）：172-177.
⑤ 曹世敏. 品德结构的文化研究[J]. 教育理论与实践，1996（6）：28-34.

仪尝试将品德心理结构的模式转换为社会心理学模式，但他采取的方式是用"态度"替换"品德"，其研究仍然未能突破心理学的学科范式[①]。学术概念的替换不如学科范式的替换，后者更为根本和彻底。有学者将视角从心理学转移到社会学领域，在多学科交叉融合的基础上寻找新的理论生长点。沃特斯（Malcolm Waters）概括了结构观念融入社会学理论的三条可行的途径[②]，这三条途径在品德结构研究中均有不同程度的体现。

第一，实在论思路或本质主义思路。在这一思路下，结构被当作潜藏于外在表象之下的决定因素，支撑它的日常社会经验与信念则被当作一种假象，掩盖了位于意识层次下的真实却隐秘的实在。列维-斯特劳斯（Claude Levi-Strauss）、弗洛伊德（Sigmund Freud）和马克思的相关理论和思想是实在论或本质主义的典型代表。林崇德在品德系统结构理论中提出了品德的深层结构和表层结构的关系系统，并认为它是道德动机和道德行为之间关系的方式系统。[③] 这种观点实际上体现的就是实在论思路。实在论思路认为，在处理品德结构中形式与内容的关系时，需要找出一个具有结构性特征的范畴，它具有品德全部具体内容都具有的形式（结构），因而对这一范畴结构的研究就等同于对品德结构的研究。比较之下，"正义"似乎是一个合适的选择。罗尔斯（John Bordley Rawls）反复强调正义概念的普遍性："正义是社会制度的首要价值，正像真理是思想体系的首要价值一样。……作为人类活动的首要价值，真理和正义是绝不妥协的。"[④] 在慈继伟看来，正义作为一种秉性，不仅有"具体内容"，还有"结构性特征"，后者指的是正义秉性中不因规范性内容的变动而变动的特征，这些特征虽非先天，却为不同社会历史条件下的正义者所共有。也就是说，所有人的正义秉性，不论其具体内容是什么，都具有这些特征。正是因为这些特征的存在，正义才有别于其他的德行和动机。鉴于此，正义秉性的结构性特征也可以被称为"抽象的正义秉性"或"一般的正义秉性"。[⑤] 慈继伟对正义秉性的研究是解释性研究，如果围绕正义主题进行实

---

① 郭祖仪. 论品德心理结构的社会心理模式[J]. 陕西师范大学学报（哲学社会科学版），2000（2）：151-157.
② 沃特斯. 现代社会学理论[M]. 杨善华，等译. 北京：华夏出版社，2000：100-102.
③ 林崇德. 品德发展心理学[M]. 上海：上海教育出版社，1989：34.
④ 罗尔斯. 正义论[M]. 何怀宏，何包钢，廖申白，译. 北京：中国社会科学出版社，1988：3-4.
⑤ 慈继伟. 正义的两面[M]. 北京：生活·读书·新知三联书店，2001：3.

证研究，可以从另一个角度为正义秉性的描述性研究提供帮助，但这种思路下的研究具有很浓的形而上学色彩，其现实难度也是可想而知的。

第二，建构主义路径。这种思路认为结构是人类有意或无意创造出来的，一个典型代表是吉登斯（Anthony Giddens）的结构化理论。皮亚杰和柯尔伯格的道德认知发展理论也是经典的建构主义。建构主义路径下的结构被视为一种作为人类行动后果的突生规律性；思维着、行动着的主体被看成结构安排及其内在约束的创造者。教育中的建构主义的核心理念是学习者应主动地建构自己的知识，而非被动地从环境中接受知识。在此基础上，教育建构主义者提出了各自不同的理论见解，主要可以分为心理建构主义和社会建构主义两派，前者的代表是皮亚杰和柯尔伯格，后者的代表是维果茨基（Lev Vygotsky）和布鲁纳（Jerome Seymour Bruner）。[1] 心理建构主义在国内的代表是李伯黍。李伯黍和他的团队在皮亚杰框架的基础上，立足于中国国情，应用科学实证的手段在全国范围内协作进行了一系列大样本的研究。主要分为四类：一是大范围地检验皮亚杰模式，同时，对它们进行一定的修正和发展；二是结合中国社会的实际情况，探索中国儿童的一些特殊的道德观念的发展；三是国内各民族儿童道德发展的跨文化研究；四是对儿童道德发展的干预研究。[2] 林德（Georg Lind）将道德认知发展分为四个阶段：一是无道德或非道德阶段；二是模仿阶段；三是他律阶段；四是自律阶段。[3] 李伯黍借鉴了林德的理论，认为道德价值的形式以道德认知的结构形式为依据，表现为从他律到自律两种发展水平。在道德价值的内容方面，则以陈欣银的研究结论为主，主要由律己、利他性、报答、尊老、信任、真诚、集体、平等这八项内容组成。[4] 李伯黍的研究有助于更好地理解现实生活中影响道德行为出现的各种中间环节和过程，对研究微观的个体品德心理发展具有积极意义。但是，其重点并不是品德结构（强调各个组成部分的搭配和排列），而是道德价值及爱国、责任、分享等

---

[1] 费兹科，麦克卢尔. 教育心理学：课堂决策的整合之路[M]. 吴庆麟，等译. 上海：上海人民出版社，2008：159-160.
[2] 李丹. 李伯黍心理学文选[M]. 北京：人民教育出版社，2008：185.
[3] Lind G. The Moral Judgment Test: Comments on Villegas de Posada's Critique[J]. Psychological Reports, 2006（2）：580-584.
[4] 杨韶刚. 道德教育心理学[M]. 上海：上海教育出版社，2007：139-140.

不同德目的发展过程（强调各个发展阶段的特点和规律），以及德育过程中教育内容、教育手段及师生关系等的优化路径。这是心理建构主义路径下的品德结构研究的必然逻辑。以往的品德结构研究多以心理建构主义为理论基础，社会心理学视角下的品德结构研究有利于心理建构主义与社会建构主义的融合。

第三，方法论范畴或分析性范畴。这种思路不是把结构看作一个实存现象，也不认为它非得出自主体的建构，而是将其看作一个观察者的范畴，一个呈现在研究者脑海中的概念，代表人物是英国社会人类学先驱拉德克利夫-布朗（Alfred Radcliffe-Brown）。结构涵括了所有有规律的、持久的关系面相，同时排除了那些不可预测的关系面相，过去的大部分研究都是采用这一路径，"横看成岭侧成峰"，由此导致了概念使用的随意性。一个典型的例子：虽然都是关注品德结构的形式，但在表述方式上，戚万学的四因素说和檀传宝的五因素说存在明显区别。戚万学的四因素说明确指出"品德结构的知、情、意、行"[1]，檀传宝在分析五因素说的主张时，并没有使用"品德结构"一词，而是表述为"德育目的的结构"，知、情、信、意、行是构成个体品德（或德性）的五个"方面"[2]。"方面"指的是"相对的或并列的人或事物中的一方或一部分"[3]，它所适用的范围远比"结构"广泛。较之于品德的构成方面，品德结构强调的是各个方面之间的存在方式和相互关系。随着品德结构概念体系的不断扩充，由于其容纳了太多不同质的东西，试图解决过于复杂的问题，很多研究者在寻求理论逻辑上的自洽的同时，不得不牺牲对现实的关切，这也就导致了品德结构研究中面向德育实践的成果为数不多。

鉴于上述三种研究路径各自的特点，笔者提出自己的相关理论及研究思路与方法，将其命名为"品德三维结构说"。这一学说不寻求品德结构的实在状态，更不会诉诸一些不可知的、神秘的决定性要素（即"深层结构"），也不试图从总体上关注整个德育过程和受教育者成长过程，从而发现不同阶段中品德结构的形成和发展规律；而是回到"结构"的本义，聚焦品德各个组成部

---

[1] 陈泽河，戚万学. 中学德育概论[M]. 济南：山东教育出版社，1991：46.
[2] 檀传宝. 德育原理[M]. 北京：北京师范大学出版社，2007：131.
[3] 中国社会科学院语言研究所词典编辑室. 现代汉语词典[M]. 7版. 北京：商务印书馆，2016：367.

分的搭配和排列，侧重于在各种现实的社会关系中理解品德结构。品德三维结构说关注的不是某一情境具有多少特殊性，而是对各种社会情境做出一般化描述具有多大可能性。因此，它侧重于从形形色色的具体实例中，抽象出某一关系的一般性或规范性形式，即共同的、反复出现的面相。品德是一个抽象层次很高的概念，在品德测评中，需要对品德概念进行操作化，使其转化成能具体观察和测量的事物。在这个十分复杂的过程中，选择什么样的指标成为关键问题。品德三维结构说将品德操作化为具有三个维度的测评量表，并在 64 组维度组合的基础上提出相对应的核心问题，从而建立测量指标。具体而言，品德三维结构说围绕社会关系测评品德结构，在实践领域体现为：不是精确到"点"（即尽可能精微细致的德育目标），而是在一定"阈值"（表现为品德结构的三个基本维度）内寻找合适的问题，这种问题既不是抽象原理和终极目的，又不是行为规范和操作指南，而是介于两者之间，能体现品德结构中不同维度之间关系的具体问题。它们具有较强的概括性，能反映调查对象品德结构的基本特征，同时又扎根于现实社会生活之中，是调查对象已经经历过的、能够理解到的并可以根据自身实际情况予以明确答复的，因此可以被称为品德结构研究的"核心问题"。"正义"可以作为一个核心词，在核心问题陈述中占据重要地位，但不按照实在论思路把"正义"和品德结构做实体化解释；重点是共时性背景下不同类型调查对象之间品德结构的共性和差异性，而不是同一个或一类调查对象在不同年龄阶段中品德结构的变化发展过程——后者是后续研究的目标。概言之，从理论上说，品德三维结构说提出了一个结构完整、逻辑自洽的品德结构解释框架；从实践上说，它具有鲜明的现实针对性，集中在品德测评的可操作性上。

## 二、层次：形式与内容之外的第三个维度

"维（度）"本意为系物的大绳，比喻一切事物赖以固定的东西。[①] 品德结构研究不断深化的一个标志，就是从一维结构到二维结构再到三维结构的纵

---

① 夏征农，陈至立. 辞海[M]. 6 版. 上海：上海辞书出版社，2010：4078-4079.

深发展。从单一维度分析品德结构，这种做法的局限性十分明显。一方面，在品德结构的形式上会导致指向不明，例如，用"当做一件好事遇到困难时，我会坚持到底"这一问题测评学生的道德意志状况，在看到这道题目时，学生自然会想到"什么样的好事""多大的困难""怎样才算坚持到底"，这些问题都需要进一步明确具体内容。另一方面，在品德结构的内容上会导致争论不休，例如，檀传宝强调道德信念是品德结构的重要成分[1]，赵志毅认为信念是人格系统的核心，对包括品德在内的各个子系统起着统驭和调控的作用[2]；但有研究者认为"信念、正义是警察院校学生品德结构所独有的维度"[3]，不同研究者对"信念"的理解存在根本分歧。鉴于此，形式维与内容维的组合视角就显得很有必要。

　　从德育实践的角度看，以下三种情况都很常见：一是在德育课程期末考试中得高分的学生，在现实生活中做出不道德的行为；二是非常关心国家大事的学生，法律观念却比较淡薄；三是习惯于谈论"进步规律""历史必然性"等宏大叙事的学生，对身边普通人的苦难却置若罔闻。第一、二种情况与第三种情况有着性质上的差别，因为前两种情况各自都是在同一个维度上体现出具体内容上的差异，第一种情况体现的是形式维上的道德认知和道德行为之间的矛盾，第二种情况体现的是内容维上的政治观念和法律观念之间的矛盾；第三种情况则不然，它是在形式维和内容维两个维度之间体现出思想认知和道德情感之间的矛盾，这样的学生在思想认知方面表现出较高水平（假定分值为5分），但在道德情感方面则处于较低水平（假定分值为1分）。在这种情况下，品德结构的成分分析就不能停留在单一维度的"线"上，而应该拓展到二维的"面"上。按照上述思路，可以形成品德的形式—内容二维结构（见图2-1）。

---

[1] 檀传宝. 德育原理[M]. 北京：北京师范大学出版社，2007：131.
[2] 赵志毅. 论品德结构与人格系统的关系[J]. 教育研究，2011（1）：82-86.
[3] 徐玉明，张惠绒，王艳红. 警察院校学生品德特征结构与品德素质培育方法的探讨[J]. 教育理论与实践，2005（22）：25-27.

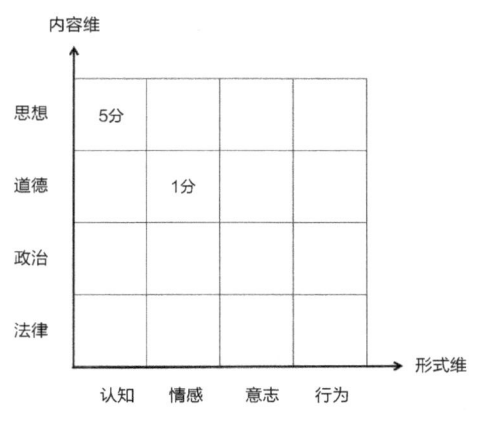

图 2-1 品德的形式—内容二维结构

在图 2-1 中，第一、二种情况各自分布在形式维和内容维这两条"线"上，第三种情况则分别体现在 5 分和 1 分所占据的两个"面"上。通过结构维和内容维的交叉组合，呈现品德结构的多重面相和品德的复杂性。在形式—内容二维平面图的基础上增加一个层次维，就构成了立体的品德三维结构（见图 2-2）。

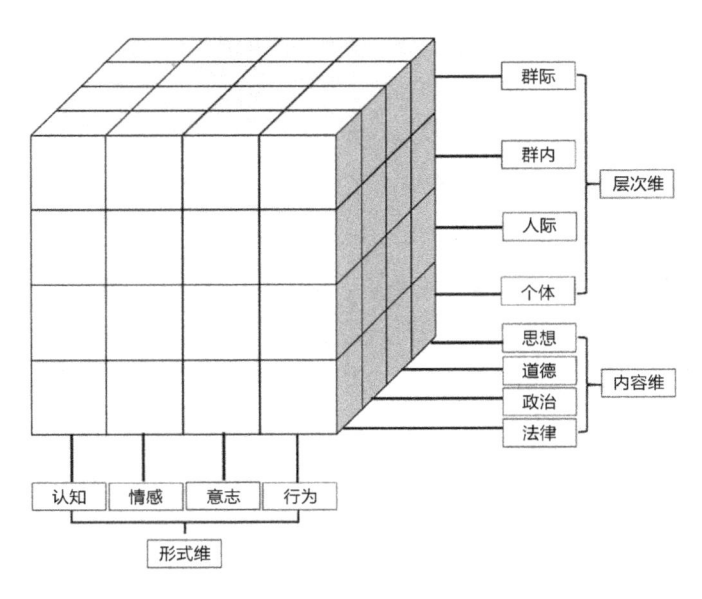

图 2-2 品德三维结构

在图 2-2 中，品德结构由三个维度组成，它们分别是：形式维、内容维和层次维。其中每个维度又由四个要素组成，具体而言：品德形式维包括认知、情感、意志、行为四个要素，品德内容维包括思想、道德、政治、法律四个要素，品德层次维包括个体、人际、群内、群际四个要素。品德结构由上述三个维度组成，但并非三个方面的简单相加，而是按一定的关系与联系组合而成的有机整体。三个维度互相联系、互相包含，你中有我、我中有你，彼此渗透、彼此制约。需要特别指出的是：在哲学上，内容与形式相对，构成辩证法的一对范畴。内容是构成事物的内在诸要素的总和，包括事物的各种内在矛盾的构成和发展。形式是内容的存在方式，是内容的结构和组织。任何事物都是内容和形式辩证的统一。内容与形式的区别是相对的，在一定条件下可以相互转化。[1]品德三维结构说也是内容与形式的统一体，只不过这里的内容与形式不同于作为内容的"内容（维）""形式（维）"；换言之，在品德三维结构说中，"维度"作为一种形式，将构成内容的"内容""形式"和"层次"三个方面区别开来。

从"结构"概念出发，可以在形式维和内容维的基础上增加一个层次维，因为在强调"各个组成部分的搭配和排列"时，必然会涉及"同一事物由于大小、高低等不同而形成的区别"，后者往往被表述为"层次"[2]。这体现了生活在三维空间中的人在生活方式和认知方式上的统一。实在论思路的结构观在此基础上更进了一步，例如马春玲和关俊威认为品德结构包含位于最深层的罪恶感、中间层的同情心、最上层的是非观。[3]薛殿会认为品德结构中包含位于最深层的先天素质如本能、冲动、气质等，较低层次的性格品质，最高层的精神、意识。[4]上述两者的表述各异，但不管使用的是"要素"还是"维度"，都是将品德结构实体化为高低不同的层次，并认为深层次的"无意识"的"罪恶感"或"人的先天素质如本能、冲动、气质"才是真正发挥决定作用的要素。这种思路深受弗洛伊德心理结构理论的影响，虽然在理论上具有一定的

---

[1] 夏征农，陈至立. 辞海[M]. 6 版. 上海：上海辞书出版社，2010：2843.
[2] 中国社会科学院语言研究所词典编辑室. 现代汉语词典[M]. 7 版. 北京：商务印书馆，2016：133.
[3] 马春玲，关俊威. 从品德结构研究中存在的问题看其构成要素[J]. 学术交流，2012（2）：22-25.
[4] 薛殿会. 思想品德的结构及其形成[J]. 教育研究，1983（1）：25-28.

启发性，却难以付诸德育实践。

品德三维结构说中的层次维不采用实在论思路的"层次"概念，而是将层次作为一种方法论范畴。日内瓦大学社会心理学荣休教授杜瓦斯（Willem Doise）在《社会心理学的解释水平》（Levels of Explanation in Social Psychology）这部名著中，以解释水平为核心，成功重构了社会心理学统一的学科概念框架。杜瓦斯细致而合理地概括了社会心理学的四种理想型或四种解释水平，而每种解释水平分别对应不同的社会心理过程，生发相对应的研究主题。这四种解释水平如下。水平1：个体内水平。它是最为微观也最为心理学化的解释水平，主要关注个体在社会情境中组织其社会认知、社会情感和社会经验的机制，并不直接处理个体和社会环境之间的互动。水平2：人际和情景水平。它主要关注在给定的情景中所发生的人际过程，并不考虑在这特定的情景之外个体所占据的不同的社会位置。水平3：社会位置水平或群体内水平。它关注社会行动者在社会位置中的跨情景差异，如社会互动中的参与者的特定群体资格或类别资格。水平4：意识形态水平或群际水平。它是最为宏观也最为社会学化的解释水平，在实验或其他研究情景中关注或考虑研究参与者所携带的信念、表征、评价和规范系统。这四种不同层次的社会心理过程，从最为微观也最为心理学化的个体内过程到最为宏观也最为社会学化的群际过程，是对整体的社会过程不同层次的相应表征。[1] 杜瓦斯的理论模型具有高度的概括性和极强的解释力，以该理论为基础，品德三维结构中的层次维主要由个体、人际、群内、群际四个方面构成，它们分别对应于杜瓦斯的四种解释水平。

这种以层次维来观测品德结构的思路，已经体现在许多发达国家的德育实践中。例如，新加坡2015年推出的小学1—6年级使用的《好品德 好公民》教科书，按照个人、家庭、学校、社区、国家、世界六个层面进行编排。[2] 日本2016年推出的"部编本"小学德育教材《我们的道德》，按照有关自身的道德，有关他人的道德，有关集体和社会的道德，有关自然、生命及崇高事物

---

[1] 杜瓦斯. 社会心理学的解释水平[M]. 赵蜜，刘保中，译. 北京：中国人民大学出版社，2011："总序" 5-7.
[2] 陈卓. 新加坡品格与公民教育教科书研究——基于小学《好品德 好公民》教科书的文本分析[J]. 上海教育科研，2017（1）：54-57.

的道德四个维度对德育内容进行编排。① 与上述两个国家的德育实践相比，杜瓦斯的理论更具概括性。品德三维结构说在进行实证研究的思路设计时，需要参照新加坡和日本经验，将最具概括性的理论转化为适合中国国情的典型问题。在品德的形式—内容双维结构（图2-1）中，笔者已经分析过以下这种情况：一个习惯于谈论"进步规律""历史必然性"等宏大叙事的学生，对身边普通人的苦难却置若罔闻。延续图2-1的思路，在品德的形式维和内容维基础上增加一个层次维，原问题可以进一步延伸：其一，这名学生对身边普通人的苦难置若罔闻，这里反映了层次维中的人际要素。其二，他对自己的苦难是不是也麻木不仁（或者采取一种"佛系"态度），还是与之相反，采取一种斤斤计较、睚眦必报的态度？这里涉及层次维中的个体要素。其三，如果对象不是身边的普通人，而是有明确资格身份的老师或校长，这名学生还会继续保持这种态度吗？这里涉及层次维中的群内要素。其四，"对苦难的置若罔闻"是这名学生的世界观、人生观、价值观吗？或者说这一态度在他的"三观"中占有多大比例（在品德结构中占据什么样的位置）？这里就涉及层次维中的群际要素。如果考虑到层次维中的每一个要素都与形式维、内容维中的每一个要素有交集，具体情况则复杂得多。但是，若非如此，便不能深入全面地反映学生的品德结构状况。品德三维结构说试图体现实践导向的性质，就需要将品德三维结构（图2-2）中的64个小方块全部取出，形成64种维度组合，再一一对应地提出64个相关问题（核心问题），这样才能保证理论最终落地。

## 三、功能：从主观目的到客观结果

关于品德的三维结构，之前已有学者提出过。例如，班华的三维结构说认为品德由心理内容、心理形式和心理能力三个维度组成。② 他将能力维引入品德结构，作为与形式维和内容维并列的一维，有可能是为了赋予静态的品德结构以能动要素。但是，正如批评者所言："因为能力（功能）是系统（结

---

① 石烨，刘长海. 日本小学"部编本"德育教材研究[J]. 上海教育科研，2019（1）：66-70.
② 班华. 思想品德结构与新时期德育任务[J]. 华东师范大学学报（教育科学版），1986（2）：25-29.

构的组成形式）发挥的作用，把它单独作为一维，有待进一步探讨。"[1] 换言之，将能力作为品德结构的一个维度，是混淆了结构与功能。实际上，无论是在学科话语体系中，还是在日常语言习惯中，结构都"天然地"与功能联系在一起。然而，对于功能的定义却存在诸多模糊之处。一方面，在社会学理论体系中，"结构功能主义"在20世纪50年代独占鳌头，曾一度被看作唯一的社会学方法，一直到60年代中期，主导了美国社会学理论发展方向。[2] 另一方面，如果细分下去，强调结构的涂尔干（Émile Durkheim）被归为秩序论，强调功能的帕森斯（Talcott Parsons）和默顿（Robert King Merton）则被归为功能论。在默顿的理论框架中，功能是一种客观结果，其中"客观"对应于主观的目的、动机，"结果"对应于作为原因的结构。《现代汉语词典》对"功能"的解释是："事物或方法所发挥的有利的作用；效能。"[3] 从定义上看，"功能"等同于"效能"，"效能"指的是"事物所蕴藏的有利的作用"[4]。不管是"功能"还是"效能"，强调的都是积极、正面的作用，与行动者的主观目的和动机紧密地联系在一起。这种解释与默顿的功能概念有着显著的区别。默顿梳理了"功能"一词的五种含义，并指出由此引起的混淆，进而明确，社会功能是指可观察的客观结果，而不是指主观意向（目的、动机、目标）。对客观的社会学结果与关注意向之间不能做出区分就不可避免地导致功能分析的混乱。[5] 概言之，功能是一种客观结果，与行动者的主观目的和动机无关。因为是客观的，所以品德可测；因为是一种结果，所以可以通过测评寻求原因——包括内在、客观原因（品德结构）和外在、主观原因（德育过程），前者体现的是必然性，后者体现的是相关性，虽然两者关系密切，但前者是品德结构研究的重点。进一步说，品德结构的功能是作为一种客观结果而存在的（这里的"客观"强调的是与教育者和研究者的主观目的、动机没有关系，"结果"则对应于作为内在原因的品德结构），而不是作为外在原因的德育过程中的教育内

---

[1] 肖兴政. 品德结构新论[J]. 西南师范大学学报（哲学社会科学版），1996（2）：40-42.
[2] 于海. 西方社会思想史[M]. 上海：复旦大学出版社，2010：268.
[3] 中国社会科学院语言研究所词典编辑室. 现代汉语词典[M]. 7版. 北京：商务印书馆，2016：454.
[4] 中国社会科学院语言研究所词典编辑室. 现代汉语词典[M]. 7版. 北京：商务印书馆，2016：1447.
[5] 默顿. 社会理论和社会结构[M]. 唐少杰，等译. 南京：译林出版社，2008：91-96.

容、方法和师生关系等因素而存在的（相关内容可参见表 1-2）。

　　章志光的功能结构理论在动态的功能系统分析范式中很有代表性。有别于静态的结构成分分析，章志光认为，可以从生成结构、执行结构和定型结构三个断面或维度上对品德结构进行探讨，当这些结构和宏观的社会环境及微观的群体环境（包括人际关系、教育方式等）发生关联或相互制约时，就构成了一个包括品德机制在内的大的社会动力系统。[1] 在章志光的理论框架中，结构是为功能服务的，而不是功能为结构服务；换言之，是功能促生结构，而不是结构引发功能。总体而言，动态的功能系统分析范式中的各种学说，多多少少都带有这样的痕迹，学者们或强调品德的统领协调作用、动力作用、核心作用、关键作用[2]，或强调"融合的，按螺旋方向递进上升"的品德运行机制[3]，虽然角度不同，但关注的主要问题都是"品德结构应该是什么"，而不是"品德结构实际上是什么"，体现出系统论对品德结构研究的深刻影响。这是一种理论本位而不是实践导向的研究范式。与之相对，品德三维结构说更倾向于认同默顿对功能的看法，立足于品德结构"是什么"而不是"应该是什么"，尝试实践导向而不是理论本位的学术研究。其主要研究目标是尽可能客观、真实、全面地呈现研究对象品德结构的现状和特点。主要研究思路是品德结构研究是描述性研究而不是解释性研究，在横向研究的基础上，可以根据研究的进展情况考虑开展纵向研究；不仅关注品德结构的显性功能和正功能，同时还关注其隐性功能和负功能，将两者放在同等重要的位置上进行考察；以品德三维结构说为基本理论，采用兼具定性和定量的"混合方法论"，同时关注包括定性、定量研究路径的各种因素[4]，综合运用文献研究、调查研究和实地研究，必要时可以进行实验研究（研究初始阶段暂不考虑），综合运用案例研究、问卷调查、深度访谈、专题研讨和比较研究等多种具体研究方法；尽可能客观、真实、全面地呈现研究对象品德结构的现状和特点，从而为

---

[1] 章志光. 试论品德的心理结构[J]. 北京师范大学学报，1990（1）：7-17.
[2] 肖鸣政. 试论品德在现代人力资源结构及其开发中的作用——兼谈品德与"情商"的关系[J]. 中国人民大学学报，1999（4）：90-93.
[3] 肖兴政. 品德结构新论[J]. 西南师范大学学报（哲学社会科学版），1996（2）：40-42.
[4] 塔沙克里，特德莱. 混合方法论：定性方法和定量方法的结合[M]. 唐海华，译. 重庆：重庆大学出版社，2010：4.

德育效果评价提供理论依据和操作指南。

根据上述目标和思路，鉴于目前重理论分析、轻实证研究的现状，编制调查问卷对品德结构进行测评成为一项重要工作。品德结构测评的出发点是品德测评与品德生成呈现出相反的逻辑顺序。品德生成是一个结构（内在原因）决定功能（客观结果）的过程；品德测评的对象不是品德结构本身，而是品德结构的功能，研究者需要通过对功能的测评反推研究对象的品德结构。问卷采用李克特量表的形式，根据品德三维结构的64种不同维度组合，分别设计64个问题，调查对象从"非常不同意、不同意、不知道、同意、非常同意"（分别对应1分、2分、3分、4分、5分）五个选项中选择一个用以回答这些问题。在调查结果的运用方面，可以从以下三个方面着手：其一，以样本总体或单个元素为对象，统计各个核心问题的实际得分，根据分值分布情况衡量调查对象的品德结构特征。由于每一个核心问题均对应了1—5分不同的分数，在问卷调查结束后，可以将64个核心问题各自的最终得分计算出来，根据分数分布的高低顺序，尤其是最高分（5分）和最低分（1分）对应的问题，确定调查对象的品德结构特征。其中，就单个元素而言，可以借鉴心理测量学中的类型论，类比于四种主要气质类型，参照不同类型的典型案例（如雷锋、袁隆平），归纳概括出不同的品德结构类型。其二，基于人口统计学变量和品德结构的64组不同维度组合，深入研究从样本总体到单个元素的各种调查对象的品德结构的特点。例如，要了解来自私营企业主家庭的大学生在道德认知方面更偏向个人本位还是社会本位，可以将品德结构形式维上的认知要素和内容维上的道德要素固定不变，把层次维上的四个要素（个体、人际、群内、群际）抽取出来，找到相对应的问题，根据得分情况排列出高低顺序，体现出这些变量在品德结构中的重要性，进而揭示出这一位（或者一类）大学生的价值偏好。与此同时，在社会范畴中还可以进一步根据分数高低区分出人际、群内和群际三种要素在品德结构中的主次轻重关系。其三，以时间为坐标，从历时性的视角分析同一类样本或同一个元素在不同时间段品德结构的形成和发展的过程和特点。例如，针对同一个学生，让其在大一入校时填写品德结构测量问卷，等到大四毕业时再填写同样一份问卷，比较四年前后的回答结果，可以发现该学生在大学期间品德结构的发展趋势和变化特点；类似的研究也可以针对同一个班级的学生进行，比较其在同一个学期的学期初和学期末两次品德测量的结果。

  此外，在掌握品德结构现状的基础上，进一步探索在德育过程中如何优化教育内容、改进教育方法、促进师生之间的对话交流等问题十分重要，但由于其重心不是落在品德的"各个组成部分的搭配和排列"本身，超出了品德三维结构说的范围，对上述问题的探索还需要通过相关性分析和更为深入的理论探讨来完成。

# 第三章　现代人格养成视野下大学生自我的特性分析

## 一、现代人格与大学生自我

党的二十大报告提出以中国式现代化全面推进中华民族伟大复兴，并延续党的十九大报告再次强调着力培养担当民族复兴大任的时代新人。社会的现代化与人的现代化，两者之间存在辩证关系。在全面建设社会主义现代化国家的进程中，应当着力培养担当民族复兴大任的时代新人。现代人格养成进入新时代，需要关注大学生自我的独立性、同一性和超越性，并在把握这三种特性的基础上构建新时代大学生的理想人格，为大学生追寻自我提供一条行之有效的路径，为推进中国式高等教育现代化、中国式社会治理现代化提供有针对性的对策建议。

在谈及高等教育时，当代英国教育家、牛津大学教育系教授、《高等教育》（*Higher Education*）杂志主编马金森（Simon Marginson）认为，基于高等教育的总体特征，高等教育应当着重关注学生的反思能动性，应当被理解为学生自我塑造的过程。[1] 国内学者康翠萍认为，新时代高等教育要培养具有"自我意识"特征的人。认识自我、唤醒人的自我意识应该说是高等教育的基本观念。[2] 两位学者都将高等教育的重点聚焦于大学生的"自我"。实际上，不局限于高等教育领域，追寻自我是一个贯穿人生发展各个阶段的重要教育命题，更是一个个体存在意义和价值的重要哲学命题。

古希腊哲学已经开始了自我问题的酝酿。在经历了中世纪经院哲学对自

---

[1] 马金森. 作为学生自我塑造的高等教育[J]. 王晓娜，译. 教育研究，2020（1）：86-97.
[2] 康翠萍. 培养人的自我意识：新时代高等教育质量观追问[J]. 大学教育科学，2019（5）：18-19.

我的无视之后，文艺复兴运动重新发现了人。作为自我研究的开创者，笛卡尔（René Descartes）提出了"我思故我在"的著名命题。帕斯卡尔（Blaise Pascal）、斯宾诺莎（Baruch de Spinoza）、洛克（John Locke）、莱布尼茨（Gottfried Leibniz）、贝克莱（George Berkeley）、休谟（David Hume）、康德（Immanuel Kant）、费希特（Johann Fichte）、谢林（Friedrich Schelling）、黑格尔（Georg Hegel）等哲学家都提出了各自的自我学说。詹姆士（William James）在《心理学原理》中第一次集中而深入地论述了自我问题的几个主要方面，把一个传统的艰深哲学问题移植到心理学中，使之成为一个可用心理学和生理学的知识和方法进行研究的科学问题。[1] 20世纪上半叶，库利（Charles Cooley）和米德（George Mead）对自我进行了理论分析，其中就有对其在社会化过程中所起重要作用的研究。埃里克森的自我心理学从生物、心理和社会环境三个方面考察自我的发展，使自我心理学的理论达到了一个新的水平。临床心理学家关于自我的研究一直未曾中断，取得了一系列成果。可以说，时至今日，围绕自我，已经形成一个跨越哲学、社会学、心理学等诸多学科的多领域、多维度研究格局。

在众多相关概念中，"人格"与"自我"的关系相对而言最为密切。《现代汉语词典》中关于"自我"的定义是：自己（多用在双音动词前面，表示这个动作由自己发出，同时又以自己为对象）。[2] 心理学中的"自我"译自ego和self。ego是拉丁文词汇，原意为一切精神活动都围绕其转的核心。在精神分析论中它是人格结构三个成分之一（其余两个是id，即本我，以及superego，即超我）。self是一个纯英语词汇，原意为"同样的"或"同等的"；当用于人类时，意指一个独特的、持久的同一性身份。[3]

《现代汉语词典》中"人格"的定义为：人的性格、气质、能力等特征的总和；个人的道德品质；人作为权利、义务的主体的资格。[4] 邓晓芒认为，显然，只有第一条和第三条与西方所谓person的含义相合。至于第二条，很可能是

---

[1] 维之. 人类的自我意识[M]. 北京：现代出版社，2009：269.
[2] 中国社会科学院语言研究所词典编辑室. 现代汉语词典[M]. 7版. 北京：商务印书馆，2016：1739.
[3] 黄希庭，夏凌翔. 人格中的自我问题[J]. 陕西师范大学学报（哲学社会科学版），2004（2）：108-111.
[4] 中国社会科学院语言研究所词典编辑室. 现代汉语词典[M]. 7版. 北京：商务印书馆，2016：1096.

中国人对这一译名望文生义附会上去的结果：人格＝人的品格＝人品。而且，由于中国人把道德品质理解为一种内向自省的"无私"精神，因此这样理解的"人格"就与西方人本来作为"私人性""个人性"来理解的人格具有恰好相反的意思。前者是一元的，后者是多元的；前者是道德的，后者是认知的；前者是内省的，后者是外向的；前者"行藏只自知"，后者是向别人表演；前者是非主体的"天道"实体的体现，后者是权利和义务的主体；前者是对个人的否定，后者是对个人的肯定。[①] 这种看法是深刻的。但由于语言的生命力在于使用，中国人已经习惯了用"人格卑下""失格"等词来形容某某人品德不佳。较之"人格"一词使用的复杂性，关注"自我"便可以省去这方面的麻烦。在心理学中，"人格"一词主要有下列几种含义：一是人格概念的外延比个性大；二是人格不包智力；三是人格与个性同义，包括智力。[②] 本书采取第三种说法。

就自我与人格的关系而言，自我在人格中处于核心的地位。自我是一个复杂的系统；自我稳定性涉及自我及其构成及生活经历的事件。自我的生理机制研究尚处于起步阶段，一些研究提示自我有其生理机制，自我对心理健康起着核心作用。[③] 概言之，人格与自我具有密切联系，在一般情况下，没必要对两者进行区分。例如，从理想的角度看，同一性是人格和自我的本质属性，所以有"人格同一性"和"自我同一性"之说。在社会化过程中，个体追求的是人格和自我的同一；而在现实社会中，由于种种因素的作用，人格分裂与自我紊乱的现象也不少见。

就当前中国高等教育的现状而言，大学生中较为普遍的"佛系""躺平"现象需要引起重视，大学校园中的"精致的利己主义者"让师生关系发生变异，"手机即自我"意味着新媒体时代大学生自我发展过程中出现了新的问题。[④] 在推进中国式高等教育现代化、中国式社会治理现代化的过程中，这些现象不容回避。尤其是2021年8月底至9月初，互联网上一则名为"黑龙江

---

① 邓晓芒. 人论三题[M]. 重庆：重庆大学出版社，2008：112.
② 叶奕乾. 现代人格心理学[M]. 上海：上海教育出版社，2011：7.
③ 黄希庭，夏凌翔. 人格中的自我问题[J]. 陕西师范大学学报（哲学社会科学版），2004（2）：108-111.
④ 陶圣屏. 手机即自我：大学生智能手机使用行为深描研究[J]. 现代传播（中国传媒大学学报），2019（11）：144-150.

某高校学生会干部嚣张查寝"的视频引发热议,让人联想起 2011 年中国人民大学教师陈伟在自己的博客中直斥学生会是"大学最阴暗的一角",十年过去了,问题似乎依旧没有从根本上得到解决。根据历史唯物主义的观点,社会结构与个体行动处于辩证关系之中,二者缺一不可。已有的研究更多地侧重于前者,后者被有意无意地忽略了。当我们将眼光从学科、专业、课程建设转移到受教育者本人,就需要回答:上述现象中的行动者具有一种怎样的自我意识,他(她)究竟是"有我"还是"无我"?在大学生现代人格的形成和发展过程中,高等教育及全社会可以做什么、应该做什么?回答上述问题,需要回到自我的特性上来。

## 二、大学生自我的独立性

"独立"指的是"不依靠他人"[1]。自我的独立性至少有三种不同含义,分别涉及独立的心理意义、社会意义和哲学意义。

第一,心理意义上的自我独立性,主要体现为一种生理和心理发展阶段,带有极强的普遍性。发展心理学认为,儿童出生时只是一个生物个体,无所谓个性和社会性。婴儿的心理活动还是片段的、无系统的、易变的,仅有自我意识和社会性的萌芽。个性的初步形成是从幼儿期开始的,这时社会性也有了进一步的发展。[2] 在自我发展的过程中,有两个自我意识的飞跃期:一是婴儿期,年龄在 1—3 岁,以个体可以用代词"我"来标志自己为重要特点。二是青春期,自我意识高涨的突出表现是,青少年的内心世界越发丰富起来,他们在日常生活和学习中,常常将很多心智用于内省;青春期自我意识高涨的另一个主要表现是其个性上的主观偏执性。一方面,青少年总是认为自己正确,听不进别人的意见;另一方面,他们又感到别人似乎总是用尖刻挑剔的态度对待他们。[3] 通过婴儿期和青春期两次自我意识的飞跃,心理意义上的自我得以确立,这种自我独立性在大学生身上表现得更加恒定和稳固。总之,

---

[1] 中国社会科学院语言研究所词典编辑室. 现代汉语词典[M]. 7 版. 北京:商务印书馆,2016:321.
[2] 林崇德. 发展心理学[M]. 北京:人民教育出版社,2018:248.
[3] 林崇德. 发展心理学[M]. 北京:人民教育出版社,2018:372.

从儿童期到青春期，个体的自我概念变得更加心理化、抽象化，也更加完整一致。青少年变成了经验丰富的自我理论家，对其人格能真正加以反省和理解。[1] 较之社会意义和哲学意义，心理意义上的自我独立性具有最强的普遍性和客观性，成熟规律发挥着巨大作用。

第二，社会意义上的自我独立性，也就是人的独立性，这是现代社会的特点；其对立面是人身依附关系，如奴隶制社会、农奴制社会下奴隶、农奴的身份不自由。"我们很难从肯定的意义上说现代性是什么，但我们可以从否定的意义上说，现代性绝不是中古性。"[2] 马克思强调了现代资本主义产生的历史根源，它就蕴藏在商品的秘密之中。在资本主义社会里，所有的东西都被标上了市场价值，所有的东西都被抽象化和量化了。商品拜物教支配着这个社会组织，也就是说，在这里，人和人的关系在商品生产和交换中被史无前例地抽象化为物和物的关系。而在中世纪的生产过程中，由于劳动的自足性或者封闭性，商品既不被交换，也不被抽象化，人和人的关系并没有披上物的外衣，相反，它"始终表现为他们本身之间的个人的关系"[3]。换言之，从资本主义社会开始，人身依附关系便被金钱关系取代，社会意义上的人的独立性得以完成。用马克思的话来说，这是"以物的依赖性为基础的人的独立性"[4]，即现代资本主义社会中的每一个独立个体，都从前资本社会中"其他人的奴隶"变成了当今社会下"金钱的奴隶"。社会主义制度下的当代中国，早已从宏观制度层面废除人身依附关系，每个个体都具备了社会意义上的自我独立性，大学生自然也包括在内。

第三，哲学意义上的自我独立性，强调的是"独立之精神，自由之思想"，其重点在于自我在观念上的独立。传统中国人自我意识没有独立起来，没有建立独立的内心的精神生活，也没有个人独立的精神需要。个人与群体是融合为一，不可分割的。所以，中国人在群体关系中，他人就是我，我就

---

[1] 谢弗，基普. 发展心理学：儿童与青少年[M]. 邹泓，等译. 北京：中国轻工业出版社，2009：433.
[2] 汪民安. 现代性[M]. 南京：南京大学出版社，2020：52、75.
[3] 马克思，恩格斯. 马克思恩格斯文集（第5卷）[M]. 中共中央马克思恩格斯列宁斯大林著作编译局，编译. 北京：人民出版社，2009：95.
[4] 马克思，恩格斯. 马克思恩格斯文集（第8卷）[M]. 中共中央马克思恩格斯列宁斯大林著作编译局，编译. 北京：人民出版社，2009：52.

是他人，宇宙就是我心，我心就是宇宙。① 从这个意义上说，很多中国人哪怕是成年以后（甚至终身）都不具备自我的独立性。孙隆基概括并分析了传统中国人的"自我压缩人格"，表现为"让"外必先"按"内、逆来顺受、"存天理，灭人欲"、不敢让自己太有吸引力、"不敢为天下先"、一潭死水的生存状态、"心理形势"的问题、"弱者道之用"等。② 这种人格导致个人被弱化，缺少个性，甚至出现"小丑化"倾向，这些都是自我独立性缺失的表征。类似的批评，在鲁迅、柏杨等作家的作品中也很容易找到。秦晖和金雁揭示了自我独立性缺失的社会根源：在宗法共同体的束缚下，传统社会的中国人缺乏"人性"，即人的自由个性，也就是每个人维护自己尊严、证明自己价值的权利和能力；在"人性萎缩"的同时，由于宗法共同体的"保护"，传统中国人又表现出明显的"人情膨胀"。"人情"文化是现代人格、现代伦理的敌人。"人情膨胀"与"人性萎缩"，是当代中国人格危机的集中体现。③

哲学意义上独立性的缺失导致出现一种病态"自我"，余华小说《活着》中的主人公徐福贵就是典型。徐福贵身上有隐忍乐观的一面④，同时也有愚昧无知的一面⑤。在徐福贵身上没有任何先进的生命理念，也没有独立的个性追求；不是新生阶级的代表，也不是苦难的殉道者；没有强力的反抗意志，也没有壮烈的悲剧精神，没有对社会的批判，也没有对命运的抗争……有的只是对于生活苦难的忍耐自我屈抑，忍气吞声、逆来顺受、麻木苟且、无声隐忍，甚至可言之为"好死不如赖活着"的惰性。⑥ 也正因此，有的论者称之为"苟活哲学"，是"从精神上自行阉割自身对苦难的'痛感神经'"，显示了"某种以民族精神的集体遗忘为标志的良知的贫困"。⑦

就大学生现代人格的养成而言，自我的独立性主要是在哲学意义上说的；同时也是在这个方面，当前教育领域的理论研究和实践探索对自我的重视

---

① 邓晓芒. 中西信仰观之辨[J]. 东南学术，2007（2）：22-26.
② 孙隆基. 中国文化的深层结构[M]. 桂林：广西师范大学出版社，2004：239-267.
③ 秦晖，金雁. 田园诗与狂想曲：关中模式与前近代社会的再认识[M]. 北京：语文出版社，2010：260-262.
④ 王祎颜. 置身于苦难与阳光之间——浅析《活着》主人公福贵的生存哲学[J]. 东南传播，2014（5）：117-119.
⑤ 谢承育. 余华《活着》中徐福贵的悲剧形象解析[J]. 参花（上），2016（8）：120.
⑥ 田敏. 余华小说的悲剧意识与"活着"哲学[J]. 求索，2011（3）：206-208.
⑦ 夏中义，富华. 苦难中的温情与温情地受难——论余华小说的母题演化[J]. 南方文坛，2001（4）：28-39.

程度还远远不够。有研究者认为，自我意识的哲学话语通过肯定其作为人之存在属性的普遍必然性间接否定这一断言，而心理学关于婴幼儿自我意识的相关研究则直接证伪了这一判断。新时代高等教育质量观无需强调培养人的自我意识，而是坚持学生德智体美劳全面发展，并突出其特殊性。① 这种将受教育者的自我意识与社会特质直接对立起来的观点，虽然未必成为学术界主流（一个重要原因在于自我并未成为学术界热点），但在教育乃至整个社会实践领域却占有相当广阔的市场。我们经常能听到如下教导："每个人都生活在社会之中，脱离社会的个人是不存在的。所以，你应该听话、服从、乖，应该和大多数人保持一致，别人怎么做你跟着做就行，不要标新立异，不要与众不同。"马克思的这段名言经常被引用："人的本质并不是单个人所固有的抽象物，在其现实性上，它是一切社会关系的总和。"② 辩证法强调对立统一，要求从事物的内部发展出它的对立面来，而不是把对立面从外部强加于它。很多人恰恰忘记了这一点。正因为如此，他们也忽视了马克思的另一段话："首先应当避免重新把'社会'当作抽象的东西同个人对立起来。个人是社会的存在物。因此，他的生命表现，即使不采取共同的、同其他人一起完成的生命表现这种直接形式，也是社会生活的表现和确证。"③ 那种忽视自我的观点把"社会特质"当作外在于个人的、与个人对立的"社会要求"和评价标准，这是对马克思原意的曲解。事实上，追寻自我是人类生存与发展的永恒命题。"人们的社会历史始终只是他们的个体发展的历史。"④ 马克思、恩格斯所面临的历史任务就是揭示社会发展的规律，探讨个人发展的途径，寻求个人发展和社会发展相统一的方法，最后得出的结论是："要不是每一个人都得到解放，社

---

① 邹红军. 新时代高等教育质量观就是培养人的"自我意识"吗——与康翠萍教授商榷[J]. 高教发展与评估，2021（2）：17-26，116.
② 马克思，恩格斯. 马克思恩格斯选集（第1卷）[M]. 中共中央马克思恩格斯列宁斯大林著作编译局，编译. 北京：人民出版社，2012：139.
③ 马克思，恩格斯. 马克思恩格斯文集（第1卷）[M]. 中共中央马克思恩格斯列宁斯大林著作编译局，编译. 北京：人民出版社，2009：188.
④ 马克思，恩格斯. 马克思恩格斯文集（第10卷）[M]. 中共中央马克思恩格斯列宁斯大林著作编译局，编译. 北京：人民出版社，2009：43.

会本身也不能得到解放。"① 应当让大学生确立追寻自我的理念，围绕自我的独立性，进一步实现人的解放，凸显人的尊严和价值。

总之，自我的独立性并不意味着个体脱离社会，成为孤立的、抽象的人，而是强调个体意识到自我存在的意义和价值，不跟风、不盲从，以积极的姿态面对人生，在不断地自我反思中寻求进步，积极维护个人的合法权益，并对自己的行为负责。正如胡适对青少年所说："现在有人对你们说：'牺牲你们个人的自由，去求国家的自由！'我对你们说：'争你们个人的自由，便是为国家争自由！争你们自己的人格，便是为国家争人格！自由平等的国家不是一群奴才建造得起来的！'"② 胡适的说法与孟子所推崇的"富贵不能淫，贫贱不能移，威武不能屈"的"大丈夫"人格一脉相承。罗兰（Romain Rolland）的名作《约翰·克利斯朵夫》（*Jean-Christophe*）讲述了主人公克利斯朵夫在充满庸俗、倾轧的社会里的奋斗历程，鼓舞了整整一代青年。傅雷在"译者献辞"中说："真正的光明决不是永没有黑暗的时间，只是永不被黑暗所掩蔽罢了。真正的英雄决不是永没有卑下的情操，只是永不被卑下的情操所屈服罢了。所以，在你要战胜外来的敌人之前，先得战胜你内在的敌人；你不必害怕沉沦堕落，只消你能不断的自拔与更新。"③ 这段话是对全书精神的高度概括，同时也是对自我独立性的生动诠释。

## 三、大学生自我的同一性

自我同一性是埃里克森自我心理学中的重要概念。埃里克森从未提出过一个精确而又始终如一的"自我同一性"的定义。在他的表述中，自我同一性是"一种熟悉自身的感觉""一种知道自己将会怎样生活的感觉""一种个人在过去经历中形成的内在恒定常性和持续性可与他人心目中的自我恒常性与持续性相匹配的感觉"。埃里克森认为，依据自我同一性理论，进入青春期的个

---

① 马克思，恩格斯. 马克思恩格斯文集（第9卷）[M]. 中共中央马克思恩格斯列宁斯大林著作编译局，编译. 北京：人民出版社，2009：310.
② 胡适. 胡适文存4[M]. 北京：华文出版社，2013：469.
③ 罗兰. 约翰·克利斯朵夫（全四册）[M]. 傅雷，译. 上海：上海译文出版社，2018：译者献辞.

体基本上都会遇到各种各样的矛盾和冲突,如果他们感到困惑,不确定自己应该做什么,难以克服困难,那就有可能会陷入"自我同一性混乱"。[1]

自我同一性混乱是一个心理学概念,这意味着随着大学生身心的发展,家庭、学校和社会只要能采取正确的方式,就有可能使"混乱"的问题得以解决;与之相对,如果从社会学意义上看,在一定社会文化环境下,有的人终身都未能形成自我的同一性,随着年龄的增长,反而日益形成多重人格、多样自我。人们常说的"自我分离""人格分裂""两面派""见人说人话,见鬼说鬼话""当面喊哥哥,背后抄家伙"等,就是这个意思。针对这种现象,可以使用"自我同一性缺失"来概括。邓晓芒分析了当前国人的一种奇特的心态,有助于理解自我同一性缺失:"尽管不相信那些冠冕堂皇的道德口号,很少有人真心地按照那些说出来的话语行事,但私下里却又认为,那是人们应该按照去做的基本行为规范,虽然自己做得不怎么样,但必须教给孩子们,尤其是别人家的孩子们去做。"[2] "自己"与"别人"的区别,也就是自我"在场"与"不在场"之别。从这一点看,自我同一性混乱与自我同一性缺失,两者在形式上有诸多相似之处,都是自我与社会的分离甚至对立,都体现为自我"在场"与"不在场"两种不同情况下个体态度的矛盾。但是,就其实质而言,两者仍然有明显的区别(见表3-1)。

表3-1 "自我同一性混乱"与"自我同一性缺失"的比较

| 类别 | 自我同一性混乱 | 自我同一性缺失 |
| --- | --- | --- |
| 人生阶段 | 青春期和青年中期 | 青年中期以后 |
| 自我性质 | "真我" | "假我" |
| 自我类型 | "自我"与"超我"的斗争 | "超我"消失,只有"自我" |
| 行为方式 | 两极性 | 表演性 |
| 人格特点 | 矛盾 | 犬儒 |

根据表3-1的内容,可以进行以下分析。

第一,在人生阶段上,自我同一性混乱特指青春期和青年中期的一种心理现象。大学生在确定自我同一性的过程中,会呈现出不同的状态,并

---

[1] 埃里克森. 同一性:青少年与危机[M]. 孙名之,译. 杭州:浙江教育出版社,1998:202.
[2] 邓晓芒. 传统文化的反思与再造[J]. 同舟共进,2016(2):8-12.

非所有大学生都能完成自我同一性。王树青的研究团队以大学生群体为样本，区分了四种同一性状态：同一性获得（identity achievement）、同一性延缓（identity moratorium）、同一性早闭（identity foreclosure）、同一性扩散（identity diffusion），以此为基础进行了一系列实证研究。① 自我同一性缺失则更多地指青年中期以后的各个人生阶段，它甚至可以伴随终身。正如俗语所云："有的人活了80年，却死在了20岁。" 20岁"死"掉的不是作为生物个体的自我，而是社会意义上的自我。如果青春期和青年中期的自我同一性混乱未能得以良好解决，反而演变成为和青年中期之后的自我同一性缺失，那么就可以说这个人"在20岁就已经死去"。

第二，在自我性质上，处于自我同一性混乱状态的大学生，在如何处理个人与社会等各种关系问题上，存在诸多纠结、困惑，他们时常陷入矛盾、迷茫之中。"这样的年轻人不能明确地意识到自己是谁，有哪些区别于他人的特点，属于哪个阶层、哪个群体，过去怎样、今后向哪个方向发展。"② 不管表现形式如何，这些纠结、困惑、矛盾、迷茫，对于这样的大学生而言是真实存在的，而且是他真心实意地希望通过能力得以解决的，这是一种"真我"。但是，处于自我同一性缺失状态的个体则不然，他们明明知道哪些是真哪些是假，也明白正确的选择是什么，但为了种种目的，"扮猪吃老虎"，"揣着明白装糊涂"，他们呈现出的是一种"假我"。③

---

① 王树青，宋尚桂. 大学生自我同一性与亲子依恋、因果取向之间的关系[J]. 心理与行为研究，2012（1）：32-37；王树青，张光珍，陈会昌. 大学生亲子依恋、分离一个体化与自我同一性状态之间的关系[J]. 心理发展与教育，2014（2）：145-152；王树青，曹晖，苏霞. 亲子依恋、分离一个体化对大学生自我同一性状态的影响：自我不一致的中介作用[J]. 心理与行为研究，2017（3）：343-350，378；王树青，佟月华. 分离一个体化对大学生自我同一性状态的影响：因果取向的中介作用[J]. 中国特殊教育，2018（8）：91-96.
② 叶浩生. 心理学理论精粹[M]. 福州：福建教育出版社，2000：165.
③ 在笔者看来，自我同一性的核心问题就是拒斥"假我"、追寻"真我"。关于"真我""假我"，温尼科特（Donald Winnicott）的研究颇具特色。温尼科特的true self和false self被翻译为中文"真自体"（"真实自体"）和"假自体"（"虚假自体"），它们分别对应于我们所说的"真我"与"假我"。我们认可温尼科特所说的："假自体的防御功能是为了隐藏和保护真自体，无论真自体可能是什么样的。"（温尼科特. 成熟过程与促进性环境：情绪发展理论的研究[M]. 唐婷婷，译. 上海：华东师范大学出版社，2017：126.）不同之处在于，作为一名精神分析师，温尼科特将成年病人身上的虚假自体障碍和他在婴儿生命初始就观察到的母婴之间的互动变化联系起来（郗浩丽. 客体关系理论的转向：温尼科特研究[M]. 福州：福建教育出版社，2007：60.）。我们则更多地关注自我现有状态下"真"与"假"的区分，这种真假更多地奠基于历史唯物主义的真理观。这个问题十分重要且复杂，涉及物质和意识、客观和主观、事实和价值、个体和社会等诸多范畴之间的辩证统一，大致可以分为三个层次：一是心口一致；二是言行一致；三是主客一致。具体分析将另文详述。

第三，在自我类型上，自我可以有很多种不同的分类方式，其中一种十分常见的分类方式是将自我划分为现实的我与理想的我。有研究者认为，埃里克森的自我同一性概念包括了我们已经是什么，我们想成为什么和我们应该成为什么。同时，这一概念也包括了我们不是什么，我们不想成为什么和不应该成为什么。[1]这实际上涉及现实的我与理想的我（两者分别对应于弗洛伊德所说的"自我"和"超我"）之间的冲突。处于自我同一性混乱状态的大学生，尝试着通过"自我"与"超我"的斗争，实现人生的升华。与之相对，那些自我同一性缺失的"成熟的人"，则表现为"超我"消失，只有"自我"；换言之，就是理想缺失，精神退却，变得"现实""务实""实际""实在"，实际上往往已经成为金钱和权力的奴隶。

第四，在行为方式上，经过青年早期和青年中期的各种心理体验之后，到二十四五岁，个体在情绪上趋于稳定，在心理上达到成熟。大学生正处于青年中期，这是一个行为从幼稚走向成熟的过渡期；更何况，心理上的成熟并不意味着社会性的成熟。社会性的成熟是青年在步入社会，经过多种社会体验和社会实践活动得以最终实现的。[2]因此，处于自我同一性混乱状态的大学生，很容易"认死理""走极端"。很多青少年犯罪都与同一性危机有关，这些青少年的逻辑是与其做个不伦不类的人，不如做个臭名昭著的人。[3]与这种"宁做大恶人，不做平凡人"的想法不同，处于自我同一性缺失的人，更多地考虑如何做个"成功者"。这里的"成功"就是当前社会流行的"成功学"里所谓的成功，它的核心在于当官发财、出人头地、光宗耀祖。围绕这个目标，行动者可以根据不同场合、不同情境、不同角色、不同要求进行相应的表演。在这个过程中，真假并不重要，只要表演"到位"就行，如果能"传神"则更好，在感动对方的同时也感动了自己。

第五，在人格类型上，在"自我"与"超我"的斗争过程中，自我同一性混乱的大学生更多地体验到无处不在的矛盾：在这样的混沌状态下，他们感觉自己要对自己的未来做出明确选择，但他们不能，然而又觉得父母和社会逼

---

[1] 叶浩生. 心理学理论精粹[M]. 福州：福建教育出版社，2000：164.
[2] 林崇德. 发展心理学[M]. 北京：人民教育出版社，2018：404.
[3] 叶浩生. 心理学理论精粹[M]. 福州：福建教育出版社，2000：165.

迫他做出选择，于是他们反抗，以保护自尊心不受伤害。① 这种矛盾人格带来的痛苦、焦虑、空虚和孤独，构成了自我同一性混乱的重要标志。矛盾是客观的，对于自我同一性缺失的个体而言，尽管具体内容相去甚远，但他们无法逃脱人的存在的二律背反。② 那些获得了自我同一性的个体，会采用积极的方式面对矛盾、解决矛盾，实现自我的提升；与之相反，那些自我同一性缺失的个体，则往往倾向于回避矛盾，采用一种犬儒主义的方式，抹杀真与假、善与恶、美与丑的区别，消解人生的意义和价值。因此，在他们身上看不到痛苦、纠结，更多的是圆滑世故，是消解了道德之后的心安理得（厚颜无耻）。

基于上述五点区别，可以得出以下启示。

第一，多重社会角色不同于自我同一性混乱，更不同于自我同一性缺失。大多数人可以（而且需要）同时扮演学生和朋友、父亲和儿子、领导和下属等多种社会角色，但是，就自我而言，却可以是同一的。这种自我同一性建立在稳定的价值观系统基础之上。价值观系统的等级结构特性可以在与自我的关系中得以体现：位于系统核心位置的价值观经历了自我认同过程，因而也更为重要；而一些价值观并未被纳入个体的自我概念之中，重要程度不足，对行为也就无法产生直接的导向和动机功能。也就是说，不同重要等级的价值观在自我认同的程度上可能会表现出差异。③ 这里的"高""低"等级的价值观具有明显的个体差异性，但无论不同个体之间的价值观差异如何，就个体本身而言，这一结论是成立的。社会主义核心价值观教育的确十分重要，问题在于如果忽视大学生自我同一性混乱的现实，或者将这种情况等同于自我同一性缺失，则可能将心理问题当作道德问题，将教育问题当作政治问题，从而开错药方。

第二，埃里克森十分重视社会文化因素对自我发展的重要意义，沿着这一思路，可以从个体与社会的关系上把握大学生的自我同一性。实证研究表明，大学生的社会支持对自我和谐和主观幸福感都有显著的正向预测作用，并通过自我和谐间接影响主观幸福感；大学生的自我和谐对主观幸福感具有显

---

① 叶浩生. 心理学理论精粹[M]. 福州：福建教育出版社，2000：165.
② 关于人的存在的二律背反，相关内容见本章第四部分。
③ 王洪，岳童，符明秋. 从情感认同到自我认同：价值观认同的内隐实验研究[J]. 广东社会科学，2021（5）：64-73.

著的正向预测作用,并且在社会支持和主观幸福感之间起到部分中介作用。[1] 在自我和谐(个体)和社会支持(社会)之间,以及两者与主观幸福感之间,均存在显著正相关。这与人们的经验观察是一致的。大学阶段的一个重要目标,就是学会如何处理好主我(I)与客我(me)、自我与他人、自我与社会的关系。暂时的自我同一性混乱并不可怕,值得警惕的是变异的教育和病态的社会导致主体自我同一性缺失,后者带来的危害往往伴随人的一生,一旦形成就极难扭转。

第三,教育既不是宣传,也不是表演,行之有效的教育需要深入大学生自我深处,关注其人格结构的变化。鉴于自我同一性混乱与自我同一性缺失两者在根本上的区别,教育工作者和全社会都需要采取实事求是的态度,客观理性地对待大学生在成长过程中出现的问题。如果仅仅关注高等教育的模式、内容、方法、手段等,而不区分自我同一性混乱和自我同一性缺失;如果高等教育的目标不是鼓励和引导学生追寻自我,而是忽视或者逃避自我;如果教育者和全社会不能正确对待大学生的自我同一性混乱,有针对性地予以引导,就很可能为了追求经济的、政治的甚至所谓"文化"的种种外在目标,将教育变成宣传或表演[2],加剧大学生的自我同一性混乱,最终导致自我同一性缺失。这样的高等教育和社会化过程已经变异:在教育场域,通过"威逼利诱"等各种手段,从解决受教育者的自我同一性混乱始,而以受教育者的自我同一性缺失终,自我同一性的破坏带来的最终后果是培养出一批内心空虚、精神贫乏、人格萎缩、境界卑下之徒,他们要么成为只懂得察言观色、溜须拍马、逢迎表演的精致的利己主义者,要么成为"无原则的怀疑、有意识的虚假和不反抗的愤世"[3]的犬儒主义者。

---

[1] 杨洪猛. 大学生社会支持、自我和谐与主观幸福感的关系研究[J]. 教育理论与实践,2020(21):30-33.
[2] "教育""宣传"和"表演",三者含义各异,不可混淆。一般而言,理想的宣传是通过信息的传播、文化习俗使接收者自愿地、主动地按照宣传者设计的方式思考和行动。(刘海龙. 宣传:观念、话语及其正当化[M]. 北京:中国大百科全书出版社,2020:8.)所谓表演,就是走上舞台的个人通过其活动,试图给予他人和他们自身某种他所寻求的人物印象。[高宣扬. 当代社会理论(上册)[M]. 北京:中国人民大学出版社,2005:456.]与上述两者相比,现代教育则强调各方真实意愿下的自由、平等交往,强调行动者之间相互促进、共同成长。
[3] 操奇. 启蒙的天敌:犬儒理性论略[J]. 哲学研究,2015(6):91-96.

## 四、大学生自我的发展性

发展（develop）意味着变化，而且是具有进步意义的变化。从这个意义上说，发展性与超越性、创造性等概念在内涵上是高度契合的。可以从本质、源泉和标准三个方面，分析大学生自我的发展性。

第一，自我发展性的本质：自我的社会文化属性。"Develop（ed）这个词在17世纪中叶继 disvelop（16世纪末时）变成英文语汇，而其最接近的词源是法文 développer 与古法文 desvoleper；其词源的意义是与 wrapping（包裹），bundling（捆扎）相对立，意指 unfold（展开）与 unroll（舒卷）。18世纪时，这个词的词义以隐喻的方式被延伸，进而包含1750年沃伯顿（Warburton）提出的"发展人类心灵能力"的意涵。"[①] 从西方词源上分析，自从"发展"一词与个体的变化建立起联系，就侧重于人的"心灵能力"，而且这种"传统"已有200多年的历史。今天我们在谈及人的发展时，仍然是侧重于人的社会文化属性，而不是生物属性。从后者来看，步入老年后，人并不是在向前发展，而是在向后衰退，这是一条显而易见的规律。但是，如果从社会文化属性分析，情况就可能大不一样。孔子所说的"吾十有五而志于学，三十而立，四十而不惑，五十而知天命，六十而耳顺，七十而从心所欲，不逾矩"，就是一个随着年龄的增长而自我不断发展的过程。研究表明，西方老年人的自我概念并没有随着年龄的增长而衰退，相反，表现出"无与伦比的稳定性、达观和智慧"[②]。就大学生现代人格的养成而言，一方面，要意识到自我正处于人生发展的黄金时期；另一方面，要意识到自我发展不是一个阶段性命题，而是一个终其一生的命题。

第二，自我发展性的源泉：人的存在和历史上的二律背反。在《为自己的人》（Man for Himself）一书中，弗洛姆（Erich Fromm）分析了"人的存在和历史上的二律背反"。在弗洛姆看来，人性的分裂导致了他所说的"存在的二律背反"，因为"这种二律背反植根于人的真实存在中；它们是人所无法废除的矛盾，但人能以不同的方式抵制这些矛盾，这与人的性格和文化修养有

---

[①] 威廉斯. 关键词：文化与社会的词汇[M]. 刘建基，译. 北京：生活·读书·新知三联书店，2005：125.
[②] 布朗. 自我[M]. 陈浩莺，译. 北京：人民邮电出版社，2004：89.

关"①。弗洛姆概括了个体必须面对的两个"存在的二律背反"：生与死的二律背反、生命有限与潜能无限的二律背反。弗洛姆提醒人们，注意区分"存在的二律背反"和"历史的二律背反"。他认为，人不能消除存在的二律背反，虽然他能以不同的方式对此做出反应；与之不同，人能够凭借以自己的行动消除历史的矛盾而对这些矛盾做出反应：

> 人能通过缓减与调和意识形态而抚慰自己的精神；他能凭借在享乐或事业上的不断活动以设法逃避内心的不安宁；他能努力取消自由，并力图使自己返归为外在于他的权力之工具，使自己沉湎于这种工具的状态中。但是，他还是感到不满足，还是感到焦虑、不安。只有一种办法可以解决他的问题：面对真理；承认在毫不关心他命运的宇宙中，他的根本孤独和寂寞；认清对他来说，超越于他并能解决他问题的力量是不存在的。……人决不会停止困惑、停止好奇、停止提出问题。只有认识人的情境，认识内在于人的存在之二律背反，认识人展现自身力量的能力，人才能实现他的使命：成为自己、为着自己、并凭借充分实现其才能而达到幸福，这些才能是人所特有的能力——理性、爱、生产性的工作。②

弗洛姆对人性的洞察是深刻的，他概括了自我追寻的三种基本方式：一是诉诸意识形态；二是占有财富；三是获取权力。这正是许多大学生寻求存在感、安全感以至人生意义和价值的主要途径。实际上大多数国人也是如此。然而，这些方式都是对真理的遮蔽，是对自由的逃避。因此，越是将自我的获得和实现建立在功名利禄之上，就越觉得空虚、焦虑。在《逃避自由》(*Escape from Freedom*)一书中，弗洛姆提出了"积极的自由在于全面、总体的人格的自发性活动"③这一命题，但是，正如邓晓芒所批评的，用自发性来规定积极的自由，这实际上是一种循环论证；单凭一个抽象的"自发性"概念，无法把爱与自私、创造性的工作与强迫性的工作、自由与逃避自由区别

---

① 弗洛姆. 为自己的人[M]. 孙依依, 译. 北京: 生活·读书·新知三联书店, 1988: 57.
② 弗洛姆. 为自己的人[M]. 孙依依, 译. 北京: 生活·读书·新知三联书店, 1988: 59-60.
③ 弗洛姆. 逃避自由[M]. 陈学明, 译. 北京: 工人出版社, 1987: 333.

开来①。不管是"转山河大地归自己",还是"转自己归山河大地",只要没有面对自己、面对真理,就没有真正运用自己的力量,更不可能通过生产性的生活赋予生命以意义。从这个意义上说,反思意识、批判理性对于大学生现代人格的养成是极为重要的。只有通过批判性的自我反思,他们才会认识到,除了通过发挥自身的力量、通过生产性的生活赋予生命以意义,生命并没有意义。只有时刻警惕,不断努力,才能使我们完成这一任务,即在我们的存在法则所限定的范围内,充分发展我们的力量。只有将自我独立出来,全面审视自我与他人、社会的关系,"认识内在于人的存在之二律背反",从而不断发展"人所特有的能力——理性、爱、生产性的工作",才能真正获得自由,成就自我。"人的存在的二律背反"是永恒的,因此,自我的发展性也是永恒的。

第三,自我发展性的标准:马克思关于人的自由全面发展的理论。弗洛姆关于自我的观点,与马克思关于人的自由全面发展的理论有不少相通之处。实际上,将马克思与弗洛伊德的理论结合起来,这正是弗洛姆毕生的学术旨趣。弗洛姆关于"人的存在和历史上的二律背反"的观点,有助于深入理解自我发展性的源泉;但是,他在强调"理性、爱、生产性的工作"等"人所特有的能力"时,未能深入人的感性活动或对象性活动(即实践)②本身,从而赋予"自我意识"以脱离社会现实的希望,最终无法从根本上解决人的自我发展性问题。

奠基于实践,马克思提出的自由全面发展是人类解放的最高境界与归宿。马克思认为,"私有制只有在个人得到全面发展的条件下才能消灭"③。共产主义是"以每个人的全面而自由的发展为基本原则的社会形式"④。在马克思经典著作中,关于"自由"和"全面"的具体论述,是针对人的生存状况,在"生存论"意义上使用与展开的。马克思所追求的人的"自由发展",要求人的个性、

---

① 邓晓芒. 新批判主义[M]. 武汉:湖北教育出版社,2000:164.
② 吴晓明,陈立新. 马克思主义本体论研究[M]. 北京:北京师范大学出版社,2012:217.
③ 马克思,恩格斯. 马克思恩格斯全集(第3卷)[M]. 中共中央马克思恩格斯列宁斯大林著作编译局,编译. 北京:人民出版社,1960:516.
④ 马克思,恩格斯. 马克思恩格斯文集(第5卷)[M]. 中共中央马克思恩格斯列宁斯大林著作编译局,编译. 北京:人民出版社,2009:683.

人格、创造性和独立性在生存状况中最大限度地"不受阻碍地发展"。马克思所追求的人的"全面发展",既是人在生存状况中的类特性、个性、能力、知识的整合与开发的协调性、充分性、广泛性,也是人的自然素质、社会素质和精神素质的共同提高,同时还包括人的政治权利、经济权利和其他社会权利的充分实现。①

结合大学生的现实问题,可以从以下三个方面进一步深入理解马克思人的自由全面发展理论。第一,"生存论"意义上的人的自由全面发展,其内涵远远超出了教育界常说的"德智体美劳全面发展",后者非但不能取代前者,还应当以前者为基石。当前教育领域出现若干乱象的一个重要原因就在于单纯地强调学生的"德智体美劳全面发展",忽视他们作为个体的自由全面发展;更有甚者,将人的自由发展与全面发展对立起来,主张为了全面发展而牺牲自由发展。这些都是对马克思人的自由全面发展理论的误解。第二,人的自由全面发展蕴含着主观与客观之间的辩证统一。就主观意义而言,每个人的发展方式不一样,有人追求金钱、地位、荣誉等,有人则通过超功利的精神追求实现超越。在现代社会,只要不是以损害他人利益为代价,这些追求都是合理的。但是,即便如此,判断自我发展性的标准仍具有客观性。真正的自我发展在于扩大人的自由,发掘人的潜能和创造力,全面提升人的素质;与之相对,有些人自认为的发展,实际上是毁灭,一个极端案例就是吸毒——哪怕是关起门来"自产自用",人们一般也认为吸毒是不可取的,因为它是通过摧毁身心健康的方式,获取一时的快感。第三,人的自由全面发展不仅是一种理想状态,而且是一种检视现实社会中自我状况的标准。换言之,这是一种理想对现实的观照、未来对现在的观照。只有建立这样一种坐标体系,才可能避免历史虚无主义和多元文化主义,与其说这来自人的理性,不如说它更多地出自一种信念。

自我发展性的信念一旦缺失,就很容易出现"佛系""躺平"等现象。就自我而言,缺乏发展的信心和动力,这大概是当今大学生与20世纪80年代大学生的一个显著区别。在既不"自由"又不"全面"的发展格局下,高考的

---

① 刘同舫. 马克思人类解放思想史[M]. 北京:人民出版社,2019:153-155.

"成功"也难以激发出他们的"人的本质力量",近年来流行的"小镇做题家"就是一个典型。出身小镇、拥有高学历的大学生本该是教育竞争和应试评价体系中的成功者,却因受制于现实的社会流动困境和预期落差带来的身份失落,在网络空间自嘲为"废物",并试图通过"小镇做题家"这一网络用语重构自我的身份认同。研究发现,"小镇做题家"陷入身份建构困境,其网络自我呈现是破碎的,包括自我设限、自我拉扯、自我铭写、自我疗愈四种表征。[①]"小镇做题家"与"985废物""社畜"等流行词一样,表述的是大学生在社会竞争中的不如意,其实质也是在言说"内卷"环境下的地位焦虑。根据历史唯物主义的观点,摆脱这种状况的根本途径并非单纯强调"与自己和解",而是要通过深切的反思,奠基于感性活动或对象性活动,诉诸积极能动的实践,在改造社会的同时促进自我的发展,这是一个个体行动与社会结构相互促进的过程,也是一个不断发现自我、重构自我、超越自我的过程。

---

① 李沁柯,夏柱智. 破碎的自我:"小镇做题家"的身份建构困境[J]. 中国青年研究,2021(7):81-88,95.

# 第四章　品德教育概念辨析

关于道德教育、德育与思想政治教育三者的关系，学术界有研究者进行了专门的探讨。[①]尽管在若干具体观点上还存在不少分歧，但大致上可以达成基本的共识：德育有大德育和小德育之分，小德育专指道德教育；大德育可以约等于思想政治教育，包括了道德教育、思想教育、政治教育、法律教育等主要内容。之所以说"约等于"，是因为德育（包括道德教育）和思想政治教育分属不同学科，在权力结构[②]、知识要素[③]、开放系统[④]等诸多方面存在显著差异[⑤]。但是，无论是在理论探讨还是在实践运用中，这些差异都可以随着道德教育、思想教育、政治教育、法律教育四者的依次出场而退居幕后。与道德教育、德育、思想政治教育三者的轮番登台、频频亮相不同，品德教育似乎一直就隐藏在一个不显眼的角落，直到"培养担当民族复兴大任的时代新人"先后被写进党的十九大报告和党的二十大报告，伴随着时代新人成为万众瞩目的焦点，品德教育终于也有机会被推至聚光灯下。民族复兴是一项历史使命，围绕时代新人培育，品德教育与道德教育、德育、思想政治教育之间存在什么样的关系？这是新时代向品德教育提出的一个重要问题。对这个问题的回答，有利于全面透彻地把握品德教育这一概念的内涵和本质。

---

[①] 韦冬雪. 对"道德教育"、"德育"与"思想政治教育"概念之辨析[J]. 探索，2007（1）：120-123.
[②] 陈卓. 道德教育与思想政治教育之比较——基于权力的视角[J]. 陕西师范大学学报（哲学社会科学版），2016（1）：151-157.
[③] 易继苍，陈卓. 道德教育与思想政治教育之比较——基于知识要素的视角[J]. 当代教育论坛，2016（6）：46-55.
[④] 陈卓. 道德教育与思想政治教育之比较——基于开放系统的视角[J]. 江苏教育研究，2017（1）：3-8.
[⑤] 在没有特别说明的情况下，本书采用学术界通用的说法，区分小德育与大德育，前者指道德教育，后者指德育。本书的德育与思想政治教育、思想品德教育等同义，均是指包括思想教育、道德教育、政治教育、法律教育等在内的综合性的教育体系。

## 一、语义与语用：品德教育与品格教育关系辨析

相比于道德教育、德育和思想政治教育，品格教育与品德教育的关系最直接，笔者就从这两个概念的关系入手进行分析。根据美国哲学家、现代符号学创始人之一莫里斯（Charles Morris）的符号学三分法理论，符号学的研究可以分为：符号与符号之间的关系，即语构学；符号与符号使用者之间的关系，即语用学；符号与对象之间的关系，即语义学。① 笔者以符号学三分法为理论基础，分别从语义学和语用学两个角度，从一致性角度分析"品德教育即品格教育"这一命题，从差异性角度分析"品德教育与品格教育"这一命题。

### （一）一致性：品德教育即品格教育

立足于语义学，意义本身的复杂性导致了所谓的实质性意义只组成了语词的一部分，这部分就是我们所理解的固化于字典中的词汇性潜在意义，即词典本义。② 从语义学上厘清品德教育与品格教育的关系，意味着深入分析品德、品格、人品、人格等关键概念及其关系。研究品德教育概念含义及其与相关概念的关系，立足词典本义的语义分析是逻辑起点。

品德指的是"品质道德"③。品质道德不同于道德品质，前者是并列结构，指的是品质和道德两个方面的内容，后者是偏正结构，指的是道德自身的品质。很多研究者都将品德理解为道德品质，实际上就是把品德等同于道德。与之相对，如果将品德理解为品质与道德的结合，则需要进一步考察品质这一概念。品质指的是"行为、作风上所表现的思想、认识、品性等的本质"④。从概念上可以看出，品质是知与行的综合体，是对事物本质的揭示，而且与品性关系密切。品性指的是"品质性格"⑤，性格是"在对人、对事的态度和行为方式上所表现出来的心理特点"⑥。性格（character）是一种与社会最密切相

---

① 廖春红．试析莫里斯符号学的意义观[J]．北方论丛，2006（4）：80-82．
② 王铭玉．现代语言符号学[M]．北京：商务印书馆，2013：476．
③ 中国社会科学院语言研究所词典编辑室．现代汉语词典[M]．7版．北京：商务印书馆，2016：1004．
④ 中国社会科学院语言研究所词典编辑室．现代汉语词典[M]．7版．北京：商务印书馆，2016：1005．
⑤ 中国社会科学院语言研究所词典编辑室．现代汉语词典[M]．7版．北京：商务印书馆，2016：1004．
⑥ 中国社会科学院语言研究所词典编辑室．现代汉语词典[M]．7版．北京：商务印书馆，2016：1470．

关的人格特征，性格含有许多社会道德含义。性格代表了人们对现实和周围世界的态度，并表现在他的行为举止中。性格表现了一个人的品德，受人的价值观、人生观、世界观的影响，如有的人大公无私，有的人自私自利。这些具有道德评价含义的人格差异，可以称为性格差异。性格是在后天社会环境中逐渐形成的，是最核心的人格差异。性格有好坏之分，能最直接地反映出一个人的道德风貌。① 在人格系统中，性格与品德有着密不可分的关系，在英文中性格与品德都是用 character 一词来表示。

品格指的是"品性；品行"②。诚如上文分析的，品性强调的是品质和性格，品行则是"有关道德的行为"③。综合起来看，品格具有浓厚的道德色彩，同时又超出了道德范围，涉及人的总体的品质性格。

概言之，无论是品德还是品格，都是以道德为核心和基础的，但同时又不仅仅局限于道德，它们涉及人之所以为人的品质、性格，也就是常说的人品、人格。人品指的是"人的品质"④，人格指的是"人的性格、气质、能力等特征的总和；个人的道德品质"⑤。与之前分析的思路一致，人品、人格以道德为核心和基础，同时涉及道德之外的诸多其他社会性因素。人格（personality）是心理学、社会学、伦理学、法学和文化学等诸多人文社会学科所共同关注的范畴。在哲学视域中，人格是人之为人的资格，是一个人道德、情感、意识和行为的集合，是关于个人在具体现实社会历史条件下安身立命的规定。⑥ 心理学认为，人格是一个复杂的结构系统，它包括许多成分，其中最主要的有气质、性格、自我调控系统。⑦

综上所述，在教育学意义上谈论品德、品格、人品、人格等概念时，只要抓住它们以道德为核心和基础、同时又不局限于道德这样一个特征，就可以在一般意义上将它们等同起来。换言之，如果不做特殊说明，品德、品格、

---

① 彭聃龄. 普通心理学[M]. 北京：北京师范大学出版社，2019：452.
② 中国社会科学院语言研究所词典编辑室. 现代汉语词典[M]. 7版. 北京：商务印书馆，2016：1004.
③ 中国社会科学院语言研究所词典编辑室. 现代汉语词典[M]. 7版. 北京：商务印书馆，2016：1004.
④ 中国社会科学院语言研究所词典编辑室. 现代汉语词典[M]. 7版. 北京：商务印书馆，2016：1098. 人品还有第二个意思，指的是"人的仪表"。这个意思多用于口语，例如人品出众，在此处可以忽略。
⑤ 中国社会科学院语言研究所词典编辑室. 现代汉语词典[M]. 7版. 北京：商务印书馆，2016：1096.
⑥ 陈琼珍. 现代人格及其塑造[M]. 广州：中山大学出版社，2018：1.
⑦ 彭聃龄. 普通心理学[M]. 北京：北京师范大学出版社，2019：451.

人品、人格等词可以互用。在日常生活中，说一个人品德高尚、品格高尚、人品高尚、人格高尚，往往所指的都是一个意思。类似于品德与品格两者可以互换，在没有特别说明的情况下，品德教育与品格教育两者也是可以互换的。实际上，在教育领域品德教育就是品格教育，在英语中它们就是同一个词 character education。国内学术界多将美国的 character education 翻译为品格教育而不是品德教育，其中一个原因大概是品德容易与道德混淆在一起，如果翻译为品格，则突出了人之为人的综合素质，在指涉道德的同时，还包含了思想、政治、法律等其他因素，避免了 character education 概念的窄化。

在本书中，品德教育与品格教育是一个意思。除非专门对品德教育与品格教育进行比较，一般情况下，都使用"品德教育"一词。

### （二）差异性：品德教育与品格教育

语言的本质、语言的存在是在具体使用中体现出来的。语言的生命在于被使用。[1]在被使用的过程中，语言获得了生命，并得以不断丰富内在意义。在谈及美国的 character education 时，虽然国内大多数研究者都使用"品格教育"一词，但也有少数研究者使用的是"品德教育"。早在1989年，有研究者专门撰文介绍了美国品德教育教程[2]，之后的研究一直没有中断，研究者们介绍了美国中小学品德教育概况[3]，概括了美国品德教育运动的基本观点[4]，以美国一所公立学校为对象对美国品德教育进行实际观察[5]，基于对美国新品德教育的考察分析学校道德教育的正当性[6]，探讨美国学校的品德教育对我国中小学德育的启示[7]。檀传宝认为，品德教育的复兴是美国德育的第三次浪潮，并对其进行了较为详细的分析。[8]上述这些研究者大多是从道德教育这个角度来理解品德教育的，道德教育与品德教育两者共用一个"德"字，因而在表意上

---

[1] 刘富华，孙维张. 索绪尔与结构主义语言学[M]. 长春：吉林大学出版社，2003：287.
[2] 王新玲. 美国品德教育教程简介[J]. 外国教育研究，1989（2）：44-47.
[3] 胡进. 美国中小学品德教育概况[J]. 外国中小学教育，1999（6）：5-8.
[4] 徐爱杰. 美国品德教育运动的基本观点及分析[J]. 中国教育学刊，2006（4）：30-32.
[5] 王芳. 美国品德教育缩影——基于对Mary Munford学校的实际观察[J]. 思想理论教育，2010（2）：20-23.
[6] 刘学先. 论学校道德教育的正当性——基于对美国新品德教育的考察[J]. 湖北社会科学，2014（10）：172-176.
[7] 韩文根. 美国学校的品德教育对我国中小学德育的启示[J]. 教学与管理，2013（22）：87-88.
[8] 檀传宝. 第三次浪潮：美国品德教育运动述评[J]. 北京大学教育评论，2003（2）：33-37.

更为明确直观。

与形式上的两种不同表述相比，品德教育与品格教育在内容上的差别更为重要。首都师范大学政法学院教授高峰认为："实际上，美国的品格教育与我国的品德教育分属不同的话语体系，在不同的语境下内蕴的价值理念也相差甚远。即便中西方是在同一意义上使用这些概念，我们也应在深层次上注意厘清两者在理路上的分野。"[①] 这里不是从语义而是从语用上强调品德教育与品格教育的区别。具体而言，可以从以下几个方面分析。

第一，从种属关系上看，美国的品格教育属于公民教育的范畴，是公民教育体系中的一个重要组成部分。[②] 美国的公民教育并不是仅仅局限于公民的道德教育，其本质内涵实际上是一种政治教育。[③] 政治教育是与道德教育同级、并列的范畴，它们都是隶属于德育总系统的子系统。从这个意义上说，如果品德教育等同于道德教育，那么品德教育与品格教育就不是一个概念了。

第二，从比较视角上看，美国的品格教育对中国的品德教育的意义在于它要求改变以传统道德为核心的局面，代之以现代思想。在谈及品格教育对当代中国教育改革的意义时，高峰认为："在中国由传统向现代的社会转型过程中，最根本、最艰难且最有决定意义的变革，不是经济或政治的变革，而是文化的变革，亦即由传统的臣民文化向现代公民文化的转型。"[④] 在这里，他直接表达了价值观教育在品格教育中的根本性、决定性作用，与之相比，政治教育只能退居其次。当然，这种观点也可以商榷，一个可以依循的路径就是文化与制度的辩证关系。高峰强调文化在中国社会现代化转型过程中的根本性、决定性意义，相对而言有忽视制度重要性的嫌疑，后者涉及如何看待政治教育和法律教育。但是，不管结论如何，高峰的理论出发点和逻辑进路是很明确的：美国品格教育对中国的品德教育的一个重要启示是，价值观教育

---

① 高峰. 对美国品格教育的深层透视——兼论中西方德育的理路分野[J]. 思想理论教育，2014（8）：14-19.
② 高峰. 对美国品格教育的深层透视——兼论中西方德育的理路分野[J]. 思想理论教育，2014（8）：14-19.
③ 高峰. 美国公民教育的基本内涵[J]. 比较教育研究，2005（5）：55-60.
④ 高峰. 对美国品格教育的深层透视——兼论中西方德育的理路分野[J]. 思想理论教育，2014（8）：14-19.

最具根本性的意义，以往的研究对这一点重视不够。[①]

第三，从历时性上看，品格教育当然也强调思想、道德、政治、法律等内容，但它奠基于现代价值观："就当前而论，国人之缺乏公民意识或公民伦理觉悟，仍然是中国同发达国家的最大差距。而要解决这一问题，从根本上说，只有靠公民教育（品格教育）的发展和成熟，舍此绝无它途。"[②] 走中国式现代化道路，意味着尊道贵德、仁爱、推己及物、五福、修身等观念需要大力弘扬，家国天下同构、家长制、官本位、忠君、经权等观念需要进一步深刻更新，个体、公民、权利、社会、现代法治等现代观念需要进一步加强。[③] 在这个过程中，思想教育、道德教育、政治教育、法律教育缺一不可，而且都需要在批判继承传统的基础上加入现代性的内涵。如果将视野放长远，可以看到，美国的品格教育本身也经历了不同的发展阶段，新旧品格教育之间存在明显差别。19世纪末20世纪初以前，旧品格教育（传统品格教育）模式一直在美国学校中占据统治地位；20世纪40—50年代陷入低谷；到了20世纪80年代，品格教育开始回归与复兴，美国进入所谓新品格教育时代。与旧品格教育相比，新品格教育在目标层面发生了根本性转向，由重视"美德灌输"转为关注"如何将其社会成员尤其是年轻一代，培养成具有亲社会内在属性的良善公民"[④]，并在此基础上，将培育核心价值观（core values）作为破解美国社会道德困境、价值危机和精神症候的可能进路[⑤]。与旧品格教育相比，美国新品格教育更加多元、综合、立体、灵活。鉴于美国新旧品格教育之间的差异，当我们说品德教育等同于品格教育时，需要进一步明确两个概念的具体所指，否则泛泛而谈就失去了意义。

不管是品德教育还是品格教育，在使用过程中都与道德教育、德育有着

---

① 由此引出了另一个重要问题：价值观教育与品德教育的关系。我们认为，价值观教育是品德教育的核心和基础。这里的品德教育包括狭义和广义两个方面，即价值观教育是道德教育的核心和基础，同时也是德育的核心和基础。为了更好地揭示价值观教育、道德教育、德育三者之间的关系，也可以这么说：道德教育是德育的核心和基础，价值观教育是道德教育（同时也是思想教育、政治教育、法律教育）的核心和基础。具体分析将另文详述。
② 高峰. 对美国品格教育的深层透视——兼论中西方德育的理路分野[J]. 思想理论教育，2014（8）：14-19.
③ 江畅，陶涛. 中国传统价值观现代转换面临的任务[J]. 湖北社会科学，2019（3）：174-182.
④ Wolfgang A, Berkowitz M. Moral Education and Character Education: Their Relationship and Roles in Citizenship Education[J]. Journal of Moral Education, 2006（4）：495-518.
⑤ 刘晨，康秀云. 美国新品格教育的复归背景、目标转向与理论超越[J]. 外国教育研究，2017（12）：90-102.

千丝万缕的联系。根据道德教育与德育之间的种属关系，可以区分出两个层次的品德教育，即与道德教育相对应的品德教育层次Ⅰ、与德育相对应的品德教育层次Ⅱ；同样，类似于小德育与大德育的区分，在每个层次中都可以进一步区分出广义的品德教育（大品德教育）与狭义的品德教育（小品德教育）。基于这样的框架进行分析，品德教育概念深层次的内涵便得以揭示出来。

## 二、品德教育层次Ⅰ：品德教育与道德教育关系辨析

品德教育层次Ⅰ关注品德教育与道德教育的关系。既然道德在品德中居于核心和基础地位，那么，是否可以直接从形式上推导出道德教育在品德教育中居于核心地位？答案当然是否定的。品德教育与道德教育两者是并列关系、交叉关系还是种属关系，或者还存在其他关系？如果是并列关系，两者可以互相替代吗？如果是交叉关系，它们的共同交叉之处是什么？如果是种属关系，究竟是谁从属于谁？这些都是需要辨析的问题。在日常生活中，人们往往将品德与道德等同起来，品德高尚与道德高尚几乎是同样一个意思。在学术研究领域，有学者认为应当区分道德品格和非道德品格，有的学者则认为品格专指道德品格。[1] 品德教育与道德教育之间存在非常密切的联系，但它们之间的差别也不容忽视。从一致性和差异性两个方面来分析品德教育与道德教育的关系，便产生了两大不同观点：从广义上看，品德教育就是道德教育；从狭义上看，品德教育只是道德教育的两种主要形式中的一种。

### （一）一致性：品德教育即道德教育

不少研究者认为品德教育就是道德教育。下面的观点比较有代表性："品德教育是一定社会（阶级）通过教育者对受教育者有目的、有计划、有组织地施加影响，以促进他们的道德认识、道德情感、道德意志和道德行为习惯的形成和发展的活动，亦称道德品质教育，是学校德育的重要组成部

---

[1] Berkowitz M. The Science of Character Education[M]// Damon W. Bring in a New Era in Character Education. Palo Alto: Hoover Institution Press, 2002: 47-48.

分。"① "品格在道德领域被认为是值得拥有和称赞的品质、性情，指一个人的内在的道德特性，因此我们所探讨的品格就只能是道德品格。"② 著名教育家、华东师范大学教授陈桂生认为："品德，是道德品质简称，指的是个人道德行为中所表现出来的稳定的心理特征。它犹如一面镜子，从中可以反映一个人的道德风貌。"③ 无论谈论的是品德还是品德教育，上述观点都存在一个共同点：将品德等同于道德，将品德教育等同于道德教育。

认为品德教育就是道德教育，一个重要的理由是：道德教育是德育的核心和基础。从人的存在状态而言，卢梭认为道德教育的本质是一种人性平衡术，其目的就在于实现人身上自然性与社会性的相互调和。④ 卢梭的这个结论基于哲学上抽象的人性论，在给人以启发的同时也存在涵盖对象过于宽泛的问题。实际上，除了道德，还有很多范畴涉及平衡人性，如宗教。有学者认为，道德教育是做人的基础，唯有人才有道德生命。人的品质的规定性也就在于人是否能够以善良的心态对待人、对待生物和自然。道德性是对人的一种质的规定性，有道德才有资格做人。这个观点对于理解道德自身的独特性是有所帮助的，但是，该学者也承认"人具有道德的属性实际上是区别于动物的标志之一"⑤。那么，除了道德，人区别于动物的标志还有哪些呢？它们与道德之间存在什么样的关系？该学者没有回答这些问题，也没有解释为何道德教育能超越思想教育、政治教育、法律教育，从而成为德育的基础性要素。为此还需要寻找更为有力的论证。

檀传宝提出了"道德教育是学校德育的根本"这个命题，并进行了较为系统的论证。他认为，从逻辑上看，政治教育必须建立在最基本和最有效的道德教育的基础之上，道德教育是共产主义等政治思想教育的基石。从实践的角度看，将道德教育视为教育的根本也是许多国家的共同选择。因此，中国

---

① 邢贲思，周汉民. 人生知识大辞典[M]. 北京：中国青年出版社，1992：608.
② 尹怀斌. 品格与品格教育：概念、视角和基础——当代西方品格教育理论研究[J]. 道德与文明，2012（6）：103-109.
③ 陈桂生. 中国德育问题[M]. 福州：福建教育出版社，2006：60.
④ 胡君进. 道德教育作为一种人性平衡术——一种对于德育本质的卢梭式探讨及其启示[J]. 中国教育学刊，2020（9）：87-92.
⑤ 王少梅. 论道德教育的基础性与基础德育[J]. 黑龙江高教研究，2004（2）：133-134.

教育界亟待完成学校德育的重心转移：从过分泛化、过度政治化的非常规德育走向以道德教育为核心和基础的常规的学校德育。在现实操作层面，思想教育、政治教育等应当在适当的道德教育之后逐步进行。比如道德教育应当成为国家基础教育的"基础"之一，贯穿始终，而思想教育、政治教育等则应当在小学、初中、高中、大学由少到多、次第加强。[①] 相比之下，檀传宝的论证是最充分、最有力的。与之形成呼应的是，有学者认为："对青少年开展的德育侧重强调思想品德教育，侧重于促进学生思想品德的发展。而思想政治教育的对象虽是全体社会成员，但是以成人为主，教育的侧重点是思想教育和政治教育。"[②] 与思想教育、政治教育相比，在人生各阶段中最早实施的是道德教育。这种观点看到了这一点，但是，将德育与思想政治教育分别与受教育者的不同年龄段对应起来，在逻辑上似乎不具有说服力；而且，近年来全国各地广泛开展的大中小学思想政治教育一体化建设，已经从实践上给予了否定回答。但无论如何，相比于思想教育、政治教育、法律教育，道德教育占据更为优先的地位，这一点是明确的。

　　基于上述理由，哪怕认为品德教育是德育而不仅仅局限于道德教育，也会承认道德教育与品德教育之间存在内在逻辑关联，这种关联较之思想教育、政治教育、法律教育与品德教育的关系更为密切。正如学者所言："道德教育是学校德育最基础、最核心的成分，是学校德育最根本的任务。唯有将学校德育限定在道德教育而非一切社会意识教育的框架内才能对学生的品德发展发挥其能够发挥的作用，强人所难地将其他社会意识的教育成分附加到德育实践的序列，只能削弱学校德育的成效。"[③] 再加上品德与道德都共用一个"德"字，两者在形式上也更为接近。综合上述理由，"品德教育即道德教育"这一命题似乎已经成为学术界的一条公理。

### （二）差异性：品德教育与规则教育

　　在品德教育层次 Ⅰ 中，狭义的品德教育是指以德性伦理学为基础的道德

---

① 檀传宝. 道德教育是学校德育的根本[J]. 全球教育展望, 2001（6）: 9-14.
② 韦冬雪. 对"道德教育"、"德育"与"思想政治教育"概念之辨析[J]. 探索, 2007（1）: 120-123.
③ 戚万学, 唐汉卫. 学校德育原理[M]. 北京: 北京师范大学出版社, 2012: 7-8.

教育，广义的品德教育还包括以规则伦理学为基础的道德教育。换言之，从广义上看，可以认为品德教育就是道德教育；从狭义上看，品德教育与道德教育之间存在明显的差别。确切地说，（狭义的）品德教育并不是泛指一切道德教育，而是一种特殊的道德教育，是特指以德性伦理学为基础的道德教育。

道德教育奠基于伦理学，伦理学的理论为道德教育提供了基础性的内容。伦理学是一个庞杂的知识体系，对伦理学进行流派划分事实上主要是针对西方古典规范伦理学而言的，学术界目前较为认可的三大伦理学流派是德性论（美德论）、义务论（道义论）和功利论（目的论）。[①]进一步说，上述三大伦理学流派又可以归为两类：德性伦理学和规则伦理学。德性伦理学指的就是德性论伦理学，规则伦理学则包括义务论伦理学和功利论伦理学。规则伦理学的一个显著特征是，侧重于结果、直觉或规则；与之不同，德性伦理学更关注如何通过行好人或"德性"人所行，发展人的内在道德品质，即美德。[②]虽然都是道德教育，但基于德性伦理学的道德教育与基于规则伦理学的道德教育，两者有着显著区别。西方道德教育大致分为两大传统：一是以亚里士多德为代表的"品格—习惯"教育模式，二是以苏格拉底、柏拉图为代表的强调道德推理与判断能力培养的教育模式。[③]这两个传统也就是以德性伦理学为基础的道德教育和以规则伦理学为基础的道德教育，可以将它们分别概括为（狭义的）品德教育和规则教育。需要强调的是，这里的规则教育是作为与（狭义的）品德教育相对应的一个词而提出来的，是对以规则伦理学为基础的道德教育的本质属性的概括，不同于我们日常所说的、实用性意义上的"让受教育者接受规则的教育"。

檀传宝和戚万学分别从狭义和广义上界定品德教育，基于相同事实得出了不同的结论。在梳理美国品德教育发展史时，檀传宝与戚万学在品德教育的历史分期和各时期品德教育特点的概括上是一致的，但在如何界定价值澄清理论（value clarification theory）和道德认知发展理论（cognitive development

---

① 徐建龙，孟凡平，郝文清，等. 伦理学理论与应用[M]. 合肥：合肥工业大学出版社，2009：15.
② 蒂洛，克拉斯曼. 伦理学与生活[M]. 程立显，刘建，等译. 北京：世界图书出版公司北京公司，2008：66.
③ 尹怀斌. 品格与品格教育：概念、视角和基础——当代西方品格教育理论研究[J]. 道德与文明，2012（6）：103-109.

theory）的归属方面，两人存在不同看法。檀传宝认为，美国 20 世纪 60 年代和 70 年代开始兴起的价值澄清理论和道德认知发展理论延续了品德心理学家哈桑（Hugh Hartshorne）和梅（Mark May）关于品德和品德教育的研究以及杜威教育思想中相对主义和过程主义的德育理念，给美国本来就有的极端个人主义火上浇油。正因为如此，从 20 世纪 80 年代开始不断有专家批评相对主义和过程主义的德育取向，呼吁加强"品德教育"。[1] 从他的分析可以看出，价值澄清理论和道德认知发展理论是（狭义的）品德教育的对立面。与檀传宝一样，戚万学也认为 20 世纪 40—50 年代是品德教育的低谷时期，但是，在他看来，20 世纪 60—70 年代是个人主义品德教育的兴盛时期，虽然这一时期的品德教育流派众多，但价值澄清理论和道德认知发展理论逐渐在美国品德教育中取得主导地位。尽管此时期不同流派的品德教育观点各异，但它们都体现出一种共同的时代精神，即个人主义精神。一言以蔽之，就是强调"自我实现的个人主义"。[2] 在戚万学看来，价值澄清理论和道德认知发展理论并非（广义的）品德教育的对立面，而是（广义的）品德教育的一种特殊形式。总之，檀传宝将（狭义的）品德教育严格界定为以德性伦理学为基础的道德教育，戚万学在肯定这一点的基础上，将以规则伦理学为基础的道德教育也纳入（广义的）品德教育的范畴之中。

有学者认为，当前美国品德教育在取得巨大成效的同时也面临诸多问题，其局限性集中体现在作为品德教育基础的德性伦理的局限当中。[3] 德性伦理与规则伦理不是相互排斥的，而是相互补充和协作的。若非要强行用其中某一概念来解释整个道德生活，那么这种解释必将是对道德生活的人为歪曲。德性伦理学与结果主义、义务论三足并举才是规范伦理学的正确发展之路。[4] 笔者赞同这样的看法，同时也要强调，清晰而准确的概念是探求真知的逻辑前提。在讨论品德教育与道德教育的关系时，区分广义的品德教育与狭义的品德教育是十分必要的，完全可以（而且也应当）在区分品德教育和规则教育

---

[1] 檀传宝. 第三次浪潮：美国品德教育运动述评[J]. 北京大学教育评论，2003（2）：33-37.
[2] 戚万学. 现代西方道德教育理论研究（下卷）[M]. 北京：人民教育出版社，2020：633-636.
[3] 张夏青. 品格教育的伦理学基础：反思与批判[J]. 山西大学学报（哲学社会科学版），2015（2）：108-113.
[4] 方熹. 规则与德性：规范伦理学的发展之路探寻[J]. 湖北大学学报（哲学社会科学版），2014（5）：20-24.

的基础上，实现两者的有机融合。澄清前提，划定界限，有利于全面深入地把握品德教育与道德教育的关系。否则就会陷入逻辑上的混乱，也无法把握品德教育的本质。

## 三、品德教育层次Ⅱ：品德教育与德育关系辨析

品德教育层次Ⅱ关注品德教育与德育的关系。品德教育与德育之间存在密切关系，给人的一个直观印象是：人们在讨论品德教育时，往往将它与德育、思想政治教育、思想品德教育等实施"无缝对接"。例如，《转变德育观念 加强基础品德教育》[1]《渗透品格教育 深化德育工作》[2]《思想透视 德育对策——浅谈青少年思想品德教育》[3]《坚持德育为先 创新航空科技人才思想品德教育培养模式——以西北工业大学航空科技人才培养为例》[4]，尤其是关于美国品德教育对我国德育启示的研究，在数量和质量上都颇为可观。但是，类似于品德教育与道德教育之间的关系，大家都感觉到品德教育与德育之间虽然关系密切，但少有学者从学理上剖析这种关系的性质和特点，大多数人遵循的是以"不求甚解"为基础的拿来主义。品德教育与德育的一致性与差异性究竟如何，此诚需要一辩。延续对品德教育与道德教育关系的分析思路，在讨论品德教育与德育关系时，同样需要区分广义的品德教育与狭义的品德教育，在此基础上进一步讨论两者的一致性和差异性。

### （一）一致性：品德教育即德育

需要再次强调，在这里，德育和思想政治教育（还包括思想品德教育、思想素质教育等）是一个意思，都是指包括思想教育、道德教育、政治教育、法律教育等在内的综合性的教育体系。无论是在德育还是思想政治教育领域，不少专家都赞同"品德教育即德育"这一命题。具体而言，可以分别从德育和

---

[1] 钱忠源. 转变德育观念 加强基础品德教育[J]. 教育改革，1993（4）：2-4.
[2] 成少钧，陈俊岭. 渗透品格教育 深化德育工作[J]. 教育与职业，2009（20）：80-82.
[3] 咸立水. 思想透视 德育对策——浅谈青少年思想品德教育[J]. 思想政治课教学，2004（3）：56-58.
[4] 李辉，宋笔锋，宣建林. 坚持德育为先 创新航空科技人才思想品德教育培养模式——以西北工业大学航空科技人才培养为例[J]. 中国高教研究，2009（4）：82-83.

思想政治教育两个领域予以考察。

  第一，在德育领域有学者认为，品德教育即德育。王道俊和郭文安主编的《教育学》在学术界影响广泛，该书认为："学校德育是指学生在教师的引导下，以学习活动、社会实践、日常生活、人际交往为基础，同经过选择的人类文化，特别是一定的道德观念、政治意识、处世准则、行为规范相互作用，经过自己的观察、感受、判断、体验、践行和改善，以形成行为习惯、道德品质、人生价值和社会理想的教育。简言之，德育是培养学生思想品德的教育。"① 从这段话里笔者可以得出两点结论：一是该书将德育看作让学生"形成品德"，"培养学生思想品德"的教育，在这里，品德和思想品德是一个意思。二是根据该书的观点，品德教育与道德教育不是一回事，道德教育只是品德教育的一个重要组成部分，除此之外，品德教育还包括了思想教育（人生价值、社会理想）、政治教育（政治意识）。实际上，品德教育已经成为德育的代名词。

  与其观点一致的，还有我国德育学科的奠基者和领导者、南京师范大学教授鲁洁，东北师范大学荣誉教授（终身教授）王逢贤等著名学者。在《德育新论》中，鲁洁和王逢贤提出："德育是教育者根据一定社会和受教育者的需要，遵循品德形成的规律，采用言教、身教等有效手段，在受教育者的自觉积极参与的互动中，通过内化和外化，发展受教育者的思想、政治、法制和道德几方面素质的系统活动过程。"② 这里的德育是包含道德教育在内的所谓大德育。"德育目标的实质和内容，是一定社会和受教育者自身发展所要求的起码的品德。它包括思想、政治、法纪、道德等方面的基本素质和能力。"③ 在这里，鲁洁和王逢贤明确提出品德应该包括思想、道德、政治、法律④ 四个方面的内容。从这个意义上说，品德教育就是德育。品德教育中的品德不同于道德，道德只是品德的一个组成部分，除了道德，品德还包括思想、政治、法律三个组成部分。

---

① 王道俊，郭文安. 教育学[M]. 北京：人民教育出版社，2009：280.
② 鲁洁，王逢贤. 德育新论[M]. 南京：江苏教育出版社，2010：105.
③ 鲁洁，王逢贤. 德育新论[M]. 南京：江苏教育出版社，2010：144.
④ 关于品德内容中的法律，不同学者使用的术语有所区别，除了法律，主要还有法纪、法制、法治等。本书采用最为宽泛的表述，故使用"法律"一词。

第二，在思想政治教育领域有学者认为，品德教育即思想政治教育。张耀灿等认为，思想政治教育是指一定的阶级、政党、社会群体遵循人们思想品德形成发展规律，用一定的思想观念、政治观点、道德规范，对其成员施加有目的、有计划、有组织的影响，使他们形成符合一定社会、一定阶级所需要的思想品德的社会实践活动。[①] 思想教育、政治教育、道德教育、心理教育诸内容构成了思想政治教育内容体系，形成了一定的体系结构。[②] 张耀灿等没有采用通用的法律教育，而代之以心理教育，但从总体上看，品德教育在这里可以等同于思想政治教育。陈万柏和张耀灿认为，思想政治教育的根本目的是不断提高全体社会成员的思想道德素质，促进人的自由全面发展。思想政治教育内容主要应包括世界观教育、政治观教育、人生观教育、法治观教育、道德观教育五个方面。[③] 这里所说的世界观教育和人生观教育，对应于鲁洁和王逢贤所说的思想教育，其余三个方面的内容也是基本上一致的；思想道德素质则对应于笔者所讨论的品德。综合看来，"品德教育即思想政治教育"这一命题依然是成立的。

此外，有必要对"品德教育即思想品德教育"这个命题做出解释。除了"德育"和"思想政治教育"，"思想品德教育"一词也经常出现在各种场合。不能从字面上将思想政治教育理解为思想教育与政治教育的叠加，因为除了这两个方面，思想政治教育至少还包括道德教育和法律教育（或者心理教育）。同理，也不能从字面上将思想品德教育理解为思想教育与品德教育的叠加，除了基于与思想政治教育同样的理由，还要考虑到更为复杂的情况：品德教育不像道德教育那样，具有相对固定不变的内涵。具体而言：其一，如果将品德教育理解为道德教育，则类似于对思想政治教育的理解，在思想品德教育中还需要加入政治教育与法律教育。其二，如果将品德教育理解为思想教育、道德教育、政治教育、法律教育的综合，那么所谓思想品德教育就是一种同义反复，前面的"思想"一词纯属点缀，没有实质性意义。总之，思想品德教育就是品德教育，不需要进行过度诠释。实际上很多人也是在这个意义上使

---

① 张耀灿，郑永廷，吴潜涛，等. 现代思想政治教育学[M]. 北京：人民出版社，2006. 50.
② 张耀灿，郑永廷，吴潜涛，等. 现代思想政治教育学[M]. 北京：人民出版社，2006. 262.
③ 陈万柏，张耀灿. 思想政治教育学原理[M]. 北京：高等教育出版社，2015：174.

用"思想品德教育"一词的。

### （二）差异性：品德教育与行为教育

在分析品德教育层次Ⅰ时，笔者基于德性伦理学与规则伦理学的区分，提出了（狭义的）品德教育与规则教育这两种不同的道德教育。德性伦理学拒斥规则伦理学的关键在于：它要立足于"行为者"。德性伦理学不仅仅是以行为来对规则（或道德）伦理学做一个德性论的"还原"，而且要把行为者看作一个统一的人性整体，从而给行为评价提供前道德的评价依据。① 沿着这一思路继续走下去，随着视野从品德教育层次Ⅰ上升到品德教育层次Ⅱ，研究范围从道德教育拓宽到思想教育、政治教育、法律教育等更广泛的领域，就可以发现品德教育与德育之间的差别：由于道德教育是德育的核心和基础，基于德性伦理学与规则伦理学的区别，可以将德育划分为（狭义的）品德教育与行为教育。（狭义的）品德教育重视教育内容（"好人有好品德"）和教育效果，出发点和落脚点是教育活动中的行为者（受教育者）；行为教育重视教育形式（"好人有好思维"）和教育过程，聚焦于教育活动中的行为本身。需要说明的是，与道德教育中的规则教育类似，这里的行为教育意思并不是旨在养成或改变受教育者的某些具体行为而实施的德育，而是强调与（狭义的）品德教育相对应的另一种德育所具有的本质属性。

如同（狭义的）品德教育与规则教育之间的辩证统一，从理论上说，（狭义的）品德教育与行为教育之间同样也不是相互排斥的，而应当相互交织、相互渗透、共同协作、共同促进。但是，理论与实践的距离永远存在。在现实的教育过程中，不同类型的德育总是各有侧重。具体而言，可以沿着两条路径展开分析：其一，在理论上，规则教育与行为教育两者具有一致性，只不过它们分别置身于不同的语境。在道德教育的语境下，与（狭义的）品德教育相对应的是规则教育；在德育的语境下，与（狭义的）品德教育对应的是行为教育。其二，在实践上，（狭义的）品德教育与行为教育的区别很明显地体现在教育效果与教育过程的关系之中。从理想状态上看，德育应当是教育过程与教育效果的统一；但是，就教育的现实状况而言，不同类型的教育侧重点各有不同：

---

① 方熹. 规则与德性：规范伦理学的发展之路探寻[J]. 湖北大学学报（哲学社会科学版），2014（5）：20-24.

（狭义的）品德教育侧重教育效果，行为教育侧重教育过程。

实际上，在德育系统中，（狭义的）品德教育也要解决"怎样做好人"的问题，但在给出答案时，始终需要围绕"怎样算好人"展开；与之相对，行为教育虽然也要关注"怎样算好人"，将它作为一个目标提出来，但在实际过程中往往有意无意回避这个问题，这就导致了德育学术界广为诟病的"只问耕耘不问收获"现象。威万学认为价值澄清理论和道德认知发展理论属于品德教育，在这两种德育流派取得主导地位的20世纪60—70年代，品德教育关心的问题不再是"教何种道德"，而是"如何教道德"。①恰恰是这个原因，笔者认为这两种德育流派已经偏离了既有的轨道：从对行为者的重视滑向了对行为本身的重视，最终走到（狭义的）品德教育的对立面去了，从而成为（道德教育中的）规则教育和（德育中的）行为教育。

可以肯定的是，品德教育的发展趋势是从狭义走向广义，实现教育过程与教育效果的统一；换言之，应该将强调教育效果的（狭义的）品德教育与强调教育过程的行为教育结合起来，建构新的品德教育。实际上，美国20世纪80年代以来复兴的新品德教育正是在朝这个方向努力：优质品德教育的过程和方法基本上反映了"全面"和"整合"的要求，既包括学校品德课程、学科课程、学校课外活动、学校管理方式和学校氛围的营造等过程，也包括对校长、授课教师、学校后勤人员和学生品德发展的要求，还包括如何认识与评价个体的道德认知、道德情感和道德行为等。②可以说从制度建设层面已经初步建立起教育效果与教育过程之间的联系。但是，品德教育本身也有其局限性，由于缺乏统一的价值体系根基，未能将理论超越有效贯彻在实践中，以及本质上自由主义和保守主义之争的阻滞与消解③，还需要从学理上加深研究，进一步探讨教育效果与教育过程之间的内在的、必然的逻辑联系。在这方面，英国当代著名哲学家和伦理学家帕菲特（Derek Parfit）的著作《理与人》（*Reasons and Persons*）可以给我们以启示。④该著作在书名上与规则伦理学和

---

① 威万学. 现代西方道德教育理论研究（下卷）[M]. 北京：人民教育出版社，2020：634.
② 威万学. 现代西方道德教育理论研究（下卷）[M]. 北京：人民教育出版社，2020：660.
③ 刘晨，康秀云. 美国新品格教育的复兴背景、目标转向与理论超越[J]. 外国教育研究，2017（12）：90-102.
④ 帕菲特. 理与人[M]. 王新生，译. 上海：上海译文出版社，2005.

德性伦理学的区分有暗合之处，即"理"对应规则伦理学，"人"对应德性伦理学。更重要的是，在该书中，帕菲特围绕"理"与"人"这两个主题，深入细致地分析并指出人们在对行动理由和自身本性的把握中存在许多虚妄之处。这为品德教育的研究及改革提供了丰富的思想资源。

当前笔者正在尝试的一个路径是：以结构为纽带，打通品德结构研究与品德教育结构研究，实现品德教育效果与品德教育过程的辩证统一。在前一阶段，笔者发展了班华的品德三维结构理论模型，提出新的品德三维结构说，用以深化关于德育效果的研究[①]；美国新品德教育针对习惯与反思、权威与自由、宗教与世俗、个体与社群四对矛盾关系进行了辩证性融通与调适，以期突破传统品德教育发展的深层困局[②]。其中权威与自由、宗教与世俗、个体与社群分别对应于品德三维结构说中品德内容的普遍性、品德形式的完整性、品德层次的协调性，习惯与反思则涉及贯穿于品德发展全过程的基本动力系统，四对矛盾关系的提出已经在一定程度上触及品德结构与品德教育结构之间的内在逻辑关系。在后一阶段，笔者进而提出三维互构式品德教育，用以深化关于品德教育过程的研究。通过价值建构，衔接高标、底线两种水平，促进品德内容的普遍性；通过自我探寻，连通内在、外在两种类别，促进品德形式的统一性；通过个体认同，融合在场、缺场两种情境，促进品德层次的协调性。一方面，价值建构与品德内容的普遍性、自我探寻与品德形式的统一性、个体认同与品德层次的协调性，三组关系内部均存在密切的逻辑联系（体现"三维"）；另一方面，在品德教育效果评价中，品德内容的普遍性、品德形式的完整性、品德层次的协调性三者之间彼此交叉、相互渗透，与之类似，在品德教育过程中，价值建构、自我探寻、个体认同三者之间彼此交叉、相互渗透（体现"互构"）。

---

① 已有相关研究可参考：陈卓，刘秒.品德三维结构说：实践导向的理论探讨[J].教育科学研究，2022（2）：12-19；陈卓，王坤，金梦柳.实践导向的品德三维结构说——基于浙江省大学生的实证研究[J].教育学术月刊，2022（7）：11-19.

② 刘晨，康秀云.美国新品格教育的复归背景、目标转向与理论超越[J].外国教育研究，2017（12）：90-102.

# 第五章 思想政治教育坚持灌输性和启发性相统一的三个维度

## 一、问题的提出：思想政治教育要坚持灌输性和启发性相统一的原则

2019年3月18日，习近平总书记在学校思想政治理论课教师座谈会上发表重要讲话指出，推动思想政治理论课改革创新，要"坚持灌输性和启发性相统一"[1]。近年来，关于在思想政治理论课教学过程中如何理解和践行灌输性和启发性相统一，部分学者进行了积极探索，取得了若干显著成果，涉及发挥教师主导作用和学生主体地位、注重思政课内容理论性和价值引领性、注重教学方法的守正创新[2]，完善教学的内容逻辑、强化教学的固着点、激发学习动机[3]，坚持灌输性原则和启发性方法的统一[4]等诸多方面。根据符号学的基本观点，思想政治教育（或德育）中的"灌输""启发"往往被作为一种隐喻来使用。差别在于，由于历史文化的不同，较之于启发，德育中的灌输问题要复杂得多。我们提倡符号隐喻视角下的德育灌输研究，主张从符号分节出发，深入德育深层的意义解释过程之中，从而为增强德育的现实针对性和实效性提供依据。[5]

---

① 习近平主持召开学校思想政治理论课教师座谈会强调：用新时代中国特色社会主义思想铸魂育人 贯彻党的教育方针落实立德树人根本任务[N]. 人民日报，2019-03-19.
② 王荣，祖力亚提·司马义. 新时代高校思政课坚持灌输性和启发性相统一的实践路径[J]. 学校党建与思想教育，2022（8）：59-61.
③ 施丽红，吴成国. 高校思想政治理论课坚持灌输性与启发性相统一的实践路径分析[J]. 思想教育研究，2021（3）：85-89.
④ 冯秀军，咸晓红. 思想政治理论课改革创新要坚持灌输性和启发性相统一[J]. 思想理论教育导刊，2019（7）：74-78.
⑤ 魏缙，陈卓. 论德育中的"灌输"隐喻[J]. 教育学术月刊，2021（10）：27-32.

坚持灌输性和启发性相统一已经成为思想政治教育的一条基本原则。陈桂生从元教育学的角度对教育原则进行了细致分析，他提醒人们注意，教育学上关于各单项教育原则的论述，大致都分为两部分：一是原则的意义，二是贯彻原则的要求。人们早就察觉：前者重复教育过程理论；后者与教育方法、教育组织形式的表述重复。实际上前者属于辩护性理论，后者带经验色彩。若另辟蹊径，似可考虑把教育原则化为规则。这种规则是对于运用科学方法总结教育实践经验的成果进行价值选择的产物。在此基础上，他把教育原则定义为："以一定教育价值取向为指导，在总结教育实践经验基础上形成的教育工作应当遵循的权威性的理性规范。"[1] 按照这个定义，灌输性和启发性相统一的确可以作为思想政治教育的一条基本原则。概言之，原因有以下三点：第一，灌输性和启发性相统一表征的是思想政治教育的一种基本规范。思想政治教育活动中的规范有很多种，灌输性和启发性相统一的原则是一种基本规范，具有一定的规范性和概括力。第二，灌输性和启发性相统一是思想政治教育"应当"遵循（而非"必须"遵循）的基本规范。这句话有两层含义：一是教育原则表述的不是教育的实然状态，而是教育工作的应然状态，所以应该采用价值判断的句式，强调"应当"。二是"应当"与"必须"代表了教育原则的两个层次，前者从教育理想出发，是对较高层次的教育原则的概括；后者从教育经验出发，是对起码的、必不可少的教育原则的概括。灌输性和启发性相统一表征的是第一种含义。第三，提出思想政治教育坚持灌输性和启发性相统一，具有权威性。灌输性和启发性相统一作为思想政治教育的一条基本原则，经党和国家最高领导人在全国性会议上提出，其权威性毋庸置疑。但是，政治权威背后还有起决定作用的因素。这种权威，既来自行之有效的实践经验，又得之于权威的价值理论背景。权威是隐含在教育价值取向与教育实践经验中的限制条件。本书所做的工作，实际上就是要论证这种权威。

陈桂生认为，如果真正要使教育原则对教育实践产生重大影响，最好形成"教育基本原则"与"教育主导原则"两个层次。[2] 按照他的思路，我们进

---

[1] 陈桂生. 中国教育学问题[M]. 福州：福建教育出版社，2006：119-121.
[2] 陈桂生. 中国教育学问题[M]. 福州：福建教育出版社，2006：120.

一步提出，灌输性和启发性相统一是思想政治教育应当坚持的一条基本原则。如何坚持这条基本原则，至少可以从思想政治教育的教育本质、教育内容和教育方法三个方面展开探讨，于是便形成了思想政治教育的三条主导原则：在教育本质方面，坚持品德塑造和品德养成相统一，体现外铄和内发的辩证关系；在教育内容方面，坚持共同价值和多元价值相统一，体现普遍和特殊的辩证关系；在教育方法方面，坚持理论教育和实践教育相统一，体现理论和实践的辩证关系。上述三条思想政治教育的主导原则，分别从教育本质、教育内容和教育方法三个方面，提供了深化理解灌输性和启发性相统一这一基本原则的三个维度。由此，思想政治教育的一条基本原则和三条主导原则之间，构成了一个有机的整体，有利于全面深入理解思想政治教育灌输性和启发性相统一这一命题。

## 二、思想政治教育本质：坚持品德塑造和品德养成相统一

关于思想政治教育的本质，可以从不同视角进行探讨。从"活动说"到"转化说"，再到"外铄论"和"内发论"，对思想政治教育的本质的认识经历了一个逐渐深化的过程。鲁洁和王逢贤主编的《德育新论》在谈及德育本质时认为，应进一步揭示德育过程中的转化，既有内化又有外化，既有塑造又有改造，才能反映品德结构及其形成与德育过程、社会生活过程之间的关系和解决其间矛盾的特点。[1] 笔者认为，就思想政治教育的本质而言，坚持灌输性和启发性相统一体现为坚持品德塑造和品德养成相统一。

在人们的日常生活话语中，品德塑造和品德养成基本上是一个意思。从学术研究的视角上看，由于塑造和养成的含义不同，两者之间存在区别。"塑造"一词的含义是："用泥土等可塑材料制成人物形象；用语言文字或其他艺术手段表现人物形象；通过培养、改造使人或事物达到某种预定的目标。"[2] "养成"除了有"培养"的意思，还可以表示"修养""养护""使身心得到滋补或

---

[1] 鲁洁，王逢贤. 德育新论[M]. 南京：江苏教育出版社，2010：104.
[2] 中国社会科学院语言研究所词典编辑室. 现代汉语词典[M]. 7版. 北京：商务印书馆，2016：1249-1250.

休息，以增进精力或恢复健康"等含义。①相比较之下，塑造和养成的差别在于，前者表示的是动作由外而内，后者表示的是动作由内而外。基于塑造和养成的上述差别，品德塑造和品德养成便有了各自的特定含义：品德塑造强调的是外在力量对受教育者的"形塑""制造"；相比之下，品德养成则更侧重于受教育者对自身的"修养""成就"。

品德塑造和品德养成，两者分别对应教育学发展史上著名的外铄论和内发论。就思想政治教育而言，分别与它们相对应的就是灌输性和启发性。"灌输"的本意是"把水引导到需要水的地方"，引申为"输送（思想、知识等）"②，其用法与"塑造"有诸多相似之处，两者均强调外在力量的作用；"启发"则意指"阐明事例，引起对方联想而有所领悟"③，其方向与"养成"在总体上保持一致，两者都侧重于主体自身内部的力量。在谈及思想政治教育的本质在于坚持品德塑造和品德养成相统一时，我们关注的重点是塑造（外铄）和养成（内发）之间的关系。具体而言，可以从以下三个方面进行分析。

第一，根据外铄论的观点，品德塑造的过程需要强调思想政治教育在本质上的灌输性。这个命题包含两个方面的内容。一方面，在历史唯物主义视野下，思想政治教育本质的灌输性意味着，品德的形成和发展在本质上体现的是社会性。关于人格的本质，马克思和恩格斯曾有这样一个著名论断："'特殊的人格'的本质不是人的胡子、血液、抽象的肉体的本性，而是人的社会特质。"④"社会特质"强调的是存在论意义上的人的社会属性。从这个意义上说，将灌输性作为思想政治教育的本质属性是可以成立的。需要注意的是，檀传宝认为，在把握思想政治教育本质的灌输性时，需要区分本质问题和本原问题，两者既要联系起来讨论，又不可混为一谈。⑤"人的本质不是单个人所固有的抽象物，在其现实性上，它是一切社会关系的总和。"⑥我们应当

---

① 中国社会科学院语言研究所词典编辑室. 现代汉语词典[M]. 7版. 北京：商务印书馆，2016：1519.
② 中国社会科学院语言研究所词典编辑室. 现代汉语词典[M]. 7版. 北京：商务印书馆，2016：484.
③ 中国社会科学院语言研究所词典编辑室. 现代汉语词典[M]. 7版. 北京：商务印书馆，2016：1028.
④ 马克思，恩格斯. 马克思恩格斯全集（第1卷）[M]. 中共中央马克思恩格斯列宁斯大林著作编译局，编译. 北京：人民出版社，1960：270.
⑤ 檀传宝. 学校道德教育原理[M]. 北京：教育科学出版社，2015：27.
⑥ 马克思，恩格斯. 马克思恩格斯选集（第1卷）[M]. 中共中央马克思恩格斯列宁斯大林著作编译局，编译. 北京：人民出版社，2012：139.

将社会关系对人的"决定"作用理解为"对……进行限制",这种限制表现为对象提供一种"具体背景",除此之外不应该附加更多的东西。在理解唯物史观的结构特征时,需要坚持历史评价优先,反对道德评价优先[1],防止将一切都归结于个体在道德上的局限,而忽视了从更为宏观的社会结构上分析问题。另一方面,思想政治教育外铄论强调受教育者品德的整体性。在谈及社会性与人格发展(social and personality development)时,谢弗(David Shaffer)用大量研究成果表明,"人的发展确实是整体努力的结果",他进一步总结道:"总之,我们同时是生理的、认知的、社会性的和情绪的存在,所有这些发展线索相互交织在个体的整个发展过程之中。"[2]谢弗敏锐地发现了品德(人格)发展是一个综合的系统和有机的整体,只不过在他的表述中,"生理的""认知的""社会性的"和"情绪的"等诸多要素被放置在同一平面。在班华研究成果的基础上,我们提出了新的品德三维结构说,强调品德内容(包括思想、道德、政治、法律)的普遍性、品德形式(包括认知、情感、意志、行为)的完整性和品德层次(包括个体、人际、群内、群际)的协调性。[3]在新的品德三维结构说的基础上,更有利于理解品德的整体性。

第二,根据内发论的观点,品德养成的过程需要强调思想政治教育在本质上的启发性。可以从两个方面来分析。一方面,思想政治教育在本质上的启发性,意味着教育者需要重视受教育者人格发展的内发性,重视受教育者自由意志的发挥。教育者经常面对的一个问题是大致相同的教育和环境,为什么会产生种类如此之多,甚至差别如此之大的种种不同人格。"一个种的整体特性、种的类特性就在于生命活动的性质,而人的类特性恰恰就是自由的自觉的活动。"[4]对自由的强调是思想政治教育内发论和启发性的一个显著特点;与之相应,外铄论和灌输性经常遭到批判的一个重要原因,就在于它们对

---

[1] 俞吾金. 从"道德评价优先"到"历史评价优先":马克思异化理论发展中的视角转换[J]. 中国社会科学, 2003 (2): 95-105, 206.

[2] 谢弗. 儿童品格的由来:社会性与人格发展[M]. 陈会昌, 译. 北京:人民邮电出版社, 2021: 626-627.

[3] 关于品德三维结构说的理论建构与实证研究,可参见:陈卓, 刘秒. 品德三维结构说:实践导向的理论探讨[J]. 教育科学研究, 2022(2): 12-19;陈卓, 王坤, 金梦柳. 实践导向的品德三维结构说——基于浙江省大学生的实证研究[J]. 教育学术月刊, 2022(7): 11-19.

[4] 马克思, 恩格斯. 马克思恩格斯选集(第1卷)[M]. 中共中央马克思恩格斯列宁斯大林著作编译局, 编译. 北京:人民出版社, 2012: 56.

自由的忽视或剥夺。在《十种人性：谁在决定我们的善恶选择》(*The Ten Types of Human: A New Understanding of Who We Are and Who We Can Be*) 一书中，作者迪亚斯（Dexter Dias）提出了三个核心问题：我们是谁？我们是什么？我们的内在有谁？迪亚斯运用最新的前沿科学研究，提供了一种不同的方式来思考这些问题，以及由此产生的一系列相关问题：我们为什么会这样？我们为什么要这样做？我们有什么选择？到底是谁（或什么）做出了选择？迪亚斯坦言："归根结底，这就是《十种人性》一书的意义所在：找到获得自由的新路径。"[①] 另一方面，启发性意味着重视教育的超越性，这对于当前的思想政治教育依然具有极强的现实意义。在讨论德育本质时，基于对适应论的批判，鲁洁提出了"德育本质即超越"的观点，主张在社会面临重大变革之际，仅仅强调德育对变革的适应是不够的，德育的根本在于赋予人超越现实世界、创造理想世界的力量。[②] 在逻辑上，超越论和内发论更强调教育的启发性，与之相对，适应论和外铄论则强调教育的灌输性。超越论指引下的德育学术研究，反思、批判及建构的倾向更为明显，如对灌输的批判、对德育知识化和政治化的批判以及对信仰体系、制度伦理或道德风气的反思等。[③] 只有出于自由意志，思想政治教育才能得以内发出受教育者人格，启发其更好地生长；只有保护和扩大人的自由，思想政治教育才可能成为一种超越。

第三，灌输性和启发性相统一体现在思想政治教育本质上，就是要坚持品德塑造和品德养成相统一。关于外铄论和内发论，大多数现代学者都持一种中间立场。他们认为，天性和教养的相对贡献取决于所讨论的发展的特定方面。因此，应当少考虑天性与教养孰优孰劣的问题，多思考这两种影响怎样结合起来或相互作用，共同导致发展变化。[④] 在我们看来，思想政治教育是一个外铄和内发辩证统一的过程，就思想政治教育的本质而言，灌输性和启发性相统一的基本原则体现为坚持品德塑造和品德养成相统一。气质是先天的，与之不同，品德的形成与发展是遗传、环境与教育综合作用的结果，换

---

① 迪亚斯. 十种人性：谁在决定我们的善恶选择[M]. 杨红梅, 译. 北京：中信出版社, 2021：5-13.
② 鲁洁. 论教育之适应与超越[J]. 教育研究, 1996（2）：3-6.
③ 杜时忠. 德育研究[M]. 福州：福建教育出版社, 2019：65.
④ 谢弗. 儿童品格的由来：社会性与人格发展[M]. 陈会昌, 译. 北京：人民邮电出版社, 2021：14.

言之，是外铄（灌输性）和内发（启发性）相统一的结果。得出这一结论并不意味着探究的终结，恰恰相反，这是新研究的开始。需要进一步追问：外铄（灌输性）和内发（启发性）之所以能够统一，其前提基础何在？回答这个问题，可以追溯到人类共相。共相是人的先验能力元语言的一种，无须从文化与经验中寻找解释，无须学习而得，其意义方式不证自明。人类共相，是所有的人类，不管其文明采取何种形态，处于何种"程度"，不管是否受到过何种他文明"熏陶"，必定具有的表达与解释意义的方式。找出人类共相，就是找出了人类意义方式的先验基础。[①] 没有天赋的所谓"良知良能"，但的确存在人类共相，后者为思想政治教育外铄和内发相统一、灌输性和启发性相统一提供了先验的形而上学基础。人类学、符号学在这方面已经取得了显著成果，深化思想政治教育本质研究，需要进一步深入挖掘这些理论资源。

### 三、思想政治教育内容：坚持共同价值和多元价值相统一

教育内容是一个包罗万象的广阔知识体系，而且可以从不同角度进行研究。陈万柏和张耀灿为思想政治教育内容下了一个宽泛的定义："思想政治教育内容是根据一定的社会要求，针对教育对象的思想实际，经教育者选择设计后有目的、有计划地传导给教育对象的带有价值引导性的思想政治信息。"[②] 不同研究者对思想政治教育内容的界定有所区别，例如，陈万柏和张耀灿认为，思想政治教育内容主要包括世界观教育、政治观教育、人生观教育、法治观教育、道德观教育五个方面。[③] 陈秉公认为，思想政治教育内容主要包括世界观教育、政治观教育、人生观教育、道德观教育、法制观教育、创造观教育、健康心理教育七个方面。[④] 有研究者概括了传统思想政治教育内容的形态，主要包括政治教育、思想教育、道德教育、公民意识教育、心理教育；并提出了思想政治教育内容的创新，主要包括理想信念与中国梦教育、社会

---

[①] 赵毅衡. 哲学符号学：意义世界的形成[M]. 成都：四川大学出版社，2017：178.
[②] 陈万柏，张耀灿. 思想政治教育学原理[M]. 北京：高等教育出版社，2015：173.
[③] 陈万柏，张耀灿. 思想政治教育学原理[M]. 北京：高等教育出版社，2015：174.
[④] 陈秉公. 思想政治教育学原理[M]. 北京：高等教育出版社，2006：242.

主义核心价值观教育、中华优秀传统文化教育、党史国史教育、廉政文化教育。[①] 在我们提出的新的品德三维结构说中，品德结构的内容维涉及思想、道德、政治、法律四个方面，这是当前学术界接受度较高的一种分类方式。

不管界定方式有多少种，"三观"（世界观、人生观、价值观）作为思想政治教育的核心内容，这是能够达成共识的。"三观"之中价值观占据核心地位。价值观是在一定社会条件下，人的全部生活实践对自我、他人和社会所产生的意义的自觉认识。它涵括公私观、义利观、荣辱观、苦乐观、幸福观、美丑观、生死观、友谊观、爱情观、自由观等。价值观是思想政治教育和精神文明建设的根本，理想和信念教育是价值观的核心。[②] 有学者认为，思想政治教育的本质为价值观生成[③] 或核心价值观教育[④]。从价值观和价值观教育入手分析思想政治教育内容，可以在复杂关系中抓住关键问题，从而为坚持灌输性和启发性相统一提供一个较为清晰的视角。归纳起来，大致可以从以下三个方面进行分析。

第一，灌输性和启发性相统一作为一条完整的原则，贯穿于思想政治教育内容始终。大致看来，关于思想政治教育坚持灌输性和启发性相统一，可以归纳出两种解释路径：一种路径将灌输性和启发性作为各自独立的因子，进而将它们与思想政治教育过程中的诸多要素一一对应起来。例如，主张启发性是思政课教学过程中应当重视的一种方法，与之相对，灌输性则对应于思政课内容（内容对方法），或者认为灌输性是思政课教学改革应当坚持的一种原则（原则对方法）。另一种路径则认为灌输性和启发性本身是一个有机整体，无论是教育本质、教育内容，还是教育方法，在思想政治教育的全过程之中，都应当坚持灌输性和启发性相统一；换言之，在思想政治教育的各个要素中，灌输性和启发性相统一都贯穿始终。从总体上看，第一种研究路径还很有影响力，但笔者更倾向于第二种路径。实际上，在新中国的德育研究中，早在20世纪80年代末，就有学者提出"灌输是原则，不是方法"[⑤]，"灌输原则要坚

---

① 张慧欣，杜晶波. 思想政治教育学原理新编[M]. 沈阳：东北大学出版社，2016：46-51.
② 朱贻庭. 伦理学大辞典[M]. 上海：上海辞书出版社，2002：58.
③ 王彦. 论思想政治教育的本质为价值观生成[J]. 求实，2014（12）：82-85.
④ 张苗苗. 思想政治教育的本质是核心价值观教育[J]. 教学与研究，2014（10）：90-96.
⑤ 王洁生. 灌输是原则，不是方法[J]. 思想政治工作研究，1988（3）：14-15.

持，具体方法应改进"[①]。进入21世纪，有学者提出灌输既是德育的原则，又是德育的方法，道德教育的基本原则和方法应该以学生自主选择与教育者灌输引导的有机结合为取向。[②] 在综合分析前人研究成果的基础上，我们提出，灌输具有在原则与方法方面的双重属性，在肯定灌输原则的前提下，的确可以通过教育的"目的性"与平等对话、主动参与、自主选择等方式，建构"主体性德育模式""主体间性教育模式"，以达成逻辑上的自洽，实现灌输在原则和方法上的统一。[③] 在思想政治教育中，灌输性和启发性相统一本身就是一条需要坚持的基本原则，这条原则应当贯穿于思想政治教育过程始终。在讨论思想政治教育内容时，也应当坚持灌输性和启发性相统一，而不是仅仅截取其中的一个要素，厚"此"（通常是灌输性）薄"彼"（通常是启发性）。

第二，坚持共同价值和多元价值相统一，意味着采取"守一而望多"的态度。在思想政治教育内容方面，灌输性和启发性相统一意味着坚持全人类共同价值（简称共同价值）和多元价值相统一，这里体现的是普遍性和特殊性的辩证统一。思想政治教育中的灌输性和启发性相统一强调的是在"各美其美，美人之美"（强调多元价值）的同时，坚持"和平、发展、公平、正义、民主、自由的全人类共同价值"。这里"灌输"的是一种具有客观必然性的真理，"灌输性"表征的是人们对共同价值的坚定信念和不懈追求；"启发性"则指建立在共同价值基础之上、符合每个独立个体自身发展需要的、具有个性化特征的价值追求。[④] 概言之，在现代社会，思想政治教育内容需要坚持共同价值和多元价值相统一，在坚守和弘扬共同价值的同时，尊重和鼓励人的多元价值选择；两者实际上构成一个相互影响、共同促进的有机整体。套用檀传宝的话来说，就是"守一而望多"。檀传宝所说的"守一"即严格意义上的德育只能指道德教育，强调道德教育在德育中的基础性地位；"望多"即承认思想、

---

① 牛力平. 灌输原则要坚持 具体方法应改进[J]. 思想政治工作研究，1989（4）：19-20.
② 蔡志良. 灌输与选择的整合：道德教育的基本原则与方法取向[J]. 中国教育学刊，2004（7）：8-11.
③ 陈卓，郭娅玲. 新中国德育理论中的"灌输"研究[J]. 社会科学战线，2019（6）：243-251.
④ 实际上，共同价值与社会主义核心价值观之间存在辩证统一的关系。[易刚，林伯海. 共同价值与社会主义核心价值观的关系探究[J]. 思想理论教育，2016（7）：40-43.] 但是，从现实操作层面上看，有的一线教师在思想政治教育过程中有意无意地夸大不同社会制度之间的差异，甚至造成社会主义核心价值观与资本主义核心价值观两者之间的截然对立，忽视了自由、民主、平等、法治是现代社会的基因，是人类政治文明发展进程中的大趋势。鉴于此，本书选择了"共同价值"这一表述，以期尽可能地弥合分歧，寻求共识。

政治等教育与道德教育有千丝万缕的联系，主张通过思想、政治等教育加强道德教育本身。①笔者这里所说的"守一而望多"，强调的是在对待思想政治教育内容时，坚持共同价值（"守一"）和多元价值（"望多"）相统一。实际上，笔者与檀传宝的观点虽然角度不同、内涵各异，但在学理上却有着共通之处。相比较之下，共同价值与道德教育的关系最为密切，两者在各自的体系中均占据核心或基础地位。从现实层面看，个人的价值观念、人生观念、世界观念各有不同的类型，显示出个人品位的高尚、平庸、低下之分。在开明社会，对个人有关世界的看法、人生态度和一般价值取向，只要是正当的，就该受到尊重，如不正当，也该受到干预；同时又应关注受教育者的价值追求，引导他们自觉地提升需要的层次。②这里体现了共同价值（普遍性）和多元价值（特殊性）的辩证统一。

第三，在思想政治教育的现实过程中，需要从整体上把握从普遍性到特殊性的价值谱系。黑格尔在批判谢林"绝对的同一"观念或抽象的"绝对"概念时，曾经指出这种说法"就像人们通常所说的一切牛在黑夜里都是黑的那个黑夜一样"，"是知识空虚的一种幼稚表现"。③在讨论思想政治教育内容时，为了避免"夜牛皆黑"式的形而上学态度，需要从整体上把握从普遍性到特殊性的价值谱系。在当代社会，尽管历史与文化的不同导致了世界各国德育内容的千差万别，但是德育内容在发展的趋势上仍然有一些趋同。这表现在以下三个方面：一是对"全球伦理"（global ethic）的确认。所谓"全球伦理"，"指的是对一些有约束性的价值观、一些不可取消的标准和人格态度的一种基本共识"④。二是对综合道德能力培养的共识。仅仅靠判断力的培养是难以解决道德教育的所有问题的，现当代德育内容中对实践及其他综合的道德能力的强调亦已成为趋势。三是道德教育内容结构上的共同理解。上述三个方面之间存在一种层层递进的关系。进一步分析，从构成角度看，现代德育内容的基本层次可以归纳为以下四个方面：文明习惯、基本道德（美德）、公民道德、

---

① 檀传宝. 学校道德教育原理[M]. 北京：教育科学出版社，2015：4-5.
② 陈桂生. 中国德育问题[M]. 福州：福建教育出版社，2006：90.
③ 黑格尔. 精神现象学（上卷）[M]. 贺麟，王玖兴，译. 北京：商务印书馆，1979：10.
④ 孔汉思，库舍尔. 全球伦理：世界宗教议会宣言[M]. 何光沪，译. 成都：四川人民出版社，1997：12.

信仰道德。① 这四个方面之间也呈现出一种梯度，就社会性的复杂程度而言，它们表现出逐级递增的趋势。例如，同样是礼貌待人，背后却可能有不同的意义解读：其一，作为一种文明习惯，礼貌待人已经成为受教育者从小熏陶浸染而形成的生活方式，它往往表现为一种下意识的行为。其二，作为一种基本道德，礼貌待人被解读为一个人"道德水平高"的表现，用来区分好人和坏人、君子和小人。其三，作为一种公民道德，礼貌待人被赋予更为丰富的含义，往往会与现代公民的权利和义务联系在一起，用来区分现代人和古代人、文明人和野蛮人。其四，作为一种信仰道德，礼貌待人可能是受教育者实现自我价值并荣耀上帝的体现。此外，还有一些非道德的因素也需要被考虑进去。例如，有的人礼貌待人是由于工作上有相关要求，这是生存需要，"强颜欢笑"，不得已而为之；有的人礼貌待人则会视情况而定，"看人下菜碟"，可能依据的标准有权势财富、关系亲疏、容貌美丑等。与之相对，作为一种普遍性的准则，礼貌待人意味着不考虑上述要素，平等地对待每一个人，尊重每一个人的人格。面对如此复杂的情况，需要教师在思想政治教育过程中，从整体上把握从普遍性到特殊性的价值谱系，根据实际情况有的放矢地进行教育内容的选取、组合、呈现、解释。

## 四、思想政治教育方法：坚持理论教育和实践教育相统一

从总体上看，德育中的教学方法有不同层面的划分：按照从抽象到具体的顺序，可以概括为以下三种：作为指导思想的方法（德育原则）、作为德育方式总和的方法（一般而言的"德育方法"）、作为具体操作技能的方法（德育方式）。② 在思想政治教育领域，理论教育和实践教育被看作两个基本途径（第三个基本途径是批评与自我批评），它们是"在思想政治教育中起主导作用、其他方法不可替代的基本方法"③。很明显，这里的方法不是指微观层面的具体教学方法，而是指中观层面的、具有一定抽象意义的方法——宏观层面的教

---

① 檀传宝. 学校道德教育原理[M]. 北京：教育科学出版社，2015：101-103.
② 鲁洁，王逢贤. 德育新论[M]. 南京：江苏教育出版社，2010：318-320.
③ 郑永廷. 思想政治教育方法论[M]. 北京：高等教育出版社，2010：127.

学方法往往指哲学方法论，如马克思主义的唯物史观。本书所说的思想政治教育的方法，就是在中观层面而言的，关注的是理论教育（理论学习）和实践教育（实践锻炼）这两种基本方法（途径）与灌输性和启发性这两种基本属性之间的辩证统一关系。

就思想政治教育方法而言，笔者认为，理论教育法可以等同于理论学习法，但应当与理论灌输法区别开来。在讨论思想政治教育本质中的灌输性和启发性相统一时，笔者围绕外铄论和内发论的关系，分析了坚持品德塑造和品德养成相统一。这种思路用来分析理论教育法和实践教育法依然十分重要。思想政治教育中的理论教育法，在主张理论学习的同时，有可能强调的是通过理论学习由教师将良好品德"外铄"给学生，也可能重点在于通过理论学习让学生"内发"产生良好品德，两者分别体现了灌输性和启发性，但都属于理论教育法。同理，所谓实践教育法，就是组织、引导人们积极参加多种实践活动，不断提高思想觉悟和认识能力的方法，即在改造客观世界的过程中同时改造自己主观世界的方法。[①] 这个定义同样可以从外铄论和内发论两个方面进行解读，从而得出实践灌输法和实践启发法两种不同的思想政治教育方法。因此可以说，实践教育法可以等同于实践锻炼法，但在讨论灌输性和启发性时，应当做进一步的区分。

概言之，思想政治教育方法中理论教育法和实践教育法的划分，实际上指涉的是知（言、口、心、思）与行的区别。思想政治教育方法中灌输，强调的是教师先给出结论，学生通过学习进一步理解结论；启发强调的是教师先不给结论，学生通过学习自己得出结论。分析思想政治教育方法时，理论和实践、灌输性和启发性，这两组概念之间并非简单的对应关系，更多地体现为交叉关系，即理论教育法可能体现为理论灌输，也可能体现为理论启发；实践教育法亦然。这样，笔者就可以将理论—实践、灌输—启发两个关系轴组合起来，形成一个思想政治教育方法的二维四象限图（见图5-1）。

---

① 郑永廷. 思想政治教育方法论[M]. 北京：高等教育出版社，2010：134.

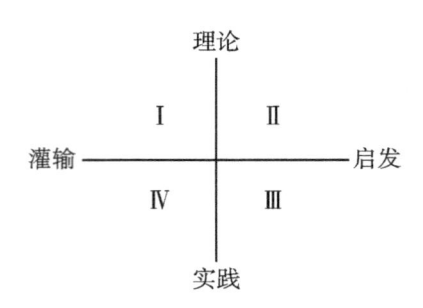

```
                    理论
                     │
              Ⅰ     │     Ⅱ
                     │
    灌输 ─────────────┼───────────── 启发
                     │
              Ⅳ     │     Ⅲ
                     │
                    实践
```

图 5-1　思想政治教育方法的二维四象限

根据图 5-1，围绕思想政治教育方法如何坚持灌输性和启发性相统一，笔者从以下三点进行分析。

第一，任何一种思想政治教育的方法在本质上都具有社会性，根源于社会实践。我们充分认识到马克思主义的认识论是实践教育法的理论根据，强调社会实践是人的正确思想形成发展的源泉，是人的思想发展的动力，是思想认识的目的和检验思想的标准。[①] 因此可以说，无论是理论灌输法、理论启发法，还是实践灌输法、实践启发法，其本质属性都是社会性，其根源在于人的社会实践。与此同时，还需要提高教育研究中运用马克思主义的成熟度，不能从现成结论出发，忽视现成结论与研究对象之间是否有合理、必然的逻辑联系，立即做出推理，引出结论；应当从寻找研究对象本身内在的特殊结构开始，即以把握对象领域内特殊向一般的抽象为研究的起点。[②] 如同对待思想政治教育内容时，应当坚持共同价值和多元价值相统一，体现普遍性和特殊性的辩证统一，看待马克思主义在思想政治教育的指导地位时，也应当处理好马克思主义方法论与思想政治教育方法体系之间的关系，体现普遍性和特殊性的辩证统一。模糊两者的边界，无论是在理论建构还是在实践探索中，都会造成负面影响，这方面我们是有历史教训的。

第二，讨论思想政治教育方法的灌输性和启发性，需要区分四种不同类型的教育方法。根据图 5-1 的四个象限，这四种思想政治教育方法分别是：理论灌输法、理论启发法、实践灌输法和实践启发法。下面分别对它们进行

---

① 郑永廷. 思想政治教育方法论[M]. 北京：高等教育出版社，2010：134-135.
② 叶澜. 教育研究方法论初探[M]. 上海：上海教育出版社，2014：149.

分析。象限Ⅰ：理论灌输法是思想政治教育最常用、最基本的方法[1]，是指教育者与受教育者有目的、有计划地进行理论学习，树立正确世界观、人生观、价值观的教育方法。简单地说就是通过基本原理、思想观念的学习进行教育的方法。笔者认为，思想政治教育中的理论灌输法是以马克思主义理论为主体的，同时兼收并蓄，博采众家之长，这也是一种"守一而望多"。象限Ⅱ：理论启发法指的是在理论教育的过程中，教育者注意运用各种教育方法，充分调动受教育者的学习主动性、积极性，引导其独立思考、积极探索、主动学习的一种教育方法。《中国教育大百科全书》介绍了九种启发式教学的方法和技巧，它们分别是励志法、明理法、创境法、激情法、设疑法、寻思法、研讨法、故谬法和类比法。[2] 这些具体的教学方法均有可能运用于理论教育领域。学术界从不同角度比较孔子和苏格拉底的启发式教学，在这一点上基本上能达成共识，即作为灌输的反对者，孔子和苏格拉底启发式教学的核心思想和基本方式是一致的。他们都强调通过谈话向学生提出一些问题，引导学生积极主动地思考，从中获得知识，发展学生的认知能力。[3] 谈话本身就是一种理论教育，孔子和苏格拉底的启发式教学都可以列入理论启发法的范畴。象限Ⅲ：实践启发法同样也强调教育者充分调动受教育者的学习主动性、积极性，引导其独立思考、积极探索、主动学习，只不过这种方法适用于实践教育领域。实践启发法是放任主义教育经常采用的方法，它注重顺应儿童的自然天性，让儿童的才能与个性得到自然与自由的发展；不赞成对儿童严加管束，滥用惩处，压抑儿童个性发展。卢梭、斯宾塞（Herbert Spencer）等人提倡的自然惩罚就是运用实践启发法的一个典型代表，他们主张儿童有过失时，也不宜立即惩罚，可以让他承受所犯过失的自然惩罚，从中总结教训以自悟。[4] 象限Ⅳ：实践灌输法也强调通过教育者有目的、有计划地开展教育，使受教育者树立正确的世界观、人生观、价值观。不同于理论灌输法，这种教育是通过劳动教育、志愿者服务、社会考察以及虚拟实践等诸多实践活动

---

[1] 郑永廷. 思想政治教育方法论[M]. 北京：高等教育出版社，2010：128.
[2] 顾明远. 中国教育大百科全书（第一卷）[M]. 上海：上海教育出版社，2012：1459.
[3] 续润华. 孔子与苏格拉底启发式教学的比较[J]. 黑龙江高教研究，1992（1）：121-124.
[4] 顾明远. 中国教育大百科全书（第一卷）[M]. 上海：上海教育出版社，2012：350.

形式进行的。在教育活动实施之初，教育者往往会强调该次实践教育的目标意义，并明确流程步骤，注重监督控制，强调效果反馈，整个教育过程具有鲜明的灌输色彩。上述四种思想政治教育方法的选择、组合、实施，需要视思想政治教育过程中的具体情况而定，任何形式的"按图索骥"都是与灌输性和启发性相统一、理论教育和实践教育相统一背道而驰的。

第三，就思想政治教育方法而言，"原始统一"与"辩证统一"是灌输性和启发性相统一的两种层次。在教育中的理论和实践关系研究方面，华东师范大学叶澜教授提出了与"个人对象性实践"相区别的"个人学习性实践"，并认为"从个体实践的意义上，完全可以说，不存在脱离个人内在理论的实践。反之，也不存在与个人实践无关的内在理论"[1]。有学者论证了教育理论和实践之间存在"本然上的统一性"[2]。与之相比，思想政治教育中的灌输性和启发性是否也存在"本然上的统一性"，如果存在，这种"本然上的统一性"与教育理论和实践之间的"本然上的统一性"，两者之间又呈现出什么样的关系？对于深入理解和运用思想政治教育方法，更好地做到坚持灌输性和启发性相统一，回答这些问题是十分必要的。这里仅就第一个问题提供一个解答思路。笔者认为，思想政治教育中的灌输性和启发性也存在"本然上的统一性"，这种统一性主要存在于受教育者的初级社会化阶段。在影响甚巨的著作《现实的社会建构》(*The Social Construction of Reality*)中，伯格（Peter Berger）和卢克曼（Thomas Luckmann）提出了初级社会化（primary socialization）与次级社会化（secondary socialization）的概念。初级社会化是个体在儿时所经历的第一次社会化，经此过程，个体变成了社会的一员。次级社会化泛指初级社会化之后的一种过程，它把已被社会化的个体引领到社会客观世界的新领域中。在初级社会化过程中，"一切个体都出生在某个客观的社会结构中，在这里他遇到了负责自己社会化过程的重要他人。这些重要他人是强加在他身上的。他们对他的境况做出了一种定义，此定义对他来说乃是一种客观现实"[3]。在这个阶段，思想政治教育中的灌输性和启发性并未区分开来，两者实际上是同一个

---

[1] 叶澜. 思维在断裂处穿行——教育理论与教育实践关系的再寻找[J]. 中国教育学刊, 2001 (4): 1-6.
[2] 宁虹, 胡萨. 教育理论与实践的本然统一[J]. 教育研究, 2006 (5): 10-14.
[3] 伯格, 卢克曼. 现实的社会建构: 知识社会学论纲[M]. 吴肃然, 译. 北京: 北京大学出版社, 2019: 163.

社会化过程。这种原始统一带来的是社会认同得以"理所当然"地形成。"在初级社会化的过程中并不存在认同问题。人不能选择重要他人。社会为社会化的候选人准备了预定的重要他人组。个人必须接受，他不可能选择其他安排。"① 正因为如此，哪怕是启发式教育的积极支持者，往往也不会反对对幼儿灌输文明礼貌之类的正确的价值观。到了次级社会化阶段，面临价值观之间的冲突，灌输性和启发性相统一需要走出之前的"原始统一"状态，进而发展到一个新的高度，即"辩证统一"状态。至于这两种统一状态与教育理论和实践之间的统一存在什么样的关系，教育者和受教育者在思想政治教育过程中可以通过哪些方法、途径加以整合，从而达到教育效果的最优化，这些问题有待下一步深入研究。

---

① 伯格，卢克曼. 现实的社会建构：知识社会学论纲[M]. 吴肃然，译. 北京：北京大学出版社，2019：167.

# 第二部分 现状研究

与旧的品德三维结构说相比较，新的品德三维结构说在实践上表现出鲜明的现实针对性，集中体现为通过问卷调查法，面向大学生进行品德结构测评，并以此为基础尝试提出三维互构式思想政治教育的雏形，从而建立一个具有可操作性的大学生品德结构理论。通过这个理论，帮助教育一线工作者尽可能准确全面地获得大学生品德特征信息，从而有针对性地推动实现大学生品德结构内容的完整性、形式的统一性和层次的协调性，最终建立起稳定的自我同一性。

　　以品德三维结构说为理论基础，系统梳理总结前期实证研究成果，进一步扩大调查范围，运用项目组编制的品德三维结构调查问卷和相关的访谈提纲，从实证研究的总体设计、过程安排和结果分析三个方面，综合采用自然观察、问卷调查和深度访谈，从多个角度分析我国当代大学生品德结构发展的现状，为评价大学生品德教育的实际效果、有针对性地进行理论探讨和对策研究提供现实依据。

　　大学生品德结构的发展是高校德育效果评价的重要内容，实践导向的品德三维结构说在这方面进行了积极的探索。笔者在品德结构研究中引入社会文化因素，将旧的品德三维结构说中的"能力维"替换为"层次维"，提出新的品德三维结构说。以浙江省四所高校的2020级和2021级本科生为研究对象，编制和发放开放性的品德三维结构调查问卷，分别从品德内容、品德形式和品德层次三个方面着手，对大学生品德结构进行综合分析。结果显示：在品德内容方面，与政治和法律相比，当代大学生在道德方面较为薄弱；在品德形式方面，与认知和行为相比，当代大学生在情感上的正向选择显得格外突出；在品德层次方面，与他人和社会相比，当代大学生对自我的认同度更高。

　　思想政治教育目标反映了思想政治教育的本质和方向，是对受教育者包括思想政治素质在内的综合素质的一种期望和规定，体现了理论与实践之间的张力。以浙江省A大学的大一学生为对象，编制和发放关键事件调查问卷，研究当前大学生思想政治教育目标的实践状况。调查发现，以大学生素质内容为标准，大学生对综合素质的认识体现出明显的差异性；从形式上看，不同性别的学生对于综合素质的关注情况具有相似性。大学生价值观功利化和犬儒色彩明显，学校教育改革进程缓慢，是实现思想政治教育目标的两大阻碍。

高校作为思想政治教育的主要阵地，贯彻落实思想教育目标的有效路径主要包括：更新教育理念，加强价值观教育；优化教育系统，全方位多角度形成合力；深化教学改革，提升高校思政课教学的实效性。

德育和学校制度有着密切的联系，建立具有民主性、法治性的学校德育制度是培养学生良好品德的必要条件。制度德育的效果直接影响大学生的价值取向，良好的制度能够涵养良好的德行。实践导向的大学生制度德育现状调查对检验制度德育效果进行了积极探索。以 A 大学的 2021 级和 2022 级本科生（共 1414 人）为研究对象，编制和发放大学生制度德育调查问卷，分别从民主和法治两个维度入手，对大学生的教学和管理方面进行调查，其中包括：课堂、团委学生会、寝室、食堂、图书馆和社团六个区块，从综合系统的视角分析当代大学生制度德育现状，测评当前高校的德育效果并进行路径探索。

如何立足传统推陈出新，塑造出真正的现代人格，从而促进高校研究生品德和谐发展，这是走中国式现代化道路的重要议题。时代新人的"新"在于现代人格，品德三维结构说从品德内容、形式和层次三个维度出发，进一步明确了研究生现代人格的评判标准。研究以浙江省 A、B、C 三所高校 12 位在读硕士研究生为深度访谈对象，综合运用自然观察法、田野研究法和个案研究法，以点带面地反映出受访研究生现代人格培育现状。针对研究生品德内容存在的"表里不一"、品德形式的"知行不一"，以及品德层次的"人我不一"等现状，围绕价值建构、真我探寻、个体认同这三条教育主线，促进研究生品德内容的完整性、品德形式统一性和品德层次的协调性发展，从而推动研究生现代人格塑造，为走中国式现代化道路提供人才保障和智力支持。

针对思政课教学中灌输性和启发性相统一的现状进行实证研究。以"思想道德与法治"课（简称"德法"课）教学为对象，采用自然观察、问卷调查、深度访谈等方法研究当前思政课教学现状。以"理想类型"观照现实教学现象，把握"德法"课教学过程中灌输和启发的实际情况。实证分析发现，围绕灌输性和启发性相统一，"德法"课的现实教学状态与理想教学愿景之间还存在较大距离。"德法"课教学呈现以下特点：理论灌输多、启发引导少；课堂讲授多、学生参与少；知识传授多、思想交流少。

# 第六章 实践导向的品德三维结构说

——基于浙江省大学生的实证研究

## 一、品德三维结构说的理论及实证

### （一）理论建构

德育质量主要体现在学生品德水平的提高上，德育质量评价的难点与关键也在于对学生品德的科学评价。[1]一方面，当前我国的高校德育往往侧重于外部的、显性的表达手段，在更多地考虑如何形象生动地"言此及彼"的同时，很容易偏离教育目标。表现在实践中就是"宣传""表演"意味较浓，而"教育"意味较淡；介绍教师的改革举措较多，关注学生的品德发展较少。另一方面，以往的品德结构研究，主要停留在理论思辨领域，对于德育的现实观照还远远不够。德育效果评价的评定、反馈、预测和传导功能没能得到有效发挥，导致高校德育在教育教学过程中偏离教育目标，并以不同形式从不同角度反映到社会现实中。当代青年大学生的品德结构有何特点？如何完善高校德育效果评价，使之更好地围绕并服务于人才培养目标？需要研究者坚持实践导向，在事实判断的基础上进行价值判断，从而有针对性地分析和解决上述问题。

关于品德结构的研究丰富而深入，与之相比，专门针对大学生品德结构的研究则明显不足。我们尝试实现从心理学向社会学研究范式的转换，回到原点（结构），从品德结构测评出发，厘清品德形式和内容的关系，引入层次维度，聚焦客观结果（功能），提出新的品德三维结构说；以品德三维结构说为基础，以德育实践为导向，构建一个内容丰富、形式合理、层次分明，并

---

[1] 鲁洁，王逢贤. 德育新论[M]. 南京：江苏教育出版社，2010：442-443.

具有可操作性的大学生品德结构理论，帮助教育一线工作者尽可能准确全面地获得大学生品德特征信息，推动德育效果评价理论与实践的融合。[1]

从总体上看，新的品德三维结构说以结构作为方法论范畴，将品德结构划分为内容维、形式维和层次维三个维度，明确反对实在论思路，将建构主义路径放到后续研究中，重点是采取实践导向的理论探索，尝试架构理论建构与经验研究之间、认识意义与实践意义之间的桥梁。较之班华提出的品德三维结构说（即旧的品德三维结构说）[2]，新的品德三维结构说最大的不同在于：用层次维替换了能力维，关注主体的生活环境与社会关系，从而实现了品德结构研究从心理学向社会学的转变。具体而言，新的品德三维结构说中的层次维包括自我、他人、社会三个方面，它与品德结构的形式维（包括认知、情感、行为三个方面）和内容维（包括道德、政治、法律三个方面）结合在一起，构成品德三维结构。

与以往的研究相比，新的品德三维结构说具有鲜明的实践导向，集中体现为通过问卷调查，测评大学生的品德结构。测评包括测量和评价，前者是后者的前提和基础。"所谓测量，就是根据一定的法则，将某种物体或现象所具有的属性或特征用数字或符号表示出来的过程。"[3]在编制调查问卷测量大学生品德结构时，笔者考虑到具体的社会情境，在品德结构的层次维中，他人和社会的区别就在于主体是否"在场"。哲学社会科学意义上的"在场"具有十分丰富的意义。通俗地说，"在场"就是现在正在这里存在的东西，或者说某物现在正在这里存在。这种当前存在是最坚实的，是我们可以直接感受和拥有的东西，是最真实的存在形式。[4]本书的"在场"强调的是主体直接呈现在情境之中，就是"面向事物本身"，就是经验的直接性、无遮蔽性和敞开性，这是一种"日常生活现实"，"是理所当然的，它简单地存在着，并不需要额外的论证"[5]；与之相对，"不在场"强调的是主体与情境的分离，采取一种"超然物外""置身事

---

[1] 关于新的品德三维结构说的理论建构，参见：陈卓，刘秒. 品德三维结构说：实践导向的理论探讨[J]. 教育科学研究，2022（2）：12-19.
[2] 班华. 思想品德结构与新时期德育任务[J]. 华东师范大学学报（教育科学版），1986（2）：25-29.
[3] 风笑天. 社会调查中的问卷设计[M]. 天津：天津人民出版社，2001：113.
[4] 彭锋. 重回在场——兼论哲学作为一种生活方式[J]. 学术月刊，2006（12）：46-52.
[5] 伯格，卢克曼. 现实的社会建构：知识社会学论纲[M]. 吴肃然，译. 北京：北京大学出版社，2019：32.

外"的态度，从而很容易"事不关己，高高挂起"，其极端情况（往往是负面的）就是说一套做一套，而且"面不改色心不跳"，泰然自若，游刃有余。

鉴于此，在我们的问卷设计中，同样的情境，如果被试（主体）"在场"，则归为层次维中的他人方面；否则就归为社会方面。例如，在道德—行为—社会三维组合中，与之相对应的问题是"大多数人都会在别人有困难时给予帮助"，虽然观点是"我"的，但就命题呈现的情境而言，"我"并不"在场"；在道德—行为—他人三维组合中，与之相对应的问题是"在学校里，我经常主动帮助遇到困难的同学"，这个问题虽然也是从"我"出发，但观测的重点是"我"与"他人"之间的"在场"关系。调查发现，对同一件事情，站在他人方面和站在社会方面，大学生往往持不同的看法，有的甚至有明显的冲突，这的确是当前高校德育亟须重视的问题。

### （二）研究样本

研究样本是浙江省四所高校的 2020 级和 2021 级本科生。其中，Z 大学是国家一流建设高校，另外三所大学均是浙江省重点建设高校（为方便分析，下文将其统称为 S 大学）。以课题小组的名义，采取匿名填写的方式，利用本科生集中上公共课的课间休息时间，现场发放品德三维结构调查问卷。其中，一部分以纸质版形式发放和回收，另一部分则让学生在手机上完成问卷星中的电子问卷。综合考虑此次调查的研究目的和现实可操作性，采用了简单随机不重复抽样的方法。为避免出现重复发放问卷的情况，并尽可能促进调查效果最优化，主试者联系每个班级的任课老师，让后者在各自任课的班级现场发放问卷，问卷回收和整理也以班级为单位分别实施。问卷调查在每个学期期末进行。整体上发放问卷条件优良，研究对象配合度较为理想。共计发放问卷 1135 份，通过查看题目回答缺失值情况、同质或互斥题目回答协调情况、同一被试回答的一致性、答案分布的规律性等标准，筛选出有效问卷1061 份，有效回收率为 93.48%。

### （三）研究工具及架构

研究工具是自编的品德三维结构调查问卷和用以数据分析的 SPSS 软件。

问卷由以下四部分组成。

第一,人口学特征变量。包括个人基本情况,如学校、专业、年级、性别、是否独生子女等。

第二,李克特量表的五个选项。五个选项分别是"完全同意、基本同意、说不清、基本不同意、完全不同意",代表被试者对该陈述句的认同程度、任何形式的主观或客观评价。通过被试者的选择将其态度量化,从而推动对大学生品德结构的进一步分析。

第三,自编的品德三维结构调查问卷。品德三维结构调查问卷以新的品德三维结构说为理论基础,围绕三个维度的不同组合形式,一共设计了27个问题,问题均采用陈述句的形式。问题涉及层次、形式、内容这三个维度,其中层次维包括了自我、他人、社会三个方面;形式维包括了认识、情感、行为三个方面;内容维则包括了道德、政治、法律三个方面。每个维度的不同方面进行自由组合,由此形成3×3×3的模型。每个问题涉及三个维度的其中一个方面,所有问题不仅与大学生的生活、学习密切相关,还最大限度地与社会主义核心价值观的12个方面相结合。问题在形式上采用正向问法和反向问法,以打破规律,防止被试者陷入思维定式,影响答题的客观性。在后期数据整理和分析时,已将反向问题调整为正向问题,以方便统计处理。

第四,运用SPSS软件进行数据处理和分析。一是对学生所做的品德三维结构调查问卷的结果进行信度检测,保证问卷的有效性。检测发现,每个问题检测出来的克隆巴赫系数(Cronbach's α)都处于0.8—0.9,说明问卷测量的可信程度较大,问卷设计较好。二是对问卷结果进行独立样本 $T$ 检验,发现其在性别、是否独生子女和不同学校之间的差异性。三是对问卷结果进行平均分计算,通过比较发现问题。聚焦当代大学生品德结构的现状研究,为下一步原因分析和对策研究奠定基础(见表6-1)。

表6-1 《品德三维结构调查问卷》相关信息统计

| 序号 | 问题 | 维度 | 平均分 | 删除项后的克隆巴赫系数 |
|---|---|---|---|---|
| Q1 | 我从不恶意揣测别人 | 道德—认知—自我 | 3.22 | 0.852 |
| Q2 | 我比较了解中国共产党的历史 | 政治—认知—自我 | 3.70 | 0.852 |
| Q3 | 我比较了解基本的法律知识 | 法律—认知—自我 | 3.50 | 0.854 |

续表

| 序号 | 问题 | 维度 | 平均分 | 删除项后的克隆巴赫系数 |
|---|---|---|---|---|
| Q4 | 我是一个爱憎分明的人 | 道德—情感—自我 | 4.03 | 0.855 |
| Q5 | 我热爱中国共产党 | 政治—情感—自我 | 4.45 | 0.853 |
| Q6 | 我对全面推进依法治国很有信心 | 法律—情感—自我 | 4.20 | 0.852 |
| Q7 | 在日常生活中，我经常主动帮助遇到困难的陌生人 | 道德—行为—自我 | 3.51 | 0.853 |
| Q8 | 我经常主动关注中国共产党的方针政策 | 政治—行为—自我 | 3.16 | 0.849 |
| Q9 | 我经常运用法律知识分析生活中遇到的现象 | 法律—行为—自我 | 2.92 | 0.853 |
| Q10 | 我的善意从未被同学误解 | 道德—认知—他人 | 3.64 | 0.862 |
| Q11 | 参加班级班委或院校学生组织竞选很有必要 | 政治—认知—他人 | 3.66 | 0.852 |
| Q12 | 在网购过程中，我知道如何维护自身合法权益 | 法律—认知—他人 | 3.69 | 0.853 |
| Q13 | 任何同学为人处世的方式我都不讨厌 | 道德—情感—他人 | 2.29 | 0.864 |
| Q14 | 我乐意参加班级班委或院校学生组织竞选 | 政治—情感—他人 | 3.61 | 0.853 |
| Q15 | 在网购过程中，我相信我的合法权益会得到保护 | 法律—情感—他人 | 3.96 | 0.851 |
| Q16 | 在学校里，我经常主动帮助遇到困难的同学 | 道德—行为—他人 | 3.67 | 0.851 |
| Q17 | 我参加过班级班委或院校学生组织竞选 | 政治—行为—他人 | 3.74 | 0.861 |
| Q18 | 网购时遇到不良商家，我会主动维权 | 法律—行为—他人 | 3.89 | 0.856 |
| Q19 | 当今社会，恶意揣测别人的现象很少见 | 道德—认知—社会 | 2.29 | 0.860 |
| Q20 | 群众参与社会治理的程度很高 | 政治—认知—社会 | 3.38 | 0.852 |
| Q21 | 大多数消费者都知道如何维护自身合法权益 | 法律—认知—社会 | 2.81 | 0.852 |
| Q22 | 大多数人在道德上都爱憎分明 | 道德—情感—社会 | 3.66 | 0.854 |
| Q23 | 群众对自身参与社会治理的满意度很高 | 政治—情感—社会 | 3.42 | 0.852 |
| Q24 | 大多数消费者都相信自身的合法权益会得到保护 | 法律—情感—社会 | 3.74 | 0.853 |
| Q25 | 大多数人都会在别人有困难时给予帮助 | 道德—行为—社会 | 3.95 | 0.852 |
| Q26 | 在社会治理的过程中，群众的参与度在不断提升 | 政治—行为—社会 | 4.02 | 0.852 |
| Q27 | 消费者遇到不良商家都会主动维权 | 法律—行为—社会 | 2.80 | 0.856 |

说明：（1）表中的"维度"所对应的内容，表示的是品德结构的内容维、形式维、层次维，在同一个对象中三者之间的顺序可以颠倒，例如："道德—认知—自我"与"道德—自我—认知""自我—道德—认知"等表示的是同一个对象，在这里顺序并不重要；（2）表中的"序号"所应对的"Q"，表示的是问题（question），例如，"Q1"表示"问题1"；（3）Q10、Q13和Q19在问卷中以反向问题的形式呈现，在统计分析时，已改为正向问题，表6-1中呈现的是修改后的表述方式。

## 二、品德内容的普遍性

### （一）品德内容普遍性的含义

品德内容普遍性指的是主体在思想方面、道德方面、政治方面和法律方面都达到了较为理想的水平，而不存在"厚此薄彼""此消彼长"的情况。在这种情况下，可以说他们的品德内容是普遍的。在改革开放以来的很长一段时间内，在学科边界讨论中，道德教育有意缩小外延，划清与思想政治教育及其他学科的边界。[1]这对于明确研究内容、防止德育泛化具有积极作用，尤其是在特定的历史背景下，更是十分必要的。但是，时至今日，就品德内容的普遍性而言，如果仅仅关注道德，则显得过于狭隘了。一个贪污腐败、懒政怠政的官员，有可能生活朴素、待人谦和；一个奋发图强、积极向组织靠拢的大学生，在成为"人上人"的过程中也可能目中无人、不择手段。这里凸显出道德与政治、法律之间的冲突，而这些都构成我们关注品德结构不能忽视的内容。总之，思想、道德、政治和法律，这四个方面构成了品德内容的主体部分，它们之间存在不可分割的内在联系，特别在其具体内容上相互交叉，包容的东西更是难分难解。可是，研究者并不能就此抹杀它们之间的区别和相对独立的意义。因此，把德育看作思想教育、道德教育、政治教育和法律教育的总称，外延宽广，涵盖齐全，界限明确严整，可以减少歧义。如果在德育决策和实践中通用这种广义的德育概念，使德育各个构成部分都能得到实施，坚持德育的全方位教育，就能充分发挥其间的互补功能，相互促进，减少内耗，全面提高德育的质量。[2]

在实证研究中，没有把思想列入内容维，主要原因在于，思想本身就是一个内容十分抽象、涵盖面极其广泛的词，尤其是在德育实践领域，无论是道德、政治还是法律，都需要以思想作为必要的前提和基础。这里的思想是与"道德自由""意志自律"密切相关的。诚如康德所言，"如果道德法则不是预先在我们的理性中被明白地思想到，那么我们决不会认为我们有正当理由去认识某种像自由一样的东西"[3]。苏格拉底"知识即美德"的观点对后世的德育产生了深远的影响，人作为理性存在者，自己给自己立法。离开思想谈道德和修养，很可能误入歧途。思想性是高校德育课得以开展并取得实效的必要前提，脱离了思想而空谈修养的高校德育课会蜕变为"犬儒"课。[4]鉴于此，

---

[1] 陈卓.道德教育与思想政治教育之比较——基于开放系统的视角[J].江苏教育研究，2017（1）：3-8.
[2] 鲁洁，王逢贤.德育新论[M].南京：江苏教育出版社，2010：101-102.
[3] 康德.实践理性批判[M].韩水法，译.北京：商务印书馆，1999：2.
[4] 陈卓，翁孙哲.思想·道德·修养：高校德育课程性质分析[J].河北科技大学学报（社会科学版），2013（2）：101-107.

在设计问卷时，无需专门将思想单列出来，而是更多地通过对道德、政治和法律的测试，从总体上反映出学生的思想状况。

### （二）大学生品德内容现状调查分析

就大学生德育而言，最理想的状态是思想、道德、政治和法律素质都达到了预想的程度，那么就可以说大学生的品德内容是完整的。调查发现，当前大学生品德内容的现实状况与理想状态还存在一定差距，具体表现为以下几点。

首先，从整体分布上看，当代大学生较为关注品德内容的政治和法律方面，相比之下，道德方面则相对薄弱。在 27 个正向问题中，我们分别把被试的认同状况量化为分数，"完全不同意""基本不同意""说不清""基本同意""完全同意"分别对应 1 分、2 分、3 分、4 分、5 分，在此基础上分别计算出每个方面对应问题答案的平均分。由于此处考察的是大学生的品德内容维，因此将形式维和层次维相对固定，在此基础上搭配以不同内容，得到九组柱状图（见图 6-1）。在图 6-1 的基础上，进一步计算在品德内容维中道德、政治和法律三个方面的平均分，结果分别为：3.44、3.77 和 3.63。由此可知，在此次调查的大学生样本中，认同度最高的是品德内容维中的政治，其次为法律，道德则最低。

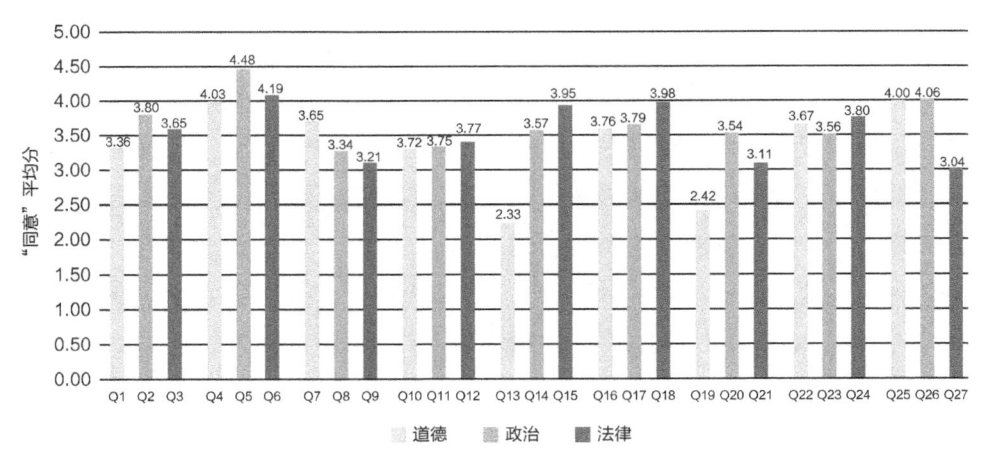

图 6-1 品德内容维 3 个方面的调查结果统计

其次，从具体问题上看，综合品德层次维中的自我和他人两个方面，品德形式维中的情感和行为两个方面，结合具体问题，对品德内容维进行深入分析。调查发现，当大学生处于同一层次和同一形式时，面对道德事件、政治事件和法律事件的态度并不一致；不同层次和形式之间，对道德事件、政治事件和法律事件的态度差别很大。关于前者，图6-1已有直观形象的表述；关于后者，我们选择两组问题进行比较。第一组：以层次维中的自我和形式维中的行为为固定参照系，查看品德内容维中的道德、政治和法律，得出以下三种组合：道德—行为—自我、政治—行为—自我、法律—行为—自我，它们分别对应于Q7、Q8、Q9三个问题（对应问题参见表6-1）。第二组：以层次维中的他人和形式维中的情感为固定参照系，查看品德内容维中的道德、政治和法律，得出以下三种组合：道德—情感—他人、政治—情感—他人、法律—情感—他人，它们分别对应于Q13、Q14、Q15三个问题（对应问题参见表6-1）。通过两组数据分布的比较，可以发现，随着参照系的变换，大学生对道德、政治和法律的态度发生了明显的变化。在侧重于自我行为的领域，对道德、政治和法律的认同依次呈现递减的趋势；在涉及对他人的情感评价时，三者的顺序发生了根本性的倒转。这一结果再次提醒教育工作者和研究者：只有将主体放到一定的社会关系之中，重视主体"在场"和"不在场"的区别，才能更为全面和客观地把握大学生品德结构的真实状况。

最后，从品德内容上可以看到大学生群体中的性别差异。男女生在生理和心理结构上存在较大差异，加之当前中国社会女性权利意识的觉醒，尤其是网络上出现的从"女权"到"女拳"的转变，了解当代大学生的品德结构状况，性别差异分析十分必要。从品德三维结构调查问卷中筛除没有填写性别的被试者，剩余有效样本中男生有641人，女生有413人，将27个问题以性别为分组标准进行独立样本$T$检验。根据检验结果，得到Q1、Q2、Q3、Q5、Q6、Q7、Q8、Q9、Q10、Q11、Q12、Q13、Q14、Q16、Q17、Q22、Q23、Q26共18个问题的$P$值小于0.05（对应问题参见表6-1）。可以得出结论，在上述18个问题中，男女之间的回答存在显著差异。具体而言，上述差异性显著的问题除Q23以外，其余17个问题的平均值得分均是女生高于男生，整体上说明在道德、政治和法律方面女生的认同程度都显著高于男生。相关实证研究表明，在大学生羞怯对经验回避的作用方面，与男生相比，女生羞怯对经验回避的作用显著增加。受社会分工和社会文化的影响，男性大多坚强勇敢、独立自主、情绪稳定；女性则更为敏感和依赖性强。相比而言，自我分化对男生的作用更大，而羞怯则常常被知觉为"女性化"的特征，从而对女生产生更大的作用。[①] 在中国人的传统观念中，女生是弱势群体，是需要保护的，所以父母、老师等会加强对女生各方面的教育，以便让女生可以保护自己。同时，被调查者都是18岁左右的大一新生，这个时期女生的心理普遍要比男生更加成熟，相关实证研究发现，与男大学生相比，女大学生的社会性发展水平对其心理健康具有更高的预测效应。[②] 综合上述因素，大一女生在道德、政治和法律的发展总体上要比男生更加全面。

## 三、品德形式的完整性

### （一）品德形式完整性的含义

品德形式完整性指的是道德主体身上体现出来的道德认知、道德情感、道德意志和道德行为的综合作用，彼此之间不存在明显的矛盾和冲突。当然，这种"完整"不具有严格的科学意义，因为认知、情感、意志和行为（简称知、情、意、行）本来就不是同性质的东西，我们只能从它们都归属于品德形式这样一个意义，从理想化的角度提出一种大致模糊的预期，即面对大致相同的情境，四者之间应该是统一的。现实生活的经验告诉我们：一个品德高尚的人，需要做到三个一致，即心口一致、言行一致、主（观）客（观）一致。关于前两个"一致"，古今中外的先哲箴言和民间谚语多有涉及，至于主客一致，朋霍费尔（Dietrich Bonhoeffer）曾经精辟地分析了"对于善来说，愚蠢是比恶意更加危险的敌人"这一命题。[③] 朋霍费尔认为，愚蠢是一种道德上

---

① 窦芬，李巧灵，王书豪. 自我分化与大学生经验回避：羞怯的中介作用及其性别差异[J]. 心理发展与教育，2021（4）：517-524.
② 唐辉一，陈倩，吴俊华. 大学生社会性发展与心理健康的关系：述情障碍的中介作用及其性别差异[J]. 心理发展与教育，2021（5）：735-742.
③ 朋霍费尔. 狱中书简[M]. 高师宁，译. 北京：新星出版社，2011：7-9.

的缺陷，而不是一种理智上的缺陷。按照这一逻辑，主观与客观之间的不一致，本身就意味着品德形式上的不完整。总之，从品德结构上进行分析，知、情、意、行、四个方面既相互联系，又各有其用；只有四者相互促进、协调统一，才能促进品德的完善。具体而言，道德认知是形成道德行为的基础，道德情感和道德意志是形成道德行为的重要条件，道德行为是衡量个体品德的重要指标，四者统一是最理想的状态。

在实证研究中，没有把意志列入形式维。在赫尔巴特（Johann Herbart）看来，在意志与观念、意志与理解之间划一条清晰的界限是困难的。更确切地说，观念是行动之父。这些都是后来观念活动理论（theory of ideomotor activity）的重要元素。[①] 有时，人们把意志过程分为意志和行为两种成分，品德心理结构就应该是包括知、情、意、行四种要素。但是，鉴于意志问题通常可以还原为情感和行动问题，因此，根据简约原则和实际运用的需要，可以将品德的基本要素确定为道德认识、道德情感和道德行为，简称知、情、行。[②] 我们的问卷调查采用了这样的思路。

### （二）大学生品德形式现状调查分析

首先，从整体分布上看，与认知和行为相比，情感上的正向选择显得格外突出。由于此处考察是的大学生品德结构的形式维，因此将内容维和层次维相对固定，在此基础上搭配以不同形式，得到九组柱状图（见图6-2）。在图6-2的基础上，进一步计算品德形式维度中认知、情感和行为三个方面的平均分，结果分别为：3.46、3.73和3.65。由此可知，此次调查的大学生样本，对品德结构形式维中情感的认同度最高，其次为行为，认知则最低。

---

① 布鲁巴克. 教育问题史[M]. 单中惠，王强，译. 济南：山东教育出版社，2012：157.
② 蒋一之. 品德发展与道德教育[M]. 杭州：浙江大学出版社，2013：3.

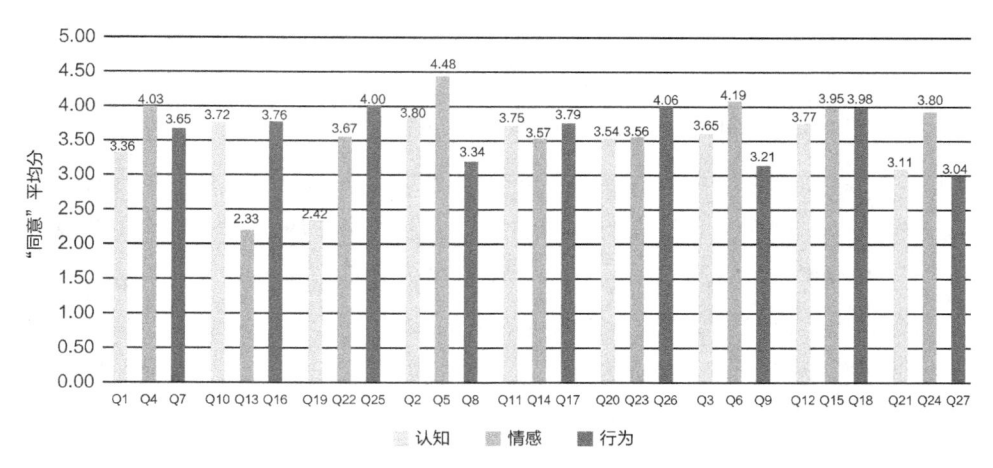

图 6-2　品德结构形式维三个方面的调查结果统计

其次，深入层次维中的自我方面，与品德内容维中的三个不同方面结合起来看，可以得出更为细致的结论。例如，以层次维中的自我和内容维中的政治为固定参照系，查看品德形式维中的认知、情感和行为，得出以下三种组合：政治—认知—自我、政治—情感—自我、政治—行为—自我，它们分别对应于 Q2、Q5、Q8 三个问题（对应问题参见表 6-1）。上述三个问题的平均分反映出在大学生自我对于政治的态度（集中体现在对中国共产党的态度）方面，情感上的认同远远高于认知，能付诸行动的相对更少。他们对法律的态度也体现出同样的趋势。相比之下，对道德的态度有所不同。比如，Q1、Q4 和 Q7 的分数情况表明（对应问题参见表 6-1），情感维度的选项得分最高，大多数学生都认为自己是一个爱憎分明的人，这一趋势与自我层次维基础上的政治、法律内容维度组合一致。差别在于，排在第二位的不再是认知，而是行为，即当涉及大学生对自我道德的评价时，较之于良好的人性判断，他们中大多数人更愿意付诸积极行动。

最后，从品德形式上可以看到大学生群体中独生子女与非独生子女的差异。自 1979 年我国计划生育政策开始实施，社会上便出现了"独生子女"这一群体。与此相对的"非独生子女"群体也开始受到关注，两个群体之间的差异成为焦点。为了深入分析当代大学生品德形式的状况，我们对独生子女与非独生子女进行比较分析。此次调查的有效样本中，独生子女有 456 人，非

99

独生子女有598人，将27个问题以是否独生子女为分组标准进行独立样本 $T$ 检验。根据检验结果，发现只有Q3（"我比较了解基本的法律知识"）的 $P$ 值小于0.05。因此证明在Q3中，独生子女与非独生子女之间的回答存在显著差异；其余26个问题则无显著差异。进一步分析，Q3的平均分是独生子女高于非独生子女，这意味着较之非独生子女，独生子女更加认可该问题。一般情况下，人们倾向于认为，独生子女更容易在娇生惯养的环境下出现自我中心等问题，与非独生子女相比，他们"更任性"，也"懂事更晚"。但是，我们的调查似乎得出了很不一致的结论。一方面，从总体上看，27个问题中只有一个问题存在显著差异，说明独生子女和非独生子女在绝大多数问题上差异不明显。另一方面，就存在显著差异的问题而言，独生子女反而比非独生子女自认为更了解基本的法律知识。从调查结果上看，在对自我的认知方面，独生子女的自我判断程度都要高于非独生子女。其中一个重要原因也许在于批判性思维能力的发展。一项对2016年"全国本科生能力测评"数据的实证研究发现：无论是大一新生样本还是大四毕业生样本，独生子女大学生的批判性思维能力均显著高于非独生子女大学生的批判性思维能力。[1] 提升批判性思维能力是大学生自我意识觉醒的必要前提，也是大学生品德发展的必经之路。独生子女在批判性思维能力上的优势，有利于掌握法律知识、提升法律意识，一定程度上促进了他们的品德发展。当然，批判性思维与对法律认知的自我判断之间通过什么样的机制联系在一起，这个问题还需要进一步研究，相关假设也需要后续研究的进一步验证。

## 四、品德层次的协调性

### （一）品德层次协调性的含义

品德层次协调性指的是主体形成了较为完整统一的自我意识，能协调好自我、他人与社会之间的关系；与之相对的概念是"自我同一性缺失"。自我

---

[1] 张青根，沈红. 独生子女与非独生子女大学生批判性思维能力的差异性分析[J]. 复旦教育论坛，2018（4）：58-64.

同一性是埃里克森自我心理学中的重要概念。在人格与品德研究方面，埃里克森将社会文化因素引入他的自我心理学理论，提出了自我同一性概念。埃里克森强调自我的独立性，认为自我具有自己的特征、需要和动机，不仅保证个人适应环境，健康成长，而且是自我意识和同一性的源泉；他强调自我除了遗传、生理解剖上的因素外，还有很重要的文化和历史因素。① 在埃里克森的理论基础上，进一步从社会学意义上看，在一定社会文化环境下，有的人终身都未能形成自我的同一性，随着年龄的增长，反而日益形成多重人格、多样自我，这就是人们常说的"自我分离""人格分裂"。针对这种现象，我们可以使用"自我同一性缺失"来概括。当今社会，大学里不难见到"现代犬儒主义者""精致的利己主义者"，这些人被广为诟病，其中一个重要原因就在于他们的品德层次是不协调的，在对待自我、对待他人和对待社会时，他们采用了完全不同甚至截然相反的价值标准，他们是"成功学"和"心灵鸡汤"的拥趸，深谙社会生存的"厚黑学""潜规则"，不以为耻反以为荣，因此，我们称他们"品德恶劣"或者"缺德"。

在实证研究中，没有采用建构品德三维结构说理论模型时的思路，按照杜瓦斯在其名著《社会心理学的解释水平》中采用的"个体、人际、群内、群际"进行四分②，而是按照自我、他人、社会进行三分。无论是在新加坡小学德育教材还是在日本小学德育教材中，都可以看到对品德结构在层次上的区分。影响人的社会关系是一个十分复杂的系统，不同研究者可以根据自身的知识结构和研究需要，划分出各种各样的社会层次。为了避免将问题复杂化，在实践领域只能尽可能坚持简约的原则，进行抽象概括。从社会关系的水平和层次上看，社会系统可以区分为个人关系、群体关系和社会制度三个层次。③ 按照这样的逻辑，我们区分了自我、他人和社会三个层次。

（二）大学生品德层次现状调查分析

首先，从整体分布上看。在品德层次维上，对自我的认同度明显超过了

---

① 叶奕乾. 现代人格心理学[M]. 上海：上海教育出版社，2011：70-71.
② 杜瓦斯. 社会心理学的解释水平[M]. 赵蜜，刘保中，译. 北京：中国人民大学出版社，2011："总序"5-7.
③ 郑杭生. 社会学概论新修[M]. 北京：中国人民大学出版社，2003：60.

对他人和社会的认同度。由于此处考察的是大学生的品德层次维，因此将内容维和形式维相对固定，在此基础上搭配以不同层次，得到九组柱状图（见图 6-3）。在图 6-3 的基础上，进一步计算品德层次维度中自我、他人和社会三个方面的平均分，结果分别为：3.75、3.62 和 3.47。由此可知，此次调查的大学生样本，对品德结构层次维中自我的认同度最高，其次为他人，社会则最低。

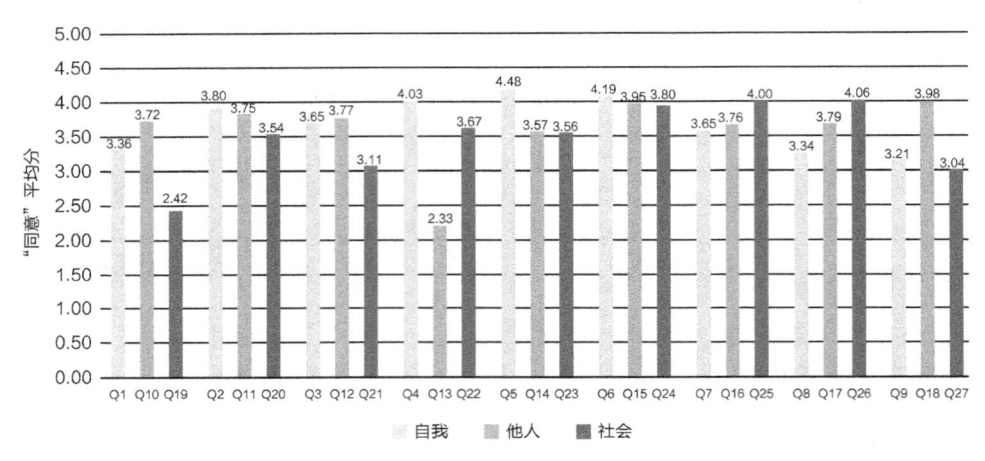

图 6-3 品德结构层次维三个方面的调查结果统计

其次，综合品德内容维中的道德、政治和法律三个方面，品德形式维中的认知和行为两个方面，对品德层次维进行深入分析。调查发现，面对同一性质的事件，大学生在自我、他人和社会层面的态度并不一致，尤其是在社会层面，与自我和他人层面的差异性更大。从总体上看，与自我和他人相比，大学生对社会的认同度较低。例如，以内容维中的道德和形式维中的认知为固定参照系，查看品德层次维中的自我、他人和社会，得出以下三种组合：道德—认知—自我、道德—认知—他人、道德—认知—社会，它们分别对应于 Q1、Q10、Q19 三个问题（对应问题参见表 6-1）。前两个问题涉及品德层次维的自我与他人两个方面，较高的平均分说明在自我"在场"时，当代大学生的道德认知是比较向善的；与之相对，当涉及品德层次维的社会方面时，评价就大大降低了，这与当前的"社畜""躺平族""社会的毒打"等流行语所反映的心态是一致的,与个人和他人相比,大学生倾向于认为社会是比较复杂甚至阴暗的,"恶意揣测别人的现象并不少见"。但是,有两组情况比较特殊:第一组是Q7、Q16和Q25,相比于"在日常生活中,我经常主动帮助遇到困难的陌生人"(道德—行为—自我)、"在学校里,我经常主动帮助遇到困难的同学"(道德—行为—他人),更多人认可"大多数人都会在别人有困难时给予帮助"(道德—行为—社会)。第二组是Q8、Q17和Q26,相比于"我经常主动关注中国共产党的方针政策"(政治—行为—自我)、"我参加过班级班委或院校学生组织竞选"(政治—行为—他人),更多人认可在社会治理的过程中,群众的参与度在不断提升(政治—行为—社会)。两组的一个共同特点是:聚焦于品德结构形式维中的"行为"。这从一个侧面体现出大学生品德结构中知行之间的矛盾。

最后,从品德层次上可以看到Z大学与S大学之间的差异。Z大学是国家一流建设高校,S大学是浙江省重点建设高校,两者在学习氛围、师资力量等方面都存在显著差异,它们的学生在品德层次维上的选择是否会呈现出不同的特点?Z大学的样本数为149人,S大学的样本数为912人,将27个问题以学校为分组标准进行独立样本$T$检验。根据检验结果,得到Q1、Q9、Q12、Q17、Q20、Q21、Q23、Q27八个问题的$P$值小于0.05(对应问题参见表6-1)。因此证明在上述八个问题中,Z大学与S大学之间存在显著差异。具体而言,在上述八个差异性显著的问题中,只有Q17的回答是Z大学平均分高于S大学;其余七个问题的回答,均是Z大学平均分低于S大学。调查发现,较之S大学,Z大学的学生在学校里较少主动帮助遇到困难的同学,这从一个角度反映了精英学校学生的自我中心意识,关于这一点,通过Q1("我从不恶意揣测别人")的较低分数,从反面也得到了印证。至于其他几个问题,无论是属于品德层次维中他人方面(Q12和Q17),还是属于品德层次维中社会方面(Q20、Q21、Q23和Q27),Z大学的回答总体上低于S大学的回答,这一现象反映出如下事实:从整体上看,Z大学的学生更加坚持"自我中心",更容易高看自己、低看他人和社会。唯一的例外是Q9,根据数据分析的结果,较之S大学,Z大学的学生更少运用法律知识分析生活中遇到的现象。对于该结果,我们将在接下来的研究中进行深入分析。总之,虽然我们提倡人与人之间在人格、尊严、权利等方面的平等，但是，一个不争的事实是，现实社会中人与人之间更多地体现出不平等。布尔迪厄（Pierre Bourdieu）提醒人们注意："在不同的再生产策略之间存在着持续的实际联系，尤其是不同水平的实践之间存在着奇特的相互连带关系。"[①] 在这个过程中，教育系统发挥着"社会炼金术"的作用。当然，我们无需采用一种"机械的""决定论的"视角看待这种学校与个体之间"奇特的相互连带关系"；更重要的是，应当意识到从制度稳定到制度变迁的过程中，"社会结构的二重性"意味着教育系统并非无能为力，相反，它能够发挥更为积极的作用。[②] 如何破除客观存在的"学校鄙视链"，关于品德层次维的研究可以提供一些更为深入的启示。

---

[①] 布尔迪厄. 国家精英：名牌大学与群体精神[M]. 杨亚平, 译. 北京：商务印书馆, 2005：473.
[②] 陈卓. 新制度主义视野下的布尔迪厄教育思想研究[J]. 外国教育研究, 2014（11）：12-22.

# 第七章 大学生思想政治教育目标实践状况的实证研究

## ——基于 A 大学的个案调查与分析

## 一、问题的提出

### （一）研究背景

党的十九大报告提出培养担当民族复兴大任的时代新人这一重大命题。青少年是时代新人培育的主体，高校作为人才培养的主阵地之一，在时代新人培育上大有可为且应大有作为。当前思想政治教育领域面临诸多新问题，较为突出的有：高校思想政治教育工作面临更加复杂多变的环境，传统的思政理论课及德育教育，已然难以满足思想政治教育的发展需要[①]；大学生价值观多元化状况对如何有效地进行价值观教育提出了严峻挑战[②]。鉴于此，思想政治教育的目标定位也应适应新变化，与之相契合。[③] 同时也要注意到，"万变不离其宗"。审视思想政治教育目标时，有两种不同路径：一种路径从理论上关注国家、社会及教育者对受教育者在思想政治素质方面"应当"达到的水平，另一种路径则侧重于全面了解和把握当前大学生思想政治教育目标的实践状况。所谓"大学生思想政治教育目标的实践状况"，指的是作为一种应然状态的大学生思想政治教育目标，在实际的思想政治教育过程中所达到的实然状态。这种实然状态包括了思想政治教育成效和不足。大学生思想政治教

---

① 赵阳. 思想政治教育的现状与挑战[J]. 中学政治教学参考, 2021（29）：99.
② 肖贵清, 武传鹏. 社会主义核心价值观融入高校思想政治理论课的重要意义及其路径[J]. 思想教育研究, 2017（3）：73-77.
③ 卿云. 大学生思想政治教育目标层次性探析[J]. 学校党建与思想教育, 2013（26）：15-17.

育目标代表了一种期望和规定，大学生思想政治教育目标的实践状况更多地关注实现教育目标的实际情况，两者体现出思想政治教育目标在理论与实践、理想与现实之间的张力。本书旨在采取后一种路径，通过实证研究，了解当前大学生思想政治教育目标的实践状况，并在此基础上分析原因，以期为贯彻落实思想政治教育目标提供有针对性的对策建议。

从理论上看，思想政治教育目标是一个预期效果。在现实的思想政治教育实践过程中，理想与现实的矛盾、传统与现代的变革，使得大学生在看待自我与社会时存在若干偏差，"精致的利己主义""佛系生存""躺平族"等热词的流行，从一定程度上说明有些问题较为严重，甚至已经成为贯彻落实思想政治教育目标的明显挑战。本书依托大学生必修课程"思想道德修养与法律基础"（2021年下半年已改名为"思想道德与法治"，以下简称"基础"课），通过课程作业与自愿参与相结合的方式，以前人研究为基础，编制和发放修改后的关键事件调查问卷，整理相关数据资料，了解当前大学生的综合素质状况，审视大学生思想政治教育目标落实过程中面临的难题，以探索现实教学过程中进一步贯彻落实思想政治教育目标的有效途径。通过实证研究发现，高校思想政治教育目标的落实仍然是一项需要长期坚持、不断完善的课题，需要思政课教师在教学过程中充分把握学生的思想动态，不断创新教学方法，促进思想政治教育目标的贯彻落实，为培养社会主义建设者和接班人夯实基础。

**（二）基本概念界定**

思想政治教育目标是指一定社会对教育所要造就的社会个体在思想政治素质方面的质量和规格的总的设想，是依据人的全面发展理论、党和国家的教育方针确立起来的。思想政治教育目标是一个有机系统。概括地说，思想政治教育目标因层次不同，有根本目标和具体目标之分；因教育对象不同，有社会目标、群体目标和个体目标之分；因内容不同，有政治目标、道德目标、职业目标、生活目标之分；因时间不同，有长期目标、中期目标、短期目标、近期目标之分；因隶属关系划分，则有总目标和分目标之异。这些目标相互联系、相互影响，共同构成思想政治教育的目标体系。就思想政治教育的根本目标和具体目标而言，根本目标对具体目标起着支配作用，具体目标是根本目标在不同层次上的展开。思想政治教育的根本目标是促进人的全面发展①，德智体美劳全面发展是对思想政治教育根本目标的具体阐释。只有德智体美劳"五育并举"，不断实现具体目标，才能最终实现思想政治教育的根本目标。不同研究者对于思想政治教育目标的表述存在一定差异，对应于"大德育"与"小德育"的区分，思想政治教育的根本目标通常与"综合素质""全面素质"等词语搭配；"小德育"则往往对应于思想政治教育的具体目标中的"思想品德""品德""德性"等表述。本书兼顾上述两种视角。思想政治教育视域中的全面发展教育就是要以人的综合素质教育为依托②，出于表述上的一致性，本书统一采用"综合素质"指称思想政治教育的根本目标，采用"思想政治素质"指称思想政治教育的具体目标中对应于"德"的内容。

"五育融合"是对当前我国"如何培养人"的整体回答，旨在通过"融合"的方式实现德、智、体、美、劳全面发展，具有均衡性、平等性、关联性、整体性等特点。③ 在问卷调查中，通过对学生答题情况的归纳整理，具体分类如下。

德：指思想政治素质，主要包括道德人格、思想观念、政治品质、法治意识。一般认为，思想政治素质是人的政治观、人生观、价值观、道德观的综合体现，主要包括思想观念、政治品质、道德人格和法治意识四大方面。④ 在此次问卷调查中，思想观念主要包括价值观念和思维方式两个方面内容；政治品质主要指的是对政治采取的态度；道德人格方面主要包含人际交往、个人道德素养以及心理素质三个方面内容；法治意识主要指关于法治的观念。

智：指智力素质，主要体现为专业素质和个人管理能力。

体：指身体素质，主要包括身体形态、生理机能、运动素质和运动能力。

美：指审美素质，主要包括审美经验、审美情趣、审美能力和审美理想。

劳：指劳动技术素质，主要包括劳动心态和劳动技能。

---

① 《思想政治教育学原理》编写组. 思想政治教育学原理[M]. 北京：高等教育出版社，2018：154-157.
② 《思想政治教育学原理》编写组. 思想政治教育学原理[M]. 北京：高等教育出版社，2018：179.
③ 刘登晖，李华."五育融合"的内涵、框架与实现[J]. 中国教育科学（中英文），2020（5）：85-91.
④ 《思想政治教育学原理》编写组. 思想政治教育学原理[M]. 北京：高等教育出版社，2018：141.

## （三）研究样本及施测过程

高等教育系统十分复杂，各级各类学校之间、不同地区学校之间均存在显著差异。此次调查选择浙江省 A 大学进行个案研究。A 大学是一所以工科为主，理、工、文、经、管、法等多学科协调发展的省重点建设高校，以加快建设特色鲜明研究型高水平大学为目标定位，建校历史悠久，办学特色鲜明，在浙江省高校中具有一定的代表性，同时也能一定程度上反映出全国高校的平均水平。此次调查以 A 大学 2019 级、2020 级大一本科生为对象，通过线上形式发放问卷。问卷的发放对象主要是"基础"课专任教师 B 老师所授课班级学生，以及部分其他老师所授课班级学生。

A 大学开设的"基础"课，把同一年级不同专业类别的学生分为两批，分别在秋季和春季学期完成教学。综合考虑此次调查的研究目的和现实可操作性，采用了简单随机不重复抽样的方法。为避免出现重复发放问卷的情况，并尽可能促进调查效果最优化，笔者联系每个班级的任课老师，让后者在各自任课的班级网上教学平台发放问卷，问卷回收和整理也以班级为单位分别实施。问卷调查在每个学期期末进行。针对 2019 级学生的问卷在春季学期发放一次，共回收 236 份；针对 2020 级学生的问卷在秋季学期和春季学期各发放一次，分别回收 163 份、175 份。此次调查共回收问卷 574 份，通过查看题目回答缺失值情况、同质或互斥题目回答协调情况、同一被试回答的一致性、答案分布的规律性等标准，筛选出有效问卷 560 份。其中，男生 197 人，女生 363 人。问卷具体回收情况如表 7-1 所示。

表 7-1 《关键事件调查问卷》回收情况统计

单位：份

| 回收问卷数 | 2019级本科生 | 2020级本科生 秋季学期 | 2020级本科生 春季学期 | 总计 |
| --- | --- | --- | --- | --- |
| 回收问卷总数 | 236 | 163 | 175 | 574 |
| 回收有效问卷数 | 229 | 159 | 172 | 560 |

## （四）研究方式

第一，综合素质分类以概括和归纳为主。关键事件调查问卷由九个开放性问题组成，其中一个核心问题是："为了更好地适应社会，你认为在大学期间，自己最需要提升哪些方面的素质。"通过相关数据整理，从德智体美劳作为思想政治教育具体目标的视角切入，分别把学生希望提升的素质进行分类和归纳。此外，围绕该学期的"基础"课教学，在学期末让学生回顾学习上的"高点"（即经历了某些重要或有意义的事情的那一刻）和"低点"（即感到绝望或沮丧的那一刻），任课老师的哪些特点或行为对学生的学习最有帮助或妨碍了学生的学习，学生觉得自己被重视或肯定的时候、觉得自己被轻视或贬低的时候，关于什么是有效的教学学生最主要的看法是什么，关于什么样的方法和行为或许对学生最有帮助。上述这些问题对于了解当前大学生思想政治素质状况，进一步探索大学生思想政治教育目标的落实情况具有极强的现实针对性。

第二，大学生综合素质状况以折线图和条形图的形式呈现。通过数据分析发现，大学生关注的素质类型之间存在交叉重叠的部分，如果单独列示某一模块占总体的比重，会影响数据分析效果，导致呈现结果过于混乱。鉴于此，对于学生希望提升的综合素质进行分类和归纳时，本书未使用饼状图，而是采用折线图和条形图。

## 二、大学生思想政治教育目标的现状分析

围绕德智体美劳五育的划分，在分析大学生对综合素质的认识现状时，我们侧重于根据不同标准划分不同类别，并对这些不同类别的样本之间的相同点和不同点进行比较，从而呈现出若干规律性的东西。通过调查，获得以下两个方面的发现。

### （一）以大学生素质内容为标准，大学生综合素质认识体现出明显的差异性

大学生对于不同素质类型的重视程度存在很大的差别。

第一，大学生对于不同素质类型的关注程度不同。这里的"关注程度"可以从两个方面来分析。一方面，从总体分布上看，大学生对于综合素质的重

视程度不同。根据问卷分析统计，希望能够提升思想政治素质、智力素质、身体素质、审美素质和劳动技术素质的分别为456人、409人、48人、4人和2人。对德智体美劳五个方面素质的重视程度依次递减（如图7-1所示）。

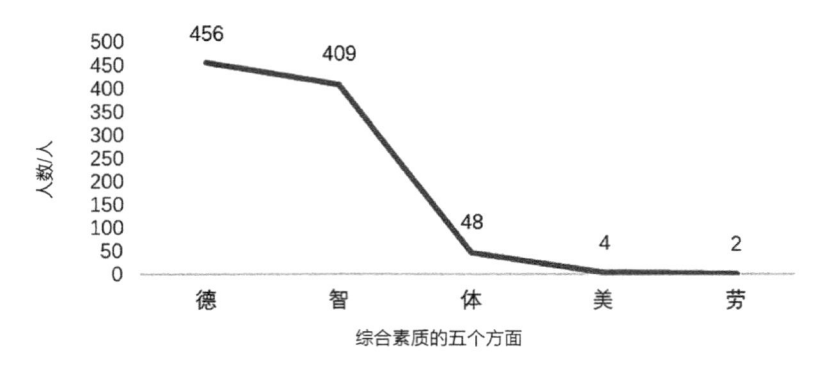

图7-1 大学生对综合素质五个方面的关注情况

另一方面，从兼顾程度上看，大学生对于素质类型的关注不全面。大部分学生对于单个素质或者综合素质的关注程度差别很大，仅重视一方面或者其中几方面的素质提升。调查发现，在德智体美劳五个方面，就单项内容而言，只提到思想政治素质的有135人，只提到智力素质的有93人，没有学生明确提出希望提升身体素质、审美素质、劳动技术素质中任何一方面的素质。就双项组合而言，同时提到思想政治素质和智力素质的有269人，同时提到思想政治素质和身体素质的有6人，同时提到智力素质和身体素质的有4人。就三项组合而言，同时提到思想政治素质、智力素质和身体素质的有36人。就四项组合而言，没有发现相关内容。就五项组合而言，提到德智体美劳五项综合素质的有15人，但是都未就其具体内容进行阐释。

第二，大学生对于思想政治素质四个要素的关注程度不同。在希望提升思想政治素质的学生中，统计数据呈现如下结果：提到思想观念的有90人，其中，关注价值观念和思维方式的分别为41人和55人。提到政治品质的有2人。提到道德人格的有414人，其中，关注人际交往、个人道德素养和心理素质的分别为321人、92人和101人。提到法治意识的有9人。大学生对思想政治素质四个要素的关注情况如图7-2所示。

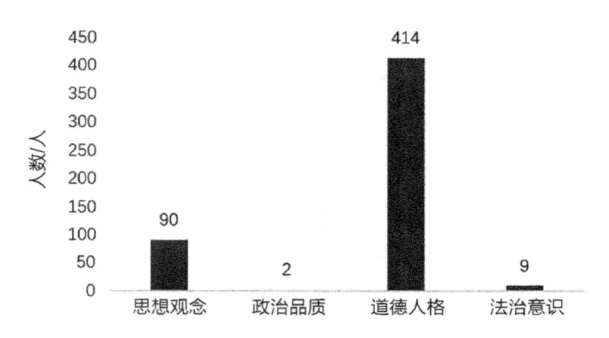

图 7-2　大学生对思想政治素质四个要素的关注情况

## （二）从形式上看，不同性别的学生对于综合素质的关注情况具有共性

尽管大学生对于综合素质的态度存在明显的区别，但是，引入人口统计学变量进行分析，也能发现一些相同之处。一个典型表现是：智力素质、人际交往能力和个人管理能力是综合素质的重要组成部分，不同性别的学生对这三方面内容的关注情况表现出明显的共性。从图 7-3 中可以看出，男生和女生对这三方面内容的关注程度近似，在各自群体所占比例上呈现出高度的一致性。具体来看，在男生样本群中，分别有 73% 和 57% 的人关注智力素质和人际交往能力；这一比例与女生样本完全一致。在男生样本群中，有 55% 的人关注个人管理能力，这一比例在女生样本群中为 49%，两者差距不是太大。这说明，提升智力素质、人际交往能力和个人管理能力，是当代大学生较为普遍而迫切的诉求，而且在性别分配比例上呈现出趋同的态势。

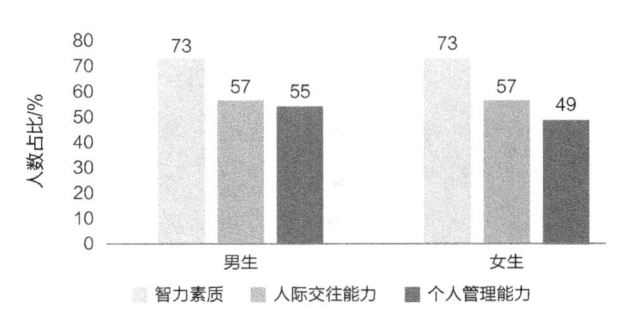

图 7-3　不同性别的大学生对综合素质三个方面内容的关注情况

思想政治教育的目标，是通过各个阶段、各项思想政治教育的任务来实现的。各项思想政治教育实现的是具体目标，只有不断实现具体目标，才能实现思想政治教育的根本目标或长远目标。[①] 从上述数据分析可知，距离思想政治教育的总目标的实现还存在较大差距，对于具体目标的落实，在实际的思想政治教育过程中仍然面临许多难题，亟待解决。

## 三、落实大学生思想政治教育目标面临的难题

培养什么人、如何培养人，始终是我国社会主义教育事业发展中必须解决好的根本问题。青年一代是国家的未来和民族的希望，只有社会各界勠力同心，共同做好教育大事，才能培养好一代又一代社会主义事业建设者和接班人。调查发现，当前大学生思想政治教育目标在理想与现实两个层面存在一定的脱节，导致这种状况的因素来自社会诸多方面，其背后有深层的社会结构（制度）上的原因。我们聚焦于大学生群体和学校教育系统两个方面，分析落实大学生思想政治教育目标面临的难题。

### （一）大学生价值观功利化和犬儒色彩明显

社会环境复杂多变，给大学生的价值观带来冲击。调查发现，部分大学生未能较好地抵制社会上一些不良风气的影响，价值观呈现明显的功利化倾向和较强的犬儒色彩，主要体现在以下两个方面。

第一，总体价值观表现出较为明显的功利性倾向。如前所述，大部分学生主要关注德、智、体三方面的素质。当前社会对于品德、智力和身体等方面的要求较高，多数学生希望提升自己，不是为实现人的自由全面发展的根本目标，而是希望未来能更好地在社会上立足，因此体现出明显的"功利化"倾向。有学生认为："道德素质是最基本的素质，保证自己在以后的道路上不会犯下实质性的错误。"从现实角度考虑，毕竟许多单位都很注重诚信、事业心、责任心等有关"德"的方面。这从一个侧面提醒教育者，思想政治素质是

---

① 张耀灿，郑永廷，吴潜涛，等. 现代思想政治教育学[M]. 北京：人民出版社，2006：149.

立身的根本，要注重学生良好品德的培养。有学生表示："专业能力素养，这是安身立命之本，作为大学生必须努力学习知识，提高个人能力，才能在社会上立足。"当今社会，熬夜加班成为诸多上班族的日常，部分学生认为："培养良好的身体素质，出去以后可以扛得住社会的'毒打'。"更甚者，有学生直言："大力提升身体素质，未来做'社畜'熬夜加班必不可少，一个好的身体能让你扛得住骂，禁得住打，喝得了烈酒，吃得下泡面。"功利主义的价值观对大学生正确的思想政治目标的实现具有非常消极的影响[1]，提高自己被看成是更好地立足并适应社会的"手段"，而不是人的自由全面发展本身的需要。社会现实的影响，使得大学生价值倾向更加功利化。有学生认为："步入社会之后，就已经不再是温室里的花朵了，可能会遭受很多社会的'毒打'，也会有很多不好的诱惑，所以要有强大的心理承受能力面对'毒打'和比较好的道德修养来抵御诱惑。"还有学生说："提高抗打击能力，因为社会对于'新生儿'是一直在打击鞭策的，只有承受社会的打压才能留下属于自己的位置，因此良好的心态与不懈的奋斗精神就是适应社会的基本条件。"在人不是目的而更多成为一种手段的社会大背景下，大学生对自身素质的重视更多地体现出功利性，而且带有明显的悲观主义论调。

第二，对人际关系的重视具有较强的犬儒色彩。提升人际交往能力是许多学生共同关注的问题。在中国文化传统中，人际交往与关系联系紧密。关系的意思更多的是长久而无选择的关系，而搞关系，就是把短暂的有选择变成长期的无选择。中国人的关系运作就具有情理并重、强调关系秩序的建立、空间上的同一性一再强化等特点。[2] 中国是个人情社会，任何事情都逃脱不了关系网。大学生受传统文化和社会整体环境的影响，也注重人际关系。有学生直接表明："当今社会，搞好人际关系的重要性不言而喻，虽说咱们中国是法治社会，但是中国几千年来的'讲人情''讲关系'还是一直存在的，所以善于搞好人际关系很重要。"还有学生认为："足够的人脉资源能为自己在未来的社会生存中提供便利。"与关系密切相关的是情商，在中国文化的语境下，

---

[1] 张倩倩. 大学生思想政治教育目标实现途径研究[D]. 长春：长春理工大学，2017.
[2] 翟学伟. 关系与中国社会[M]. 北京：中国社会科学出版社，2012：77-80.

"情商高"基本上等同于"会搞关系"。在调查中,有23名学生认为在人际交往中要着重提高"情商"。有学生坦言:"我认为首先要提高情商,在社会中生存不能太直接,要学会用别人和自己都舒服的语言来交流。"甚至有学生认为:"最重要的就是说话,也许有些时候会成为以前自己不喜欢的那个模样,但如果步入社会,我们总还是要学会'对人说人话,对鬼说鬼话'。"这样的说法就接近于犬儒主义了。现代犬儒主义对现实社会仍旧抱有不满和愤懑,并对后者保留着清醒的认识,但由于个人在强势的外在世界面前无能为力和无路可逃,他们只好放弃公开的抵制与反抗,变成了对现存世界的无奈和无助甚至是"违心"的认同。[1] 具有犬儒色彩的学生往往会有意无意地抹杀真与假、善与恶、美与丑之间的差别,标榜成功就是一切,为达目的不择手段,用一套"厚黑理论""活命哲学"为自己辩护,逃避道德的评判和良心的谴责。

### (二)学校教育的改革进程缓慢

高校是大学生成长成才的主要阵地,在实现大学生思想政治教育目标的过程中,学校教育是一个极其重要的环节。但是,在实际的学校教育中,学校教育的改革难以赶上社会发展变化的速度,传统与现代的冲突,成为大学生思想政治教育目标落实的阻碍,具体体现在以下两个方面。

第一,传统应试教育的影响长期存在。青年大学生思想活跃,易于接受新鲜事物,走在时代前沿。绝大多数学生更热衷于有趣幽默的课堂,他们不希望一味地被灌输理论,更喜欢老师结合社会热点传授知识,希望老师能够了解学生思想动态,引导学生思考,引领学生树立正确的价值观。一名学生写道:"从当下热点出发讨论,让我对于时事热点能有更加深刻的见解,毕竟在这个信息发达的时代,我对于很多热点只能有非常浅显的看法。记得有次课上,老师和我们一起讨论肖战一事,的的确确让我非常感兴趣,通过和老师同学们的讨论,我对于'饭圈'文化有了更多了解,也对'饭圈'发生的各种事情能保持更加辩证的态度。"但是,受中小学时期应试教育的影响,大学生在面对今后的入党、保研、转专业等一系列与学业成绩挂钩的问题时,"超

---

[1] 袁铎. 犬儒主义:基于历史与当代社会的审思[J]. 河南师范大学学报(哲学社会科学版),2016(3):17-20.

脱"只能是一个程度上的问题，而不是一个有和无的问题。"如何应付考试"成为一个令人纠结的问题——尤其是对那些在意学习成绩的学生而言。调查中有一名学生评价 B 老师："讲课的内容没有太多的干货。就是感觉自己没有学到什么，考试会考什么也不知道。"这种看法虽然不具有普遍性，但却能在一定程度上反映出问题。有意思的是，同样是这名学生，在谈及有效教学方式时认为"将课本知识与实际生活最好是时下热点事件联系起来，能对知识有更充分的了解"，并且希望在大学期间提高自己的眼界与器量。这种矛盾现象反映出传统与现代、素质教育与应试教育之间存在的复杂关系。

第二，现实教育目标偏移现象时有发生。实现人的自由全面发展是一个理想目标，但在教育实践中，受各种因素的影响，目标会发生偏移。例如，体育课程教学目标设置与达成中缺少价值引领教学目标[1]，将体育教育固化在学科壁垒之内，忽视甚至淡化体育教育中的价值引领，偏离了立德树人根本任务，不能取得理想的育人效果。新的历史条件下，仍存在轻视美育的现象："目前，高校都非常重视德育、智育和体育，但不少高校轻视美育。有些高校即使开展了一些文化艺术活动，但审美教育目标不明确，且没有系统化。"[2] 把美育片面异化为形式上的艺术教育，不仅不能实现提升大学生审美意趣的目的，也不能有效促进人的全面发展。美育是提高综合素质的重要一环，因此必须进一步明确美育的目标，使之与思想政治教育总体目标相契合，在不断完善美育目标的同时促进思想政治教育总目标的贯彻落实。与此同时，学校的"劳动教育"也已在现实中畸变[3]，随着《中共中央、国务院关于全面加强新时代大中小学劳动教育的意见》《大中小学劳动教育指导纲要（试行）》的先后出台，2020 年开启的改革方兴未艾。从总体上看，体育、美育和劳动技术教育在教育环境中地位略显弱势，学生自然不会把重心放在身体素质、审美素质、劳动技术素质的提升上。实际上，在功利化色彩浓厚的社会氛围中，即使是智力素质也难逃异化的命运。一名学生写道："谈论蓝翔技校与北大，这实际上给我很大的触动，回顾一下上个学期，我发现我每天都在忙于上课，

---

[1] 徐成立，罗秋兰，孙军，等. 高校体育课程思政建设现实困境与优化策略[J]. 体育文化导刊，2021（9）：98-104.
[2] 邱地，谢朝晖. 高校美育面临的困境与对策探讨[J]. 教育探索，2015（6）：87-90.
[3] 檀传宝. 劳动教育的本质在于培养劳动价值观[J]. 人民教育，2017（9）：45-48.

忙于完成作业，为了绩点而学，从来没有说因为对某个知识感兴趣而去图书馆专门借阅相关书籍进行阅读。仔细想想，我这样读下去读的不是大学，倒有点蓝翔技校的味道。"学生的反思从一个侧面揭示了教育目标发生偏移的社会现实。

## 四、贯彻落实思想政治教育目标的有效路径

随着经济社会的迅速发展，传统社会中会读书、会考试的"文化人"正在被多元的"社会人"取代。全球化浪潮使得国家之间的竞争更加侧重于知识和人才的竞争，这就需要一大批适应社会发展潮流、能够在新媒体时代脱颖而出的高素质人才。高校需要探索合理有效的路径，掌握大学生综合素质的实际情况，在实施思想政治教育的过程中适应新情况，促进思想政治教育的优化，这才可能真正培养出社会主义事业建设者和接班人。

### （一）更新教育理念，加强价值观教育

高校担负着高素质人才培养的崇高使命，要促进人的自由全面发展，首先要使受教育者树立正确的价值观。就调查发现的当代大学生价值观状况而言，教育的重点应当放在两个方面：坚持共同价值，澄清价值取向混乱；坚持马克思主义，全面审视"佛系生存"。

第一，坚持共同价值，澄清价值取向混乱。价值多元化是开放社会的必然结果，但它与价值取向混乱截然不同。价值多元化暗含的一个前提是价值之间虽是不可通约的，但存在相容的可能性。[①] 价值取向混乱则体现为不同主体基于自身的价值观，在面对各种事物和现象时，所持的基本价值立场、价值态度及所表现出来的基本价值取向存在根本性的差异，导致彼此之间无法形成有效的沟通和对话。价值取向混乱导致社会舆论的撕裂，对同一事物和现象的不同解释差异之大，有时候到了匪夷所思的地步。复旦大学附属华山医院感染科主任、党支部书记张文宏教授在上海的一个交流会上表示，应该

---

① 宫睿. 价值多元论与进步[J]. 哲学研究，2009（6）：94-100，129.

重视孩子的饮食结构，早餐不能喝粥，应该多吃鸡蛋、喝牛奶。张文宏"不能喝粥"的主张在互联网上引起了很大的"争议"，B老师组织学生在课堂上就该事件进行了讨论。在调查中有学生写道："关于张文宏医生谈喝粥的事件，微博底下的评论有诸如阴谋论、间谍论，大有上升到民族大义和意识形态的地步，实质上我对此既愤怒又失望。可以从此事窥视出还有相当一部分国人的思维还停留在前现代思维，有些人可能学历不低，但是其思维逻辑混乱不堪，说实在点就是'小学生思维'，很容易被带节奏，'无脑'发表一些观点。"学生已经意识到价值取向混乱带来的严重后果。走出这一危险境地，需要寻找一种最广泛的价值认同，它超出了家庭、社区的范围，也涵盖了国家、民族，甚至于成为全人类公认的价值追求，这就是共同价值。坚持共同价值，澄清价值取向混乱，这是高校进一步落实大学生思想政治教育目标的一个重要课题。

第二，坚持马克思主义，全面审视"佛系生存"。青年大学生还处在心智不够成熟的阶段，世界观、人生观和价值观没有完全定型，极易受到各种思潮的影响，而做出种种看似矛盾的行为。青年人为求发展而倒退，以便能正常地前进。精神恍惚、寻找英雄人物及重新使用体势语，这些回视行为的表现被看作成功地再生所采取的虽然不愉快却是必要的"分娩"措施。[1] 调查表明，受历史虚无主义和多元文化主义的影响，部分大学生在生活中也逐渐产生了"佛系"的心态。有学生意识到了这种观念的缺点，写道："我的'佛系'实际上是一种负面的规避状况的方式。"但是他却没有采取行动进行改变的想法，或者说，他找不到改变这种状况的方法，这正是学校应该教给他的。在走出"佛系生存"状态的过程中，B老师介绍了他的教育心得，他认为应当以马克思主义的价值取向为指导，因为其以人的发展为核心，引领社会进步和促进人的发展，回答并解决社会生活中深层次的价值问题，为人的生存发展提供坚实的价值支撑。[2] 以马克思主义价值取向全面审视当前大学生"佛系生存"现象，可以避免非此即彼的两极思维，在看到"佛系生存"不争不抢、不

---

[1] 卢格. 人生发展心理学[M]. 陈德民, 周国强, 罗汉, 等译. 上海: 学林出版社, 1996: 645.
[2] 陈新夏. 唯物史观价值取向当代建构的前提性考查[J]. 哲学研究, 2019（2）: 23-32.

喜不悲、无牵无挂和无欲无求的生存状态背后，是经济社会的发展、网络时代的特点、计划生育政策的影响及社会规则（潜规则）的作用等各方面因素综合作用的结果，从而在个体行动与社会结构的互动过程中，从初级层面的文明礼貌、中级层面的兴趣爱好和高级层面的理想信仰三个不同层次提出循序渐进的改进之策。

### （二）优化教育系统，全方位多角度形成合力

促进人的全面发展是思想政治教育的根本目标，思想政治教育是实现人的全面发展的重要途径。[1] 只有不断优化教育系统，推进教育改革，以全面发展为目标，才能促进人的自由全面发展。优化教育系统，全方位多角度形成合力，可以从以下两个方面着手。

第一，五育并举，促进人的自由全面发展。人的自由全面发展是马克思主义教育理论的重要内容，它强调的是每个人在劳动、社会关系和个体素质诸方面的"全面""自由"而"充分"的发展。[2] 如前所述，当前的教育系统过分强调智育，使得学生更多地关注学习成绩，忽视了体、美、劳三方面的发展。在被调查的560个有效样本中，明确表示要提升审美素质和劳动技术素质的学生加起来还不足10人。就思想政治教育的根本目标而言，学校教育不仅要抓好智育，更要重视德育，还要加强体育、美育、劳动技术教育和社会实践，使各方面教育相互渗透、协调发展，促进学生的全面发展和健康成长。鼓励德智体美劳全面发展，把德育、智育、体育、美育、劳育有机地统一在教育活动的各个环节中。要在增强综合素质上下功夫，教育引导学生培养综合能力，培养创新思维。[3] 高校思想政治教育目标还要适应青年学生的发展需求，尊重学生的主体地位，满足学生的价值追求。[4] 就学生个体成长而言，辩证地处理通才与专才的关系，这一点十分重要。有学生意识到了这一点，在调查中写道："培养自己的适应未来就业需要的综合素质和能力，使自己成为

---

[1] 《思想政治教育学原理》编写组. 思想政治教育学原理[M]. 北京：高等教育出版社，2018：155.
[2] 袁贵仁. 对人的哲学理解[M]. 郑州：河南人民出版社，1994：568.
[3] 努力构建德智体美劳全面培养的教育体系——二论学习贯彻习近平总书记全国教育大会重要讲话精神[N]. 光明日报，2018-09-14.
[4] 邓永霞. 新时期高校思想政治教育目标的内涵、发展及实现[J]. 山东青年政治学院学报，2017（4）：57-61.

一名掌握专业理论知识、具有很强的综合能力的优秀大学生。"正如爱因斯坦（Albert Einstein）所说："用专业知识教育人是不够的。通过专业教育，他可以成为一种有用的机器，但是不能成为一个和谐发展的人。"[①] 在这个方面，教学研究型高校更需要克服急功近利的心态和短平快的思维，从人的自由全面发展高度辩证地处理短期利益和长远目标的关系。

第二，深入推行通识教育，突出实践性教育环节。通识教育侧重于知（识），实践性教育侧重于行（动），两者既各有侧重又相互结合，共同促进大学生综合素质提升。一方面，通过深入推行通识教育，不断提高学生的科学文化素质和道德素质，增强学生的专业素养和知识技能。高校教育应为国家和社会培养全面发展的人才，不能为了学生某一方面的素质提升而舍弃其他课程。无论是什么类型的高校，其最终目标都应当是促进人的自由全面发展，帮助学生适应从应试教育到素质教育的转变。从这个意义上说，只要还有一个学生认为"干货"就是围绕考试题型讲解教材中的内容，大学教育的目标就没有完成。当然，这是一种理想状态，通识教育的重心不在于实现这种终极理想，而在于在共同教育理念下师生的共同成长。在这个过程中，实践性教育环节发挥着重要作用。学生们在调查中表示，他们更在意的是"大家自由交流，讨论的问题也是深入人心的一些大学生关注的重要问题"，重要的是"学到了如何做一个文明的网络公民，不会轻易给素不相识的人造成伤害，这是一件值得肯定的事"。另一方面，突出实践性教育环节，通过各种社团组织、文艺、体育等活动，帮助大学生加强人际沟通，塑造良好的道德情操，在实践活动中提高自己的综合素质。学生们在调查中表示，通过参加社会活动，可以促进有效沟通（"我应该多参加一些社会实践和社团活动，多与人打交道，不至于向别人错误地输出自己的思想，引起不必要的误会。"），增强社会责任感（"我们也可以在闲暇时参与社会实践和志愿活动，使自己更有社会责任感。"），提高交际能力（"多参与社会实践，在社会实践中提高自己的交际技巧。"），甚至改变性格（"我其实性格里比较孤僻，比较喜欢一个人待着，大学里的活动要比中学阶段多得多，而且也更加实用，何乐而不为呢？"）。

---

① 爱因斯坦. 爱因斯坦文集（第三卷）[M]. 许良英, 赵中立, 张宣三, 编译. 北京：商务印书馆, 2009: 358.

通过各种各样的活动，可以营造一种积极向上的文化氛围。加强实践性教学环节，采用丰富多彩的活动形式对提高大学生自身的道德素养、提升思想政治教育效果，进而实现大学生思想政治教育目标具有重要意义。

### （三）深化教学改革，提升高校思政课教学的实效性

教学从来都是学校教育的核心，教学是学校教育的主要工作。在历史上，先有教学然后才有学校。学校是为了更有效地组织教学工作，培养社会所需的人才而组织和发展起来的。[1]近年来，高校思政课教学受到高度重视，在学生综合素质提升中扮演着越来越重要的角色。本书以"基础"课教学为例，根据调查结果，就如何深化教学改革，提升高校思政课教学的实效性，推动大学生思想政治教育目标的落实进行初步探索。

第一，回归生活世界，增强思政课的生命力和影响力。20世纪90年代开始，思想政治教育回归生活的理念日益为学术界和实践领域所接受。思想政治教育回归生活的命题，是一种基于事实研究基础上的价值期盼，因此体现出思想政治教育的方向原则。[2]实际上，从现实意义上而言，思想政治教育何尝能脱离生活，只不过不同的人在追寻着自己认为的"好"生活，哪怕是鸡同鸭讲，也不妨碍各自的"岁月静好"。近几年，各种突发事件打破了这种貌似平静的局面。人们将之前渐渐忽视的生命、安全、自由、尊严等一系列重要问题重新纳入视野。非常时期审视"思想政治教育回归生活"的命题，就是要从教科书式的学科知识框架中走出来，再一次直面这些与生活密切相关的主题，进一步反思：究竟什么才是"好的"生活和"好的"思想政治教育？"好的"生活能让人认识到社会与个人之间本质性的关联，"好的"思想政治教育能让人在实践中通过不断完善自身而推动社会进步。要切实关注学生的思想动态，引导学生正确看待社会热点话题，转变思维方式，结合时事不断完善并丰富课堂内容，拉近与学生之间的距离，用自身的言行给学生带来潜移默化的影响，帮助学生提高思想道德素质和个人素养。问卷中，学生认为有效的教学方式就是"要与学生有互动，让老师了解到学生在想什么，让学生感受到老师

---

[1] 王道俊，郭文安. 教育学[M]. 北京：人民教育出版社，2009：161.
[2] 陈万柏，张耀灿. 思想政治教育学原理[M]. 北京：高等教育出版社，2015：204.

想要传达的理念"。只要教学设计贴近学生生活实际，教师设置合适情景并有的放矢进行引导，就可以取得明显的教学效果。这方面的确有成功的经验可资借鉴，一名学生在调查中表明："记得有次课讲到'佛系'和犬儒，看同学的意见，还有听老师的讲解，感觉自己多少都带一点，扪心而言，我经常逃避现实。所以希望自己在大学期间能够摆脱这种低迷的心态，直面现实，不要把大学过得浑浑噩噩。"

第二，探索灌输—启发式教学，寻找多种教育因素的最佳结合点。2019年3月18日，习近平总书记在学校思想政治理论课教师座谈会上发表重要讲话指出，用新时代中国特色社会主义思想铸魂育人，"要坚持灌输性和启发性相统一"[1]。思政课程就是引领大学生树立正确价值观的重要平台，完善好教学过程才能更好地引导学生成长。但是，长期以来教育者对"灌输"理解的较大分歧，导致教育实践出现各种偏差。[2] 有学生写道："与学生拉近距离，不能是远距离的灌输，而应该是近距离的交互。"对于今天的"00后"大学生而言，教师在课上引用的案例要尽可能贴近学生的现实生活，这样就能在讲解时使学生更容易理解。诚如一名学生所说："相比于历史人物或事件，我们近期实际生活中发生的事情更能让我提起兴趣。"但是，兴趣引导并非一味放纵，启示式教学丝毫不意味着教师主导作用的削弱，相反，对教师综合素质的要求更高，这也是灌输—启发式教学的应有之义。实际上，秉持"持中守正"的原则，需要探索一种灌输—启发式的教育和教学方式。[3] 一方面，需要坚持马克思主义在意识形态领域的指导地位，积极培育和践行社会主义核心价值观；另一方面，只有做到教学过程的丰富全面及贴近学生生活实际，才能更容易为学生接受，从而在价值观上深刻地影响学生。灌输—启发式教学旨在寻找多种教育因素的最佳结合点，从而深化思政课程对学生价值观的影响，真正意义上帮助大学生树立正确的价值观。天津的一位拾荒老人被物业人员拖拽殴打的视频引发广泛关注，B老师在教学中播放该视频，并组织学生进行讨论。

---

[1] 习近平主持召开学校思想政治理论课教师座谈会上强调：用新时代中国特色社会主义思想铸魂育人 贯彻党的教育方针落实立德树人根本任务[N]. 人民日报，2019-03-19.
[2] 陈卓，郭娅玲. 新中国德育理论中的"灌输"研究[J]. 社会科学战线，2019（6）：243-251.
[3] 陈卓. 教学活动中的交往与灌输：三种教学类型的比较研究[J]. 中国高教研究，2017（2）：87-92.

一名学生在问卷中写道："为什么他会以捡垃圾为生，这是不是他自己年轻时不努力所导致的？如果是这样，我认为这便是他咎由自取。老师当时说了这么一句话：'如果你的想法是这个老人就是活该如此，那说明你的三观出了大问题。'听了这句话之后我的心确实被深深地震撼了，在那一刻我有了一些反思，但是我仍存有对原先思想些许支持的观念。直到课后，老师又发了一段该事情最佳解决方法的视频。当我点进视频，看到那个老人接受善意时的淳朴与感动，我才明白我确确实实地错了。"实际上，B 老师在讨论中结合当前的社会现实、人的基本权利和尊严对该事件进行了深入剖析，大一学生未必都能听懂，但在教师权威和知识压力的"灌输"作用之下，学生的心"被震撼了"，进而能有所反思，这已经在一定程度上取得了较为理想的教学效果。

# 第八章　大学生制度德育的现状调查及对策分析

——基于 A 大学的实证研究

## 一、大学生制度德育的理论内涵

制度无处不在，人们的工作、学习和生活都离不开制度。诺思（Douglass North）作为制度学派的代表提出："制度是一个社会的游戏规则，更规范地说，它们是为决定人们的相互关系而人为设定的一些制约。"[1] 我国学者在制度学派研究理论的基础上，找到了制度和德育的内在联系，并提出制度德育的创新德育理论。制度德育是一种寓道德于其中，又站在道德之外培养道德个人的德育方式。制度具有较强的约束色彩，能够让学生道德品质的培养处于一定规则内，学校德育要重视德育制度建设，通过道德的制度来培养道德的个人。[2] 但回顾我国制度德育的研究历程发现，以往的制度德育研究大多停留在理论研究，聚焦制度德育现状实践调查则较少，缺乏行动支撑是导致制度德育低效的"罪魁祸首"。[3]

由于管理主义的兴起，现如今许多高校普遍存在重智轻德，一些管理者将德育工作作为依据各类规范量化成的分数的"机械化工作"，在组织德育活动过程中过度重视渲染活动过程和忽视活动效果的"形式化工作"，以及将德育制度制定作为组织者单方面灌输给学生的品德要求而忽视学生主体反馈的"单向化工作"，让大学里出现了一大批成绩优良、善于表演的精致利己主义

---

[1] 诺思. 制度、制度变迁与经济绩效[M]. 刘守英, 译. 上海: 上海三联书店, 1994: 3.
[2] 杜时忠. 制度比榜样更重要——新时期学校德育制度建设初探[J]. 人民教育, 2001（9）: 40-41.
[3] 石军. 制度德育研究十五年: 历史回顾与现实反思[J]. 湖南师范大学教育科学学报, 2016（1）: 65-70.

者和迷茫颓丧的"佛系"青年。我们所研究的制度，除明确条例规定的正式制度外，也应该关注在运作过程中没有见诸文字记录的、不可或缺的非正式制度。教育中出现的怪象无一不在提醒教育研究者在制度德育实施过程中必须解决的现实问题：大学生制度德育的现状是什么？最终的效果如何？如何真正制定能够提高德育实效的制度？将德育工作落细、落实需要研究者以实践为导向，聚焦实然状况分析研究，找出解决之策。

党的二十大报告提出要发展全过程人民民主，推进法治中国建设。全过程人民民主是社会主义民主政治的本质属性，全面依法治国是坚持和发展中国特色社会主义的本质要求和重要保障。民主和法治作为现代政治文明的基石，两个方面联系密切，相辅相成，必须一体推动，一体落实。要建立民主、法治的国家，自然就需要建立民主、法治的高校，尤其是作为优秀知识人才的聚集之地和时代新人的培养之地，高校更应该建成民主、法治的模板和典范，形成一个运行良好的，民主和法治的有机结合的制度德育体系。结合大学生道德发展规律及现实需要，立足于制度与道德教育逻辑关系，尝试从制度中不可或缺、相辅相成的民主和法治两个维度入手，分别检测与学生息息相关的教学和管理制度德育效果，包括课堂、团委学生会、寝室、食堂、图书馆和社团六个区块，通过实证以制度视角审视当前大学生道德教育的实然状态，寻求道德教育自身的内在价值和教育意义，反思制度中的不足和缺陷，促进大学生德育制度的完善，以制度德性滋养个体德性，实现道德教育的人文关怀。与此同时，强调制度教化与德性培育的协同作用，注重潜移默化地提高大学生道德素质，实现规范与美德的统一，提升制度德育的道德影响力，培育时代新人的现代人格，实现高校德育治理体系现代化。

## 二、大学生制度德育的实证研究

### （一）研究样本

此次调查以 A 大学的 2021 级和 2022 级本科生为对象。在本科生较为集中的公共课课间休息期间，以课题小组的名义现场大屏幕发放大学生制度德育调查问卷二维码，让学生在手机上扫描并匿名填写完成问卷星中的电子问卷。综合考虑此次调查的研究目的和现实可操作性，采用了简单随机不重复抽样的方法。为避免出现重复发放问卷的情况，并尽可能促进调查效果最优化，主试者提前在教务网查询学生专业和班级，并在课前联系每个班级的任课老师核实情况，问卷回收和整理也以班级为单位分别实施。问卷调查在每个学期期中或期末进行，以期学生对学校德育制度和运作有更深的了解。此次问卷发放共计1529份，通过查看题目回答缺失值情况、同质或互斥题目回答协调情况、同一被试回答的一致性、答案分布的规律性等标准，筛选出有效问卷1414份，有效回收率为92.48%。整体上发放问卷条件优良，研究对象配合度较为理想。在发放问卷过程中和统计结束后抽取大学生进行随机访谈，共访谈46名学生，并将学生的访谈内容以No.1—No.46进行编码，以期对问卷中反映的现实问题有更深层次的了解。

## （二）研究工具及架构

研究工具是自编的大学生制度德育调查问卷和用以数据分析的SPSS 26版本软件。问卷由以下四部分组成。

第一，人口学特征变量。其中包括个人基本情况，如学校、专业、年级、性别、父母职业、是否独生子女、上大学前的生活所在地等，调查被试的基本情况。

第二，李克特五级量表。将被试者的态度量化为五个不同的认同程度，或任何形式的主观或客观评价，从而推动对大学生制度德育现状的进一步调查和分析。五个选项分别为"完全不同意、基本不同意、说不清、基本同意、完全同意"，并依次记为"1分、2分、3分、4分、5分"。

第三，自编的大学生制度德育调查问卷。大学生制度德育调查问卷以制度德育为理论基础，围绕与检测制度德育效果息息相关的民主和法治两个维度，民主维度包括知情权、参与权、表达权和监督权四个方面[1]；法治维度则

---

[1] 习近平. 习近平谈治国理政（第四卷）[M]. 北京：外文出版社，2022：261.

涵盖立法、执法、救济、守法四个方面[1]。问题涉及教学和管理两类主体，其中教学主要指课堂；管理包括团委学生会、食堂、寝室、图书馆和社团。每个问题涉及两个维度的其中一个方面，并与大学生的教学、管理制度密切相关。问卷一共设计了48个陈述句问题，为了打破被试者思维定式而影响问卷测试的客观性和科学性，采取了正向问题和反向问题相结合的方式。但在后期整理和分析数据时，已将反向问题调整为正向问题，以方便统计处理。

第四，运用SPSS 26软件进行数据处理和分析。对学生所做的大学生制度德育调查问卷的结果进行信度检测，保证问卷的有效性。检测发现，问卷总体的克隆巴赫系数为0.949，说明问卷总体的可信度非常高。根据探索性因子分析的方法实现效度分析，检测发现KMO（Kaiser-Meyer-Olkin）检验的系数结果为0.961，KMO检验的系数取值范围为0—1，越接近1说明问卷的效度越好。根据球形检验的显著性也可以看出，此次检验的显著性无限接近于0，即问卷具有良好的效度。对问卷结果进行独立样本$T$检验，发现其在性别、是否独生子女上的差异性。对问卷结果进行平均分计算，通过比较发现问题。聚焦当代大学生制度德育民主和法治维度现状研究，检测当前大学生制度德育效果，为下一步的原因分析和对策研究奠定基础。

表8-1　大学生制度德育问卷相关信息统计

| 序号 | 问题 | 维度 | 平均分 | 序号 | 问题 | 维度 | 平均分 |
| --- | --- | --- | --- | --- | --- | --- | --- |
| Q1 | 我很了解期末成绩的评定规则 | 民主—知情权—课堂 | 3.66 | Q25 | 我可以对课堂的管理规定提出修改意见 | 法治—立法—课堂 | 3.52 |
| Q2 | 我很了解团委学生会干部的选拔标准 | 民主—知情权—团委学生会 | 3.54 | Q26 | 我可以对团委学生会的管理条例提出修改意见 | 法治—立法—团委学生会 | 3.40 |
| Q3 | 我很了解食堂所采购食材是否新鲜 | 民主—知情权—食堂 | 2.76 | Q27 | 我可以对食堂的管理规定提出修改意见 | 法治—立法—食堂 | 3.73 |

---

[1] 习近平总书记强调的法治为：立法、执法、司法、守法。在高校中，我们所讨论的"法"，是学校独有的一套规章制度，司法作为司法机关根据法定职权和法定程序，具体运用法律处理案件的专门活动，与学生主体权益并不符合。在教育领域，根据《中华人民共和国教育法》规定，教育活动主体的合法权益受到侵害时请求补救的渠道和制度称为救济，救济作为学生在高校中切身相关的权益，成为法治中的重要一环。因此在本书中，把研究大学生高校制度德育的法治维度划分为立法、执法、救济和守法四个方面。

续表

| 序号 | 问题 | 维度 | 平均分 | 序号 | 问题 | 维度 | 平均分 |
|---|---|---|---|---|---|---|---|
| Q4 | 我很了解寝室卫生评比规则 | 民主—知情权—寝室 | 3.46 | Q28 | 我可以对寝室的管理规定提出修改意见 | 法治—立法—寝室 | 3.81 |
| Q5 | 我很了解图书馆节假日开闭馆时间安排 | 民主—知情权—图书馆 | 3.52 | Q29 | 我可以对图书馆的管理规定提出修改意见 | 法治—立法—图书馆 | 3.58 |
| Q6 | 我很了解社团负责人的选拔标准 | 民主—知情权—社团 | 3.44 | Q30 | 我可以对社团的管理条例提出修改意见 | 法治—立法—社团 | 3.33 |
| Q7 | 我可以进行课堂学评教打分 | 民主—参与权—课堂 | 4.17 | Q31 | 我会提醒同学上课不要玩手机 | 法治—执法—课堂 | 2.58 |
| Q8 | 我可以参与选举团委、学生会干部 | 民主—参与权—团委学生会 | 4.07 | Q32 | 我会提醒成员认真完成团委学生会布置的工作 | 法治—执法—团委学生会 | 3.81 |
| Q9 | 我可以参与食堂菜单的制定 | 民主—参与权—食堂 | 2.65 | Q33 | 我会提醒同学把餐盘放到回收处 | 法治—执法—食堂 | 3.27 |
| Q10 | 我可以参与文明寝室的评比 | 民主—参与权—寝室 | 4.00 | Q34 | 我会提醒同学在熄灯之后不要影响他人休息 | 法治—执法—寝室 | 3.86 |
| Q11 | 我可以参与图书馆的阅读活动 | 民主—参与权—图书馆 | 3.98 | Q35 | 我会提醒同学在图书馆不要占座 | 法治—执法—图书馆 | 2.97 |
| Q12 | 我可以参与选举社团优秀干事 | 民主—参与权—社团 | 3.92 | Q36 | 我会提醒成员认真完成社团布置的任务 | 法治—执法—社团 | 3.95 |
| Q13 | 我在课堂上可以表达和老师不同的观点 | 民主—表达权—课堂 | 3.84 | Q37 | 被冤枉抄袭时，我可以申诉 | 法治—救济—课堂 | 4.44 |
| Q14 | 我可以对团委、学生会的决策表达真实想法 | 民主—表达权—团委学生会 | 3.51 | Q38 | 在团委学生会的权益受到侵害时，我可以申诉 | 法治—救济—团委学生会 | 3.75 |
| Q15 | 我可以反映食堂菜价不合理的问题 | 民主—表达权—食堂 | 3.52 | Q39 | 饭菜质量有问题时，我可以获得赔偿 | 法治—救济—食堂 | 3.52 |
| Q16 | 我可以针对不合理的寝室作息制度反映意见 | 民主—表达权—寝室 | 3.71 | Q40 | 卫生检查人员对寝室的评分不合理时，我可以申诉 | 法治—救济—寝室 | 3.11 |
| Q17 | 我可以针对图书馆开放时间提出建议 | 民主—表达权—图书馆 | 3.50 | Q41 | 图书馆管理人员无故清理我的个人物品时，我可以申诉 | 法治—救济—图书馆 | 4.14 |
| Q18 | 我可以对社团的决策表达真实想法 | 民主—表达权—社团 | 3.84 | Q42 | 在社团的权益受到侵害时，我可以申诉 | 法治—救济—社团 | 3.81 |

续表

| 序号 | 问题 | 维度 | 平均分 | 序号 | 问题 | 维度 | 平均分 |
|---|---|---|---|---|---|---|---|
| Q19 | 老师未按规定时间上下课，我会向相关部门反映情况 | 民主—监督权—课堂 | 2.82 | Q43 | 我上课基本上不玩手机 | 法治—守法—课堂 | 2.86 |
| Q20 | 团委学生会成员渎职，我会向相关部门反映情况 | 民主—监督权—团委学生会 | 3.63 | Q44 | 我会认真完成团委学生会布置的工作 | 法治—守法—团委学生会 | 4.13 |
| Q21 | 食堂食品卫生不合格，我会向相关部门反映情况 | 民主—监督权—食堂 | 3.87 | Q45 | 用餐结束后，我一般都会把餐盘放到回收处 | 法治—守法—食堂 | 4.86 |
| Q22 | 寝室管理人员对学生的诉求置之不理，我会向相关部门反映情况 | 民主—监督权—寝室 | 3.80 | Q46 | 寝室熄灯后，我基本上不会影响他人休息 | 法治—守法—寝室 | 4.36 |
| Q23 | 图书馆管理人员不解决学生占座问题，我会向相关部门反映情况 | 民主—监督权—图书馆 | 2.95 | Q47 | 我在图书馆很少占座 | 法治—守法—图书馆 | 4.18 |
| Q24 | 社团干事渎职，我会向相关部门反映情况 | 民主—监督权—社团 | 3.82 | Q48 | 我会认真完成社团布置的工作 | 法治—守法—社团 | 4.01 |

说明：（1）本问卷中所说的"可以""会"，指的是现实社会中的实际情况，而不是个人具备的能力。（2）表中的"序号"所对应的"Q"，表示的是问题（question），如"Q1"表示"问题1"。（3）Q10、Q23和Q40在问卷中以反向问题的形式呈现，在统计分析过程中，已改为正向问题，表8-1中呈现的是修改后的表述方式。（4）法治原则中的救济是指学生大学生权益保护救济，在权益受损时可以依据校内权益救济制度的规则和程序进行申诉等。

### 三、大学生制度德育中的民主建设

民主是大学生制度德育中不可或缺的一部分。本书从知情权、参与权、表达权、监督权入手分析大学生制度德育的民主现状并提出系列对策，为以全过程人民民主完善大学生制度德育和推动现代高校治理的民主化提供现实可能。

#### （一）大学生制度德育中的民主现状分析

制度蕴含着人的生命价值，同时也凝结着一定时期人们的道德标准。它作为人的存在方式，不但制约个体的行为，而且影响个体道德价值观的生成。

以他者制定的制度来规范、教化学生，不管这种制度合理与否，对于学生来说自始至终是外界的一种强制和束缚，即不是制度的"主人"，而单纯是制度的"服从者"和"受制者"。因此，在制度构建过程中，把人培养成真正的人就意味着制度要代表大多数人的意志，在学校教育中以学生为主体体现大多数学生意志，即体现为民主。习近平总书记强调，要"保证人民的知情权、参与权、表达权、监督权落实到人大工作各方面各环节全过程，确保党和国家在决策、执行、监督落实各个环节都能听到来自人民的声音"①。为积极响应习近平总书记的号召，在推进大学生制度德育民主过程中，需要最广泛、最真实、最管用地反映、凝聚和维护大学生的根本利益，坚持系统的发展理念，使知情权、参与权、表达权和监督权各环节有机统一。

制度德育的民主性能够全方位调动学生的积极性和主动性，体现学生的主体地位，把国家建设中的以民为本转化为高校语境下的以生为本，更好地保障民主权利，在制度建设中更能体现学生意见，用体现大部分学生意志的道德的制度规范涵养具有道德的学生，将会事半功倍。因而检验民主性就成了大学生制度德育现状调查中不可或缺的一环。就大学生制度德育民主方面的完成情况而言，最理想的状态是大学生对于制度德育中的知情权、参与权、表达权、监督权的关注度和满意度都达到了预想的程度。调查发现，当前大学生制度德育的民主方面的现实状况与理想状态还存在一定差距，具体表现为以下几点。

首先，从整体分布上看，当代大学生较为关注制度当中的参与权和表达权，相比之下，知情权和监督权方面则相对薄弱。在 24 个正向问题中，我们分别把被试者的认同状况量化为分数，分别用 1 分、2 分、3 分、4 分、5 分代表"完全不同意""基本不同意""说不清""基本同意""完全同意"。在图 8-1 的基础上分别计算出知情权、参与权、表达权和监督权几个方面对应问题答案的总平均分，依次为 3.40、3.80、3.65 和 3.68，以及民主维度总平均分为 3.58。由此可知，被试大学生对于参与权的认同度最高，其次是表达权，再次是监督权，知情权则最低。参与权和表达权方面分数较高，一方面可以

---

① 习近平. 习近平谈治国理政（第四卷）[M]. 北京：外文出版社，2022：261.

看出学校在制度德育建设上鼓励学生平等参与和表达，积极探索学生参与高校治理的途径和方式。另一方面，近年来，随着高校民主化进程的加快，越来越多的学生表现出对学校事务参与的意愿。[①]但在知情权和监督权方面，仍存在不足。在 A 大学的访谈中有学生谈道（No.15）："评选班委和各种荣誉的过程中，虽然进行民主投票，但投票结果并没有当场公布，而是最后直接发文公示，这样的情况在班里屡见不鲜，我们也见怪不怪了。"在德育过程中，高校行政部门对于管理者与学生是统治和服从的不对等关系的错误认识，认为过多保障学生知情权和监督权，不利于学校正常开展活动，也损害了学生的知情权和参与积极性。再者，虽然大学生近年来主体意识加强，但还存在缺失。学生在高校治理场域中有天然的"敬畏心理"，认为其被管理者的身份不具优势，主客观的原因造成高校中学生知情权和监督权并未被充分保障。这种现象若不引起重视，容易导致学生对学校的民主建设丧失信心。

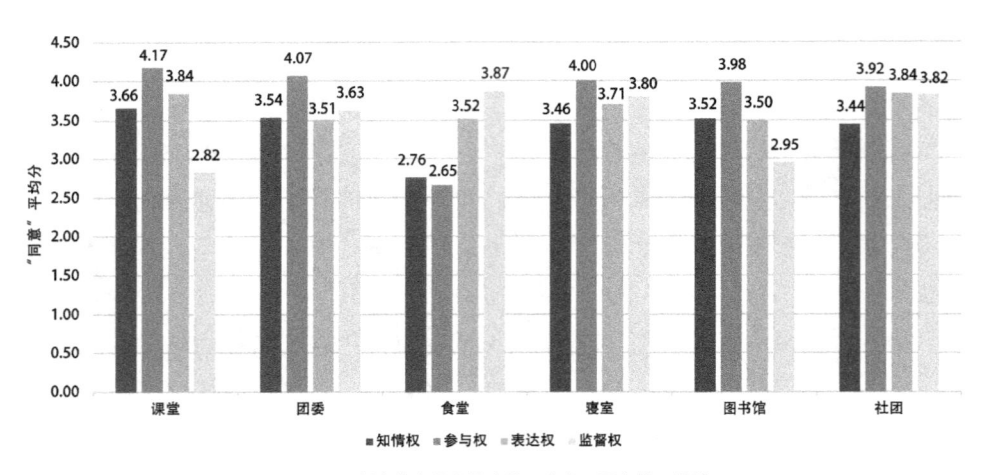

图 8-1 制度德育民主维度的四个方面调查结果统计

其次，从具体问题上来看，被试者在不同情景主体中，会对民主维度的各个方面有不同的评价。综合制度德育民主维度的知情权、参与权、表达权和监督权四个方面，以及大学生在教学和管理上的最常接触的六个主体，对当前大学生制度德育在民主性上的现状进行深入分析。调查发现，参与权在

---

① 陆优优. 大学生参与高校治理的理论基础与实践路径[J]. 思想理论教育，2019（2）：102-106.

除食堂外的其余五个主体中,均是处于满意度最高的部分,但在食堂中则最低。访谈过程中,有学生表示(No.24):"学校食堂菜单单调,而且不知道有哪些渠道可以提意见。"食堂的参与渠道不畅通成为食堂区块在民主方面的最大短板。而在课堂中监督权的满意度最低,对此,有学生谈道(No.18):"老师给我的期末成绩打分,如果监督他,他给我挂科怎么办?我觉得还是不要冒这个险比较好。"课堂中,大量学生惧怕与掌握"生杀大权"的老师进行监督对抗,少部分则表示与他无关。这提醒教育工作者要综合各种数据,切忌思维定式,对不同主体的不同方面进行德育制度的完善,注重寝室、食堂的知情权和参与权民主建设,加强课堂监督。

最后,从对制度德育的民主维度评价上可以看到大学生群体中的性别差异。男女生在生理结构、思维方式上的差异也会影响测试结果,因此对性别差异进行探讨十分重要。将大学生制度德育调查问卷中的有效问卷按照被试者填写的性别分类,得到男生767人,女生647人。将24个民主维度问题以性别为分组标准进行独立样本$T$检验。根据检验结果,得到Q3、Q10、Q11、Q13、Q15、Q18、Q23共七个问题在男女之间存在显著差异(对应问题见表8-1)。进一步分析,上述七个问题中,知情权方面仅Q3男女之间存在差异,且男生评价高于女生,其余问题男女之间均无显著差异;属于参与权的Q10、Q11均为女生认同程度更高;表达权中Q13、Q15均为男生满意度更高,Q18则女生评价高于男生;属于监督权的Q23为女生评价高于男生。总体来看说明男生对知情权和表达权的认同程度更高,而女生则对参与权和监督权的认同程度更高。相关实证研究表明,男性通过与他人的分离和独立来自我认同,而女性则通过与他人发生联系来认知自我。[1]因此男性更关注理性角度的知情权和表达权,而女性则更容易重视与社会集体获得沟通联系的参与价值以及监督权利。

独生子女和非独生子女因其社会背景和家庭影响等存在一定差异。为了深入了解大学生制度德育民主维度的现状,我们对二者进行比较研究。此次的有效样本中独生子女的为597人,非独生子女为817人,将24个问题以是

---

[1] Carol G. In a Different Voice: Psychological Theory and Women's Development[M]. Cambridge: Harvard University Press, 1982: 24-39.

否独生子女进行独立样本 $T$ 检验，制度德育民主维度各个方面在是否独生子女上同样存在差异情况。根据检验结果得到，Q1、Q3、Q6、Q11 的 $P$ 值小于 0.05，因此拒绝原假设：独生子女和非独生子女无显著差异。整体上看，绝大多数问题上，对于是否独生子女在民主维度中的差别不大，而存在差异的四个问题中，结果均为独生子女评价高于非独生子女。具体而言，从知情权和参与权相关问题的均值可以看出独生子女的评价高于非独生子女，独生子女对知情权和参与权的关注度和满意度更高。独生子女在家庭当中受到的关爱普遍更加集中，因此他们的权利意识也更加强烈。

### （二）以全过程人民民主完善大学生制度德育

民主是全人类的共同价值，也是社会主义核心价值观的基本要求，更是我们奉行人民当家作主的社会主义国家本质属性之一。党的二十大报告指出，人民民主是社会主义的生命，是全面建设社会主义现代化国家的应有之义。全过程人民民主是社会主义民主政治的本质属性，是最广泛、最真实、最管用的民主。将发展全过程人民民主作为新征程的重要要求和建设中国特色社会主义的战略目标与重要任务。在高校之中，民主也是制度建设和实施过程的必要前提，并对高校的持续健康发展意义重大。首先，就知情权而言，需要对制度和规范进行宣传和了解，使大学生在知晓情况的前提下行使自己的民主权利，没有这个前提，一切都是空谈，就没有自由民主之说。其次，学生可以自由地参与到关乎自己实际利益事件的实施和运行中，平等、有序参与学校的建设。在表达层面，表达是连接学校和学生的桥梁，学生可以自由、平等地通过各种方式表达自己的想法，传递诉求，发表不同的观点和声音。最后，权力的运行需要监督，建立民主权力内在和外在的制约和监督体制，学生可以监督、检验教学和管理中的决策合法性和运行公正性，使其能依法定程序正常开展工作并承担后果，最终将知情、参与、表达和监督各环节连成一个科学系统，极大加强民主性的深度和广度，最大限度避免破坏民主的事件发生。

在大学的制度德育体系中，追求民主成为题中应有之义。在历来的高校民主化进程中，制度德育中的民主也大有进步，但根据上述调查分析，还存在一些问题亟待解决，如民主组织形式缺乏广度和深度，民主实行过程形式化、功利化，这也造成民主氛围稍显单薄，学生对于教学和管理出现漠视的状态或者功利化分数等价值观的异化。制度德育的意义在于通过制度和制度所营造的环境氛围育德，因而结合关注个人、主体的生活环境和社会关系等尝试分析解决路径。在大学制度德育较为薄弱的监督权和知情权方面，二者作为相辅相成的两个方面需要一体加强。高校内部的监督治理主要通过教师工会或其他学生组织予以实现，但事实上，教职工和学生参与民主管理和监督的主渠道——教师代表大会和学生代表大会在很多高校中都只是徒具形式，虽然近年来这种情况有所改善，但是形势依然严峻。有学生提道（No.33）："学校每年的学生代表大会提案，在我们班级也收集了一些提案，到后来具体采用了哪些，改进了哪些就完全不知道了。"在社会主义社会中，公民监督是社会主义民主政治的有效形式，公民的监督可以有效防止官僚和机关组织的腐败问题。在青年知识分子聚集之地，更应该输出民主的思想和有效的监督形式。在我国高校治理内部，监督权和知情权是属于贫困性的权利，这一点从上文数据中也可以得到佐证。因此需要提高高校教职工和学生的监督意识，用规则和制度畅通监督和知情的渠道。教师作为大学生制度德育的重要参与者，作为知识和观点的输出者，和学生是密不可分的一个整体，因而保障学生和教师的监督权和知情权应该作为下一阶段工作的核心之一。

首先，强化组织建设，提升道德—民主能力。高校自身组织建设完善与否直接影响着德育工作能力和业务水平的高低，更是直接影响着开展青年思想政治工作质量的好坏。在党中央大力推进国家治理体系和治理能力现代化的背景下，新时代高校必须不断强化自身的组织建设，以强有力的组织基础，担负起开展好青年思想政治工作重任。一是要以强化高校干部队伍建设为基础，贯彻落实民主意识。想要自上而下贯彻落实民主意识，要紧抓领导干部、组织队伍，大力培养民主法治意识和能力。民，以吏为师。高校德育干部队伍要带头重民主程序，保障学生权益，不断加强民主理论知识和实践能力培训，提升高校干部队伍的组织力和战斗力，增强行政领导干部、教师、学生之间的凝聚力，提升民主管理的积极性和主动性。二是要强化学生代表大会的作用和职能。学生代表大会作为学生参与民主管理的基本形式和基本制度，也是青年学生参与学校民主管理的主要途径，重视学生诉求表达，充分了解并尊重学生的需求，高度重视学生呼吁的提案，并不断促进提案办理的程序正义，让大多数学生所思所想的问题得到充分关切和回应，反馈上文访谈内容中涉及的学生对于学生代表大会提案采用的知情权问题，畅通学生知情和监督的渠道，充分体现学生在学校当家作主的主体地位，营造良好的民主氛围。学校中的民主氛围能够更好地提升学生民主的态度和能力。[①]

其次，创新活动载体，丰富教育方式方法。根据上文可以发现，监督权和知情权是大学生制度德育中薄弱的一部分，创新活动载体，构建多种教育方法，更好地保学生的监督权和知情权。一是以信息化为依托，构建网上民主家园。随着互联网时代的到来，创新民主形式，拓宽民主渠道成为大势所趋。高校学生作为信息化大潮中的主力军，高校青年对网络的依赖和熟悉程度与日俱增。利用互联网平台，健全校务公开，拓宽学生监督反映渠道，保障制度德育中较为欠缺的学生的知情权和监督权，使学生敢于发声，能够发声，安排部门专门组织和收集学生意见。例如，上文中涉及的食堂菜单的制定与修改，可以设置专门的公众号来收集学生意见，选用呼声最高的并予以公示。依靠民主，充分调动全校师生投身制度德育实践的积极性和主观能动性，做德育制度的忠实推崇者、自觉执行者和坚定捍卫者，健全时代新人的品德结构，推动高校德育治理体系现代化。二是以民主情境为抓手，提升学生的民主意识和能力。民主是社会主义核心价值观的内涵之一，培养民主意识和能力也是担当中华民族伟大复兴的时代新人的必由之路。在教师课堂中，设置民主—道德问题引发头脑风暴，坚持灌输性和启发性相统一，加强民主价值观培养，牢固树立人民当家作主的信念，教导学生勇于并善于利用民主意识和已经成文的规章制度保护自己的合法权益。

## 四、大学生制度德育中的法治建设

新时代要实现全面依法治国，依法治校，离不开大学生这个新时代的主

---

[①] 杜时忠. 制度德育论的理论来源、实证依据与实践方式[J]. 华中师范大学学报（人文社会科学版），2023（3）：160-169.

力军。高校要结合大学生制度德育中的法治现状,深入研究和探寻以全面依法治校优化大学生制度德育的实践路径。

## (一)大学生制度德育中的法治现状分析

法治是推进国家现代化的有力保障,必须筑法治之基、行法治之力、积法治之势,促进各方面制度更加成熟更加定型。[①]在现代社会中,制度的正义与否关系到如何分配个人的合法权利和应尽义务,以及如何分享所获得的利益。制度决定个人的最初出发点,制约并影响个人的思考和行为方式,对人的影响是深远持久的。正如罗尔斯所说:"作为公平的正义是社会制度的首要价值,正像真理是思想体系中的首要价值一样。"[②]根据这一论断,我们认为,德育制度的正义性表现在认可德育主体合乎常理且正当的德育权利和义务,其必不可少且影响深远。而制度德育的法治性体现的正是维护权利和义务的正义性,正义且道德的制度使学生信服,能使各个环节按照规章制度处理,实现有法可依,有法必依。测试法治维度,有利于检测当前制度德育法治性的实然状态,促进德育制度的不断规范化和科学化,实现治理体系现代化。调查发现,当前大学生制度德育的法治方面的实然状况与理想状态还存在一定差距,具体表现为以下几点。

从整体上来看,大学生更关注和满意救济和守法,而在执法和立法方面比较薄弱。在图8-2的基础上,进一步计算立法、执法、救济和守法的平均分,依次为3.56、3.41、3.80和4.07,并计算出法治维度总平均分为3.71。由此可知,此次抽样的大学生样本,对法治维度中的守法认同度最高,其次是救济,再次是立法,执法则最低。从结果来看,守法作为自我评价最高的部分,高出平均分第二的"救济"0.27,和最低的"执法"相差0.66,多数学生对于遵纪守法的自我满意度高。随着我国高等教育的发展,学校的办学水平和教育质量提高,大学生的综合素质大大增强。加之新媒体融合各种表现形式和手段,通过文字、图片、声音、视频、特效等,将法治知识和信息进行立体化、组合式的传播,有针对性地引导大学生的法治观念、思想和行为,

---

[①] 中共中央文献研究室. 习近平关于全面依法治国论述摘编[M]. 北京:中央文献出版社,2015:3.
[②] 罗尔斯. 正义论[M]. 何怀宏,何包钢,廖申白,译. 北京:中国社会科学出版社,1988:1.

提高了大学生自觉守法意识和维权意识。[①] 而在立法方面，存在原有的章程样本，留给学生的参与立法机会不多。比如，有学生谈道（No.46）："参与制定学校的规章制度的机会真的很少，我们看到的几乎都是已经定下的'死规矩'，就比如说，在评奖评优涉及综测的评分问题方面，有些就很不合理，只要现有的规章中没有涉及的均不能加分，完全没有申辩的机会。"就执法而言，现有的大学生手册原则性规定多，但可操作性不强，而且由于我们调查的被试者都是"00后"，他们专注于自我方面，缺少集体主义观念，在行为表现上变得更加精明圆滑、善于处世，尽量不与他人起正面冲突[②]，因此在执法层面评价不高。

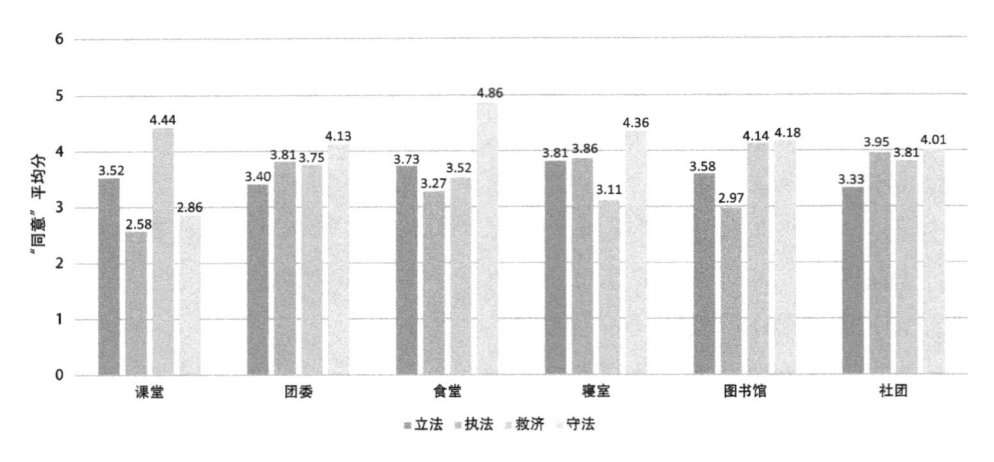

图 8-2　制度德育在法治维度的四个方面调查结果统计

细化到学生日常教学和管理中，从图 8-2 可以直观地看出，课堂中的执法和守法是所有区块中最薄弱的部分。大学课堂是大学教育的主阵地，也是进行教育工作的主要场所。当今大学课堂文化陷入了学术精神失落、权威主义盛行、学生话语权丧失、教学渐失活力的困境，导致出现"课堂冷漠"[③]，出

---

[①] 卢翠荣，代俊兰. 新媒体时代大学生法治意识培育研究[J]. 河北大学学报（哲学社会科学版），2022（1）：152-160.

[②] 马川. "00后"大学生心理健康水平的实证研究——基于近两万名 2018 级大一学生的数据分析[J]. 思想理论教育，2019（3）：95-99.

[③] 刘华锦. 大学课堂文化：困境中的反思与重构[J]. 西南民族大学学报（人文社科版），2017（11）：225-229.

现越来越多的"低头族"。学生既不关心老师讲授的内容，也不在意身边的同学是否学习。一种以不思进取、得过且过、颓废放弃、瘫软不动为价值取向的"躺平"心态开始在一些大学生中出现端倪且有蔓延滋长之势。[①]访谈中，有学生表示（No.3）："有些课程使用的是几年甚至是十几年前的教材和课件，加之部分老师照本宣科，实在打不起精神，来上课只是混个学分，我也不想'卷'，顺利毕业就行了，别人课堂上学不学习和我无关，所以我不会多管闲事。"在课堂困境和"躺平"心态的影响下，学生更不愿意把自己当成课堂的主体，而是以冷漠的第三视角存在。

同样，我们分别把有效样本以性别为分类标准进行独立样本 $T$ 检验。调查发现，Q27、Q30、Q36、Q44、Q45 和 Q48 六个问题在性别上存在显著差异。具体而言，上述六个问题中，只有 Q30 的回答是男生平均分高于女生，其余五个问题的回答均为女生满意度高于男生。整体上女性总体在自律和遵守规则程度上高于男性，在法治意识方面会更懂得学习和利用规则。随着两性平等思想的不断传播和教育的高质量发展，在法治建设过程中，不断重视女性群体的合法权益，使得新时代女大学生能够更加刚毅果敢，牢固树立法治意识，利用规则保护自己。

以是否独生子女为分类标准进行独立样本 $T$ 检验，结果显示，在法治维度中，制度德育仅在 Q44 这一个问题上存在是否独生子女的显著差异，说明现阶段独生子女和非独生子女对于法治方面的绝大多数认同度个体差异并不大。对于进一步观察，Q44 属于守法方面，结果显示非独生子女的满意度更高，非独生子女在家庭中从小树立合作、分享的规则意识，往往比独生子女受到更多的训导，因而会更加具有规则意识，以及重视和关注制度的法治程度。非独生子女利用权利意识和规则意识，一定程度能够更好促进制度德育的法治发展。

## （二）以全面依法治校完善大学生制度德育

习近平总书记强调："全面推进科学立法、严格执法、公正司法、全民守

---

① 胡锐军.大学生"躺平"心态的文化根源及其矫治路径分析[J].国家教育行政学院学报，2022（1）：56-64.

法，坚持依法治国、依法执政、依法行政共同推进，坚持法治国家、法治政府、法治社会一体建设，不断开创依法治国新局面。"[①] 现如今，依法治校或高校法治化管理已成为不争的事实。法治是高校学生管理的必要手段。依法治校是高校全面育人、学生全面发展的本质要求。法治作为现代大学治理的内在要义，治理体系现代化的目标之一就是要推进高校治理模式由传统的人格化治理转型为非人格化的、依靠法律契约来执行治理的模式，在体系构建过程中融入法治的精神要义，强调规则意识和法治意识，从而达到更好的治理效果，即良法之治。培养全面发展的人作为教育的根本目标，其中十分迫切的是培育有道德的人。而法的核心正是人的权利，其最终目标同样是全面发展，维护公平正义。近年来，实现民主意识、权利平等、个体自由及维护人的尊严越来越受到广泛的重视，而这些民主、权利、自由、尊严的广泛重视只有在法治的保障下才能真正得以实现。高校以培养人才为中心，教育的对象是人，保障的是人的合法权益。因此法治还有一个必要前提就是拥有一套符合正义的法治性规范。

为全面推进依法治国，建设中国特色社会主义法治体系，建设中国特色社会主义法治国家必然要建设法治的现代大学，推进现代大学治理体系和治理能力的法治化。法安天下，德润人心。大学治理要走向现代化，必须走向法治化。制度德育作为道德教育的方式之一，要更好发挥制度的规范、引导及保障作用，在法治的轨道上不断推进德育深入人心。根据数据可以发现，立法和守法成为当今大学制度德育中较为欠缺的一环，聚焦薄弱环节，立足学生合法权益，成为接下来的建设方向。

首先，提高学生法律地位，细化落实民主制度保障。越是强调法治，越是要提高立法质量。[②] 高质量制度的确立是推动制度德育法治建设的基础和保障。一是增设《大学生民主参与高校管理法》，提高大学生民主参与制度的法律地位。《中华人民共和国高等教育法》在现行高等教育法律规范体系中具有较高的法律地位，并在高等教育领域里起到基本法的作用，因此，国家可

---

① 习近平. 论坚持全面依法治国[M]. 北京：中央文献出版社，2020：92-93.
② 习近平. 论坚持全面依法治国[M]. 北京：中央文献出版社，2020：20.

在现行《中华人民共和国高等教育法》中增设专门规范大学生民主参与高校管理事务的法律条文，这样既可以节约立法成本，也可以提高民主参与制度的法律效力。此外，在条件成熟的情况下，可考虑制定大学生民主参与单行法，即根据《中华人民共和国教育法》《中华人民共和国高等教育法》的立法精神，专门制定《大学生民主参与高校管理法》来充分保障大学生民主参与高校管理权。二是通过制度的具体化设计，保证大学生民主参与。通过完善《普通高等学校学生管理规定》相关规定或者单独制定实施细则，以此来进一步明确细化大学生的参与内容、参与范围、参与形式、参与程序等，为高校制定细则提供制度参考和依据。[①] 组织学生代表对于学生层面的立法、执法、救济和守法内容分不同区块、不同层级专门讨论、整理和设立，改革守旧的思想，对于落后的规章制度予以剔除，推动高校的制度德育朝着制度化、法治化、民主化、系统化发展。

其次，推动监督机构常态化运行，促进民主法治一体落实。一是设置学生会、团委分区块、分层级进行制度德育的日常监督，明确学生在执法、救济、守法、立法权利行使中遭遇的"潜规则"，即不公正待遇，并以书面形式，或在网上建言献策平台进行建议和举报，畅通监督渠道。例如，设立团委学生会常务组织，负责收集学生反映的制度层面运行过程中存在的问题。认真落实并保证规章制度的客观性和合理性，从而更好地贯彻实施。保障学生的执法权利，督查不公正、不公开、不合理的校园事件，建立高校反馈制度并定期回访，加强法治落实。二是建立制度德育法治监督常委会。常委会属于独立的组织，有专门的经费收支和决策权力，与学校的公权力相互监督和牵制。对制度德育法治落实情况进行核查，并定期检查团委学生会常务组织和不定期随机访问学生的满意程度，改革不合理的"水课"，加入符合社会发展需要、与学生切身问题相关的实用课程，建设政治素质过硬、业务能力精湛、育人水平高超的高素质教师队伍。[②] 领导干部和教师应认真核实监督

---

① 施彦军. 依法治校背景下现代大学生民主参与高校管理法治化建设问题多维透视[J]. 黑龙江高教研究，2020（7）：55-60.
② 习近平在北京大学考察时强调：抓住培养社会主义建设者和接班人根本任务努力建设中国特色世界一流大学[N]. 光明日报，2018-05-03.

举报信息，依照法定程序进行处分。将依法治校的理念融会贯通到学校教学、管理的方方面面，并做好制度文化建设，牢记法治面前人人平等，强化公正和法治思维，营造法治氛围，形成法治教育强大合力。

# 第九章  品德三维结构说在研究生现代人格培育中的运用探析
## ——基于硕士研究生深度访谈的质性研究

党的二十大报告提出的"以中国式现代化推进中华民族伟大复兴"为现代化建设提供了方向指引和根本遵循。中国式现代化有多方面的特征，概括起来，就是以人的现代化为主题，以人的自由全面发展和人类解放为根本价值追求的新型现代化。① 人格现代化是中国现代化之根本，本质上看中国现代化的核心内容是中国人人格的现代化，就是逐步达到现代化所需要的新人的素质水平。② 从传统人格向现代人格的转变，是人的现代化的标志。③ 在接续深入地推进现代化事业之际，需要以塑造现代人格的方式促进人的现代化发展。研究生是社会主义现代化进程中的中坚力量，是时代新人的重要组成部分，更是实现民族复兴大任的中流砥柱。当代研究生大多是"00后"，他们的出生和成长都伴随着社会主义现代化的激荡历程和国家发展转型的关键时期。近些年来，受教育现代化、文化多元化、政治民主化和社会信息化带来的冲击，研究生道德失范现象频频进入社会公众视野，引发人们对研究生人格状况的担忧。在现实生活中不难看到，有的研究生在人前常常将矢志报国、为民奉献的豪言壮语挂在嘴边，但是在实际行动中却又免不了堕化为精致的利己主义者、戴面具的犬儒主义者、"厚黑学"的拥趸。对人对己奉行的是两套不同的价值标准，"严于律人，宽以待己"；"高智商"花在了"高情商"上；热衷于"搞关系""走后门"，在人情、面子的磁力场中甘愿被裹挟、自我沦陷。

---

① 赵义良. 中国式现代化的本质意蕴与价值追求[J]. 中国特色社会主义研究，2022（1）：5-12.
② 方竹兰. 人格现代化是中国现代化之根本[J]. 理论与现代化，2005（6）：11-13.
③ 郑永廷. 人的现代化理论与实践[M]. 北京：人民出版社，2006：257.

以上所列这些都是在走中国式现代化道路过程中时代新人现代人格培育的敌人。研究生现代人格培育已然成为新形势下研究生教育不可忽视的课题。对于高校而言，就是要在培养担当民族复兴大任的时代新人上把好关、守好责，积极作为。基于此，笔者以前期研究成果为基础，尝试运用新的品德三维结构说，探索高校研究生现代人格培育的有效途径。

## 一、研究生现代人格培育的实证研究：基于品德三维结构说

"人的本质并不是单个人所固有的抽象物，在其现实性上，它是一切社会关系的总和。"① 班华提出了品德三维结构说，我们将班华理论模型中的心理能力维替换为品德层次维，提出了新的品德三维结构说，尝试突破传统心理学的局限，实现研究范式从心理学向社会学的转换。② 在没有专门说明的情况下，本书所说的"品德三维结构说"均是指"新的品德三维结构说"。基于前期已有成果，沿着预设路径进一步将品德三维结构说推广应用于研究生现代人格培育的效果评价中。

### （一）研究设计及相关说明

通过理论分析与实证研究相结合的方法，于2023年5—6月，选取浙江A、B、C三所高校的12位全日制在读硕士研究生（见表9-1）作为研究对象。在质性研究方法的指导下，研究者置身于大学场域，近距离接触，深入观察受访研究生的品德结构状况以及现代人格特征，并依托品德三维结构说的理论模型建构相关的意义解释。一方面，研究者通过与12位"局内人"长期密切交往与互动交流，能够较透彻地理解研究对象的思维方式、语言表达习惯及行为意义，并能"将心比心"地实现对这一群体的情感体验及行为处境的感知与了解。另一方面，研究者又尝试从中"跳出来"，以"局外人"的视角来审

---

① 马克思，恩格斯. 马克思恩格斯选集（第1卷）[M]. 中共中央马克思恩格斯列宁斯大林著作编译局，编译. 北京：人民出版社，2012：139.
② 陈卓，刘秒. 品德三维结构说：实践导向的理论探讨[J]. 教育科学研究，2022（2）：12-19；陈卓，王坤，金梦柳. 实践导向的品德三维结构说——基于浙江省大学生的实证研究[J]. 教育学术月刊，2022（7）：11-19.

视和分析研究生现代人格背后的形成机制和内在规律，并积极探索相应的优化路径。

表9-1 研究对象基本信息

| 受访者编号 | 性别 | 学科类别 | 在读状况 | 访谈时间 | 学校 |
| --- | --- | --- | --- | --- | --- |
| F1 | 男 | 法学 | 硕士二年级 | 2023-06-11 | A |
| F2 | 男 | 法学 | 硕士二年级 | 2023-06-19 | A |
| F3 | 女 | 心理学 | 硕士二年级 | 2023-05-20 | A |
| F4 | 男 | 理学 | 硕士二年级 | 2023-05-22 | A |
| F5 | 男 | 工学 | 硕士二年级 | 2023-06-12 | B |
| F6 | 女 | 教育学 | 硕士三年级 | 2023-06-15 | B |
| F7 | 女 | 教育学 | 硕士二年级 | 2023-06-18 | C |
| F8 | 男 | 法学 | 硕士三年级 | 2023-06-20 | C |
| F9 | 女 | 艺术学 | 硕士二年级 | 2023-06-20 | A |
| F10 | 女 | 理学 | 硕士二年级 | 2023-05-22 | B |
| F11 | 男 | 艺术学 | 硕士二年级 | 2023-05-24 | A |
| F12 | 女 | 心理学 | 硕士三年级 | 2023-05-24 | A |

质性研究的方法强调研究者要深入社会现象之中，通过亲身体验了解研究对象的思维方式，在收集原始资料的基础上建立"情境化的""主体间性"的意义解释。[①] 深度访谈作为质性研究的主要研究方法，契合研究思路，访谈获取的资料将作为研究的案例素材。在对访谈文本进行分析的过程中，也并非直接呈现原话，而是结合研究者与12位"局内人"长期的密切交往与互动交流，"从中剥茧抽丝，拼凑出一个新的图景、新的故事，提供给读者"[②]。另外，本着学术研究的基本规范，研究对象的姓名、学校、专业等信息已经隐去，统一用代码指代。如"20230619F2"，表示访谈的时间是在2023年6月19日，其中"F2"表示的是访谈列表中的第二位受访者。正文中引用的访谈材料均以此种编码方式标注。

### （二）研究工具及架构

研究采用自编的半结构式访谈提纲，参照之前使用的品德三维结构调查

---

[①] 陈向明. 质的研究方法与社会科学研究[M]. 北京：教育科学出版社，2000：12.
[②] 宋萑. 质性研究的范式属性辨[J]. 全球教育展望，2018（6）：56-66.

问卷的问题设计思路，整体上围绕日常生活、科研学业、人际交往、导学（导师与学生）关系等方面与受访研究生对话。立足品德结构的三个维度（内容—形式—层次），以求全面、真实地反映研究生现代人格培育现状。此外，研究还运用软件 Nvivo 11.0 对所收集的文本资料进行归类整理，以方便后期的资料查找和剖析。

依据马克斯韦尔（Joseph Maxwell）的分类，质性研究的效度分为描述效度、解释效度、评价效度和推广效度。[①] 研究采用受访者评价和专家评价相结合的方式对研究的效度进行检验分析，共邀请五位受访者（分别是参与过访谈的 F1、F2、F3、F10、F12）和两位相关专家（A 校的一名教育学教授，一名心理学教授）对研究初稿进行评阅，效度评价结果总体良好（见表 9-2）。评价采用五级赋分，其中 1 表示很差、2 表示较差、3 表示一般、4 表示较好、5 表示很好。

表 9-2　研究效度评价结果

| 效度类型 | 检验项目 | F1 | F2 | F3 | F10 | F12 | 专家1 | 专家2 | 均分 |
| --- | --- | --- | --- | --- | --- | --- | --- | --- | --- |
| 描述效度 | 研究对研究生的品德结构现状及问题成因的描述是否真实 | 4 | 5 | 4 | 4 | 5 | 4 | 5 | 4.43 |
| 解释效度 | 研究对研究生品德结构的总结和归纳是否合理 | 5 | 5 | 4 | 5 | 4 | 4 | 5 | 4.57 |
| 评价效度 | 研究对研究生现代人格培育效果的判断是否公正 | 5 | 5 | 5 | 5 | 4 | 5 | 4 | 4.71 |
| 推广效度 | 研究结论是否适用于其他学科门类的研究生群体 | 4 | 4 | 4 | 4 | 5 | 5 | 4 | 4.29 |

### （三）研究结果及发现

研究结果表明，高校研究生现代人格培育效果在总体上存在较为明显的问题，在品德结构的各个维度均存在一定的失衡状况，从而影响到时代新人现代人格的养成。首先，在品德内容维上，研究对象内心相信和公开遵从的东西往往是割裂的，以个性来消解共性，从而表现出一定程度的价值虚无主义，其行动逻辑层面也带有较为明显的功利主义导向，品德内容整体上呈现

---

① Maxwell J A. Understanding and Validity in Qualitative Research[J]. Harvard Educational Review, 1992(3): 279-300.

出"表里不一"的特征。其次，在品德形式维上，研究对象存在认知与行为的脱节，在日常学业和生活中带有犬儒主义色彩，惯常用工具理性代替价值理性，缺乏自我超越的内在动力，品德形式整体呈现出"知行不一"的特征。最后，在品德层次维上，研究对象表现出以"自我为中心"的差序化人际关系，对人对己奉行不同的价值标准，自我与他者的关系处在紧张的对立中，对"潜规则"有着"爱恨交织"的复杂心绪，品德层次整体上呈现出"人我不一"的特征。需要指出的是，研究对受访研究生品德状况的批判并非停留在描摹其现象的层面，而是从问题表征揭示出背后的深层原因，并以此来优化时代新人现代人格培育路径。具体而言，是以"三个不一"的问题表征提出促进研究生表里合一、知行合一、人我合一的优化路径，最终达到品德结构各维度的协调、均衡发展（如图9-1所示）。

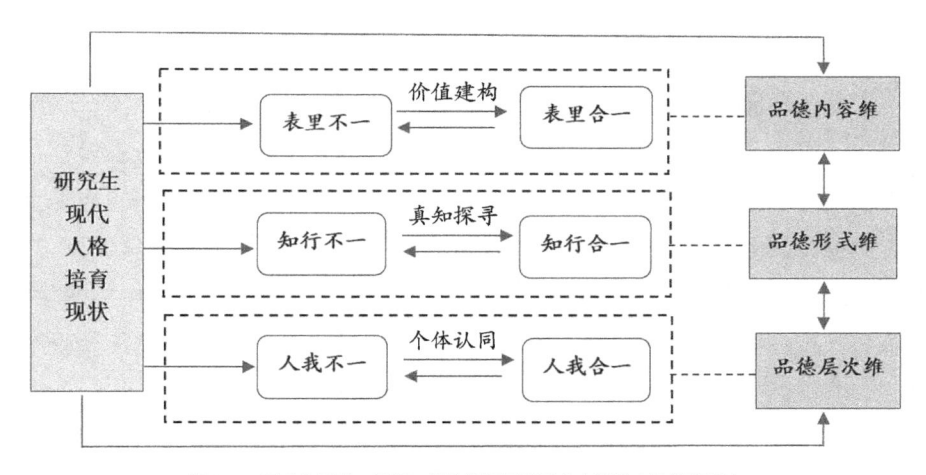

图9-1 互动与互构：品德三维结构运用于研究生现代人格培育示意

## 二、表里合一：以价值建构促进研究生品德内容的普遍性

品德的内容是品德结构存在的基础，脱离了具体的道德观念和价值准则，品德形式和品德层次也就无从谈起。正是思想、道德、政治、法律这四者之间相互联系、相互影响，从而构成品德内容的完整面貌。在现实生活中不难发现：有的人时常将政治正确、仁义道德挂在嘴边，但在生活中连基本的平等

待人、尊重他人权利都很难做到。平日里衣着朴素、待人温和、相当"接地气"的官员，背地里却有可能贪赃枉法。这种表里不一正是品德内容没有达到普遍性的生动体现。也有人认为中国人的表里不一是受传统文化里的儒表法里的浸染。儒表法里是表面强调儒家的道德教训，实则奉行法家的严刑峻法。表里不一本身带有虚伪性，即所谓的"表面一套，背地一套"，它表现为"公开"与"私下"、"虚"与"实"的关系。研究生品德内容普遍性的理想状态应当是个体在内心所相信的与其公开场合的行动是一致的，即通俗理解的"怎么想（相信）怎么做"，这时候个体的品德内容是普遍的，具有现代人格的"表里合一"的特征。

第一，解读一元与多元的内在关联，为研究生价值建构提供选择空间。从一般意义上来讲，对于某种道德伦理或价值规范，人们内心（私下）可能相信或不相信，表面（公开）可能遵从或不遵从。这样，总共有四种可能的类型（见图9-2）。第Ⅰ种：内心相信，表面也遵从；第Ⅱ种：内心相信，但表面不遵从；第Ⅲ种：内心不相信，但表面遵从；第Ⅳ种：内心不相信，表面也不遵从。其中，第Ⅰ种和第Ⅳ种可以称之为表里合一。表里合一意味着真诚和不自欺，也只有对自己诚实才能够自洽，但是这还不够。真正的表里合一还需要在真诚的基础上做到正确，这里的正确即要承认在人们的价值观念中，存在人的普适性价值。对此，就研究生价值建构而言，需要通过相应的教育，使研究生依据和遵循普遍的价值准则而生存，以自身的共同利益作为行动的价值取向，做到真诚基础上真正（正确）的表里合一。

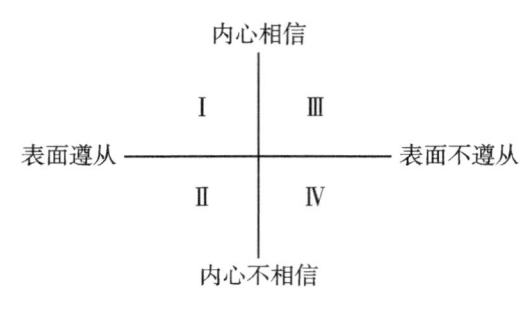

图9-2 表与里的二维四象限

如同其他很多领域存在一元和多元的辩证关系，价值建构里的一元和多元实际上涉及价值选择的问题。在多元文化背景下，人们的价值取向、个人理想多样化、生活个性化实属必然，尤其是对于研究生而言，其具有相当的自我独立意识，在实际的现实生活中具有多样的价值选择不可避免。但在这过程中，需要处理好一元与多元的关系。一元是最终的价值理想的最终导向性，社会主义核心价值观倡导的公平、正义、友善等价值理念是不可缺少的，这是占据主导地位的，体现了大多数人共同的价值利益。多元是指在追求普遍的价值规范过程中，也需要肯定研究生对个体利益的追求，可以选择具体的价值目标，即"萝卜青菜各有所爱"，并在其中实现合理的利己。如研究生所认为的：

> 我觉得现在大家都很现实，面对这么"内卷化"的竞争环境和沉重的学业压力，功利点也无可厚非，现在的功利是让我以后可以不要那么功利。（20230612F5）

需要指出的是，肯定研究生个体利益追求是在遵循基本的道德底线的基础上，如"不能损人利己""己所不欲，勿施于人"等，整体而言还是需要为研究生提供相对包容和宽松的发展环境，让其有所追求。就研究生的价值建构的目标而言，需要以积极培育研究生对社会主义核心价值观的认同感为主线，助其确立普遍价值的认同，从而在品德内容维上逐渐趋向于表里合一。

第二，深挖核心价值观真理内核、为研究生价值建构寻求理论支撑。"理论只要说服人，就能掌握群众；而理论只要彻底，就能说服人。"[①] 研究生对普遍价值观的认知、认同正是取决于理论的彻底性。我们常说"理念是行动的先导"，没有对理论的清楚认知和价值认同，就很难将其落实于行，公开遵从。需要从理念层面厘清普遍的价值伦理存在的根基，让研究生理解：无论是从抽象的全人类高度，还是到微观的现实生活情境层面，无论是基于"人同此心，心同此理"的伦理学角度，还是在"共同的人性"基础的原初意义上，都存在着一种"放之四海而皆准"的普遍价值。尽管这种价值认同由于现实困顿暂时

---

① 马克思，恩格斯. 马克思恩格斯选集（第1卷）[M]. 中共中央马克思恩格斯列宁斯大林著作编译局，编译. 北京：人民出版社，2012：9-10.

未能落实于行，但就价值建构的过程而言，这一步是万不可忽略的。价值建构首先需要明确建构何种价值，即什么样的价值具有普遍的价值属性，什么样的价值符合大多数人的期待。而能够真正成为人们价值共识的社会价值观一定是那种既能够立足于个体的价值追求，又能够被广泛接纳的体现着价值共识的价值观。① 在当代中国，社会主义核心价值观凝结着全体人民共同的价值追求，对研究生进行的价值建构必须以社会主义核心价值观这个"最大公约数"为着力点。为此，如何从理念层面阐明社会主义核心价值观所具有的普遍意义及真理内核，成为教育者在对研究生进行价值建构时首先需要考虑的问题。

在访谈中，受访研究生均对社会主义核心价值观表达了普遍的认同，即便他们未能深入阐释社会主义核心价值观的理论内核和精神实质，但最起码是发自内心地认为这是"好"的，应该遵从。这种遵从包含两个隐喻：一是我认为是"好"的，但我目前还做不到，但并不代表我以后不会做；二是这确实是"好"的理念，应该让别人都要遵从，这样就会构成一个和谐美丽的社会。如受访研究生这样说道：

> 别说研究生阶段了，我自小就受社会主义核心价值观的熏陶，耳濡目染，那24个字都能倒背如流……但是好的理念总归是理念，落实应该很难，所以才需要天天宣传。（20230620F9）

> 社会主义核心价值观当然值得提倡，但是现实中做到的人我觉得少之又少，大家都只是在"表演"罢了，认真你就输了。（20230520F3）

对此，具体到研究生教育的过程中，需要从理论溯源上阐明共同价值与社会主义核心价值观的内在关联，即一般与个别、普遍与特殊的关系，为研究生价值建构提供正确的理念指引。此外，要在思想认知上让研究生肯定普遍价值的存在和其普遍价值意义，并发自内心地认为这些价值理念所具有的普适性价值，体现着大家共同的意志和利益，并愿意为之公开行动，做到表里合一，从而避免公开说的是马克思主义，私下行动却是利己主义。

---

① 胡萨. 价值观教育的关键：唤醒与激活价值观的"原初意义"——基于发生现象学的视角[J]. 教育研究，2020（8）：65-74.

第三，扭转功利主义的行为逻辑，为研究生价值建构创设体验情境。单纯的理性认同往往是乏力的，研究生未必会被动接受价值灌输，真正的价值建构最后还需要基于他们的现实生活，与其现实产生联系。人们的生活终究是经验生活，抽象、孤立的"普遍价值"在现实生活中很难独立存在。通过增加人们之间实际的共同点来促进"人类共主体形态"的形成，是"形成、维护和扩大普遍价值的根本途径"[①]。对于研究生价值建构而言，这里的实际共同点就是指研究生在学术科研或者日常生活中体现的共同的生活学习经验，因此，提升研究生普遍价值的建构能力必须从契合研究生自身发展和内在需要的视角出发。建构的概念最早可追溯到皮亚杰提出的建构主义理论。建构主义正是强调情境对意义建构的重要作用，人的认知行为内嵌于其所处的环境和面对的具体情境。另外，从情境经验中获取某种价值观，这种感受是直接的，经验认同具有更为稳定的认识论基础[②]。基于此，对研究生的价值建构除了要关注理性认同或情感认同外，不能忽略其经验认同。访谈中有研究生表示，讲道德并不能满足自己的现实需要，他们更在意解决现实问题。这里的"现实"在实际的学业和日常生活中体现出较为浓厚的功利主义色彩。

> 诸如公平、正义、友善这些价值理念当然是好的，但是有时候人过于善良会吃亏。我就吃过亏这样的亏，奖学金你不争，就会被别人抢走了，科研项目你不报，你也就没有，你和人讲道德，人家又不会谦让你。（20230618F7）

> 学校入党名额有限，大家都想着在研究生阶段能够入党，平时一遇到志愿活动大家就争着抢着做，等入了党（预备党员）后，很多志愿活动就没人愿意参加了，有时候志愿者都招募不齐……一问就说有自己的科研任务要忙，可是入党之前也没见他们有多忙，怎么入党后就突然忙了起来……想想也是挺现实的。（20230611F1）

表里不一现象的社会根源在于理想与现实的张力。邓晓芒在分析当前中国社会现状时指出，"人们虽然并不按照这些被鼓吹的原则（道德）去做，却

---

① 李德顺. 普遍价值及其客观基础[J]. 中国社会科学，1998（6）：4-14.
② 吴宏政. 思想政治教育中价值认同的三个环节[J]. 长白学刊，2017（4）：45-48.

习惯于将它们写在字面上，挂在口头上，希望让别人去做、去建立一个'好的社会风气'。最奇诡的是，哪怕人们都口是心非、言行不一，却又都一致认为，这些字面上、口头上的东西仍然是绝对不容置疑、天经地义的"[1]。"讲道德会吃亏"正是研究生在价值建构过程中产生的经验感受，现实的"吃亏"的经验告诉他"友善靠不住"，但是对普遍价值的理性认同让他还是希望这种价值理念能够被其他人所践行，哪怕自己不信可以装作信，不友善也可以装作友善，由此产生了品德内容上的表里不一。对于教育者而言，需要创设有利于研究生自我实现的现实情境，关注并回应研究生的现实需求，在价值建构过程中注意实现研究生的经验认同。具体而言，一是需要针对研究生的发展需求，帮助其澄清思想上存在的困惑，化解价值冲突，消解其学术科研、人际交往等方面存在的焦虑。二是需要通过有效的强化手段提升研究生践行诸如友善、公正、正义等普遍价值理念的热情和积极性，避免出现研究生所描述的"入党前志愿不够做，入党后志愿无人做"的滑稽现象。三是需要通过完善考评制度降低践行社会主义核心价值观的成本。如果"讲道德会吃亏"的现象越来越少，普遍的价值理念对研究生而言才是具体的、可知可感的，这样才能增强研究生对普遍价值观的真实认同，减少虚假认同的现象。这也是让研究生对于普遍价值认同能够"从一而终"和进一步转化于"行"的必然选择。

## 三、知行合一：以真知探寻促进研究生品德形式的完整性

知行问题是中外哲学史上一个既古老又常新的课题。王阳明、陶行知、杜威等人对此已经进行过系统深入的研究。习近平总书记曾多次强调知行合一的重要性，如青年人要"在知行合一中主动担当作为"[2]，"于实处用力，在知行合一上下功夫"[3]等。从现代教育科学的意义上讲，知行关系不应仅仅只有知和行两个要素，而应当包括知、情、意、行四个部分，但实际上情感和意志本身是促进知与行两端能否统一的中间环节，往往可以还原为信念的问

---

[1] 邓晓芒. 批判与启蒙[M]. 武汉：崇文书局，2019：22-23.
[2] 习近平. 习近平谈治国理政（第三卷）[M]. 北京：外文出版社，2020：518
[3] 中共中央文献研究室. 十八大以来重要文献选编（中）[M]. 北京：中央文献出版社，2016：8.

题。信念如英国哲学家罗素（Bertrand Russell）认为的，"是由一个观念或意象加上一种感到对的情感所构成的"①。也就是说，信念是指人们在具备一定认识的基础上，对某种思想理念与价值学说所抱有的坚定不移的观念及真诚信服与坚决执行的意志。可以说，信念是由认识基础上的情感和意志组成的有机整体。从实证研究的需要出发，我们将知行合一作为品德形式完整的最高概括。据此，品德形式的完整性旨在强调主体在具体的现实境遇中，对人对事时所体现出的道德认知和道德行为之间不存在明显的矛盾和冲突，能够达到较为和谐统一的状态。当下在青年群体中广为流行的"丧""佛系""躺平""摆烂"等亚文化便是品德形式上知行不一的生动例证，它表征为行为模式和个体内在认知的矛盾。引导研究生对真知的探寻正是消除此种矛盾的必要路径。

第一，加强马克思主义信仰教育，指明研究生探寻真知的路径方向。从访谈结果来看，一方面，尽管研究生相比本科生具有更多的学习经验，接受过系统的思想政治教育，但并非所有研究生都能建立坚定的马克思主义信念。另一方面，探求真理本是研究生从事科学学术研究的重要使命和职责。然而在现实中，功利逻辑却在学术场域大行其道。访谈中有来自马克思主义理论专业的硕士生，他们揭开了其所在学科背后的"遮羞布"：

> 其实我们这个专业很尴尬，别人一听名字觉得很"高大上"，实际上可以惭愧地说，我到现在（包括我们身边很多同学）连一本完整的马列著作都没读过。对于你提到的"真理""真我""信仰"等问题，我们平常不会有太多的思考。大家可能思考更多的是怎么发论文，怎么搞项目，怎么拿奖。当然，在人前还是得夸夸其谈讲讲马克思主义为什么好，为什么行的问题。（20230619F2）
>
> 我们这个专业现在"风评"有点不好，别人总觉得我们研究的东西比较"虚"，不像理工科，人家正儿八经地做实验。就是怎么说呢，比如，大家在写论文的时候也都流行套用马克思的一些经典语句，从而显得文章有深度，但是对它的本质要义和内涵却不见得有多深的理解……

---

① 罗素. 人类的知识——其范围与限度[M]. 张金言, 译. 北京: 商务印书馆, 1983: 183.

坦白说我自己也是这样的情况。（20230611F1）

通过以上研究生的"吐槽"可以看到，作为一门专门以马克思主义为研究对象的学科，其专业研究生虽然能够做到"在马言马"，但是很显然没有做到"在马信马"，尚未树立真正的马克思主义信仰，所以才有了嘴上说的是马克思主义（于人），背地里做的却是利己主义（于己）。实际上如果"仅仅承认什么是正确的决不能保证行为一定正确"①，知而不行的现象在生活中已然是常态，对于研究生而言弥合知与行的裂缝，需要以信念为媒介。"心有所信，方能行远。"②没有一种希望、欲求的倾向，是谈不上去行动的，在这种状态下它缺乏行动的动力。③在陶行知那里，"行动即是真理的行动"④，知行合一与否，决定了个体自身的存在性及其存在的意义与价值能否得以真实体现，正是在知行为一体两面且作为实践过程的同一性意义上，才决定了知行合一工夫，便是求取真理真知之途⑤。马克思主义是颠扑不破的真理，是指导人们认识和实践的强大思想武器。以真知探寻促进研究生品德形式的统一性发展的关键在于树立马克思主义信仰，用以消弭研究生在现实情境中表现出的种种认识和实践壁障的鸿沟。真正的信仰应当是对真理的信仰，马克思主义因为是真理所以应当被信仰，因而探寻"真知"的过程实际上也就是追寻真理，找到真我，逐步确立起马克思主义信仰观的过程，它外在表现为研究生个体品德形式维趋于统一的过程。

第二，完善研究生德育评价体系，激发研究生探寻真知的内在动力。坚定的理想信仰是弥合知与行裂缝的"黏合剂"，马克思主义信仰有助于研究生在追求真理的过程中探寻人生意义。但同时马克思主义信仰是理性预见基础上的一种实践信仰，从信仰方式上看是理论信仰与实践信仰的统一。⑥因此，在对研究生进行马克思主义信仰教育的过程中，需要考虑到研究生的现实社

---

① 布鲁贝克. 高等教育哲学[M]. 王承绪，郑继伟，张维平，等译. 杭州：浙江教育出版社，2002：86.
② 周晔. 心有所信 方能行远[N]. 人民日报，2023-12-23.
③ 陈嘉明. 信念、知识与行为[J]. 哲学动态，2007(10)：53-59.
④ 陶行知. 陶行知文集[M]. 太原：山西教育出版社，2021：217.
⑤ 董平. 论"知行合一"的四重向度[J]. 社会科学战线，2019（2）：25-35.
⑥ 张秀芹. 马克思主义信仰的内涵及其主要特征[J]. 河海大学学报（哲学社会科学版），2010（3）：18-21，90-91.

会生活，必须以一种形而下的方式与其现实需要相联系，在致力于现实社会的改造中实现人的自由全面的发展。

长久以来，研究生评价中"以论文论英雄"的"顽瘴痼疾"对于研究生探寻真知起到了相当程度的影响和阻碍作用，它使得研究生很难耐得住寂寞，沉得住气，静下心来去驻足思考诸如人生的最终价值，以及灵魂如何安顿的问题，也就很难形成超越的形而上的信仰。有研究生表示：

> 比如说，优秀研究生干部、三好研究生的评选基本上都是看你发了多少论文、参加过什么项目（像新苗①、互联网＋大赛、挑战杯这些），拿过哪些奖，一些平时我觉得私德不太好的人，反而获得了不少荣誉。（20230615F6）

> 读研期间有各类评奖，几乎百分之百要看科研工作，而其中的大头，就是论文发表情况……哪怕是"水刊""普刊"，往上一写，总算聊胜于无，有总比没有好。（20230524F11）

在此背景下的研究生被迫热衷于科研成果的快速获得，所以在现实中才会时常出现有研究生走上"乱挂名""找代发""买版面"的种种学术不端道路。针对上述现象，一方面，需要破除研究生德育评价中的不合理因素，改变如"唯论文""唯奖项"等单一评价方式，构建一种让大多数研究生都能获取成就感的多元评价机制。通过相关德育实践活动，更加注重过程性评价，把品德作为研究生评价的首要内容。另一方面，需要加强制度的规范和约束作用。很多受访研究生认为其所在学校对研究生的考评制度、激励机制、机会平台影响到自身科研的积极性和对一些事物的看法。有研究生表示：

> 大环境就这样，又缺乏保障，很多时候知道归知道，但是不这样做害怕自己成为别人眼中的异类，更多的是担心自己的努力和坚持不能改变什么。（20230522F4）

> 事实证明，你课题申报书写得再好抵不过别人的导师是领导管用，

---

① "新苗"全称为浙江省大学生科技创新活动暨新苗人才计划，是一项面向浙江高校在读大学生（包括专科生、本科生和研究生）实施的科研创新资助项目。

有些东西看淡了就好，争不了就不争了呗，我"躺平""摆烂"还不行吗。（20230620F8）

"现实自我"与"理想自我"两者间的矛盾是个体不断深化认知、提升和完善自我的内在力量。只有当理想能够照进现实的时候，研究生的知与行才能真正达到统一。当前的研究生教育体制导致不少研究生的学术热情被不断消耗，因此，需要创造良好的制度环境，尽可能弥合理想与现实之间的裂痕，从而从行动层面引导研究生去除功利心态和浮躁心理，将学术科研的目的还原为对真理即真知的探求。

第三，提供有针对性的科研指导，提升研究生探寻真知的践履能力。研究生的知行不一除了自身的信念不够坚定外，还需要看到的是因"道"不通，即客观条件阻碍了其理想自我的实现。访谈中发现，尽管在生活、学习、工作（学生工作）等方面研究生都能游刃有余应对，却还是未能对自我做准确定位，有意混淆真我与假我的界限，从而变得逐渐犬儒化。主要表现在他们往往会质疑他人的动机，认为每一个人都是自私的，对于他人、群体、社会习俗和制度极大地不信任。进一步来讲，他们在态度上很清楚自己的所作所为，但依然我行我素，这种知行分裂就导致丧失了如康德所说的对心中道德律的坚守，于是便以"无所谓"、何必较真的姿态适应那种说的一套做的另一套的生存方式。① 因此，现实中，他们往往会把自我沦陷归咎于外部原因，诸如"大环境如此""别人也这样""我也没办法"，于是通过这种"合理化"的作用为自我做辩护，尽管无异于自欺欺人，却能如其所愿，有效地掩盖人格分裂。② 如研究生所言：

大学就是个"小社会"，研究生阶段更是如此，身处其中无时无刻不受到浸染，很多时候做了不该做的事也是身不由己嘛。(20230522F10）

可以看到的是尽管是受世俗社会的影响，但研究生的主体意识和理性精神在不断增强，在认知上具有既想超越世俗利益的功利化而追求精神境界提

---

① 秦晖. 传统十论[M]. 北京：东方出版社，2014：156.
② 霍妮. 我们内心的冲突[M]. 刘春艳，译. 北京：煤炭工业出版社，2017：138-141.

升又受现实条件制约的矛盾，因此，教育者需要在这方面给予引导和开解，帮助其提升探寻真知的践履能力，在知行合一中增长才干、练就本领。

> 大家都在暗地里较劲，看谁发的论文级别高，谁拿的荣誉奖项多。现在研究生发论文又这么难，实际上根本没人会关心你真正想要的是什么。我真的不喜欢这种被内耗的感觉，也讨厌这种被定义的方式……我想活得真实一点，但现实告诉我做不到。（20230615F6）

从访谈情况来看，受访对象多表示自己在学术写作上存在的知行不一问题最为明显，论文写作得到的有效指导微乎其微，加上导师的"放养"，才致使自己的学术抱负"一落千丈"，从最初的信誓旦旦发C刊（核心级别刊物）到后来的马马虎虎"弄个'普刊'凑合毕业"就行。尽管在他们的认知中，研究生确实应该以学业科研为重，但是发论文的门槛、投稿的碰壁、写作的瓶颈等诸多现实层面自感"无能为力"的因素使得他们出现了行与知的颠倒。有研究生表示：

> 刚读研那会，刚进课题组我还是对学术比较感兴趣的，相比于班上其他同学跨考的身份，我本硕一致，还是蛮自信的，也想过要读博；但是慢慢地这种志向就被消磨了，现在别说发论文了，我感觉毕业都费劲，每天处在焦虑中。（20230522F4）

对于一个知行合一的"行动派"而言，行动往往是破解焦虑最有效的办法。一方面，需要通过多渠道、多形式的方式，为研究生提供心理纾解平台，帮助研究生澄清思想认知的困惑，消解其存在的焦虑现象，缓解其心理压力。另一方面，需要引导研究生从自我精神内耗中走出来，帮助其建立稳定的自我效能感，实现由"愤青"向"奋青"的转变。针对研究生存在的科研焦虑，研究生导师和培养学院需要对研究生科研论文的写作提供有效的指导和帮助，促使研究生树立科研信心，提升科研胜任力，重塑学术理想。"当个人能够面对焦虑经验，并进而成功地走出时，他自我人格中的正向层面也随之成长。"[1]

---

[1] 梅．焦虑的意义[M]．朱侃如，译．桂林：漓江出版社，2016：342．

## 四、人我合一：以个体认同促进研究生品德层次的协调性

品德层次是品德结构研究往往被忽视的层面，其决定一个人品德的"真不真"的问题。层次维的协调性要求个体遵循的是在自我、他人、社会之间，在涉及在场和不在场的情境下，能够始终保持较为一致的价值判断和抉择，避免两套截然相反的价值观指导下的"人我不一"。这种"人我不一"主要体现在对人对己双重标准的不同运用，具体而言，对他人往往采用相对理想的社会道德评价标准，而对自己则常常采用相对现实的个体道德评价标准。日常生活中的"严于律人，宽以待己""事不关己，高高挂起"是层次维"人我不一"的生动例证。人我关系的核心是自我与他者的关系。法国著名哲学家列维纳斯（Emmanuel Levinas）是他者理论的集大成者。列维纳斯认为，人作为一种道德的存在，应将对自我和他人关系的认识置于一切认识关系首位。传统人格视角下主体是占有和同一，其典型的特征就是"一切皆为我所用"，将"自身作为一切尺度的尺度"。"人类在他们终极本质上不仅是'为己者'，而且是'为他者'，并且这种'为他者'必须敏锐地进行反思。"① 在他看来，人类的天性和主体性是对他者的责任，自我与他者之间的关系是一种尊重他者并对他者担负绝对责任的道德关系。具体到研究生现代人格培育当中，要使研究生在朋辈之间能正确协调处理好自我与他者的关系，尤其是在竞争的科研环境中，消除彼此之间的对立局面，实现共赢发展。一些研究生为争夺奖学金、课题项目"不择手段"，与同学"反目成仇"，深谙"做人"的处世之道，划定"小圈子"，与他人保持着一种"你见不得我好，我也不会让你好"的紧张敌对状态。个体认同本身蕴含着一个人以"现代人"特有的本质和形式生存的丰富意义②，建立个体认同也绝非要强调个体的"孤立独存"状态，它既是构建个体生活世界，同时也是把握各种现实关系的过程③。在他者理论的基础上，塑造和谐的自我与他者关系，便是个体认同的核心。

第一，打破师门之间的壁垒，为研究生搭建对话合作的交往渠道。传统

---

① 列维纳斯. 塔木德四讲[M]. 关宝艳, 译. 北京: 商务印书馆, 2002: 121.
② 尹岩. 个体认同论纲[J]. 江汉论坛, 2017（1）: 95-102.
③ 尹岩. 个体认同论[M]. 北京: 中国社会科学出版社, 2020: 60-61.

师门之间的壁垒为研究生朋辈之间的交流设定了障碍，在一定程度上造成人际冲突。借鉴费孝通的"差序格局"理论对研究生人际关系进行现状描绘，可以发现学校作为社会的有机组成部分同样在不同维度和程度上存在各种各样的差序文化。在现实中，研究生大多呈现"组织化生存"特点，即便是被认为"单打独斗"的人文社科研究生同样依附于组织生存，这种组织化主要指师门、实验室和课题组。大多受访研究生表示，除了和导师、课题组、师门之间交往较多，和其他方向甚至专业同学之间的交流很有限，往往是"形同陌路"。在差序文化影响下，研究生也就形成了以自我为中心向外辐射的关系网。这种关系网正如费孝通所比喻的"像水的波纹一般，一圈圈推出去，愈推愈远，也愈推愈薄"[①]，由内至外，依次是导师、同门、同方向（课题组）、同专业、同校等（见图9-3），从而在人际交往中出现待人接物的不同标准，同时也使得研究生深受人际交往的困扰。

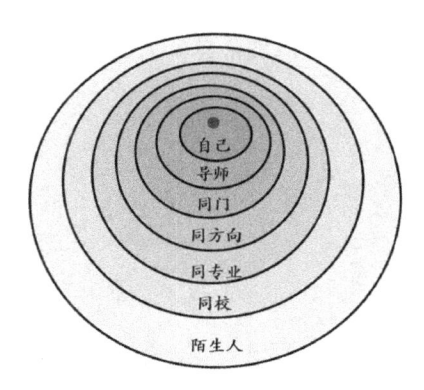

图 9-3 差序格局下的研究生"人际圈"

有受访研究生表示：

日常花费精力最多的就是人际关系的交往，包括和导师、同学，还有课题组之间，想着怎么把关系处好，因为这些以后都有可能成为自己的"资源"……所以在科研上并没有投入太多时间，有时候觉得自己的研究生生涯确实是"不务正业"。（20230524F11）

---

① 费孝通. 乡土中国. [M]. 北京：人民教育出版社，2021：23.

  我是 A 方向的,去年暑假参与了 B 方向的一个课题研究,因为对这个项目比较感兴趣。在课题组里面干了不少活,但是最后没有获得同样的回报(综测加分),后来我才意识到自己不是他们那个圈子里的人,能给我好处也就怪了,想想也是傻。(20230524F12)

  在这种"差序文化"格局下,还可以看到导师的"纽带"作用对研究生的品德层次的"人我不一"起到重要的影响。有的导师之间因为课题项目相近、共同参与同项课题的研究,又或者仅仅是出于个人私交不错的情感层面,就会在无形之中影响到其门下研究生的人际交往。同样,导师间的不和睦关系或私交的不悦,在一定程度上就会加剧不同师门、课题组之间的隔阂。

  我导师因为是行政领导,平时忙得顾不上给我们开组会,他就让我们去另外一个 L 老师的门下开组会,给我们指导。L 老师和我导师关系很好,平时我们两个师门也会经常聚在一起玩、一起吃饭,有什么事也会一起商量交流。(研究者:别人知道你们两个师门之间关系紧密吗?)知道啊,其实大家都会在心里默认和哪些人可以走得近,哪些人要远离。(20230619F2)

  我导师就曾经直言告诉我们不要和 W 老师的学生来往,因为我导师和他之前好像因为评职称闹过矛盾……所以说压根没有那么纯粹的学术环境,不得不感叹都是人情世故啊。(20230524F12)

  在导师负责制下,哪怕导师并没有直接出面干预研究生之间朋辈的交往,但学生出于对导师的"依附",也会不自觉地向导师"看齐",选边站队,这才会出现当下很多院系师门、课题组之间"山头林立",彼此之间相互争斗、互不买账的局面。此种氛围也会潜移默化地影响研究生形成"人我不一"的人格特质。因此,对于按师门(课题组)、研究方向划分"圈内人"的现象,除了需要借助社会主义核心价值观的平等、公正、友善等理念消弭导致研究生"人我不一"的差序文化根源,还需要使研究生跳出自我划定的小圈子,增进与其他学科方向之间的交流。为研究生搭建朋辈之间交流对话的平台。一方面,通过定期举办跨学科方向的学术沙龙或联谊活动,通过对话消除不同学科方向之间的隔阂，鼓励研究生迈出自己的"一亩三分地"，了解各自不同方向之间的前沿发展态势，为科研合作创造更多机会，实现科研的共同繁荣进步。另一方面，通过良性的合作机制打破研究生心理上的设防，即走出"人人都是我对手"的误区，消除在高度内卷化的今天彼此之间的紧张关系。研究生处在同一个学术共同体中，互帮互助、共同攻破科研难关本就是促使其实现学术成长，建立个体认同的最佳路径。

第二，建立和健全激励机制，为研究生构筑自我认同的科研平台。在高校研究生的经验世界中，学业科研是研究生相较于其他群体较为独特的理论与实践方式，也是其构建个体认同，将社会主义核心价值观教育融入自己生活世界的独特路径。需要通过完善相关激励制度，为研究生提供展示自我、超越自我的学术科研平台。访谈中有受访研究生谈道：

> 我是看不懂我们学校的奖励政策。同样是发C刊，我同学所在的学校一篇大学学报能加30分，而在我们这，大学学报和有的同学花钱发的"水刊"加一样的分（科研成果分），你说这合理吗？发个大学学报现在多不容易。（20230611F1）

良性且持久的学术激励有助于增强研究生对科学研究的信心，研究生的个体认同并不是一成不变的，它需要外部的持续性保障来加以维持，良好的物质基础是保障研究生开展学术研究的前提。可以根据吉登斯的结构二重性理论，基于"过程—结构"的视角分析研究生未能形成有效个体认同的结构因素。"过程—结构"视角在分析上既肯定社会结构与社会制度对行动者的影响，又不忽视行动者能动性。[①]它认为结构性因素与行动者个体之间并非单向度的决定关系，而是一个互动的动态过程。[②]在这种情况下，需要重点关注除研究生自身的主观因素外，如科研能力薄弱，导致其品德层次"人我不一"的结构性因素。研究发现，院系组织和培养单位在其中起到了"推波助澜"的作用。访谈中，有研究生曾多次向研究者"吐槽"其院系的"偏心"做法：将本就

---

① 童星. 应急管理案例研究中的"过程—结构分析"[J]. 学海，2017（3）：63-68.
② 李胜，裘丽. 基于"过程—结构"视角的环境合作治理模式比较与选择[J]. 中国人口·资源与环境，2019（10）：43-51.

为数不多的学术资源向某些学科方向倾斜。从宏观层面看，此举不利于学科之间整体均衡发展，它会造成"强者越强，弱者越弱"的"马太效应"；从微观层面看，也会加剧研究生个体之间的冲突和私下交往的"面和心不和"情况。

> 我们学院发展比较好的是××专业，近几年有了很大起色，学院就把很多资源都给了他们，我们是要什么都没有。所以大家都开玩笑说人家是"嫡子"，我们是"庶子"。我们一般也不太愿意和他们方向的人来往，总觉得他们拿了很多好处，属于"吃肉连汤都不给我们喝"那种……有热情搞科研就怪了。（20230619F2）

正是在现有的"僧多粥少"的学术生态下，研究生之间相互角逐，极易产生矛盾与冲突。作为培养单位的院系，一方面，需要在学术资源分配上应注重公平、合理均衡分配，实现资源配置的优化，在"做大蛋糕"的同时还要"分好蛋糕"，避免"不患寡而患不均"的现象。另一方面，需要通过强化激励机制、加大激励力度，调动研究生学习和科研的积极性，缓解研究生朋辈之间的紧张关系，营造自我与他者互动的良好氛围。也只有突破"以自我为中心"的狭隘利益观，不断增强对自身责任担当的深刻认知，才能有望在消除"个人本位"的自我价值迷茫中摆脱"摆烂""佛系"等低迷姿态，增强自我效能感。

第三，铲除潜规则滋生土壤，为研究生营造风清气正的学术生态。对于研究生现代人格培育而言，良好的科研生态是研究生建立个体认同的前提条件。研究生科研训练的基本载体是课题，科研项目的申报是研究生从事科研课题工作的一首重要"前奏曲"[①]，也是提升学术能力和学术素养的必要途径。访谈中，有研究生谈到其身边课题申报的"内幕"：

> 我在经历某项省级课题申报无果后，就没多大意愿去参与了。一开始我怀疑是自己能力不行，后来发现事情没那么简单。因为申报的结果往往是早已注定的，说白了，能中的只能是那几个人。（访谈者追问："哪几个人？"）不好说，反正已经达成了一种默契，现实的情况就是每

---

① 尹发跃，王宏杰，余戒，等. 如何写好科研项目申报书[J]. 中国研究生，2004（6）：20-21.

年只有领导的学生们才能够申报上。（20230620F8）

在被问到有没有想过去揭露或者提出异议的时候，研究生表示"多一事不如少一事"。受访者用"默契"来指代这种在科研申报过程中的"暗箱操作"现象，但采取的态度却是一种无声的沉默，即便是认识到制度中的不合理因素，感受到潜规则造成的恶劣影响，多数人还是选择由最初的心中抵触到之后的无声妥协，再到最后的漠然接受。

有些东西直接把它称为潜规则不太好听，怎么说呢，它是一种约定俗成的吧。比如说在我们学校一些课题项目申报或者奖项评比中，如果你的导师有行政头衔的，一般就是好"中"点。虽然没人会细究背后到底是怎样的，但是这种情况都是看破不说破吧。（20230618F7）

需要看到正是制度的不公开不透明从而为潜规则的存在提供了肥沃的土壤。过于理想化的期望与不合理现状之间的强烈反差，使得相当一部分人形成一种"潜规则能办事、成事得潜规则"的惯性思维，而公平、责任、正义等共同价值被弃如敝屣，主体的道德人格蜕变为一种不健全的、不完整的、虚伪分裂的扭曲人格。[1]在潜规则之下，既然已有的制度"名不副实"，那我又何必"苦苦执着"？久而久之，研究生从厌恶潜规则到拉关系、走捷径，逐渐深谙其道。"破除潜规则，根本之策是强化明规则，以正压邪"[2]，需要通过完善明规则的制定和执行，让潜规则无所遁形。具体而言，一方面，需要通过切实手段，塑造机会平等的学术制度环境，完善制度规矩，压缩暗规则的生存空间，改变类似资源倾斜、暗箱操作等不平等现象；另一方面，需要加强研究生培养单位的法治民主建设，完善校内民主监督程序，创造公开透明的、良性的科研环境，在保障广大研究生享有参与权的同时，更注重维护其知情权和监督权，防止又当运动员又当裁判员的情况。在这个过程中，个体认同发挥着重要的作用。对于教育系统负责人而言，个体认同意味着以巨大的勇气和非凡的智慧破除潜规则，为研究生的成长成才营造风清气正的制度

---

[1] 程东旺. 潜规则下的伦理生态解析[J]. 理论导刊，2014（1）：55-58.
[2] 中共中央文献研究室. 习近平关于全面从严治党论述摘编[M]. 北京：中央文献出版社，2016：28.

环境；对研究生而言，个体认同意味着无论在什么环境中都坚持独立人格、自由个性和理性精神，以一种积极的姿态创造有价值的人生，成为有理想、有本领、有担当的时代新人。

# 第十章 "思想道德与法治"课灌输性和启发性相统一的现状研究

——基于A大学的实证研究

## 一、问题的提出

目前，思想政治教育领域内关于灌输和启发的研究取得了丰硕成果，实现二者的融合是提高思政课教学实效性的需要，也是思想政治教育发展的要求。但就实际教学情况而言，灌输性和启发性相统一的实然状况和应然愿景之间还存在差距。在现实教学中仍存在"硬灌不进""干启不发"等问题，使得教学实效性不高，一个重要原因在于没能做到灌输性和启发性相统一。如何正确认识灌输、启发及其相互关系，做到二者的有效结合，成为思政课教学改革需要解决的重要问题。

纵观古今，对教学过程的研究，可以分为两种：一种是教授—接受式教学，其特点是教师与学生之间的知识传递；另一种是问题—探索式教学，其特点是以教师指导、学生主动探索的方式获取知识。[①] 灌输和启发就是两种教学类型的代表，它们有着不同的特点和作用范围，各有利弊。在现实教学中，没有绝对的灌输，也不存在绝对的启发，人们看到的更多的是灌输和启发不同程度的结合。鉴于此，根据韦伯（Max Weber）提出的"理想类型"（ideal type）概念，可以提出灌输—启发式教学。"理想类型"揭示了理想和现实的联系，可以用来审视现实中的社会现象。沿着这一思路，灌输—启发式教学是对灌输式教学和启发式教学的理性认识和反思。同时，把灌输—启发式教

---

① 王道俊，郭文安. 教育学[M]. 北京：人民教育出版社，2009：183.

学作为参照标准，以理想愿景观照现实教学，是思政课教学研究的新视角。

作为一种实践活动，自中华人民共和国成立以来，马克思主义灌输理论一直是德育的指导思想，"灌输"已经成为马克思主义教育的基本原则，在德育过程中发挥着重要作用。[①] 在比较"教育"与"灌输"两个概念[②] 的基础上，笔者进一步区分了"教育中的灌输"与"灌输式教育"，强调在思想政治教育中贯彻"教育中的灌输"这一根本原则[③]。我们运用符号学"无限衍义"的概念，分析了作为思想政治教育原则和方法的灌输[④]，以及"灌输"作为思想政治教育原则与方法的双重属性。[⑤] 本书在前期理论研究的基础上，围绕思政课教学过程中灌输性和启发性相结合的现状开展实证研究。以"德法"课教学为研究对象，采用自然观察、问卷调查、深度访谈等方法展开调查。以期通过实证研究，掌握当前思政课教学的实际情况，从而为下一步有针对性地开展教学改革奠定现实基础。

## 二、研究总体设计

### （一）研究目的

对思政课教学现状开展实证研究，目的是掌握实际教学中灌输和启发的现状，为探索灌输—启发式教学的实践路径提供现实依据。

### （二）研究对象

"德法"课是思政课体系中的一门重要课程，以学生在成长过程中所面对的道德和法律问题为主线[⑥]，在培养大学生的价值观方面起着重要作用。它是一门理论与实践结合的课程，不仅需要把社会主义核心价值观灌输给学生，也需要联系学生的生活实践，帮助学生思考和解决现实问题。"德法"课本身

---

[①] 陈卓，郭娅玲. 新中国德育理论中的"灌输"研究[J]. 社会科学战线，2019（6）：243-251.
[②] 陈卓，王雪鉴. 灌输与教育：论道德教育的意图、内容与方法[J]. 内蒙古社会科学，2013（5）：157-162.
[③] 陈卓. "教育中的灌输"：高校思想政治教育的根本原则[J]. 河北科技大学学报（社会科学版），2014（4）：102-107.
[④] 魏缙，陈卓. 论德育中的"灌输"隐喻[J]. 教育学术月刊，2021（10）：27-32.
[⑤] 陈卓，郭娅玲. 新中国德育理论中的"灌输"研究[J]. 社会科学战线，2019（6）：243-251.
[⑥] 本书编写组. 思想道德与法治[M]. 北京：高等教育出版社，2021：10.

的特性表明：在教学中需要实现灌输和启发相融合。以"德法"课教学为研究对象展开实证研究，采用自然观察、问卷调查和深度访谈三种调查方法，以了解和把握当前思政课教学中灌输和启发的现状。

### （三）研究思路

以 A 大学为研究对象，采取自然观察法、问卷调查法与深度访谈法开展实证研究。首先，通过自然观察法，整理相关材料，根据五个教学要素归纳出 13 位任课教师的教学特点。通过比较不同任课教师的教学特点，绘制灌输—启发谱系图。其次，实施问卷调查，通过分析问卷数据，了解"德法"课教学中灌输和启发各自所占的比重。再次，进行深度访谈，了解学生对"德法"课教学的看法。最后，综合分析调查结果，总结"德法"课教学中灌输和启发的现状。

## 三、研究过程安排

围绕"德法"课灌输—启发式教学，主要采用自然观察、问卷调查和深度访谈三种方法开展实证研究，并对研究结果进行综合分析。

### （一）自然观察

1. 计划及实施过程

为了解思政课教学中灌输和启发的实际状况，采用自然观察法，以"德法"课教学为对象，进行课堂观察。为真实地了解教学情况，采取随机到教室观察的形式，不提前联系任课教师。调研高校所开设的"德法"课，把同一年级的学生分为两批，分别在秋季学期和春季学期完成教学任务。课堂观察共分两个学期完成，分别是 2020 级春季学期和 2021 级秋季学期。在自然观察法实施过程中，一是在教师层面，观察不同教师的教学方式；二是在学生层面，观察学生的上课反应，思考学生对教学中灌输或启发的态度。

2. 材料整理

结合两个教学学期自然观察的结果,对相关材料进行整理。首先,通过观摩教师的上课方式,总结13位任课教师的教学特点。其次,结合知识观、学生观、教学内容、师生关系、教学方法五个教学要素,综合衡量不同教师在教学中灌输和启发所占的比重,判断其在灌输—启发谱系图(在自然观察法结果分析部分具体说明)上的位置。最后,根据任课教师的教学特点将其分别归属于灌输式教学区间、启发式教学区间及灌输—启发式教学区间。自然观察法具体情况如表10-1所示。

表10-1 自然观察法情况统计

| 观察学期 | 观察次数/次 | 专职教师/人 | 兼职教师/人 |
| --- | --- | --- | --- |
| 2020级春季学期 | 13 | 5 | 6 |
| 2021级秋季学期 | 14 | 5 | 3 |

关于自然观察法的实施,需要说明的是:2020级春季学期任课教师及学生使用的教材是《思想道德修养与法律基础》,2021级秋季学期任课教师及学生使用的教材是《思想道德与法治》。因任课教师调整、授课时间等因素限制,两个学期重复进行课堂观察的仅有5位教师。

### (二)问卷调查

1. 问卷设计及发放

目前没有统一的关于思政课教学中灌输和启发现状的调查问卷,采用自编问卷的方式,分别以灌输和启发作为主题,结合知识观、学生观、教学内容、师生关系、教学方法五个教学要素设计问题。调查问卷包括两个部分,第一部分是基本信息统计,包括年级、性别、专业;第二部分是问卷的具体问题,共包含10个题目。其中,1、3、5、7、9题调查了学生对于灌输主题下问题的看法,2、4、6、8、10题调查了学生对于启发主题下问题的看法。问题采用李克特量表的形式,使用五点计分方式,学生可以从1分—完全不同意、2分—基本不同意、3分—说不清、4分—基本同意、5分—完全同意进行选择。

问卷调查对象为浙江省部分高校2020级和2021级修习"德法"课的大

一本科生，通过纸质和问卷星相结合的形式发放问卷。综合考虑调查研究的目的和现实的可操作性，采用了简单随机不重复抽样的方法。如上文中提及的，同一年级的学生在两个不同的学期完成教学任务。因此，为避免出现重复发放调查问卷的情况，问卷发放和回收整理以班级为单位实施。在临近学期结束时，由调查者提前联系任课教师，前往上课教室，完成问卷发放和回收工作。

2. 数据整理

通过对调查问卷的数据整理得出，针对2020级学生的调查问卷在春季学期发放，共回收问卷281份，其中，有效问卷252份；针对2021级学生的调查问卷在秋季学期发放，共回收问卷416份，其中，有效问卷388份。结合题目漏答、乱答、重复答案等标准，剔除无效问卷后，形成最后的问卷数据。问卷调查共回收问卷697份，筛选出有效问卷640份，问卷有效回收率为91.82%。调查问卷具体发放情况如表10-2所示。

表 10-2　调查问卷发放情况统计

| 调查对象 | 回收问卷/份 | 有效问卷/份 | 发放时间 | 发放形式 |
| --- | --- | --- | --- | --- |
| 2020级本科生 | 281 | 252 | 2020级春季学期 | 纸质 |
| 2021级本科生 | 416 | 388 | 2021级秋季学期 | 问卷星 |

## （三）深度访谈

1. 准备及实施过程

深度访谈是获取直接经验的有效形式，为了解学生对"德法"课教学的看法，采取深度访谈法，编制访谈提纲，对修习"德法"课的学生进行访谈。访谈提纲共包括12个问题（访谈提纲详见附录）。访谈以提纲中的问题为基础，没有时间和范围的限制，也没有严格的流程，在访谈中会结合访谈对象的回答进行适当调整。访谈的主要内容是学生对"德法"课的态度、学生的上课表现、教师的教学方式及学生对于该门课程的建议等。因调查者没有熟识的大一学生，所以利用课前时间，到授课教室随机邀请学生接受访谈。深度访谈实施的时间为2021年12月，受课前时间短、访谈对象要求等因素影响，访谈采用现场访谈和书面访谈相结合的形式。

2. 资料整理

整理访谈资料可知，共访谈了 15 位学生，其中男生 7 人，女生 8 人。访谈对象的基本信息如表 10-3 所示。

表 10-3　访谈对象基本信息

| 学生编号 | 性别 | 专业类别 | 年级 | 任课教师 | 访谈形式 | 访谈时间 |
| --- | --- | --- | --- | --- | --- | --- |
| 1 | 女 | 土木 | 2021级 | K | 现场访谈 | 2021-12-23 |
| 2 | 女 | 计算机 | 2021级 | 其他教师 | 书面访谈 | 2021-12-23 |
| 3 | 女 | 轻化工程 | 2021级 | L | 现场访谈 | 2021-12-24 |
| 4 | 男 | 机械 | 2021级 | E | 现场访谈 | 2021-12-24 |
| 5 | 男 | 生科 | 2021级 | G | 书面访谈 | 2021-12-28 |
| 6 | 女 | 生科 | 2021级 | G | 书面访谈 | 2021-12-28 |
| 7 | 男 | 计算机 | 2021级 | E | 现场访谈 | 2021-12-28 |
| 8 | 女 | 建筑 | 2021级 | G | 书面访谈 | 2021-12-29 |
| 9 | 男 | 建筑 | 2021级 | G | 书面访谈 | 2021-12-29 |
| 10 | 男 | 计算机 | 2021级 | 其他教师 | 现场访谈 | 2021-12-30 |
| 11 | 男 | 计算机 | 2021级 | 其他教师 | 书面访谈 | 2021-12-30 |
| 12 | 男 | 计算机 | 2021级 | D | 现场访谈 | 2021-12-30 |
| 13 | 女 | 计算机 | 2021级 | 其他教师 | 书面访谈 | 2021-12-30 |
| 14 | 男 | 电气 | 2021级 | H | 现场访谈 | 2021-12-31 |
| 15 | 女 | 机械 | 2021级 | H | 现场访谈 | 2021-12-31 |

关于深度访谈法的实施，需要说明的是：由于学期课程安排、任课教师调整、访谈对象选择的随机性等因素的限制，访谈对象均是理工科专业的大一学生，并且访谈对象只包含 2021 级的学生，未能覆盖自然观察法中涉及的全部任课教师教学班级的学生。因包括现场访谈和书面访谈两种形式，表 10-3 中的访谈时间是指现场访谈完成的时间和收到书面访谈回复的时间。此外，在访谈对象基本数据的整理过程中，除了对应课堂自然观察法中包含的任课教师外，有四位访谈对象的任课教师不在自然观察法涉及的教师范围内，因此统一用"其他教师"代替。

## 四、研究结果分析

### （一）研究结果的单项分析

通过自然观察、问卷调查及深度访谈，了解高校"德法"课教学中灌输和启发的现状。该部分对三种调查方法的调查结果进行逐项分析。其中，深度访谈法的具体内容散见于文中，不再单独列示。自然观察法和问卷调查法的结果分析如下。

1. 自然观察结果分析

（1）自然观察结果整理

从知识观、学生观、教学内容、师生关系、教学方法五个方面对任课教师教学情况进行简单概括，13位任课教师教学特点的归纳结果如表10-4所示。

表10-4 任课教师教学情况总结

| 任课教师 | 知识观 | 学生观 | 教学内容 | 师生关系 | 教学方法 |
|---|---|---|---|---|---|
| A | 既定的教材知识 | 1.允许看其他书，而不是玩手机、说话 2.实践作业可以结合自己的专业进行，以专业为主 | 1.按照教材讲授，或者引用经典、领导人讲话等 2.课堂播放视频时间较长（单个视频超过20分钟），举例只是平铺直叙 | 1.师生之间缺乏互动交流 2.学生被动接受知识 | 1.理论教育法 2.多媒体教学（PPT、播放视频） |
| B | 1.提示期末考试有可能出题的考点 2.课前回顾知识 | 没有结合学生专业特点 | 1.以教材为主，结合教学视频 2.讲授时基本按照教材框架，追赶进度，没有具体举例或者分析 | 1.课堂讨论，学生主动发言，但只是回答关键词，由教师具体阐释 2.以教师讲授为主 | 1.理论教育法 2.多媒体教学（PPT、播放视频） 3.课堂讨论法 |
| C | 1.注重掌握知识，强调翻书、划教材 2.强调学习理论的重要性 | 没有结合学生专业特点 | 1.按照教材框架讲授，播放个别视频 2.案例比较陈旧官方，与学生的日常生活不是非常紧密 | 1.学生专题展示，与教学内容相关 2.没有其他互动讨论 | 1.理论教育法 2.多媒体教学（PPT、播放视频） 3.专题展示法 |
| D | 提醒学生考试考名词解释等，押题要记住等 | 没有结合学生专业特点 | 1.基本按照教材顺序展开 2.有结合生活案例 | 1.课堂讨论，学生主动回答，教师会追问 2.提出问题要求讨论，学生没有讨论 | 1.理论教育法 2.多媒体教学（PPT、播放视频） 3.课堂讨论法 |

169

续表

| 任课教师 | 知识观 | 学生观 | 教学内容 | 师生关系 | 教学方法 |
|---|---|---|---|---|---|
| E | 1.提醒学生期末考试闭卷，有概念性的题<br>2.闭卷考试容易拿高分，满分意义很大 | 1.不同专业的授课方式基本一致，讲课内容基本相同<br>2.没有结合学生专业特点 | 1.以课本内容为主，有拓展<br>2.会举例国内外时事，贴合学生生活的案例较少 | 1.课堂讨论，但是基本无讨论氛围<br>2.教师在提问学生后会继续引导学生思考<br>3.课堂互动较少，以教师讲授为主 | 1.理论教育法<br>2.多媒体教学（PPT、播放视频）<br>3.课堂讨论法 |
| F | 课前简单回顾上节课所讲的内容 | 1.不同专业教学内容基本一致<br>2.没有结合学生专业特点 | 1.以教材逻辑展开，大部分是教材上的理论内容<br>2.教师设置问题，进行互动<br>3.会适当结合生活案例，播放视频等 | 1.教师点名提问学生回答问题<br>2.教师要求后排学生坐前排<br>3.课堂互动较少，教师讲授居多<br>4.教师提问学生后继续引导学生思考 | 1.理论教育法<br>2.问答法<br>3.多媒体教学（PPT、播放视频）<br>4.案例教学法 |
| G | 1.学习知识的目的就是更好地了解自己<br>2.提示教材中可能出题的考点或者出题的形式，要求熟悉教材<br>3.课前进行知识回顾 | 1.不同教学班级授课内容基本一致<br>2.没有结合学生专业特点 | 1.以教材框架为主<br>2.结合案例和视频 | 1.上课中有简单的提问，但是学生主动回答的不多<br>2.学生汇报读书报告<br>3.教师在网络教学平台发布课堂作业，浏览并分享大家的答案 | 1.理论教育法<br>2.网络教学平台<br>3.多媒体教学（PPT、播放视频）<br>4.读书报告法 |
| H | 1.掌握知识，强调要背诵记忆教材内容<br>2.提示教材中可能出题的考点或者出题的形式<br>3.期末考试复习：建议熟悉教材，基本框架要知道 | 1.不同教学班级授课内容基本没变化<br>2.没有结合学生专业特点 | 1.教学内容在不同专业之间调整较小<br>2.讲授哲学理论<br>3.教学内容比较丰富，引用诗词、歌曲、影视视频较多 | 1.教师在网络教学平台发布问题，学生回答，教师浏览并分享大家的答案<br>2.教师讲授为主<br>3.课堂有讨论，讨论话题是教材上的课后习题<br>4.学生课前专题展示<br>5.师生互动较少 | 1.理论教育法<br>2.多媒体教学（PPT、播放视频）<br>3.课堂讨论法<br>4.网络教学平台<br>5.专题展示法 |

续表

| 任课教师 | 知识观 | 学生观 | 教学内容 | 师生关系 | 教学方法 |
|---|---|---|---|---|---|
| I | 从小就学的知识，希望学生有新的认识 | 没有结合学生专业特点 | 1.结合教材，课堂内容丰富，有结合具体的例子，讲述小故事 2.讲人的本质，讲授一些哲学方面的观点 | 1.课堂小练习 2.小组讨论交流，学生主动发言 3.小练习学生积极参与 4.讲授理论过程中无互动 | 1.理论教育法 2.多媒体教学（PPT、播放视频） 3.课堂讨论法 4.课堂练习法 |
| J | 希望看到大家提升思想修养，学会实践 | 1.课堂可以写其他科目作业，但是不允许摸鱼 2.没有结合学生专业特点 | 1.课前时事热点分享，内容丰富 2.结合各种案例，内容丰富且与学生生活贴近 | 1.教师分享热点，提问并引导学生思考，学生主动回答 2.课堂讨论，无人主动回答，教师点名提问 3.小组汇报后，教师给出建议 | 1.理论教育法 2.多媒体教学（PPT、播放视频） 3.课堂讨论法 4.专题展示法 |
| K | 1.知识要会用 2.概念要理解、记忆 3.上课多次提醒收手机 4.课前回顾知识 | 没有结合专业特点 | 1.结合现实生活，由学生分享热点事件 2.讲授多，内容很丰富，没有照搬教材 3.举例都是贴近学生生活的案例 | 1.教师分享热点后点名提问 2.课堂讨论后小组代表主动发言 | 1.理论教育法 2.多媒体教学（PPT、播放视频） 3.课堂讨论法 |
| L | 1.教师希望学生的主题分享更能体现出问题，引发讨论 2.提醒学生划书上定义 | 没有结合专业特点 | 1.教学内容丰富 2.内容较多，案例丰富，校园案例 | 1.教师互动，学生会回应，课堂互动较多 2.小组讨论，大家未讨论，教师做总结，分享个人经历 3.教师随机点名回答问题 | 1.理论教育法 2.多媒体教学（PPT、播放视频） 3.课堂讨论法 4.专题展示法 5.课堂练习法 |
| M | 问学生上次讲的内容还记不记得 | 1.能够认识学生，记住学生的个性特点 2.没有结合学生的专业特点 | 1.从哲学的层面展开，以神话或者故事点题 2.内容上与学生日常生活结合紧密 | 基本整堂课都是教师以问答的形式在和学生互动，学生也大多都会主动回答，互动氛围较好 | 1.理论教育法 2.多媒体教学（PPT、播放视频） 3.问答法 |

### （2）灌输—启发谱系图

作为两种不同的教学类型，灌输和启发分别是教授—接受式教学和问题—探索式教学的代表。在现实教学中，人们看到更多的是灌输和启发不同程度的结合。鉴于此，结合韦伯提出的"理想类型"，我们进一步提出第三种类型：灌输—启发式教学。戚万学对20世纪初至今西方道德教育理论进行全面、系统的纵向梳理，将100多年来西方道德教育理论流派区分为"强硬派""温和派"和"折中派"，其中"折中派"代表着道德教育理论未来发展的方向。① 这一论述与本书提出的灌输式教学、启发式教学和灌输—启发式教学在思路上具有一致性。图10-1列出了几种有代表性的教育理论，它们在灌输—启发谱系图上处于不同位置，代表着灌输和启发的结合程度不同。

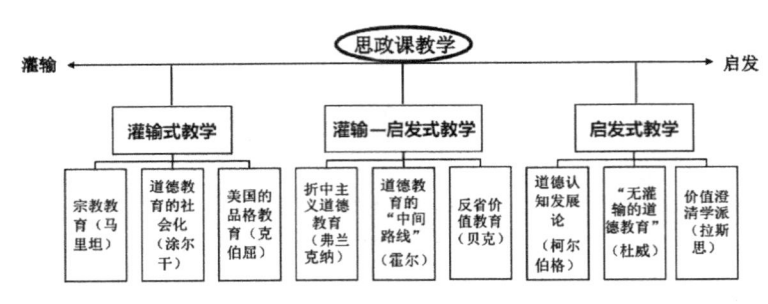

图10-1 思政课教学灌输—启发谱系

### （3）自然观察结果在灌输—启发谱系图上的呈现

综合五个教学要素进行比较，13位任课教师在灌输—启发谱系图上的位置如图10-2所示。

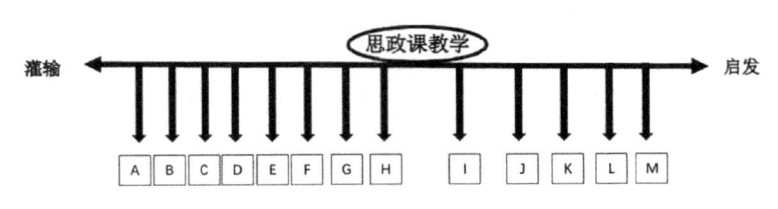

图10-2 任课教师在灌输—启发谱系图上所处位置排序

---

① 戚万学. 现代西方道德教育理论研究[M]. 北京：人民教育出版社，2020：683-684.

在图 10-2 中，在灌输—启发谱系图的左侧，灌输的色彩最为浓厚，启发的成分相对较少；在灌输—启发谱系图的右侧，启发的色彩浓厚，而灌输的成分相对较少。在现实教学中，每位任课教师的教学中都包含着灌输和启发，但二者结合的程度不同。因此，在灌输—启发谱系图上的位置也不同。

根据上述结果，结合五个教学要素比较各个任课教师的教学特点，辨析他们各自在灌输—启发谱系图上所处的位置，可以将其分别归属于灌输式教学、启发式教学和灌输—启发式教学三个教学区间，具体情况如表 10-5 所示。

表 10-5　任课教师所处的教学区间

| 教学区间 | 灌输式教学 | 灌输—启发式教学 | 启发式教学 |
| --- | --- | --- | --- |
| 任课教师 | A、B、C、D、E、F、G、H | I | J、K、L、M |

处于灌输式教学区间的几位教师分别是 A、B、C、D、E、F、G、H。结合表 10-4 中呈现的内容可以发现，位于灌输式教学区间内的各位任课教师，在知识观方面，都会在课堂上强调要掌握知识，具体表现为：提醒学生划教材、强调要背诵记忆某些内容、课前回顾教学内容等。在学生观方面，以学生的共性为主展开教学，对学生的个性和专业特点的关注较少。在教学内容方面，理论性比较强，具体表现在：按照教材框架讲授、案例比较官方、拓展哲学理论等。在师生关系方面，主要由教师授课，学生参与课堂较少。在教学方法方面，多数教师采用单一的教学方法，使用频率较高的分别是理论教育法、多媒体教学法（PPT、播放视频）、提问法。上述八位教师均处于灌输式教学区间，他们在教学过程中也呈现相似的特点。

第一，以通过考试为导向展开教学。在现实教学中，几位教师都会不同程度地提醒学生要掌握知识从而通过考试。比如，在表 8-4 中列示的，B、C 两位教师提醒学生出题形式及考点，强调翻书、划教材；E 教师提醒学生期末考试采取闭卷考试的形式，要求学生至少记住章节的第一句话，在 E 教师看来，考试拿满分的意义很大；F、G 两位教师没有要求学生背诵，但是在课前回顾之前所讲的内容，帮助学生记忆；H 教师在教学中会提示学生要背诵容易出考题的内容。在这种教学氛围下，学生自然地以通过考试为学习目的。比如，在访谈中有学生谈道："上课就是为了通过考试，考前复习一下。"以掌握知识为目的的教学，注重理论灌输，能够实现教授知识的目标，但是忽视了对学生思维的拓展，难以达到启发的效果。

第二，忽视学生个体差异性。在大班授课的教学环境下，各位任课教师基本把学生看作统一的整体进行教学，很少结合学生的专业展开教学，对学生个体差异的关注较少。比如，在访谈中，有学生谈道："上课没有结合我的专业，跟专业没有任何关系。"也有学生说："毕竟一个班有好几个专业的学生，教师也不好针对某一个专业展开讲解。"

第三，教学内容与现实存在脱节。在现实教学中，教师完全按照教材讲授的现象基本不存在，但是教学内容与现实生活存在一定程度的脱节。比如，在表10-4中列示的，A教师在上课中引用的都是经典理论，"又红又专"，缺乏趣味性；B教师追赶进度，在讲授理论知识时，主要讲授教材上的核心观点，没有结合现实案例具体分析；C教师通过播放视频等，帮助学生理解知识，但是教学案例都比较"官方"，不贴近学生的日常生活；E教师以国内外大事为切入点，但是学生可能更关注日常生活。在访谈中，E教师教学班级的一名学生谈道："我们可能更关注物质生活，相对来说（上课中）涉及的比较少。"教学内容理论性强是必要的，但脱离生活实际很难引导学生思考现实问题。

第四，学生被动参与课堂。在现实教学中，多位教师以理论教育法和多媒体教学（PPT、播放视频）的方法进行教学，学生在课堂上大多时候都是被动的。比如，在表10-4中列示的，F教师在教学中采取点名提问的方式，F教师教学班级的学生（该学生为自然观察过程中随机交流的对象，未进行访谈，仅对课堂提问方式作简单了解，因此未列入访谈对象范围内）谈道："每节课都点名提问，因为大家都在做自己的事情，自愿的话没人主动回答。"G教师借助线上平台发布问题，形式新颖，但是实名参与的形式，效果不理想。在访谈中，一名女生谈道："上课都是被迫思考，教师会随时发布问题在钉钉上，并且会抽查学生回答问题，其余时间不会思考上课内容。"学生被动参与课堂的现象很多，点名提问等也会引发学生的抵触情绪，学生被动参与教学，启发的效果不理想。

第五，教学方法缺乏创新。在现实教学中，灌输式教学区间的各位教师大多采用传统的教学方法，对于教学方法创新程度不够。比如，在表10-4中列示的，A教师主要采用理论教育法和多媒体教学法，课堂上几乎与学生没有互动；B教师尽管采用了课堂讨论法，但是没有讨论氛围，在发言环节也是学生回复关键词，由教师根据学生回答的关键词具体阐释；F教师设置问题与学生互动，但都是以点名提问的形式，没有发挥学生的主动性；G教师组织学生开展读书报告，但是学生更多的是展示书籍背景和作者简介，没有体现启发和感悟，难以做到灌输性和启发性相统一。

灌输式教学能够在有限的时间内完成理论灌输，但是就目前的教学状况来看，存在教师主导成分过重、学生参与较少的现象。因此，需要正确把握灌输的特点，提高理论灌输的效果。

处于启发式教学区间的教师分别是J、K、L、M。结合表10-4中呈现的内容可以发现，在知识观方面，该区间内的教师重视知识的实践，把知识看作帮助学生成长的手段，而不是以掌握知识为目的。在学生观方面，与灌输式教学区间的各位教师相比，该区间内的教师更看重学生个体的成长。在教学内容方面，教学案例以生活案例为主，贴近学生日常生活，更容易帮助学生用生活实例理解理论知识。在师生关系方面，课堂讨论、互动环节较多，课堂氛围融洽，师生之间平等对话交流。在教学方法方面，运用多种教学方法，学生的课堂参与率较高。处于启发式教学区间的四位教师，在教学过程中也表现出相似的特征。

第一，注重引导学生思考。在现实教学中，J、K、L、M几位教师注重启发学生思考生活实际。比如，在表10-4中列示的，J教师以生活案例导入教学，贴近生活，更能引发学生共鸣。同时，以学生生活案例为话题组织讨论，激发学生对生活实际的思考，也能加深学生对理论的理解。L教师组织学生课前做专题展示，鼓励学生多发现问题，引发讨论，通过分享近期热点事件，引导学生思考。通过热点分享、课堂讨论等环节，拉近了与学生之间的距离，能够引发学生对生活的思考。

第二，了解学生个体差异。在现实教学中，启发式教学区间的教师与学生互动较多，相比灌输式区间的教师，更尊重学生的个体差异。比如，M教师能够记住班级里部分学生的特点，在与学生的互动环节，能够结合学生的性格特点有所引导。教师把握学生的个性特点，能够拉近师生之间的距离，促进师生平等对话交流。

第三，教学内容贴近生活。在现实教学中，J、K、L、M 几位教师结合生活案例，教学内容贴近学生日常生活。比如，在表 10-4 中列示的，J 教师以"朋友相处的道德行为"为话题组织学生讨论，学生能够轻松代入自己的生活；K 教师以"学生能够隐身时会做出的行为"为话题组织小组讨论，学生讨论氛围热烈。在访谈中，K 教师教学班级的学生谈道："让我们去讨论过度消费、消费观的话题，与生活贴近，其实还是挺有用的。"M 教师以"恋爱"为话题展开教学，与学生生活联系紧密，课堂互动氛围较好。

第四，学生主动参与课堂较多。在现实教学中，J、K、L、M 几位教师重视学生的参与，通过课堂讨论、专题展示、新闻时事分享等方式，提高学生的课堂参与度。比如，在表 10-4 中列示的，J 教师在课堂上组织学生分享一周的热点时事，学生参与度较高；K 教师以校园话题组织学生讨论，小组讨论氛围热烈，在分享环节，学生主动分享观点，课堂氛围轻松活跃；M 教师在整个教学过程中，通过问答的方式与学生互动，学生主动回应问题，课堂参与率较高。

第五，教学方法较为多样。在现实教学中，位于启发式教学区间的各位教师采取多种教学方法与学生进行互动，相比灌输式教学区间的教师，师生互动效果更好。比如，在表 10-4 中列示的，J 教师采用专题展示法和课堂讨论法相结合的方式，课堂氛围轻松，学生课堂参与率较高。L 教师采取专题展示法、课堂练习与课堂讨论法相结合的方式，在课堂上学生积极发言，主动回答问题。

在现实教学中，与灌输式教学相比，启发式教学重视学生的思考与能力的培养，取得了一定的教学成果。但是从表 10-4 中的结果可以看出，还存在不足。比如，教学中基本都是教师设置问题，学生没有主动提出问题和困惑，启发的程度不够等。此外，对于学生的个性关注程度不够。在教学中，要正确认识启发，提升启发的效果，使启发式教学落到实处。

处于灌输—启发式教学区间的是 I 教师。结合表 10-4 中呈现的内容可以发现，在知识观方面，I教师更注重的是理论深化以及结合实践。在学生观方面，与灌输式教学区间的几位教师相似，基本都是以学生的共性展开教学，对学生的个性和专业特点的关注较少。在教学内容方面，在教材的基础上会拓展很多案例。在师生关系方面，在教师讲授的同时，结合学生的练习与讨论，发挥了学生的主动性。在教学方法方面，与灌输式教学、启发式教学区间的教师相比，采取课堂讨论和课堂练习相结合的方式，更能训练学生的思维能力。I教师的教学呈现灌输—启发式教学特征，主要表现如下。

I教师在课堂上以课堂练习的形式导入教学，希望学生能对过去所学知识有新的认识。教学内容丰富，拓展案例希望对学生有所启发。在课堂练习与讨论环节，重在通过练习的形式、小组交流，使学生有所感悟，从做中学，提高了学生的参与度，学生在交流分享环节也很积极，互动氛围很好，小组讨论氛围热烈，启发的色彩明显。与G、H两位教师相比，虽然三位教师都采用了多种教学方法，但是前两位教师是多次自然观察法结果的整合，而I教师在一次完整的课堂中用不同的方法促进学生思考，在讲授理论的同时结合课堂练习启发学生思考，呈现出灌输—启发式教学的特征。因此，归属于灌输—启发式教学区间，在灌输—启发谱系图上位于H教师之后。

但是，可以看出，I教师虽然归属于灌输—启发式教学区间，但实际教学状况与理想教学状态之间仍有很大差距。比如，在表10-4中列示的，I教师虽然注重理论联系实际，但是在理论讲授时缺乏与学生的互动，并且讲授的哲理故事缺乏时代性。此外，I教师围绕学生的共性展开教学，对学生的个性特点关注较少。由此可以看出，在"德法"课教学中，灌输性和启发性相统一的实然状况和应然愿景之间存在距离，需要平衡好教学中灌输和启发的关系，提高教学的实效性。

2. 问卷调查结果分析

（1）问卷信度检验

检验问卷的信度是为了看其内部一致性是否稳定，用克隆巴赫系数进行说明。问卷分量表的克隆巴赫系数如果是在0.60至0.70之间，也可以接受使用。"① 表 10-6 是在 640 份有效调查问卷中，灌输和启发两个主题下问卷的信度检验结果。由表 10-6 可知，两个主题下问卷的克隆巴赫系数均在 0.6 以上。

表 10-6　两个主题下问卷的可靠性分析统计

| 主题 | 克隆巴赫系数 | 题目/个 | 问卷/份 |
| --- | --- | --- | --- |
| 灌输 | 0.640 | 5 | 640 |
| 启发 | 0.721 | 5 | 640 |

关于调查问卷的信度需要说明的是，因问卷包含灌输和启发两个不同的主题，可能会对被试者存在一些干扰，问卷的信度处于可以接受使用的区间。但此问卷是了解思政课教学中灌输和启发现状的初步探索，作为调查问卷可以使用，后续会继续进行完善。

（2）调查结果分析

问卷调查的目的是了解"德法"课教学中灌输和启发所占的比重，以问卷数据均值进行说明。如上文中提到的，调查问卷是以班级为单位进行发放和回收的，而且与自然观察法中相重合的任课教师仅有 E 教师和 M 教师。因此，以上述两位教师教学班级的问卷数据为例进行分析。其中，E 教师教学班级共回收问卷 140 份，有效问卷 127 份，M 教师教学班级共回收问卷 150 份，有效问卷 138 份。两位教师教学班级共回收问卷 290 份，其中有效问卷共 265 份，以 265 份调查问卷为样本进行分析。

表 10-7 是 E、M 两位教师教学班级灌输主题下的问卷均值结果以及样本均值结果。

表 10-7　教师 E、M 教学班级灌输主题下的均值结果

| 教学要素 | 问卷题目 | E教师教学班级 | M教师教学班级 | 样本均值 |
| --- | --- | --- | --- | --- |
| 知识观 | 在"德法"课上，教师不允许我们质疑他的观点 | 1.58 | 1.60 | 1.59 |
| 学生观 | 在"德法"课上，教师对我们不同学生的具体情况了解很少 | 2.95 | 2.85 | 2.90 |
| 教学内容 | 在"德法"课上，教师讲的内容都是教材上的 | 2.17 | 2.69 | 2.42 |
| 师生关系 | 在"德法"课上，教师经常无视我们的内心感受 | 1.78 | 1.67 | 1.72 |
| 教学方法 | 在"德法"课上，都是教师在给我们讲授理论 | 2.53 | 2.75 | 2.64 |

---

① 吴明隆. 问卷统计分析实务：SPSS 操作与应用[M]. 重庆：重庆大学出版社，2010：244.

在灌输主题下，均值越高说明灌输的成分越重。由表 10-7 中数据可知：

第一，两位任课教师教学班级的问卷均值结果比较。在知识观、教学内容、教学方法三方面，E 教师教学班级的问卷均值略低于 M 教师教学班级的问卷均值，说明在"德法"课教学中，E 教师在这几个教学要素方面的灌输成分略低于 M 教师；在学生观、师生关系两方面，E 教师教学班级的问卷均值略高于 M 教师教学班级的问卷均值，说明在"德法"课教学中，E 教师在这几个教学要素方面的灌输成分略高于 M 教师。

第二，E 教师教学班级的问卷均值结果与样本均值结果的比较。在知识观、教学内容、教学方法三方面，E 教师教学班级的问卷均值略低于样本均值；在学生观、师生关系两方面，E 教师教学班级的问卷均值略高于样本均值。

第三，M 教师教学班级的问卷均值与样本均值的比较。在学生观、师生关系两方面，M 教师教学班级的问卷均值略低于样本均值；在知识观、教学内容、教学方法三方面，M 教师教学班级的问卷均值略高于样本均值。

表 10-8 是两位教师教学班级启发主题下的问卷均值结果以及样本均值结果。

表 10-8 教师 E、M 教学班级启发主题下的均值结果

| 教学要素 | 问卷题目 | E教师教学班级 | M教师教学班级 | 样本均值 |
| --- | --- | --- | --- | --- |
| 知识观 | 在"德法"课上，教师经常从不同角度看问题 | 4.13 | 4.04 | 4.09 |
| 学生观 | 在"德法"课上，教师会结合我们的专业特点进行教学 | 3.45 | 3.59 | 3.51 |
| 教学内容 | 在"德法"课上，教师讲的内容大多贴近我们的生活 | 4.32 | 4.00 | 4.17 |
| 师生关系 | 在"德法"课上，教师的授课经常会让我们产生新的想法 | 3.92 | 3.78 | 3.85 |
| 教学方法 | 在"德法"课上，教师经常让我们自由发言 | 3.96 | 3.92 | 3.94 |

在启发主题下，均值越高说明启发的成分越重。由表 10-8 中数据可知：

第一，两位任课教师教学班级的问卷均值结果比较。在学生观方面，E 教师教学班级的问卷均值略低于 M 教师教学班级的问卷均值，说明在"德法"课教学中，E 教师在该教学要素方面的启发成分略低于 M 教师；在知识观、教学内容、师生关系、教学方法四方面，E 教师教学班级的问卷均值略高于 M 教师教学班级的问卷均值，说明在"德法"课教学中，E 教师在这几个教学要素方面的启发成分略高于 M 教师。

第二，E 教师教学班级的问卷均值结果与样本均值结果的比较。在学生观方面，E 教师教学班级的问卷均值略低于样本均值。在知识观、教学内容、师生关系、教学方法四方面，E 教师教学班级的问卷均值略高于样本均值。

第三，M 教师教学班级的问卷均值与样本均值的比较。在知识观、教学内容、师生关系、教学方法四方面，M 教师教学班级的问卷均值略低于样本均值；在学生观方面，M 教师教学班级的问卷均值略高于样本均值。

### （二）研究结果的综合分析

问卷均值是对任课教师在"德法"课教学中灌输和启发成分的初步说明，需要结合自然观察法的结果具体分析。在自然观察法下，综合五个教学要素看，E 教师教学中的灌输成分更多，位于灌输式教学区间，M 教师教学中启发的成分更多，位于启发式教学区间。具体来看，如表10-4 中列示的内容，在知识观方面，E 教师认为考试拿满分有很大意义，提醒学生要清楚章节的首句话；M 教师则是在课前简单询问学生是否记得之前所讲内容，与 E 教师相比灌输的成分偏低。

在学生观方面，E、M 两位教师都没有针对不同专业学生的特点展开教学。相比较而言，M 教师能够认识其教学班级的部分学生，并且对他们的性格特点有所了解，把握学生的差异性，相对来说启发的成分更重。在"德法"课教学中，M 教师在学生观方面的启发成分明显高于 E 教师。

在教学内容方面，E 教师在课堂讲授中，教学内容丰富，对教材内容拓展较多，但更多的是站在国家、社会层面上，举例以国内外大事居多，与学生的生活存在距离；M 教师以学生生活话题为核心，授课内容围绕学生生活话题展开，贴近学生生活，启发的色彩浓厚。在"德法"课教学中，M 教师在教学内容方面的启发成分明显高于 E 教师。

在师生关系方面，E 教师在课堂上与学生互动、讨论的次数较少；M 教师在师生互动环节，与学生亲切交流，学生大多会主动回答，互动效果较好，师生关系平等，课堂氛围轻松。在"德法"课教学中，M 教师在师生关系方面的启发成分明显多于 E 教师。

在教学方法方面，E 教师以理论教育法为主，课堂上教师讲授居多；M 教师虽然运用的教学方法不多，但整节课以师生问答的形式展开，相较于 E 教师采用的理论教育法，M 教师采用的问答法更凸显了启发式教学的特征，启发的色彩更为浓厚。综合五个教学要素来看，M 教师在教学中启发的成分远远高于 E 教师在教学中启发的成分，E 教师在教学中灌输的成分明显高于 M 教师。因此，E 教师归属于灌输式教学区间，M 教师归属于启发式教学区间。

综合自然观察、问卷调查、深度访谈结果可知：

第一，在现实教学中，灌输和启发之间存在不同程度的结合，问卷均值结果进一步说明了这一现象。比如，在灌输主题下，E 教师教学班级的问卷均值中，有些教学要素的均值略高于 M 教师教学班级的问卷均值，有些教学要素的均值略低于 M 教师教学班级的问卷均值，启发主题下问卷的均值结果亦然。

第二，灌输性和启发性相统一的实然状态与应然愿景之间存在较大差距。具体来看，以位于灌输—启发式教学区间 I 教师的教学特点说明。一方面，教学方法创新程度不够。比如，I 教师在理论灌输时沉浸于讲授，而忽略了与学生的互动交流，并且课堂讲授的部分故事、案例比较陈旧，教学内容的时代性不明显。另一方面，没有充分发挥学生的主体性。在课堂练习中，学生全员参与的前提是教师提前发放 A4 纸，每位学生都需要实名参与。课堂仍然是教师主导，学生的参与度不足。总体来看，I 教师教学呈现灌输和启发相结合的特点，相比灌输式教学区间的教师启发的成分更重，相比启发式教学区间的教师灌输的色彩更明显，可以把 I 教师归属于灌输—启发式教学区间。虽然将其归属于灌输—启发式教学区间，但其教学状态与灌输—启发式教学的要求仍存在差距。

由上述分析可知，现实中的教学都存在灌输和启发不同程度的结合，但与理想教学状态之间存在距离。因此，必须针对当前"德法"课教学的现状，平衡好灌输和启发的关系，实施有效路径，构建灌输—启发式教学。

## 五、总体结论及启示

### （一）总体结论

近年来，关于思政课教学过程中如何理解灌输性和启发性相统一，部分学者进行了积极探索，取得了若干显著成果，涉及发挥教师主导作用和学生主体地位、注重思政课内容理论性和价值引领性、注重教学方法的守正创新[①]，完善教学的内容逻辑、强化教学的固着点、激发学习动机[②]，坚持灌输性原则和启发性方法的统一[③]等诸多方面。就实践层面而言，通过对自然观察结果、问卷调查数据和深度访谈结果的分析，可以看到目前"德法"课坚持灌输性和启发性相统一呈现较好的发展趋势，但在实际教学中还存在一些问题，呈现以下特点。

1. 理论灌输多，启发引导少

立足于灌输性和启发性相统一，灌输—启发式教学要求在思政课教学过程中，尽量避免教学方式单一，说教多，激发学生真正的思考较少，没有联系学生的生活实际解决真问题，教学效率低。[④]调查发现，在"德法"课的教学过程中，上述情况依然存在。具体表现如下。

第一，注重学生对知识的掌握，忽视拓展学生的思维。比如，在表10-4中列示的，部分教师在教学中反复叮嘱学生要背诵、记忆教材内容，把通过考试视为教学目的。片面注重知识学习，缺乏对学生思维的训练。

第二，教学内容与学生生活脱节，存在理论与现实相分离的现象。比如，在表10-4中列示的，有些教师在教学中偏重理论讲授，没有结合现实生活问题引导学生思考，理论性强，学生学习兴趣不高，影响教学效果。

第三，启发的运用存在形式化问题。调查发现，有些教师与学生互动时

---

[①] 王荣，祖力亚提·司马义. 新时代高校思政课坚持灌输性和启发性相统一的实践路径[J]. 学校党建与思想教育，2022（8）：59-61.

[②] 施丽红，吴成国. 高校思想政治理论课坚持灌输性与启发性相统一的实践路径分析[J]. 思想教育研究，2021（3）：85-89.

[③] 冯秀军，咸晓红. 思想政治理论课改革创新要坚持灌输性和启发性相统一[J]. 思想理论教育导刊，2019（7）：74-78.

[④] 金正连. 新时代党建与思想政治工作探索实践[M]. 北京：光明日报出版社，2021：174.

用"对不对呀？看没看过这个视频？知不知道这个事情（书籍、电影等）"类似于这种形式的问题与学生互动，不能帮助学生发散思维、深入思考，在本质上是一种无效问答，也不能充分调动学生的课堂参与积极性。此外，在访谈中，有学生说："我不会在课堂上主动回答问题，感觉问的问题都太'水'，都是废话，没有什么思考的价值。如'你认为大学生要具备好的品德吗'这种。"当教学中的"问题不是问题"，不能为学生提供思考的价值和探索的兴趣，学生更加不愿意主动思考问题，难以实现讲授理论与提高学生思想相融通。

2.课堂讲授多，学生参与少

思政课必须依靠"灌输"相关政治理论，才能在学生思想意识中构建起这些理论的基本框架并标注出相关知识点。政治理论的学习要求坚持必要的灌输性，但灌输的方法要具有启发性，便于学生的理解与接受。思政课的教学目标既可以在公开的、有组织的、系统性的传统课堂教学中实现，也可以通过互联网平台上的交互式、体验式、潜移默化的学习方式来达成。[①]学生作为主体积极参与到思政课教学过程中，从一个方面体现了灌输性和启发性两者之间的辩证关系。但"德法"课的教学实际情况与上述理想状态之间仍然存在较为明显的差距，下面的问题比较突出。

第一，教师追赶教学进度，偏重讲授，缺乏与学生的互动。例如，在表10-4中列示的，B教师在教学中追赶教学进度，以理论讲授为主，缺乏与学生的交流。即使B教师组织学生展开小组讨论，但是在发言环节也是采取学生回复关键词、教师具体阐释的形式，学生课堂参与较少。

第二，教学方法之间缺乏协调。例如，在表10-4中提到，A教师教学中全程都在讲授，中途播放相关教学视频，最长的一个视频达20分钟，学生完全没有参与到教学中，玩手机、做作业等现象较多，课堂参与率低。此外，网络教学平台使用较少，借助网络教学平台的效果不理想，课堂教学与网络教学之间缺乏互补。在"德法"课教学中，教学方法之间缺乏均衡，使得学生的课堂参与率较低。

---

① 凌霞. 新时代思政课建设研究[M]. 北京：九州出版社，2020：76-81.

第三，学生课堂参与的积极性不高。例如，在访谈中，有学生认为："政治这些，不是说必须从政治课上看到，新闻上、微博上都是可以看到的，也不一定要去听讲。"学生缺乏学习的主动性，不愿意主动参与教学，使得"德法"课教学实现灌输性和启发性相统一面临难题。

3. 知识传授多，思想交流少

教育的本质不是传递知识，而是启迪思想。思政课要有深度、有力度，运用精粹的马克思主义理论释学生之惑，实现以彻底的思想理论说服学生，用真理的强大力量引导学生。[①] 调查发现，在思政课教学的实际过程中，由于不能较好地坚持灌输性和启发性相统一，在处理知识和思想的关系时，有的教师会出现某种程度上的偏差。主要表现在以下几个方面。

第一，重视价值传授的结果，淡化启发的过程。例如，在现实教学中，一部分教师通过播放教学视频，直接说明视频传达的内涵，没有引导学生结合理论知识展开思考讨论。教师看重价值传授的结果，而忽视了学生的动态思考过程，使得灌输性和启发性相统一遭遇困境。

第二，教师设问居多，学生主动发现问题较少。例如，在现实教学中，多数教师通常采用直接设置问题的方式，而不是师生之间、生生之间通过对话交流产生火花、提出困惑。学生被动思考居多，教师不能引导学生主动发现问题，难以实现师生之间的思想共鸣、促进学生思想的提高。

第三，师生互动方式不完善，未能触动学生的思想。例如，在实际教学中，有些教师采取点名提问的形式，而学生则是被动地参加教学。事实上，点名提问可能会引发学生的抵触情绪，学生被动参与也是灌输的体现。在访谈中，也有学生表示："上课可能会点名，都是被迫思考，其他时候不会思考上课内容。"在教学中，师生之间、生生之间缺乏有效的交流，难以触动学生的思想，使得启发只停留于表面，阻碍灌输性和启发性相统一。

（二）启示

推进课程理论与课程实践融为一体，这是思政课灌输—启发式教学——

---

① 边慧敏，李向前. 新时代高校思想政治工作指导手册[M]. 北京：东方出版社，2020：128.

实际上也是一切教学——无法回避的重要命题。然而，诚如课程与教学论专家奥恩斯坦（Allan Ornstein）和亨金斯（Francis Hunkins）所言，问题是大多数课程专家，包括那些写教科书的人，难以将理论和实践融为一体。其中一个重要原因在于，他们的研究方法让他们更热衷于理论讨论而不是实践问题。尽管课程教授认为理论是值得尽力而为的，但好的实践往往被理论家误认为是无足轻重的"烹饪书"或简单的"可做的事"和"不可做的事"。[①] 本书的研究旨在自觉抵制这种重理论轻实践的倾向，将理论运用于思政课教学的实践中，通过教学实践审视理论建构，让理论探讨为与课程设计、开发、实施、评估相关的真正问题提供实际回答。灌输—启发式教学表征的是一种理想教学状态，意味着实现了灌输性和启发性相统一。本书在此基础之上，采用自然观察、问卷调查、深度访谈等方法，研究当前思政课教学过程中灌输性和启发性相结合的现实状况。学术研究应当区分实然判断和应然判断，而且始终意识到前者是后者的前提和基础。本书的研究成果是阶段性的，它是前期理论研究对当前思政课教学过程的现实观照，同时也为下一步的对策研究提供了明确的依据和坚实的基础。

党的二十大报告提出以中国式现代化全面推进中华民族伟大复兴，并延续党的十九大报告再次强调着力培养担当民族复兴大任的时代新人。社会的现代化与人的现代化，两者之间存在辩证关系。在全面建设社会主义现代化国家的进程中，应当着力培养担当民族复兴大任的时代新人。在培育时代新人的过程中，一方面，重灌输轻启发会扼杀受教育者的主体性和创造性；另一方面，重启发轻灌输则可能导致多元文化主义和历史虚无主义泛滥。只有坚持灌输性和启发性相统一，才符合历史唯物主义的原理。在这个过程中，思想政治教育者通过社会主义核心价值观的灌输，让受教育者形成时代新人应当具备的现代人格。

习近平强调："要旗帜鲜明加强思想政治教育、品德教育，加强社会主义核心价值观教育，引导学生自尊自信自立自强。"[②] 立足于"德法"课灌输性和

---

[①] 奥恩斯坦，亨金斯. 课程：基础、原理和问题[M]. 王爱松，译. 上海：华东师范大学出版社，2020：23.
[②] 习近平. 论党的宣传思想工作[M]. 北京：中央文献出版社出版，2020：374.

启发性相统一的现状研究，我们以新的品德三维结构说为理论基础，围绕品德内容的普遍性、品德形式的完整性和品德层次的协调性探索优化路径，探索进行灌输—启发式教学的有效途径。灌输—启发式教学旨在通过启发学生积极主动参与，达到灌输正确价值观的目的，它与社会主义核心价值观教育关系密切。但是，以往的社会主义核心价值观教育重点落在品德内容维上，往往忽视了品德形式维和品德结构维。灌输—启发式思想政治教育建立在品德三维结构说的基础上，围绕价值建构、真知探寻和个体认同三个关键词，从社会主义核心价值观教育出发，结合马克思主义信仰教育和公民教育，在现实的思政课教学过程中将三者统一起来，形成一个彼此交叉、相互渗透的三维互构式思想政治教育体系。在此基础上，以"德法"课为例，进一步从以下三个层面探讨思政课灌输—启发式教学的实践路径：从宏观层面看，以专题教学补充完善教材内容；从中观层面看，以问题教学法破解教学难题；从微观层面看，以共同价值命题为基础选择教学方法和技巧。三个层面构成一个有机系统，通过开展灌输—启发式教学，在思政课教学过程中体现灌输性和启发性相统一。

# 第三部分　路径探讨

本部分回答高校时代新人现代人格培育应该"怎么做"。基本思路是：综合运用品德三维结构说的理论分析和实证研究，提出并实施三维互构式品德教育，探索高校时代新人现代人格培育的优化路径。围绕一条主线（从品德三维结构说到三维互构式品德教育，坚持教育效果与教育过程相结合），提炼出高校时代新人现代人格培育的三个基本范畴（共相与殊相、现实与理想、群体与个体）和教育支线（价值建构、真知探寻、个体认同）。分别阐释价值建构与品德内容的普遍性之间、真知探寻与品德形式的完整性之间、个体认同与品德层次的协调性之间三组关系内部的逻辑关联（体现"三维"），在此基础上分别围绕教育目标、教育原则和教育过程，分析品德教育过程中价值建构、真知探寻、个体认同三者之间的彼此交叉、相互渗透（体现"互构"）。

从品德三维结构说发展到三维互构式思想政治教育，这里体现了思想政治教育发展的逻辑必然性。时代新人作为当前思想政治教育的目标，其最终落脚点是"人"，时代新人的培育应当以全面认识与把握人的本质为基础。在明确了背景、意义、定位、定性等基本问题之后，需要在讨论内在逻辑和精神实质、要素和特征等问题时，进一步深入探讨如何辩证地对待社会关系（社会性）和自由意志（个人性）之间的关系，如何让马克思关于人的自由全面发展理论不仅仅停留于一种理论抽象，而是真正落实到思想政治教育的实际运行过程之中。这就涉及时代新人的现代人格问题，进一步说，需要辩证地把握社会（性）与个人（性）的关系，把握担当民族复兴大任与实现人的自由全面发展的关系。以往的思想政治教育及其研究主要强调受教育者的社会性，重点关注时代新人担当民族复兴大任，相比之下，对受教育者的个体性和人的自由全面发展关注较少。鉴于此，我们以马克思主义的唯物辩证法为理论指导，建立在前期关于品德三维结构说的理论分析和实证研究成果基础之上，提出三维互构式思想政治教育，探索时代新人现代人格养成的优化路径。需要再次强调的是，这种行文上"一一对应"的分析方式只是囿于形式逻辑不得已而为之，不过，它也从一个方面提供了理论研究的必要前提；在思想政治教育的实践过程中，在分析具体问题时，需要看到价值建构（对应品德内容的普遍性）、真知探寻（对应品德形式的完整性）、个体认同（对应品德层次的协调性）三者之间"你中有我、我中有你"、彼此交叉、相互渗透的关系，也只有在这种综合交叉的关系中我们才可能全面完整地把握品德结构的特点，实现思想政治教育效果的最优化，这正是三维互构式思想政治教育的旨趣之所在。

  为了发挥品德三维结构在思想政治教育中的积极作用，我们围绕个体认同的层次，分析中国式现代化的人格塑造。如何处理社会（性）与个人（性）之间的关系，这是人类社会发展历程中无法回避的一个经典问题，也是中国式现代化建设过程中必须处理好的一个重要课题。"人们的社会历史始终只是他们的个体发展的历史，而不管他们是否意识到这一点。"① 当我们强调社会（性）与个人（性）的辩证关系时，从个体认同的不同层次及其关系入手，可以说提供了一种清晰而具有说服力的视角。个体认同是个人在生活世界寻找生活坐标原点的过程，目的是在现实世界"安身立命"。个体认同是个体同一性的自我把持，体现为"个体自我"的整合。② 犹如人生是一个不断发展、不断吐故纳新、不断自我发现、自我否定又自我确证的过程，个体认同的过程也存在层次上的差异。作为个体认同由低到高的三个层次，心口一致、言行一致和主客一致分别表征了个体认同在不同发展阶段（水平）所具有的特点。区分个体认同的层次，把握这些层次的特点，为主体的自我反省、自我审视提供一个参照系，有利于塑造现代人格、推进中国式现代化建设。立足个体认同的层次，在主观世界、社会世界和客观世界中，关注主体行为的真诚性、正确性和真实性，在讨论人的发展和社会的发展时，就可以最大限度地避免"拔苗助长"式的过度发展和"南辕北辙"式的逆向发展，同时警惕以"功能性文盲"为代表的发展停滞。上述现象在今天的中国社会并不鲜见，分不清"真我"与"假我"的当事人还往往沉醉其中而无法自拔。就时代新人现代人格塑造而言，需要实现品德内容的普遍性、品德形式的完整性、品德层次的协调性三者的有机融合、协同发展。在这个过程中，个体认同是一个关键环节。确立和发展个体认同，需要弘扬和践行共同价值，坚持灌输性和启发性相统一。在下一步研究中，笔者尝试在新的品德三维结构说的基础上，提出三维

---

① 马克思，恩格斯. 马克思恩格斯全集（第47卷）[M]. 中共中央马克思恩格斯列宁斯大林著作编译局，编译. 北京：人民出版社，2004. 440.
② 尹岩. 个体认同论[M]. 北京：中国社会科学出版社，2020：62.

互构式思想政治教育,从而实现社会主义核心价值观教育、马克思主义信仰教育和公民教育的有效整合,增强思想政治教育的针对性和实效性。

在大学生马克思主义信仰教育中,我们尝试将价值建构、真知探寻融入个体认同的研究之中,从而进一步论证品德的三维之间是彼此渗透、相互建构的。在探索人类解放的过程中,马克思主义信仰体现了人与环境、个人与社会、个体行动与社会结构、个体认同与社会认同的辩证统一。以往的大学生信仰教育,由于过分注重社会认同,相对忽视个体认同,教育效果往往不甚理想。如果仅仅强调个体在集体和国家名义之下的绝对服从,这样容易导致将社会与个人对立起来,社会成为个人的压迫性(而非解放性)力量。"人们的社会历史始终只是他们的个体发展的历史,而不管他们是否意识到这一点。"[1] 马克思在分析社会结构的同时,从来没有忽视个体行动。对于教育工作者和研究者而言,"一切社会关系的总和"与"自由的自觉的活动",两者犹如鸟之两翼、车之两轮,不可偏废。现代中国青年大学生,要想告别"佛系""躺平",拒绝犬儒,不做精致的利己主义者和"小粉红"[2],争做有为青年,追寻真正的自我,就需要深入学习掌握马克思主义的理论和方法,区分"有我的信仰"与"无我的信仰",辩证看待信仰与自信的关系,进而在此基础上处理好个人与社会、理想与现实、功利与道义等关系,继承创新儒家重道德、讲气节(侧重个人行动)的传统,推动建构自由、民主、法治的现代社会规则体系(侧重社会结构),在改造自我与社会的实践中践行马克思主义,实现社会认同与个体认同、信仰与自信的统一。进一步看,就大学生马克思主义信仰教育中的个体认同而言,需要实现品德内容的普遍性、品德形式的完整性、品德层次的协调性三者的有机融合、协同发展。确立和发展个体认同,需要弘扬和践行共同价值,坚持灌输性和启发性相统一。

爱国主义教育是思想政治教育的重要组成部分,应当不断优化自身路径,担负起培养现代化的人的需要。以"三水平六阶段"理论和品德三维结构说的结合为视角,聚焦大中小学生现代人格的培育,可以使爱国主义教育一体

---

[1] 马克思,恩格斯. 马克思恩格斯全集(第47卷)[M]. 中共中央马克思恩格斯列宁斯大林著作编译局,编译. 北京:人民出版社,2004:440.
[2] "小粉红":网络用语,这里指偏激的网络爱国青年。

化建设在研究思路上实现过程导向与结果导向的结合，在研究视角上实现理性系统分析和自然系统分析的统一。以个体道德发展的阶段性规律、认知发展特点等发展心理学理论为依据，归纳不同学段个体品德的表里、知行、人我关系情况，对当前大中小学爱国主义教育的教育目标、内容、方法及师生关系四个层面进行系统优化，可以助力大中小学爱国主义教育提质增效。当前大中小学爱国主义教育存在重政治轻道德、重认知轻行动、重社会轻个人的问题。需要把握好教育的现代化与人的现代化的辩证关系，依据教育对象的道德需要和特征变化对大中小学爱国主义教育路径做出调整，使其关注点回归到问题的根本上，着眼于个体品德结构的完善上，聚焦于教育对象现代人格的养成上，实现人的现代化与大中小学爱国主义教育现代化的双向促进。在柯尔伯格道德发展的"三水平六阶段"理论基础上，融合品德三维结构说，梳理不同学段个体的表里、知行、人我关系，可为优化大中小学爱国主义教育提供理论借鉴与现实启发。优化大中小学爱国主义教育要遵循个体"表里、知行、人我关系"原则，从教育目标、教育内容、教育方法及师生关系四个层面予以推进。总而言之，在部分内容中，我们主要是从理论建构的角度出发探讨大中小学爱国主义教育优化路径，相关实证研究将根据后续研究计划逐步予以推进。下一步将与相关大、中、小学学校建立合作关系展开实践调研，了解大中小学爱国主义教育的实际教学情况，推动大中小学思政课一体化建设，创新完善"大思政课"模式与思政课一体化共同体建设，助力构建大中小思政课一体化铸魂育人体系，实现理论建构在应然和实然层面的有效统一。

延续前两个部分的思路，在本部分的最后，我们以"德法"课为例，以品德三维结构说为理论基础，进一步深入探讨思想政治理论课灌输—启发式教学的实践路径。思政课教学灌输性和启发性相统一的命题具有十分丰富的理论内涵，本书将它作为一个系统，从宏观、中观和微观三个层面，分别探讨了专题教学对教材内容的补充完善、问题教学法在破解教学难题方面的尝试、围绕共同价值命题选择教学方法和技巧，以期为思政课灌输—启发式教学提供可供参考借鉴的实践路径，进而提高思政课教学的针对性和实效性。实际上，除了这一思路，还可以从其他角度继续探索思政课教学灌输性和启发性相统一。一方面，可以考虑更为宏观的层面，从大思政概念出发，在高校四门传统思政课（"马克思主义基本原理概论""毛泽东思想和中国特色社会主义概论""中国近现代史纲要""思想道德与法治"）的总体设计中，体现灌输性和启发性相统一；如果时机成熟、条件允许，还可以考虑从思政课程与课程思政协同育人的角度，探讨灌输性和启发性相统一的实践路径。另一方面，可以考虑更为微观的层面，将关注点从思政课教学过程转移到思政教学效果，对学生品德结构的变化过程展开研究，聚焦意义的解释过程，以意义的初始化、经验化和社会化为线索，提出思政课教学的整合机制（围绕形式直观、非匀质化和统觉共现展开）、解释机制（围绕意义积累、意义关联和意义交流展开）和引领机制（围绕社会文化、意识形态和生活世界展开），从而体现灌输性和启发性相统一。此外，还可以关注灌输—启发式教学过程中师生之间、生生之间的互动形式，分析不同主体之间相互灌输和启发的具体过程，进一步探求促进灌输性和启发性相统一的有效教学策略。总之，关于思政课教学灌输性和启发性相统一的研究，是一个具有丰富内涵的开放性话题，以"德法"课为例，在具体的教学实践过程中尝试运用灌输—启发式教学，可以为更宏观和更微观的研究搭建一个桥梁，为下一步的深入探讨提供有益的启示。

# 第十一章　现代人格养成视野下的三维互构式思想政治教育

党的二十大报告提出以中国式现代化全面推进中华民族伟大复兴，并延续党的十九大报告再次强调着力培养担当民族复兴大任的时代新人。社会的现代化与人的现代化，两者之间存在辩证关系。在全面建设社会主义现代化国家的进程中，应当着力培养担当民族复兴大任的时代新人。作为思想政治教育效果评价的核心内容，时代新人现代人格养成成为一个不可忽视的重要课题。现代人格养成进入新时代，思想政治教育面临一系列新情况、新问题。让受教育者形成良好品德是人格养成的核心。品德结构是思想政治教育理论研究的核心问题，也是心理学、教育学、伦理学和社会学共同关注的问题[1]，无论是对时代新人现代人格养成还是对中国式现代化建设都具有深远的意义。建立在前期的理论研究与实践探索基础上，立足于新的品德三维结构说，笔者提出三维互构式思想政治教育，以促进时代新人现代人格养成。

## 一、从品德三维结构说到三维互构式思想政治教育

人格（personality）是心理学、社会学、伦理学、法学和文化学等诸多人文社会学科所共同关注的范畴。在哲学视域中，人格是人之为人的资格，是一个人道德、情感、意识和行为的集合，是关于个人在具体现实社会历史条件下安身立命的规定。[2]在心理学中，人格是一个复杂的结构系统，它包括许多成分，其中最主要的有气质、性格、自我调控系统。性格（character）是一种与社会相关最密切的人格特征，性格含有许多社会道德含义。性格代表了

---

[1] 赵志毅. 论品德结构与人格系统的关系[J]. 教育研究，2011（1）：82.
[2] 陈琼珍. 现代人格及其塑造[M]. 广州：中山大学出版社，2018：1.

人们对现实和周围世界的态度，并表现在他的行为举止中。性格表现了一个人的品德，受人的价值观、人生观、世界观的影响。[1]实际上，英文character本身就兼有中文"性格""品德"之义。就语言的日常使用而言，人格与品德在中国人的语境中常常是一个意思，当我们说某人"人格高尚"时，完全可以用"品德高尚"予以替换。综上所述，本书中的人格、性格、品德表达的是同一个意思，一般情况下对三者不做具体区分。

"结构"（structure）或"结构的"（structural）这个词与它的相关词在现代思潮里非常重要。它往往被用来表达"一个整体所构成的部分或组成的要素，彼此间的相互关系；这些关系可以用来定义一个整体特殊的性质"，这种特别意涵具有非常重要的意义。与此同时，从它的许多词义演变里可以看出它的复杂难解。[2]沃特斯概括了结构观念融入社会学理论的三条可行的途径，它们分别是：实在论思路或本质主义思路、建构主义路径、方法论范畴或分析性范畴。[3]在前期研究中，笔者分析了这三条途径如何体现在品德结构研究的过程之中，并修改了我国著名德育专家、南京师范大学班华教授提出的品德三维结构说，以品德的"层次维"替代"能力维"，进而提出了新的品德三维结构说，并开展了相关的实证研究。

之前关于品德三维结构说的研究，主要沿着方法论路径（方法论范畴或分析性范畴）进行，也正是因为如此，才使得新旧品德三维结构说之间的继承、过渡成为可能。就思想政治教育系统本身而言，品德结构研究是一项极具重要意义而又难度颇大的工作。近年来，随着党和国家对思想政治教育重视力度的加强，关于思想政治教育理念、模式、内容和方法等的探索日益增多，并取得了显著成果；相比之下，思想政治教育评价则关注不够，"只问耕耘不问收获"的现象在教育现实中不同程度地存在。在思想政治教育评价及其研究中，要特别重视思想政治教育质量的评价。在思想政治教育质量评价中，要以学生品德评价为主。思想政治教育质量主要体现在学生品德水平的提高上，思政教育质量评价的难点与关键也在于对学生品德的科学评价。[4]品德

---

[1] 彭聃龄. 普通心理学[M]. 北京：北京师范大学出版社，2019：451-452.
[2] 威廉斯. 关键词：文化与社会的词汇[M]. 刘建基，译. 北京：生活·读书·新知三联书店，2005：463.
[3] 沃特斯. 现代社会学理论[M]. 杨善华，李康，汪洪波，等译. 北京：华夏出版社，2000：100-102.
[4] 鲁洁，王逢贤. 德育新论[M]. 南京：江苏教育出版社，2010：441-443.

结构是品德的核心和关键，对品德结构的认识为品德评价提供相关理论依据。系统梳理中外研究者的成果，提出新的品德三维结构说，在此基础上进行学生品德评价，可以为构建思想政治教育效果评价体系提供有益的启示，同时提升思想政治教育工作的针对性和实效性。

思想政治教育效果研究不等于思想政治教育过程研究，两者虽然有着密切联系，但不能混为一谈。诚如美国芝加哥大学政治学与历史学教授休厄尔（William Sewell）所言，结构的隐喻意味着稳定。因此，结构只能解释社会生活怎样变为与之协调的组成部分，而面对这些部分如何变更则不予讨论。结构论往往认为变化在结构之外，如历史终结、衰落的观念，或者施加于系统外部的影响。由此，讨论从有关稳定的问题转向变迁的问题，往往涉及棘手的认识论转向。① 围绕现代人格养成的思想政治教育的认识论转向，意味着品德结构研究从方法论路径向建构论路径的转向，这也同时意味着从思想政治教育效果研究向思想政治教育过程研究的转向。在前一阶段，笔者提出品德三维结构说，用以深化关于思想政治教育效果的研究；在后一阶段，笔者进而提出三维互构式思想政治教育，用以深化关于思想政治教育过程的研究。这种转向背后的逻辑依据，就是笔者对结构的理解路径的差异，是由结构的方法论路径转向建构论路径的逻辑必然。需要注意的是，在这两种关于结构的研究路径本身之间，同样存在一致的结构。正是这种一致的结构，使得笔者在讨论三维互构式思想政治教育时，得以屡屡回到品德三维结构说之中，寻求两者之间的结构性关联（这同时也意味着发现两者之间的逻辑必然性）。

## 二、三维互构式思想政治教育的逻辑向度

品德三维结构说回答了时代新人现代人格"是什么"的问题，三维互构式思想政治教育回答了时代新人现代人格养成"怎么做"的问题。与以往的研究不同，三维互构式思想政治教育的主要特点在于，围绕从品德三维结构说到三维互构式思想政治教育这条主线，从品德三维结构说的内容、形式、层次三个维度出发，探究价值建构、真知探寻、个体认同三条教育支线在时代新

---

① 休厄尔. 历史的逻辑：社会理论与社会转型[M]. 朱联璧，费滢，译. 上海：上海人民出版社，2012：118.

人现代人格养成过程中各自的地位和作用，并始终强调三者之间的交叉融合、彼此渗透。

举例来说，友善是社会主义核心价值观教育的重要内容，就品德三维结构中的内容维而言，围绕友善开展社会主义核心价值观教育，往往强调的是作为一种社会主义核心价值观，友善的基本含义及在人们日常生活与之相符的相应规范。从这个角度解读友善，实际上就涉及品德三维结构中的内容维。但这还远远不够，如果联系现实生活继续深入思考，以下问题值得进一步探讨。

第一，从知行关系上看，在现实生活中我们可以看到两种典型：一是有的人基于人性本善的假设，真诚地相信应该友善待人，虽然在实际生活中不可能完全做到，但他认为，友善本身是对的，而且是值得为之努力的方向；二是与之相对，另外一些人则从人性恶的假设出发，认为人与人之间就像狼与狼，所谓友善都是装出来的，只是为了达到自己目的的手段。从中国传统文化中也能找到这两类人的典型代表，他们分别是儒家和法家。分析至此，就由品德三维结构中的内容维过渡到形式维，后者关注的重点是行动者的知情意行等心理要素之间是否具有统一性。古典法家赤裸裸地宣称友善是虚伪的，只有法术势才靠得住，撇开观点内容不论，就形式而言，它仍然具有品德形式上的完整性。自汉朝以后的儒表法里社会则因为表里之间无法调和的矛盾，导致了人们说一套做一套，从而破坏了品德形式上的完整性。养成时代新人的现代人格，需要弥合知行之间的裂痕。理想与现实的矛盾是永恒的，要做到知行一致，仅仅停留在此岸世界是不够的，这就需要通过真知探寻，搭建沟通此岸世界与彼岸世界的桥梁。

第二，"人的本质并不是单个人所固有的抽象物，在其现实性上，它是一切社会关系的总和"[①]。离开了一定的历史环境和社会条件，品德就成了一个抽象的概念。在新的品德三维结构说中，笔者用层次维替换掉旧的品德三维结构说中的能力维，正是基于人的社会属性对于品德结构的重要意义。诚如雷锋的名言："对待同志要像春天般的温暖，对待敌人要像严冬一样残酷无情。"

---

① 马克思,恩格斯. 马克思恩格斯选集（第1卷）[M]. 中共中央马克思恩格斯列宁斯大林著作编译局, 编译. 北京：人民出版社, 2012：139.

在那个特殊年代，以敌我阵营的划分区分友善与否。在今天的中国社会，传统文化中的"差序格局"依然具有旺盛的生命力，有的人只是在熟人圈子里表现得很友善，但在陌生人社会则显得很冷漠。这样的现象并不少见，但实际情况更复杂。在现代职场中，一些人在公开场合笑脸盈盈、热情似火，但在私下的小圈子里则判若两人，尤其是夜阑人静一人独处时，又时常感喟为了生计而不得不戴上虚伪的面具。他们往往出于无奈而自我宽慰："装吧，装一辈子就是真的了。"从理想状态上说，社会角色的多样性决定了个体人格的多样性，但这种多样性又是以自我同一性（一元性）为基础的，否则就会出现人格分裂。正是基于此，笔者主张通过个体认同促进品德层次的协调性。

更多时候，需要考虑到上述两种情况之间的交叉组合，这正是品德三维结构说和三维互构式思想政治教育的优点之所在。为了避免将问题复杂化，坚持清楚简约的原则，笔者暂时选择某种具体价值观作为品德内容，从主体认知和行为两个方面考察品德形式，从自我在场和缺场两个方面考察品德层次。

需要说明的是，这里的在场和缺场是就主体而言的，在场强调的是主体直接呈现在情境之中，就是"面向事物本身"，就是经验的直接性、无遮蔽性和敞开性，这是一种"日常生活现实"，"是理所当然的，它简单地存在着，并不需要额外的论证"[①]，它表示"这件事我是当事人，我参与其中"；与之相对，缺场强调的是主体与情境的分离，采取一种"超然物外""置身事外"的态度，它表示"这件事和我没有直接关系，我只是一个旁观者"。由此便产生了品德内容的二维四象限结构（如图 11-1 所示）。

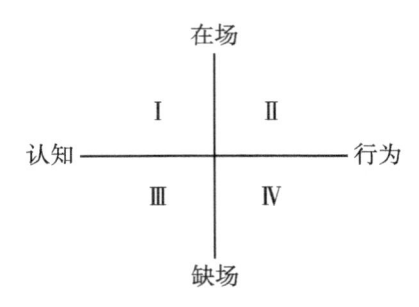

图 11-1 品德内容的二维四象限结构

---

① 伯格，卢克曼. 现实的社会建构：知识社会学论纲[M]. 吴肃然，译. 北京：北京大学出版社，2019：32.

在图 11-1 中，笔者立足品德三维结构中的内容维，从某种具体的价值观及其教育出发，根据品德形式维和品德层次维的不同组合，可以得到四种不同情境，继续以友善价值观教育为例。情境Ⅰ：认知—在场。主体在这种情境下对友善的态度可以表述为："我认为友善是一种美德。"当然，这只是停留在认知层面的一种自我期许，因为它暗含了"我希望成为一个友善的人"这样的命题；但是，这个命题能否成为事实，还需要付诸行动。这就过渡到了情境Ⅱ：行为—在场。当主体将认知与行为统一起来时，命题就转变为"我会友善地对待所有人"。伴随着我与非我的划分，主体缺场的情境对于时代新人的人格塑造具有十分重要的意义。情境Ⅲ表示的是认知—缺场，这意味着作为主体的我已经隐退，这时的命题变成了"人们认为友善是一种美德"。同理，当关注情境Ⅳ时，与行为—缺场的组合相适应的命题是"人们会友善地对待所有人"。基于价值命题应当具备的普遍性原则，可以说，只有在受教育者身上以上四种情境下的正向命题均成立时，才能说思想政治教育在一定程度上达到了预期效果。依照同样的逻辑，其他价值观及其教育也适用于品德内容的二维四象限结构分析。以依法维权为例，情境Ⅰ对应的命题是"我知道自己有哪些合法权益"，情境Ⅱ对应的命题是"我会依法维护自身权益"，情境Ⅲ对应的命题是"人们知道自己有哪些合法权益"，情境Ⅳ对应的命题是"人们会依法维护自身权益"。当然，笔者还可以从反向命题的角度进行分析，但由于此处关注的重点是品德三维结构说和三维互构式思想政治教育的理想类型，所以暂时搁置不论。但也正因为如此，可以看到品德结构的复杂性，因而从一个侧面证明了品德三维结构说和三维互构式思想政治教育的理论价值和现实意义。

为了更为集中地凸显品德三维结构说和三维互构式思想政治教育的特点，笔者在上面的分析中立足品德三维结构中的内容维，选择了友善这一价值观作为具体分析对象，与品德三维结构中的形式维和层次维进行了一个简化的组合。实际上，就品德三维结构说和三维互构式思想政治教育本身而言，其理论内涵和价值意蕴远远丰富得多。回应之前提到的一个问题，有人认为：装出来的友善固然是虚假的，但装一辈子就能弄假成真了。对于"伪善一生成真善"①的命题,笔者的回答是否定的。可以从以下三个方面来分析:一是从品德内容维上看,承认自己在装,说明已经意识到至少有两套不同价值观在起作用,并为追求价值上的一致性提供了可能。通过价值建构,可以让主体意识到至少有两种不同性质的伪善,它们分别源自儒家的性善论和法家的性恶论。装是不可避免的,关键在于应该按照儒家伦理遵循表里一致的原则装下去,"虽不能至,心向往之",从而不断实现人格的提升;避免两套截然相反的价值观指导下的表里不一,导致双重甚至多重人格的出现。二是从品德形式维上看,伪善作为一种心理过程,往往表现为知行之间的不一致。完善人格的过程就是一个"诚意正心",从而做到心口一致、言行一致的过程。对于时代新人现代人格养成而言,这是一个必要环节,但还不够。进一步说,判断真我与假我的标准并不局限于主体自身的主观状态,其重点应该放在主观与客观的一致性上,通过真知探寻,可以使主体意识到理想与现实的鸿沟是永恒存在的,需要有一种超越精神弥合这条鸿沟。三是从品德层次维上看,伪善不仅仅是一个道德问题,它背后折射出复杂的社会关系。就一般意义上而言,伪善属于一种"印象管理"(impression management,也称"印象整饰"),是主体人际交往中自我呈现(self presentation)的基本方式。更进一步,伪善作为一种个体行动,与社会结构关系密切。好的制度可以"化性起伪",让人在伪善的外衣下自利,同时又能增加社会的福利(所谓"利己利人");坏的制度则往往导致道德的异化,表现在统治阶层的伪善和被统治阶层的伪恶(被潜规则)。②透过个人层面的伪善,看到社会与个体之间的深层联系,培育整全的人,建设的健全社会,这正是个体认同的要旨所在。

从品德三维结构说到三维互构式思想政治教育,坚持思想政治教育效果与思想政治教育过程相结合,这是笔者提出并实施三维互构式思想政治教育始终围绕的一条主线。立足于新的品德三维结构说,三维互构式思想政治教育提炼出时代新人现代人格的三个基本范畴(共相与殊相、现实与理想、群

---

① 这里的伪善是从人格、品德本身的性质而言,属于"道"的范畴,不同于官场、商场、战场等领域常用的诈"术"。至于伪善在道、术上的联系与区别,以及它们对现代人格养成所产生的作用,将另文详述。
② 杨家友.“难得糊涂”论[M]//湖北大学哲学学院,等.价值论与伦理学研究(2012年卷).北京:新华出版社,2013:177.

体与个体）和教育支线（价值建构、真知探寻、个体认同）。一方面，价值建构与品德内容的普遍性之间、真知探寻与品德形式的完整性之间、个体认同与品德层次的协调性之间，三组关系内部均存在密切的逻辑关联（体现"三维"）；另一方面，在思想政治教育效果评价中，品德内容的普遍性、品德形式的完整性、品德层次的协调性三者之间彼此交叉、相互渗透，与之类似，在思想政治教育过程中，价值建构、真知探寻、个体认同三者之间彼此交叉、相互渗透（体现"互构"）。针对学术界关于时代新人培育中重社会轻个人、重宏观轻微观、重静态轻动态、重理论轻实践的现状，三维互构式思想政治教育的重点是围绕"现代人格"，实现研究视角和思路的根本性转变。通过这个转变，揭示已有研究有所忽视的问题，剖析其原因，提出对策建议，最终在养成时代新人现代人格的过程中实现个体行动与社会结构、教育效果与教育过程、实然判断与应然判断的统一。

## 三、三维互构式思想政治教育的实践路径

可以用一句话表述三维互构式思政教育的核心内容：我信仰核心价值观。在这句话中，"我""信仰""核心价值观"这三个核心词分别对应品德三维结构中的层次维、形式维、内容维，同时也对应个体认同、真知探寻、价值建构三条教育支线。在探讨三维互构式思想政治教育的实践路径时，可以按照上述思路从以下三个方面进行：以价值建构促进品德内容的普遍性、以真知探寻促进品德形式的完整性、以个体认同促进品德层次的协调性。

### （一）以价值建构促进品德内容的普遍性

仅就品德的内容维而言，通过价值建构培育时代新人现代人格，绝不仅仅是局限于上面所讨论的友善这一种价值观教育，而是要围绕品德内容维中的思想、道德、政治、法律四个方面展开教育，进而突出品德内容的普遍性，其实质是一个通过思想政治教育实现主体价值建构的过程。换言之，在培育时代新人现代人格的过程中，就品德内容的普遍性而言，主要依靠价值建构来实现。

首先，就教育目标而言，价值建构旨在培养普遍的人。普遍的人追求价值的普遍性，在康德看来，这是一种"绝对命令"。关于人类文明的价值共识，前提是承认人类的存在和共同人性的存在。因为在文明进化的过程中，毕竟是先出现了人与动物的分化，而人类内部的阶级分化则是更晚时期的事情了。马克思主义承认人类文明的价值共识，我们坚信马克思主义价值追求对人类文明所具有的普遍性的指导意义。[①] 就教育目标而言，价值建构所强调的"普遍的人"具有以下三层含义：一是受教育者认同某种具体价值所具有的普遍性。作为一种具有普遍意义的价值，友善应该推广到所有人，正所谓"只要人人都献出一份爱，世界将变成美好人间"。二是受教育者认同不同价值之间存在普遍联系，如友善、文明、敬业等之间的关系。一个具有现代人格的时代新人，应该是各个方面都优秀；我们不能接受一个待人友善的人，在对待自己的工作时却拖沓敷衍，甚至于厌恶逃避。三是基于上述两点，受教育者认同品德内容维上不同方面（思想、道德、政治、法律）之间的价值普遍性。只有认同普遍的价值、遵从普遍的道德法则，才可能从总体上全面地把握社会主义核心价值观，并在品德内容维的四个不同方面都做到逻辑自洽、表里一致，这时候受教育者才能称得上是一个具有现代人格的时代新人。

其次，就教育原则而言，价值建构应当衔接两种水平：追求高标与坚守底线。价值建构隐含着现实与理想、实然与应然之间的张力，在事实与价值之间，价值建构需要划分高标与底线，让受教育者追求高标、坚守底线，并在实践过程中寻找衔接这两种水平的有效途径。一方面，追求高标意味着追求价值理想。关于人生价值理想，不同学者表述各异，但正如后面要谈到的，它们之间也体现出一定的共性，集中表现为对全人类共同价值的追求。在马克思主义看来，实现人的自由全面发展就是价值建构追求的价值理想。当前学术界存在一个值得注意的现象：将人的自由发展与全面发展割裂开来，有的研究者只谈人的全面发展，而不谈人的自由发展。实际上，自由是人的活动状态与境界，自由活动就是自觉的、自为的、自主的活动。作为主体和客

---

① 陈学明，黄力之，吴新文. 中国为什么还需要马克思主义：答关于马克思主义的十大疑问[M]. 天津：天津人民出版社，2013：172.

体的统一,自由具体表现在真、善、美三个方面。① 在追求高标建构价值的过程中,价值建构的重点应当是让受教育者学会辩证地看待自由发展与全面发展之间的关系,并在实践中不断促进人的自由全面发展。另一方面,坚守底线意味着坚守价值底线。价值底线往往也被称为道德底线、底线伦理。所谓道德底线是相对于人生理想、信念和价值目标而言的,人必须先满足这一底线,然后才能去追求自己的生活理想。底线伦理是指在现代社会中作为一个社会的合格成员,一个人所必须承担的义务,主要表现为一些"己所不欲勿施于人"的基本禁令。道德底线虽然只是一种基础性的东西,却具有一种逻辑的优先性:盖一栋房子,你必须先从基础开始。并且,这一基础应当是可以为有各种合理生活计划的人普遍共享的,而不宜从一种特殊式样的房子来规定一切,不宜从一种特殊的价值和生活体系引申出所有人的道德规范。② 需要注意的是,在价值谱系中,不管是价值高标还是价值底线,它们本身都代表着价值导向上的一元性,在两者之间则存在多元化的价值选择。在现实的教育过程中,如何处理一元导向与多元选择之间的辩证关系,这是价值建构过程中需要处理好的一个基本问题。

最后,就教育过程而言,价值建构需要诠释三种意义:社会主义核心价值观、全人类共同价值、人类意义共相。价值建构是一个历史文化过程,应当遵循一定的历史逻辑、理论逻辑和实践逻辑,具体而言,价值建构要诠释好社会主义核心价值观、全人类共同价值、人类意义共相这三种意义,以及它们彼此之间的关系。一是肯定培养社会主义核心价值观的必然性。针对当前社会中林林总总的矛盾冲突,不少学者主张强调掌握逻辑思维和弘扬理性精神的重要性,但他们忽视了下面两点:其一,逻辑学是一门以推理形式为主要研究对象的学科,现实社会中的冲突往往并不止于推理形式,它更多地涉及争论的内容本身。其二,理性精神并非抽象的带有神秘主义色彩的绝对理性,它具有一定的历史文化脉络并扎根于社会现实之中。因此,在强调掌握逻辑思维和弘扬理性精神的同时,我们不能忽视支撑一个社会正常有序运

---

① 袁贵仁.马克思主义人学理论研究[M].北京:北京师范大学出版社,2017:249-254.
② 何怀宏.良心论:传统良知的社会转化[M].北京:北京大学出版社,2017:414-415.

转的核心价值观。从这个意义上说,灌输社会主义核心价值观不仅是必要的,而且是必然的。二是把握全人类共同价值的普遍性与特殊性的辩证统一关系。全人类共同价值本身就包含了两个方面:一个是高标意义上的真善美、人的自由全面发展,另一个是底线意义上的道德底线、底线伦理。我们在提出价值建构的原则时已经分析过这两个方面,沿着"一元与多元"的思路继续推进,可以看到全人类共同价值本身就体现出普遍性与特殊性的辩证统一、一元导向与多元选择的辩证统一。社会主义核心价值体系与全人类共同价值有密切的内在联系,社会主义核心价值体系应是人类优秀文明价值即全人类共同价值的继承者、吸纳者和创新者。①就当前的社会现实而言,有一种倾向需要引起重视:为了突出社会主义核心价值观的优越性(这里体现了全人类共同价值的特殊性),一些教育者有意无意地对全人类共同价值本身进行了不恰当的否定,实际上是运用虚无主义取消了全人类共同价值的普遍性。三是以人类意义共相奠定价值建构的人性论基础。人类意义共相,是所有的人类,不管其文明采取何种形态,处于何种"程度",不管是否受到过何种他文明"熏陶",必定具有的表达与解释意义的方式,而动物无论如何高级,都不会全种属具有这种意义方式。因此,找出人类意义共相,就是找出人类意义方式的先验基础。②关于人类意义共相的研究,为价值建构提供了人类学依据。不同于社会主义核心价值观和全人类共同价值,人类意义共相具有奠基意义,它为价值建构提供了最底层同时又是最牢固的根基。已有的研究对此的重视还远远不够,今后的研究在这个领域大有可为。

### (二)以真我探寻促进品德形式的完整性

从最直观的角度看,品德结构的形式维包括心理过程中的认知、情感、意志、行为四个方面,品德形式的完整性强调的是这个四个方面的一致性。用日常生活中的语言来表述,可以概括为心口一致和言行一致。按照最一般的说法,一个真实的人就是做到了心口一致、言行一致的人。用一个高度概

---

① 刘世文. 当代中国思想文化建设上的一个重大问题——论社会主义核心价值体系与人类共同价值的关系[J]. 人文杂志,2011(4):61-65.
② 赵毅衡. 哲学符号学:意义世界的形成[M]. 成都:四川大学出版社,2017:178.

括的词来表述，就是知行一致。知行一致是对品德形式完整性的高度概括，也是检验真知探寻成效的主要标准。

首先，就教育目标而言，真知探寻旨在培养真实的人。品德形式的完整性与主体对真知的探寻紧密联系在一起。作为一项基本的道德准则，心口一致和言行一致具有超越民族差异的普遍性。明朝思想家王守仁提出知行合一的哲学理念，成为中华优秀传统文化的重要组成部分。著名教育家陶行知先生提出教师的职务是"千教万教，教人求真"，学生的职务是"千学万学，学做真人"。[①]这两句话是最他著名的教育箴言之一。然而，从人们的日常经验出发，知行之间的矛盾是永恒存在的，这就导致了完全意义上的知行一致的我似乎是一个永远难以企及的目标。但问题还不止于此。"真"的词源意义是充实，"真"的充实义与"真人""真知"的哲学意蕴相通。[②]作为一个名词，"真我"究竟指的是什么？这个问题十分复杂。从哲学意义上看，真我可以被理解为真实的自我，但即便如此，自我在什么样的状态下才算真实？这个问题也不好回答。例如，对庄子的评价就出现了泾渭分明的看法。有人认为"庄子追求真实而自由的生活"，但也有人认为道家（主要是在庄周以后的形态中）实际上是一种"思想润滑油"，具有很浓的犬儒色彩。前者认为庄子不为世俗功名利禄所羁绊，遵循内心的自由而生活，因此活得真实；后者认为庄子的人生哲学非但不是真实而自由的，反而是在强权之下的颠倒黑白、自欺欺人。马克思主义的真理观为解答这个难题提供了理论依据。马克思主义哲学认为，真理的实质在于主体的认识和客观对象的本质、规律的一致。真理具有价值属性，它是科学性和价值性的统一。[③]在这样的背景下，就时代新人现代人格培养而言，行之有效的办法是通过真知探寻，让受教育者作为主体，在追求真理的过程中探寻真知。

其次，就教育原则而言，真知探寻应当沟通两种世界：此岸世界与彼岸世界。此岸世界与彼岸世界是宗教领域常用的概念，笔者用这对概念来表示现实与理想、世俗与超越之间的关系。中国共产党人的初心和使命，就是为

---

① 陶行知. 陶行知全集（第4卷）[M]. 成都：四川教育出版社，2005：528.
② 于雪棠. 词源学视角下"真""真人""真知"意蕴发微[J]. 清华大学报（哲学社会科学版），2022（1）：178.
③ 金炳华. 马克思主义哲学大辞典[M]. 上海：上海辞书出版社，2002：219.

中国人民谋幸福，为中华民族谋复兴。只有把人民幸福、民族复兴的价值理想上升到理想信念的高度，并且把其与共产主义远大理想、中国特色社会主义共同理想统一起来，才能真正使这一价值理想深深扎根于广大党员干部和人民群众心中，成为激励全党和全国人民不断前进的根本动力。[①] 在教育实践中，需要引起注意的一种现象是：一部分教育者将人民幸福、民族复兴的价值理想进行庸俗化解释，片面强调形而下的世俗成功，相对忽视形而上的精神超越。将马克思主义信仰与宗教信仰进行比较是必要的，但需要注意，当笔者说作为一种信仰的马克思主义较之于宗教信仰更具优越性时，笔者强调的不是马克思主义信仰比宗教更世俗（甚至更"科学"[②]），而是强调马克思主义以实践为基础，真正架起了沟通此岸世界与彼岸世界的桥梁。马克思主义者没有宗教信仰，马克思主义本身就是他们的信仰，但他们同时也可以（而且应该）有宗教情怀。在英国著名数学家、哲学家和教育理论家怀特海（Alfred Whitehead）那里，这种教育中的宗教情怀被称为"宗教性的教育"。[③] 根据怀特海的解释，在依靠信仰沟通此岸世界与彼岸世界时，真知探寻需要激发受教育者的责任感和敬畏感，前者的特点是具有主动性，后者的特点是具有超越性，只有将两者结合起来，才能培养面向此岸世界积极有为、面向彼岸世界追求永恒的时代新人，他所具有的现代人格既反对消极无为"佛系""躺平"，又反对过分执着于现世而缺乏历史眼光和未来视野。

最后，就教育过程而言，真知探寻需要追求三种一致：心口一致、言行一致、主客一致。这三个层次与德国著名学者哈贝马斯（Jürgen Habermas）关于语言互动的纯粹类型中的三种以沟通为取向的行为对应，它们分别表征

---

[①] 刘向军. 人民幸福、民族复兴是共产党人最高的价值理想[J]. 红旗文稿，2018（3）：18-19.
[②] 邓晓芒认为，恩格斯的"科学社会主义"的说法在一个崇尚科学的时代固然可以提高马克思主义的地位和声望，但与此同时也就面临一种可能的危机，就是一旦这种主义在现实中遭到挫败，它的科学性就会受到质疑，甚至被作为一种已经证伪的科学命题而遭到抛弃，就像科学史上一度流行的"地心说""热质说"和"以太说"的命运一样。[邓晓芒. 信仰三题：概念、历史和现实[J]. 马克思主义与现实，2015（4）：33-40.] 鉴于此，在谈及马克思主义信仰的科学性时，需要指出这里的"科学"强调的马克思主义揭示了普遍真理，而非自然科学所强调的科学的工具性和价值相关性。（曹文彪. 科学与人文：关于两种文化的社会学比较研究[M]. 上海：学林出版社，2008：43-47.）
[③] 怀特海. 教育的目的[M]. 庄莲平，王立中，译. 上海：文汇出版社，2012：21.

着言行的真诚性、正确性、真实性。[①] 具体而言,一是真知探寻要求受教育者做到心口一致。观念(心)与言语(口)都是高度个人化的东西,观念为言语提供内容,言语是观念的表达形式。心口是否一致,这是一个十分主观的判断;严谨地说,是一个属于主体个人领域的命题,只有自己才是自己最终的判官。正因为如此,笔者用"真诚"一词来形容心口一致的性质。真知探寻意义上的真诚,并不要求不分场合,每个人时时处处都做到心口如一,而是在涉及人格的同一性时,做到所说与所想不矛盾。就心口一致这个层次而言,真知探寻意味着在理性基础上真诚地反思;换言之,心口一致的基本要求是:不自欺。二是真知探寻还要求受教育者做到言行一致。言行一致表示的是言语(speech)与行为(behavior)的一致。笔者这里所说的言行一致中的"行",是从最狭义的角度来理解的,与"语言"("言""口")、"认知"("心")有明显区别——后两者可以归入广义的"认知"("知"),从而与"行为"("行")相对应。言行一致是一项最基本的道德原则,它天然地包含了正确性的要求。真诚的重点在于认知,可以无关于行动;正确则需要付诸行动,它意味着知与行的统一。真知探寻坚持"一定程度上的言行一致"这个基本原则。言行一致对于真知探寻而言,具有以下两个方面的含义:一方面,言行不一是人格分裂的表现,与真知探寻背道而驰;另一方面,做到了言行一致并不一定意味着探寻到了真知,如果背离了真理,它就可能成为一种自欺。三是真知探寻还要求受教育者做到主客一致。主客一致中的"主客"指是的主观与客观(subjectivity and objectivity)。主观与客观的关系问题,是认识论中的基本问题。主观指人的意识、思想、认识等,客观指人的意识之外的物质世界或认识对象。主客一致的意思是主观和客观保持一致,这里体现的是历史唯物主义的真理观。在历史唯物主义看来,真理是标志主观和客观相符合的哲学范畴,是主观对客观事物及其规律的正确反映。[②] 以历史唯物主义的真理观为指导,以人的自由全面发展为目标,以对真理的信仰为根基,围绕主观与客观的关系,在探求真理的过程中追寻真实的自我,进而体现为个人性与社会性

---

① 哈贝马斯. 交往行为理论(第1卷)[M]. 曹卫东,译. 上海:上海人民出版社,2018:409-410.
② 金炳华. 马克思主义哲学大辞典[M]. 上海:上海辞书出版社,2002:184-220.

的辩证统一。以真知探寻促进品德形式的完整性,应当以追求心口一致和言行一致为前提,把重点放在追求主客一致上。

### (三)以个体认同促进品德层次的协调性

品德层次维以杜瓦斯关于社会心理学的解释水平理论为基础。在《社会心理学的解释水平》这部名著中,杜瓦斯以解释水平为核心,成功重构了社会心理学统一的学科概念框架。这四种解释水平是:Ⅰ个体内水平;Ⅱ人际和情景水平;Ⅲ社会位置水平或群体内水平;Ⅳ意识形态水平或群际水平。① 个体认同蕴含着一个人以"现代人"特有的本质和形式生存的丰富意义,首先是表达一个人对个体这一社会规定的赞同确认和归属,其次是把外在于自己的个体的规定性内化为自己的本质属性,再次是将个体自我对象化、外化为个体性人格,最后是形成民族—国家意义上的社会归属感。② 个体是一个具有现代意义的概念,在个体身上体现出社会性与个人性之间的辩证统一,可以说:"越是个人的,就越是社会的。"从这个意义上说,个体认同的建立和确证同时也意味着品德层次协调性的发展和完善。

首先,就教育目标而言,个体认同旨在培养整全的人。所谓人的发展的整全性,就是朝向整全性,即在个体发展的漫长过程中,始终保持对整全的开放性,不断地追寻自我生命的整全。个体成长的最终目的乃是自我人格的完成,个体完成于自我生命的觉悟。教育的要旨或精髓就在于唤起个体生命精神的内在自觉意识,唤起个体灵魂之自我生长。③ 在这个过程中,个体认同是一条教育支线。根据《现代汉语词典》的解释,认同的含义主要有两种:"认为跟自己有共同之处而感到亲切;承认,认可。"④ 第一种强调的是一种感觉,即对认同对象的"亲切感";第二种中的"承认""认可"表达的意思是"表示肯定,同意"⑤和"认为好;觉得不错"⑥,这两种解释自身的含义是十分

---

① 杜瓦斯. 社会心理学的解释水平[M]. 赵蜜,刘保中,译. 北京:中国人民大学出版社,2011:"总序" 5-7.
② 尹岩. 个体认同论[M]. 北京:中国社会科学出版社,2020:61.
③ 刘铁芳. 追寻生命的整全:个体成人的教育哲学阐释[M]. 北京:高等教育出版社,2017:23.
④ 中国社会科学院语言研究所词典编辑室. 现代汉语词典[M]. 7版. 北京:商务印书馆,2016:1102.
⑤ 中国社会科学院语言研究所词典编辑室. 现代汉语词典[M]. 7版. 北京:商务印书馆,2016:168.
⑥ 中国社会科学院语言研究所词典编辑室. 现代汉语词典[M]. 7版. 北京:商务印书馆,2016:1102.

模糊的，换言之，它们只是较为笼统地表达了一种积极倾向的态度，除此之外，并没有更多实质性的内容，更没有触及杜瓦斯所说的第Ⅲ、Ⅳ两种水平。对于时代新人现代人格养成而言，后两者恰恰是最重要的。中国人往往运用不同的方式来对待关系网内的"自己人"和关系网外的"一般人"：对于"自己人"，必须特别"照顾"，"法外施仁"，尽力帮忙；对于"一般人"，则是"一视同仁""公事公办"，不讲情面。[①]就个体认同而言，综合考量社会心理学的不同解释水平，这是必不可少的。个体认同旨在培养的整全的人，应当走出传统文化中"人情""面子"的束缚，具备同理心、同情心，遇事能主动换位思考、积极共情，设身处地地为他人着想，遵循普遍性的价值而生存。

其次，就教育原则而言，个体认同应当融合两种情境：在场与缺场。进一步说，就品德形式维而言，当主体对客体产生认同时，至少应该区分以下两种情况：自我在场时的认同、自我缺场时的认同。一方面，从表面上看，在场和缺场指的是主体是否置身于所构建的情境之中。一些人"对人马克思主义，对己自由主义"，这里强调的就是在场和缺场的分离。这种品德层次维上的人我不一，背后体现出品德内容维上的表里不一和品德形式维上的知行不一。个体认同所要培养的整全的人，应当是主体无论在场还是缺场，都始终坚持普遍性的价值判断，做到表里一致；始终坚持依真理而行事，做到知行一致。上述两个一致实际上涉及品德结构的内容维和形式维，放到群体与个体的范畴中讨论，聚焦主体在场与缺场这两种情境，也就是从品德层次维的角度看，这就体现为人我一致。另一方面，从实质上看，在场和缺场反映的是主体在社会结构中所处的地位，用中国人耳熟能详的一个词来表述就是"关系"。品德层次维强调的就是这种关系在人格、品德形成和发展中的重要作用。翟学伟用"脸面"来分析中国人的人格，脸是为了迎合某一社会圈认同的形象，经过印象整饰后表现出的认同性的心理与行为，面子是这一业已形成的心理及其行为在他人心目中产生的序列地位，也就是心理地位。中国人的做人重点不落在自己的人格与品性的施展上，而是放在他人或表面应酬上，即处处考虑情面。中国人不倾向于通过自我的形象来获得他人的心理地

---

① 黄光国. 中国人的人情关系[M]//文崇一, 萧新煌. 中国人：观念与行为. 南京：江苏教育出版社, 2005: 41.

位，中国人不但在脸面心理与行为中偏向面子，而且还造成了脸和面子的分裂。中国人脸面观中的同质性与异质性及其产生的内在紧张关系，实质上是儒家价值文化和中国现实文化之间的重大差距造成的。[①] 个体认同旨在通过批判中国传统关系社会，确立时代新人现代人格，弥合脸与面子在人格上的分裂，培养出既要脸又要面子的整全的人。

最后，就教育过程而言，个体认同需要平衡三种关系：人与自我、人与他人、人与社会。以有我与无我、自我在场与缺场为标准，个体认同至少需要平衡人与自我、人与他人、人与社会三种关系。分别从上述三种关系来看，个体认同需要关注以下几个方面：其一，就人与自我的关系而言，一方面，个体认同的核心内容是作为现代人格特征（同时也是个体特质）的独立人格、自由个性、理性精神。从历史唯物主义出发，可以看到伴随着人类社会由前现代向现代社会的过渡，现代中国人在处理人与自我的关系时，同样能体现出独立人格、自由个性、理性精神这些人格特征（个体特质）。另一方面，个体认同意味着个人在对待自我时，要由低到高经历无我—有我—无我三个阶段。低端层面"无我"的思想政治教育导致受教育者不思考、不感受，而只是听从与接受，为着所谓的"道德使命"压抑自己的自由意志与道德选择。[②] 个体认同反对一味强调无我，强调在最高层次上无我与有我之间的辩证统一。其二，就人与他人的关系而言，一方面，要处理好"利己"与"利他"之间的关系。美国著名伦理学家蒂洛（Jacques Thiroux）和克拉斯曼（Keith Krasemann）区分了心理利己主义和伦理利己主义，并强调前者不能为后者提供理性基础。[③] 在此基础上，笔者提出第三种利己主义：哲学利己主义，指的是人们的一切行为都是自由意志的选择，是"从我自己出发"的。区分上述三种利己主义，是处理"利己"与"利他"之间辩证关系的理论基础。另一方面，要把握好"我与你"与"我与他"之间的张力。在20世纪最重要的犹太宗教哲学家布伯（Martin Buber）那里，"我与你"与"我与他"之间的关系构成一对张力，在引入列维纳斯的他者理论之后，关注的重点变成了"我与你"与"我

---

① 翟学伟. 中国人行动的逻辑[M]. 北京：生活书店出版有限公司，2017：67-76.
② 金生鈜. 德性与教化——从苏格拉底到尼采：西方道德教育哲学思想研究[M]. 长沙：湖南大学出版社，2003：326.
③ 蒂洛，克拉斯曼. 伦理学与生活[M]. 程立显，刘健，等译. 北京：世界图书出版公司北京公司，2008：33-36.

与他"之间的张力,后者正是个体认同需要把握好的重点内容。其三,就人与社会的关系而言,一方面,要强调"家—国—天下"之间的统一性,这与价值建构强调全人类共同价值存在逻辑上的一致性。当前,随着全球性的文明冲突、价值撕裂、利益争夺,全球公民教育的重要性愈加凸显。[①] 从品德结构维出发,围绕人与社会的关系,个体认同需要以全人类共同价值为核心,重构"家—国—天下"之间的统一性。另一方面,要防止在"家国同构"—"吾心即宇宙"的话语背景下,对个体独立人格、自由个性、理性精神的否定。当前的思想政治教育存在一个比较明显的问题,即将社会性与个人性作为两种截然不同的事物,依靠外部力量让前者对后者形成一种绝对的压制。与之相反,个体认同强调的是个体自身内部社会性与个人性之间的辩证关系,在个体认同的建立和确证过程中,实现两者的辩证统一。

---

① 饶舒琪. 全球公民教育:困惑及其澄清[J]. 比较教育研究, 2019 (3): 24-30.

# 第十二章　中国式现代化的人格塑造：论个体认同的层次

党的二十大报告提出以中国式现代化全面推进中华民族伟大复兴，并延续党的十九大报告再次提出着力培养担当民族复兴大任的时代新人。在全面建设社会主义现代化国家的进程中，应当着力培养担当民族复兴大任的时代新人。社会的现代化与人的现代化，两者之间存在辩证关系。全面把握中国式现代化的内涵，需要深入探讨如何辩证地对待社会关系（社会性）和自由意志（个人性）之间的关系，如何让马克思关于人的自由全面发展理论不仅仅停留于一种理论抽象，而是真正落实到推进中国式现代化建设事业的过程之中。这就涉及现代人格问题，进一步说，需要辩证地把握担当民族复兴大任与实现人的自由全面发展的关系，把握社会认同与个体认同的关系。人的现代化是中国式现代化的题中应有之义，塑造现代人格是走好中国式现代化道路的前提和基础，个体认同是现代人格塑造的重要内容。以往的研究主要从社会认同的视角强调担当民族复兴大任，相比之下，从个体认同的视角关注人的自由全面发展则较少。本书聚焦个体认同与中国式现代化之间的内在逻辑，运用马克思主义的理论和方法，深入分析个体认同的不同层次以及彼此之间的关系，有利于从培育时代新人的角度丰富关于中国式现代化的理论研究和实践探索。

认同（identity）是重要的社会整合力量，指的是一种被赋予具有军事、暴力等"硬权力"（hard power）所无法企及的，独特和具有非凡能量的"软权力"（soft power）形态。[①] 从本质上看，所有的认同都是社会认同。以认同的

---

[①] 李友梅，肖瑛，黄晓春. 社会认同：一种结构视野的分析——以美、德、日三国为例[M]. 上海：上海人民出版社，2007：1.

对象为标准，可以区分出社会认同（social identity）与个体认同（individual identity）。个体认同意味着个体主体性的确立，个体主体性具有主体性的一般本质，但同时又具有自己独特的社会规定性、独特的内在品质和独特的社会本质——交互主体性。就个体主体性的现实内容而言，它主要包括三个方面：一是作为公民、劳动者的社会规定性；二是与对象性关系和行为相关的个体意识；三是自主、自律的品质。[①]个体认同蕴含着一个人以"现代人"特有的本质和形式生存的丰富意义，具有不同于社会认同、个人（自我）认同的特定内涵。个体认同的建立和确证是中国式现代化建设的必经之路。在认识和建构自我的过程中，仅仅关注社会认同而忽视个体认同，容易导致主体人格发展的异质化和片面化，有悖于人的自由全面发展。已有的关于认同的研究成果丰硕，但基本上都是从社会认同视角展开；与之相比，对个体认同的研究还很薄弱。近年来，上海大学的尹岩教授及其团队围绕"个体认同的一般机制研究""信息时代个体认同的哲学研究"进行了积极尝试。面对个体认同这种复杂的社会系统，研究者不仅需要进行机制探索，还应当开展层次研究；除了哲学思考，还需要结合社会学和心理学等多种学科，建构从现实通往理想的桥梁。鉴于此，本书在已有研究的基础上，运用哲学、社会学、心理学等多学科的理论和方法，分析个体认同的层次，探索社会（性）与个人（性）实现辩证统一的内在机理，以期为走中国式现代化道路提供坚实的理论基础。

## 一、个体认同的三个层次

个体不同于个人（自我），它表征的是一种现代人格，个体认同的建立意味着现代人格的确立。人格本身是复杂的，但这并不意味着杂乱无章，每个人的人格都具有一定的稳定性。正如罗兰所说："一个伟大的人格在内部包含了不止一个灵魂。所有这些灵魂都围绕着其中的一个，就像在一群朋友中，性格最坚强的人会占优势一样。"[②]对人格进行分析，有利于深入探究个体及个体认同的不同表现形式。针对戈夫曼（Erving Goffman）的表演互动论（又称

---

[①] 尹岩. 个体认同论[M]. 北京：中国社会科学出版社，2020：46-51.
[②] 罗兰. 罗曼·罗兰文钞[M]. 孙梁，译. 桂林：广西师范大学出版社，2004：64.

"戏剧论""拟剧论"),布鲁默(Herbert Blumer)批评它"片面地对待自我",对人类如何应付面对面互动的研究不够充分和准确。①布鲁默认为,由于过于强调"印象管理""扫描"和"外在化"等行为,最终导致戈夫曼对自我关注的单边化处理,它未能关注人类交往行为的实质性内容,而只关心其表意性的形式。②还有学者批评,在戈夫曼关于个人的模型中,个体缺乏"内在故事"③,它描述了一个只有场景没有情节的二维世界。他的研究方法强调社会性的符号,而不是互动的主体性意义。④综合上述批评,可以汇聚到一个焦点上:戈夫曼理论忽视了人格的结构,因而表现为自我缺乏"实质性内容""内在故事"和"主体性意义";就个体认同而言,戈夫曼的表演互动理论对于探寻自我的意义,就像他所使用的术语"印象管理艺术"所体现出的那样,在技巧性方面的启发大于理论性方面的建构,更缺乏主体对自我的反省。因此,对建立个体认同而言,非但无法产生积极作用,反而可能在"社会就是舞台,人生就是表演"这种笼统的说法下,模糊甚至混淆"真我"与"假我"的界限。⑤

"人生如戏,戏如人生",作为一种文学修辞,的确可以促使人们进一步感悟、体味、思索人生。但是,作为一种学术研究,我们需要运用理性思维探究人生的本质。从哲学和社会学角度看,"同一性"对自我和人格具有十分重要的意义。个体认同建立在自我同一性和人格同一性确立的基础之上。这个问题十分重要且复杂,涉及物质和意识、客观和主观、事实和价值、个体和社会等诸多范畴之间的辩证统一。分层是人们在认识过程中的一种基本思维方式,区分个体认同的层次,把个体认同作为一个系统,按照分解、比较、判断、综合的思维方式开展研究,有利于深入认识个体认同的普遍规律性及其内部的差异性,从而提高决策的科学合理性和现实针对性。根据人们认识

---

① 王晴锋. 戈夫曼与符号互动论:形似与神离[J]. 宁夏社会科学,2018(2):115-122.
② Blumer H. Action vs. Interaction: Relations in Public-Microstudies of the Public Order by Erving Goffman[J]. Society, 1972 (9): 50-53.
③ Glover J. I: The Philosophy and Psychology of Personal Identity[M]. London: Penguin Press, 1988:175.
④ Smith G. Ethnomethodological Readings of Goffman[M]// Treviño J. Goffman's Legacy. New York: Rowman & Littlefield Publishers, 2003:264.
⑤ "真我"和"假我"是一个十分复杂的问题,不仅涉及哲学、社会学、心理学、符号学等多种学科,更重要的是,不同理论流派对此分歧颇大。鉴于此,虽然"真我"对于个体认同意义重大,但本章限于文题仅在相应部分进行适当分析,对该问题的系统研究将另文详述。

自己和把握世界的发展规律，可以把个体认同分为三个层次：Ⅰ心口一致；Ⅱ言行一致；Ⅲ主客一致。这三个层次与哈贝马斯关于语言互动的纯粹类型中的三种以沟通为取向的行为对应。相关内容见表 12-1。

表 12-1　个体认同的三个层次

| 层次 | 内容 | 性质 | 学科领域 | 对应哈贝马斯的概念 ||||||
|---|---|---|---|---|---|---|---|---|---|---|
| ^ | ^ | ^ | ^ | 行为取向 | 行为类型 | 典型的语言行为 | 语言功能 | 基本立场 | 有效性要求 | 世界关联 |
| Ⅲ | 主客一致 | 真实 | 哲学 | 以沟通为取向 | 目的行为 | 记述式 | 呈现事态 | 客观立场 | 真实性 | 客观世界 |
| Ⅱ | 言行一致 | 正确 | 社会学 | 以沟通为取向 | 规范行为 | 调节式 | 建立人际关系 | 规范立场 | 正确性 | 社会世界 |
| Ⅰ | 心口一致 | 真诚 | 心理学 | 以沟通为取向 | 戏剧行为 | 表现式 | 自我表现 | 表现立场 | 真诚性 | 主观世界 |

说明：表 12-1 中所引关于哈贝马斯的内容，见哈贝马斯. 交往行为理论（第 1 卷）[M]. 曹卫东，译. 上海：上海人民出版社，2018：409-410.

对表 12-1 进行总体上的简要说明。

第一，作为一种理想类型，我们只关注以沟通为取向的行为。哈贝马斯区分了以目的为取向的行为和以沟通为取向的行为。以目的为取向的行为又包括两种：工具理性行为和策略行为。与之相对，以沟通为取向的行为，其行为计划既非斤斤计较，又非算计（或影响）他人，而是通过相互沟通获得协调。"沟通过程所追求的是共识，它满足了合理同意表达内容的前提。一种通过交往而达致的共识具有合理的基础。也就是说，这种共识不能被转嫁到工具行为（对行为语境的直接干预）或策略行为（对对方抉择的算计和左右）当中。"① 鉴于我们讨论的是沟通的一致性，在表 12-1 中便没有列入以目的为取向的行为。

第二，在对待戈夫曼的理论方面，我们与哈贝马斯的观点有所不同。哈贝马斯区分了戏剧行为与规范行为，两者分别位于层次Ⅰ与层次Ⅱ，而且，他明确表示："在社会科学理论发展过程中，规范调节的行为概念获得范式意义，要归功于涂尔干和帕森斯，戏剧行为概念获得范式意义则是戈夫曼的功

---

① 哈贝马斯. 交往行为理论（第 1 卷）[M]. 曹卫东，译. 上海：上海人民出版社，2018：362-363.

劳。"① 实际上，戈夫曼的表演互动论关注的对象并不局限于言语（心口之间的关系），它还包括表演者的行为（言行范畴），它至少涉及了个体认同的前两个层次。在戈夫曼看来，表演是一整套完备的系统和完整的流程，表演者通过"管理"自己的所思、所言、所做等诸多方面，建构出符合观众预期的"印象"。

第三，不同于哈贝马斯理论模型中的平行关系，我们强调三种个体认同类型在层次上的高低。哈贝马斯的理论中，作为有效性要求的真诚性、正确性和真实性，三者是平行并列的关系；在我们的理论框架中，类似于马斯诺（Abraham Maslow）的需要层次理论（the hierarchy of needs theory），个体认同的三个层次由低级向高级排列，呈现出逐级上升的趋势。从心口一致到言行一致再到主客一致，是一个逐级上升的过程，标志着个体认同涉及的学科领域从心理学上升到社会学，再进一步上升到哲学——这里所谓的"上升"并不意味着学科之间的高低优劣，而是强调思维方式抽象化、概括化的水平和层次。随着思维方式和研究范畴的转移，个体认同的性质分别从真诚转变为正确，进而到真实。这是一个不断获得个体内在品质和社会规定性的过程，也是一个不断逼近真理的过程。以主客一致为标志的第三层次的个体认同意味着一种很高的人生境界，并不是每个人毕其一生都能达到。

第四，心口一致、言行一致和主客一致（以下简称"三个一致"）与个体认同的关系，不同于它们与个人（自我）认同的关系。个人（自我）认同包含了个体认同，前者是人所以成为人的基本条件，不受时空地域历史文化的限制，具有相当程度的普遍性；个体认同则是一个体现中国式现代化意义的概念，它表征的是作为个体的人的独立性，以启蒙运动所提倡的理性精神和自由思想为核心，"成为个体"是现代人的独特使命。基于上述区别，一方面，"三个一致"作为保持自我同一性的核心要素，是建立个体认同的必要条件；另一方面，个体认同赋予"三个一致"特定的内涵，使之区别于个人（自我）认同。概言之，个体认同所要求的心口一致，是建立在主体对自我的深刻内省、理性反思的基础之上的，因而不同于"小粉红"们"非我"的个人（自我）

---

① 哈贝马斯. 交往行为理论（第1卷）[M]. 曹卫东，译. 上海：上海人民出版社，2018：115.

认同；个体认同所要求的言行一致，以现代人所具有的独立精神、自由思想、平等观念、权利意识为核心，超越了纳粹主义"唯我"[①]的个人（自我）认同。个体认同所要求的主客一致，围绕主观与客观的关系，为个体认同提供了形而上学的基础，在拒绝"假我"探寻"真我"过程中，历史唯物主义的真理观具有重要的启发性。

下面针对个体认同的三个层次逐一进行分析。

## 二、个体认同的层次Ⅰ：心口一致

观念（心）与言语（口）都是高度个人化的东西，观念为言语提供内容，言语是观念的表达形式。心口是否一致，这是一个十分主观的判断；严谨地说，是一个属于主体个人领域的命题，只有自己才是自己最终的判官。正因为如此，我们用"真诚"一词来形容心口一致的性质。与正确、真实相比，真诚所指的内容最简单，它仅仅意味着主体自我认知的一种同一状态，即人们常说的"心口一致"。怎么想就怎么说，只要能做到这一点，就是一个真诚的人。就个体行动而言，真诚地对待自己和别人，做到心口一致，这是个体认同的起点。日常经验告诉我们，一个人可以为自己的心口不一找到诸多借口，但这并不能否认他是一个不真诚的人，有时还恰恰是虚伪的体现。

当然，在现实社会中，类似于没有绝对的自由，绝对的真诚也是不存在的。任何人都做不到完全心口一致，因为人总是希望把自己最美好的一面呈现出来，也不喜欢当面揭别人的"疮疤"。鲁迅在杂文《立论》中讲了一个故事：一家人家生了一个男孩，全家高兴透顶了，满月的时候，抱出来给客人看。客人A说"这孩子将来要发财"，得到一番感谢；客人B说"这孩子将来要死"，被大家合力痛打。"说要死的必然，说富贵的许谎。但说谎的得好报，说必然的遭打。"[②] 在这篇短小的杂文中，鲁迅以一个"梦"的形式，用近乎寓言的笔法深刻揭露了在当时现实环境中，真理被歪曲，黑白不分的丑恶现象。

---

[①] 更为准确地说，纳粹主义的个人（自我）认同具有两个面相："唯我"和"无我"，分别以希特勒和"纳粹大学生联盟"为代表。具体分析见"言行一致"相关内容。

[②] 鲁迅. 鲁迅全集（第2卷）[M]. 北京：人民文学出版社，2005：212.

坚持真理时时碰壁，鼓吹逢迎却成为"时代骄子"。撇开文章的立意不论，单就鲁迅描写的这件事而言，客人B是真诚的，他做到了心口一致，但他也的确该打，因为他的真话太不合时宜。实际上，在日常生活中，适度的"虚伪"是必要的。如果人人都心口如一，这世界的确是"真"了，但也变得赤裸裸，甚至可能血淋淋。

个体认同意义上的真诚，并不要求不分场合，每个人时时处处都做到心口如一，而是在涉及人格的同一性时，做到所说与所想不矛盾。诚如罗素所说："我们所能说的只包含有限度的真理，既然人们必须说话，我们便不能责备他们不说全真的话或不是只说真话。"① 依照同样的逻辑，康德也说过类似的名言："一个人所说必须真实，但他没有义务必须把全部真实都公开说出来。"② 在不同的社会环境下，遵循心口一致的原则需要把握一定的尺度和分寸；但作为建立了个体认同的现代公民，坚守底线则是必不可少的。著名学者钱理群在一次讲座上说，人说话应该有底线，这些底线依次是：力图说真话；不能说真话，则应保持沉默；无权保持沉默而不得不说假话时，则不应伤害他人。③ 在他看来，处于第三种情况的人虽然说了假话，但守住了"不伤害"这一底线，可称为奴隶，尚有可同情之处；反之，如果为伤害他人而说假话，则只能称为奴才，这是不可原谅的。钱理群坦言，自己在讲课、演讲时，都是戴了面具，有所保留、遮蔽的，并没有将自己心里想讲的话全部说尽，"也包括此刻的讲话，我不会将自己内心最尖锐的思考，公开出来……很多人都赞扬我说真话，其实，我只是说了'较真的话'，更多的时间和场合，在更多的问题上，是沉默的"④。

钱理群的经历具有普遍性。实际上，人性中的幽暗意识是每个人审视自我都无法回避的，这本身就是个体认同的题中应有之义。所谓幽暗意识是发自对人性中与宇宙中与生俱来的种种黑暗势力的正视和省悟：因为这些黑暗势力根深蒂固，这个世界才有缺陷，才不能圆满，而人的生命才有种种的丑

---

① 罗素. 一个自由人的崇拜[M]. 胡品清, 译. 长春: 时代文艺出版社, 1988: 65.
② 李泽厚. 批判哲学的批判: 康德述评[M]. 北京: 生活·读书·新知三联书店, 2007: 2.
③ 刘伟. 说话的三条底线[J]. 百姓, 2002（10）: 25.
④ 钱理群. 二十六篇: 和青年朋友谈心[M]. 上海: 东方出版中心, 2018: "代序" 16-18.

恶，种种的遗憾。①人们为了逃避挥之不去的绝望的本性，试图借用权宜之计让自己镇静或转换注意力。克尔凯郭尔（Soren Kierkegaard）深刻地洞察了人性中的幽暗意识，在分析林林总总的人和事时，他充分利用自己与众不同的才能去界定阻碍自我认识和自我理解的幻觉或辩解。②克尔凯郭尔认为："绝望是一种精神的疾病、自我的疾病。因此可以有三种形式：在绝望中并不意识到有自我（并非严格意义上的绝望）；在绝望中不要是自身；在绝望中要是自身。"③克尔凯郭尔说的人生的三种绝望，分别可以概括为"不知道有自我而绝望""不愿意有自我而绝望""不能够有自我而绝望"。如果不能克服这三种关于自我的绝望，个体认同的建立就无从谈起。克尔凯郭尔触及人存在的根本性问题，他选择的终极方案是皈依宗教，但对没有宗教信仰传统的中国人而言，建立个体认同首先需要做到真诚地审视和反思自己；换言之，心口一致的基本要求是：不自欺。

自欺者往往会有意无意地遮蔽人性中的幽暗意识。一种办法是"想当然"地从众、随大流，不去分辨是非善恶，拒绝成为个体。这么做可能是出于功利，出于懒惰，出于恐惧，或者还有其他原因。可以肯定的是，它们都从不同角度说明主体缺乏勇气面对真实的自我。这样的主体不具备现代人的独立精神、理性能力和权利观念，在这样的情况下是不可能产生个体认同的。当然，投身于群体之中，也可能会做出道德的行为，诚如勒庞（Gustave Le Bon）在其著作《乌合之众：大众心理研究》（*The Crowd: A Study of the Popular Mind*）中所言："如果说，群体常常放纵自己的低级本能，那么，它们有时候也是树立高尚道德行为的榜样；如果无私、服从、无条件地献身于真实或虚妄的理想都是美德的话，那么可以说，群体常常拥有的这些美德，到了最贤明的哲人都很难达到的程度。"④但是，勒庞接着指出，他们是无意识地践行这些美德，而且我们不应该过多地抱怨这一点，因为群体特别容易被无意识因素左右，不善于理性思考。有意思的是，随着近年来《乌合之众：大众心理学研

---

① 张灏. 幽暗意识与时代探索[M]. 广州：广东人民出版社，2016：2.
② 加迪纳. 克尔凯郭尔[M]. 刘玉红，译. 南京：译林出版社，2013：110.
③ 克尔凯郭尔. 致死的疾病[M]. 张祥龙，王建军，译. 北京：中国工人出版社，1997：9.
④ 勒庞. 乌合之众：大众心理研究[M]. 秦传安，译. 哈尔滨：哈尔滨出版社，2011：32.

究》在社会上的广为流传，很多人手捧此书看别人都像是乌合之众，却未曾想到自己也很可能是乌合之众中的一员。缺乏个体认同的个人（自我）认同在本质上是非我的，它就是一种自欺。

除了放弃作为个体的独立性和批判性，委身于看似更有力量的身外之物，还有另一种方式欺骗自己。刀尔登对国人有如下评价：

> 改善自我评价最便捷的办法，是发现别人的错处，力批之，特别是对那些自己也犯过、有可能犯、想犯而不敢犯的错误，更要大力挞伐。所以通常，我们看一个人最喜欢抨击哪类事情，便猜他最受哪些事的吸引，可有一半的准确率。当然最好还是不这么做，猜想别人的动机，实在不是什么好习惯。①

在公共事务讨论中，的确不应该"猜想别人的动机"，这不仅仅"不是什么好习惯"，而且涉及一条被广泛认同的议事规则，即不做诛心之论。但是，就个体认同而言，在关注心口一致时，"诛心"是必要的，也是必然的。关键在于要始终意识到：这种诛心的主体和客体都是行动者自己——这是一个内省的过程。只要敢于正视自己的内心，就不难发现，人们常常通过对他人的批评甚至批判，达到自我欺骗的目的：长得难看的人通常认为长得漂亮的人"生活作风有问题"，仕途不顺的人时常怀疑别人的成功是因为搞了"潜规则"，有的人痛恨贪官主要是因为自己成不了贪官……这是一种带有普遍性的心理投射（psychological projection）机制，如果社会规则本身不公正不透明，产生这类现象的概率就更大。

就心口一致这个层次而言，建立个体认同意味着在理性基础上真诚地反思。这种个体认同是初级意义上的，因为如果没有心口一致，就根本谈不上认同，无论是个人（自我）认同还是个体认同，都需要以一个真诚的自我为基础，"骗谁都行，就是不能骗自己"。霍尼（Karen Horney）十分敏锐地发现，生活在现代社会中的个人具有神经症人格，而且，那些深藏在现代文化中的矛盾，恰恰就是神经症患者拼命要加以调和的内心冲突：他的攻击倾向和妥协

---

① 刀尔登. 中国好人：刀尔登读史[M]. 太原：山西人民出版社，2009：61.

倾向的冲突，他过多的要求和害怕一无所获的恐惧心理的冲突，他的自我扩张、自我吹嘘与他个人的软弱感之间的冲突。① 对于一个理智和情感相对健全的正常人而言，通过真诚地切己反思，正视心口之间的差异，进而意识到两者之间统一的可能性，唯有如此，才能初步形成个体认同：个体是不完美的，甚至有邪恶的一面；同时又是自由的，因而可以从不完美不断地逼近完美。诚如罗兰所说："当一个人没有说出他思索的一切时，他并不缺乏信任或坦白，只要他所说的话是真的。"② 压制自我的邪恶一面，这并不是虚伪，甚至反而是更大的真诚。从另一个角度说，真诚地面对真实的自我，这需要勇气——有时候这种勇气还得足够大才行。20世纪30年代中期，一大批西方学者、作家、知识分子先后到苏联访问。1935年6月到7月间，罗兰应高尔基（Maxim Gorky）之邀访问了苏联，并在莫斯科逗留了一个月，回国后写下了《莫斯科日记》，但并没有立即发表，而是要求50年后再发表。罗兰的访苏之旅是否违背了心口一致的原则？答案是否定的。应当说罗兰观察苏联的视角还是相当客观的：他有机会接触到苏联最高的领导人，但他并未盲目地听从他们的一家之言；他接待了各界人士的来访，对他们的颂词并未一味笑纳，甚至连他应得的报酬也给予婉言谢绝，就为日后能公正地说话。③ 50年后，从发表的日记来看，罗兰并未违背自己的良心，他所说的一切都是和自己真正观点相一致的。这与他一生坚持自由、真理、正义的理念并没有原则上的冲突，也无愧于他"欧洲的良心"的称号。这里反映了心口一致原则对个体认同层次 I 的重要性，同时也体现出它在实践层面的多样性和复杂性。

## 三、个体认同的层次 II：言行一致

言行一致表示的是"言语"（speech）与"行为"（behavior）的一致。"行为"一词在心理学中常被赋予不同的含义：行为主义心理学把人与动物对刺激所做的一切反应都称为行为，人的思维也被视为一种内隐的行为；在格式塔派

---

① 霍尼. 我们时代的神经症人格[M]. 冯川, 译. 南京：译林出版社, 2016：231.
② 罗兰. 罗曼·罗兰文钞[M]. 孙梁, 译. 桂林：广西师范大学出版社, 2004：172.
③ 罗兰. 莫斯科日记[M]. 袁俊生, 译. 北京：东方出版社, 2014："译序" 4.

心理学家勒温（Kurt Lewin）看来，行为是指受心理支配的外部活动；在现代心理学的用语中，行为是指人在主客观因素影响之下而产生的外部活动，既包括有意识的，也包括无意识的。① 我们这里所说的言行一致中的"行"，是从最狭义的角度来理解的，与"语言"（"言""口"）、"认知"（"心"）有明显区别——后两者可以归入广义的"认知"（"知"），从而与"行为"（"行"）相对应。

言行一致（知行统一）是一项最基本的道德原则，它天然地包含了正确性的要求。真诚的重点在于认知，可以无关于行动；正确则需要付诸行动，它意味着知与行的统一。孔子提醒人们，判断一个人的品德，要"听其言而观其行"而不要"听其言而信其行"。鲁迅在去世前，郑重地留下七条遗嘱，其中第六条赫然写道："别人应许给你的事物，不可当真。"② 可见他对国人言行不一的深刻感悟。在现实中，言行不一的现象并不少见；尽管如此，也需要进行比较甄别。如同上文对心口一致的分析，言行一致作为一种"理想类型"，为我们审视现实社会中的个体认同提供了一个参照模板。

可以区分言行关系的两种极端情况：言行天然一致、言行完全相悖。一方面，从理性主义的视角看，言行必然一致。"美德即知识"是苏格拉底著名的伦理命题，他说："如果美德是灵魂的一种性质，并且被认为是有益的，那它本身必须是智慧或谨慎，因为灵魂所有的东西，没有一种是本身有益或有害的，它们都是要加上智慧或愚蠢才成为有益或有害的。"③ 在苏格拉底看来，一个人作恶，并非由于他明知故犯，根本原因在于他没有真正意识到这是恶；反之，如果他依靠理性掌握了善的知识，就不会作恶。按照这种思路理解，一个人的言与行是始终一致的，没有例外。另一方面，就现实社会生活而言，言行完全不一致的情况并不少见。正如歌德（Johann Goethe）所言："谬误不断地在行动中重复，而我们在口头上不断地重复的却是真理。"④ 从历史上看，传统中国法家制度文化与儒家文化之间存在明显的紧张关系。虽然董仲

---

① 朱智贤. 心理学大词典[M]. 北京：北京师范大学出版社，1989：786.
② 鲁迅. 鲁迅全集（第6卷）[M]. 北京：人民文学出版社，2005：635.
③ 北京大学哲学系外国哲学史教研室. 古希腊罗马哲学[M]. 北京：生活•读书•新知三联书店，1957：165.
④ 歌德. 歌德的格言和感想集[M]. 程代熙，张惠民，译. 北京：中国社会科学出版社，1982：34.

舒以后儒家已多次被改造，但"表里"矛盾并没有消除。在这种矛盾下，人们说的是一套，做的却是另一套，而且两套的差异远不是"取法"与"仅得"的问题。[①]"儒表法里"的传统中国人，在儒家与法家这两种尖锐对立的价值体系中挣扎，其人格往往是分裂的，因而个体认同也就无从谈起。

从整体上而言，言行天然一致虽然具有哲学意义上的启发性，但就实践理性自身的属性而言，言行不一的现实是无法回避的；言行完全相悖的现象虽然并不少见，但就行动者的人格而言，要做到"完全""彻底"，也基本上不太可能。在日常生活中，更多呈现出来的是它们的中间状态。在确立个体认同的过程中，当代中国人面临诸多挑战，以致时常听到人们感慨：过去的道德底线，竟然成了今天的道德高标。无论如何，如果要建立个体认同，就必须坚持"一定程度上的言行一致"这个基本原则。

言行一致对于建立个体认同而言，具有以下两个方面的含义：一方面，言行不一是人格分裂的表现，与个体认同背道而驰。从社会现实上看，传统中国人表现在知与行方面的分离甚至矛盾，体现的是其背后主体分裂的人格，它只是在按照正确的方式在"前台"进行表演，并未涉及躲在"后台"的表演者内心深处的真实的自我。诚如鲁迅所形容的："什么保存国故，什么振兴道德，什么维持公理，什么整顿学风……心里可真是这样想？一做戏，则前台的架子，总与在后台的面目不相同。"[②] 近年来，随着反腐败斗争的持续深入，屡有曝光政治上的"两面人"，他们在台上唱调子，在台下收票子；在人前说一套打扮自己，在人后做一套放纵自己。可谓毫无理想信仰，完全违背初心。这种歪风邪气对社会大众的影响是明显的：在他人面前"为万世开太平"之类的表态（"言"），与日常生活中遇到老人倒地不敢扶的现实表现（"行"），两者之间可以"无缝对接"。更重要的是，在置身于特定场合时，一些人已经习惯性地说一套冠冕堂皇的话（"言"），有的人还能表演得声情并茂，但这并不妨碍他们在日常生活中继续践行"厚黑学"和"成功学"（"行"）。这种言行之间的严重对立，与个体认同背道而驰，也会进一步败坏社会风气，需要引起

---

[①] 秦晖. 传统十论[M]. 北京：东方出版社，2014：154.
[②] 鲁迅. 鲁迅全集（第3卷）[M]. 北京：人民文学出版社，2005：345.

足够的重视。另一方面，做到了言行一致并不一定意味着确立了个人（自我）认同，更不意味着确立了个体认同。换言之，言行一致是个人（自我）认同和个体认同的必要但非充分条件。以纳粹德国为例进行分析。

第一，希特勒（Adolf Hitler）是一个言行一致、信仰坚定的人，他有个人（自我）认同（表现为"唯我"），但没有个体认同。希特勒是一个具有高度自律且自信的人，不同于"纳粹大学生联盟"（NS-Studentenbundes）[①]的无我状态，希特勒把自己看作"弥赛亚"，肩负着将德国从"国际犹太主义"的人为厄运中解救出来的使命，因此他把自己比作耶稣也就不足为奇了。20世纪20年代的一个场合，当他用习惯带在身上的鞭子抽打自己时，他说："在驱赶犹太人时，我想到了教堂的耶稣。"在另一个场合，他又说："正像耶稣一样，我对我自己的人民负有责任。"[②] 希特勒与"纳粹大学生联盟"，两者构成了一对施虐者和受虐者，弗洛姆在《逃避自由》中专门列出一章分析了"纳粹主义心理学"。这里要特别指出的是，希特勒强烈甚至带有偏执性的自我认同，并不等于个体认同；恰恰相反，前者是以对后者的否定为前提的：个体认同意味着每个人都是独立的个体，每个个体都尊重彼此的独立性。希特勒的自我认同则不然，它是以自我与他人之间的奴役和服从关系为基础的。诚如弗洛姆所言："解决这个问题靠的根本不是高明的宣传，而只能靠一个基本真理在所有国家获胜，即伦理原则高于国家存在。个人只有恪守这些原则，才能属于一个共同体，这个共同体的所有成员，无论现在、过去还是将来都共同恪守这些原则。"[③] 这就是个体认同强调"正确"的用意之所在：言行一致的正确性意味着符合现代社会保护自由、尊重人权、促进平等、维护公正的伦理原则。只有坚持这些现代社会的伦理原则，才有可能在个人（自我）认同的基础上建立个体认同。

第二，"纳粹大学生联盟"表现出言行一致，但没有个人（自我）认同（表现为"无我"），更没有个体认同。在日耳曼大学生向极端右翼的纳粹主义转向

---

[①] "纳粹大学生联盟"：创立者是坦普尔（Wilhelm Tempel），追随者是右倾大学生。在早期的发展中，它将维护社团自身利益作为首要出发点；到了后期，逐步与纳粹党走向联合，成为纳粹党的工具。
[②] 韦瑟. 希特勒的世界：一部心理传记[M]. 贾宇琰, 译. 北京：中央编译出版社, 2017: 29.
[③] 弗洛姆. 逃避自由[M]. 刘林海, 译. 上海：上海译文出版社, 2015: 149.

时，大学里正义的学者、教授很自然地成了首要攻击的目标，以致在希特勒夺权前夕，这些教师已被大学生们赶出了校园。对此，"纳粹大学生联盟"得意地宣称："按照我们的观点，大学也是为了德国重生的一个战场。当我们将非德意志思想从高校和工厂中清理干净时，年轻人就自由了。"[①]"纳粹大学生联盟"的确做到了知行合一，但他们却没有现代人的民主、法治、人权观念，因此形成不了个体认同；同时，他们也没有独立性的自我意识，他们把自己交给了国家，成了国家工具和战争机器，因此无法形成自我认同。

第三，有没有一种情况，既符合言行一致的原则，又同时确立了个人（自我）认同和个体认同？答案是肯定的。爱因斯坦就是建立在言行一致基础上的个体认同的典型，这一点突出地表现在1933年他同猖獗一时的德国法西斯势力的斗争上。当时爱因斯坦的挚友劳厄（Max von Laue）为他担心，写信劝他对政治问题还是以明哲保身为好。爱因斯坦立即斩钉截铁地回答："我对我所说过的话，没有一个字感到后悔，而且相信我的行动是在为人类服务。"[②]一位官员给爱因斯坦写信说，即使他没有主动散布谣言，他也没有"站到我们国家的保卫者这一边，反对那些肆意污蔑它的大量谎言……您的一句好话也许就会在国外产生巨大的影响"。爱因斯坦认为这很荒谬，他回复说："要是在目前情况下给出这样的证词，我就是在为道德败坏和一切现存文化价值的毁灭推波助澜。"[③]爱因斯坦终其一生都在为保护和扩大个人自由、增益人类社会福祉而奋斗，在他身上充分体现了个体认同与社会认同的辩证统一。实际上，除了爱因斯坦，还有不少人在纳粹统治时期言行一致、同时又建立和确证了个体认同，在纳粹执政时期始终保持一种不屈服、不合作态度的著名哲学家雅斯贝尔斯（Karl Jaspers），在狂热的人群中特立独行、不行纳粹礼的造船厂工人兰德梅赛（August Landmesser）就是代表。

---

① 王莹. 从知识精英到纳粹分子：德国魏玛时期的大学生研究[M]. 武汉：武汉大学出版社，2014：143.
② 爱因斯坦. 爱因斯坦文集（第三卷）[M]. 许良英，赵中立，张宣三，编译. 北京：商务印书馆，2009：133.
③ 艾萨克森. 爱因斯坦传[M]. 张卜天，译. 长沙：湖南科学技术出版社，2014：358.

## 四、个体认同的层次Ⅲ：主客一致

综合层次Ⅰ和Ⅱ，可以从以下三点考查个体认同的层次：观念（思）、言语（言）和行为（行）。如果要将它们归纳为一个核心词，那就是"表里如一"。当自我同一性被破坏，则会导致表里不一，具体而言可以分为两种情况：心口不一和言行不一。前者体现为观念与言语的不一致，后者体现为言语与行为的不一致。不管是"言称尧舜，心类穿窬"的两面派（心口不一的典型），还是"骂美国是工作，住在美国是生活"的"离岸爱国者"[①]（言行不一的典型），都意味着建立个体认同的努力失败了。我们还可以在此基础上进行一个反向思考：如果做到了心口一致和言行一致，是否就意味着建立了个体认同？答案是：不一定。要解释这个问题，就得跳出前两个层次，关注个体认同的层次Ⅲ：主客一致。这个层面反映的是马克思主义的真理观，因而也最能体现中国式现代化的内在要求。

之前我们谈到，戈夫曼的符号互动理论在建立个体认同方面具有明显的局限性。会出现这种情况，一个重要原因就在于他忽视了主客一致这个原则。戈夫曼认为：

> 诚实的、真诚的、认真的表演与客观世界的关系，也许要比人们通常想象的更加脆弱。如果我们进一步察看一下，在完全诚实的表演和完全人为的表演之间所做的通常区分，这种含义就会更加明确。……之所以如此，是因为一般社会交往的构成与舞台表演的设计构成非常相似，也就是通过戏剧性的行动交替、冲突和作为尾声的应答而构成。甚至那些毫无经验的演员也能使表演接近于生活，因为生活本身就是事件的戏剧性展现。[②]

在这里，戈夫曼承认，并非整个世界都是一个大舞台；但他同时认为，要想具体指出世界在哪些方面不是舞台却也并非易事。接着他的话，我们要

---

[①] "离岸爱国者"：2022年网络流行词，用来形容在公众面前表演爱国（往往还痛骂外国），但实际上自己却已离开中国身在外国的言行不一者。
[②] 戈夫曼. 日常生活中的自我呈现[M]. 冯钢, 译. 北京：北京大学出版社，2008：207.

强调的是：虽然实施起来难度较大，但区分前台和后台却十分必要。要解决这个问题，心理学基本上是无力的，因为它诉诸主体自身的主观心理活动，无涉客观事实，甚至为了自我安慰而有意歪曲事实，许多"心灵鸡汤"就是典型；社会学的作用也是有限的，因为它虽然也谈论自我认同的真假问题，但主要是从社会活动本身出发，关注"行动者在行动过程中建立起对社会客观化行为类型的认同"①，并不关注世界本源意义上真与假，这样就容易导致真理标准的多元化，这也是戈夫曼的表演互动论无法跳出的窠臼②。

至此，我们发现如果仅仅停留在心口一致和言行一致的层面，无法为主体提供普遍的、恒定的价值标准，同时也无法为个体认同提供正当性依据。在谈及规范行为时，哈贝马斯明确提出："规范行为表征的是一种道德实践知识，它可以从正确性的角度来加以批判。……有了道德实践论证，参与者既可以用一定的规范来检验具体行为的正确性，也可以进而检验规范自身的正确性。这种知识表现为法律观念和道德观念。"③我们不得不面对这样一个哲学问题：被认为正确的法律和道德观念，其本身的正当性依据何在？于是，主观与客观的关系这样一个形而上学的问题就摆在人们面前。这样的形而上学确立起来的原则或原理，在理论上才是普遍的，在生活上才是自觉的，因而在实践上才是可靠的。④心口关系和言行关系两个层次聚焦主体自身的主观状态；与之不同，个体认同的层次Ⅲ实现了视角转换，即从主体自身转移到主观与客观的关系上。正是在这一点上，我们需要诉诸哲学，关注存在论和方法论问题。进一步说，通过聚焦实践基础上主观与客观的一致性，马克思主义哲学为我们提供了一种强有力的解释视角。

主客一致中的"主客"是指的主观与客观。主观与客观的关系问题，是认识论中的基本问题。主观指人的意识、思想、认识等，客观指人的意识之外的物质世界或认识对象。⑤主客一致的意思是主观和客观保持一致，这里体现

---

① 伯格，卢克曼. 现实的社会建构：知识社会学论纲[M]. 吴肃然，译. 北京：北京大学出版社，2019：93.
② 需要说明的是，心理学和社会学流派众多，彼此之间差异显著。我们这里所说的"心理学"和"社会学"，都是针对与自我认同和个体认同关系较为密切的学派而言。
③ 哈贝马斯. 交往行为理论（第1卷）[M]. 曹卫东，译. 上海：上海人民出版社，2018：415.
④ 黄裕生. 权利的形而上学[M]. 北京：商务印书馆，2019：16.
⑤ 金炳华. 马克思主义哲学大辞典[M]. 上海：上海辞书出版社，2002：184.

的是历史唯物主义的真理观。主客一致是个体认同的最高层次。个体认同不同于个人（自我）认同，两者之间的一个重要区别就在于是否保持了主观与客观之间的一致性。就个人（自我）认同而言，只要做到心口一致和言行一致就行了；但是，如果要确立个体认同，则需要更上一层，达到主客一致的水平。换言之，个人（自我）认同具有很强的主观色彩，它往往诉诸类似"心诚则灵""信就对了"之类的自我激励、自我暗示，片面夸大主观世界对客观世界的作用；但是，个体认同则不然，它标志着主观性与客观性的统一，意味着这是一种面向真理的认同。①

在历史唯物主义看来，真理是标志主观和客观相符合的哲学范畴。真理既不存在于纯主观中，也不存在于纯客观中，而是存在于主观对客观的反映关系中，存在于主观无限地逼近客观、并与客观相一致的过程中，是主观对客观事物及其规律的正确反映。②"人的本质并不是单个人所固有的抽象物，在其现实性上，它是一切社会关系的总和。"③只有在现实社会中才能追寻到真正的自我。作为具有自我意识的主体，人都是通过对象性的活动来建立和确证个人（自我）认同。"独立之精神，自由之思想"是个体的核心内涵，"成为个体"是现代人的本质要求。"我们越往前追溯历史，个人，从而也是进行生产的个人，就越表现为不独立，从属于一个较大的整体。"④以此为基础，马克思和恩格斯提出了人的发展历史过程的三个阶段，即"人的依赖关系""物的依赖关系""人的自由全面发展"。⑤上述观点为个体认同提供了坚实的形而上学基础。根据唯物史观，个体认同的建立和确证，代表了历史前进的方向，标志着主观和客观的统一，最能保护和扩大人的自由，创造和实现人的价值。

按照主客一致的标准，之所以认为希特勒和"纳粹大学生联盟"走上了

---

① 需要说明的是，主客一致建立在主客二分的基础上，不同于自始至终的主客不分，后者是传统中国人的思维方式。这个问题十分重要，但由于篇幅所限，只能另文详述。
② 金炳华．马克思主义哲学大辞典[M]．上海：上海辞书出版社，2002：220．
③ 马克思，恩格斯．马克思恩格斯选集（第1卷）[M]．中共中央马克思恩格斯列宁斯大林著作编译局，编译．北京：人民出版社，2012：139．
④ 马克思，恩格斯．马克思恩格斯文集（第8卷）[M]．中共中央马克思恩格斯列宁斯大林著作编译局，编译．北京：人民出版社，2009：6．
⑤ 马克思，恩格斯．马克思恩格斯文集（第8卷）[M]．中共中央马克思恩格斯列宁斯大林著作编译局，编译．北京：人民出版社，2009：52．

一条错误的道路,是因为他们没有确立个体认同——不管是施虐者还是受虐者,都没有形成独立人格和平等意识。独立人格和平等意识是人的自由全面发展的必要条件,它们具有价值合理性和客观必然性,是检验行动者自我发展的真实性的重要标准。在此基础上,我们审视理想与现实、历史与现在、个人与社会的关系,可以以是否建立了个体认同为标准区分出"真我"与"假我"——"真我"就是面向真理而存在的我,所以,"真我"与"假我"同时也分别对应于真理与谬误。个体认同的建立有利于促进人的自由全面发展,从而推动社会发展和历史进步;反之,个体认同的缺失要么导致个人被集体吞没而丧失了自我("小粉红"就是代表),要么造成个人与集体、他人尖锐对立状态下的损公肥私、损人利己("精致的利己主义者"就是代表)——无论是哪种情况,都意味着主观与客观的分离甚至对立。尽管主体的动机可能是真诚的(所言与所想高度一致),主体的行为在当时看来可能是正确的(符合当时社会的法律和道德),但这仍然是一种自欺状态,最终都会对个人和社会造成伤害。

在走中国式现代化道路的过程中,追求真理的过程就是探寻"真我"的过程,同时也是一个建立和确证个体认同的过程。以人的自由全面发展为目标,主客一致层次上的个体认同,意味着主体的行动保护及扩大了人的自由,顺应了时代发展的潮流,推动了历史的进步。在这个过程中,个体行动与社会结构达到互相影响、互相融合、互相促进的状态。谭嗣同就是一个典型。张灏认为,谭嗣同在仁的观念里融摄了儒家以外的许多思想,而产生一种激进的抗议精神(体现心口一致)。更重要的是,这份仁的精神,不但表现在谭嗣同的思想里,而且也体现在他的生命里。他的《仁学》是1896年写的,根据现存的他的私人函件,我们可知从那时起,他就抱定了他所谓"杀身灭族"的决心。1898年,谭嗣同死于戊戌政变。在死难前,他本有充分的时间逃亡,但是他拒绝逃亡,从容就义,这份烈士精神就根植于他的仁的精神(体现言行一致)。从社会意义上而言,仁作为一种道德理想,不仅代表无私的爱心和悲愿,体现为他的烈士精神,而且也投射出新的价值意识和社会观念,在当时的思想界，造成极大的震荡（体现主客一致）。[①] 在谭嗣同身上，我们看到了一个生动鲜活的现代人格形象，在追求真理、追求光明、追求进步的过程中，谭嗣同实现了个体认同在三个层次上的统一。对比当下一些国人汲汲于功名利禄，混淆个人（自我）认同与个体认同，甚至100多年后还在谈论谭嗣同的牺牲"傻不傻""值不值"，不禁令人感慨现代公民教育责任之重大，建立和确证个体认同使命之光荣。

---

① 张灏. 烈士精神与批判意识：谭嗣同思想的分析[M]. 桂林：广西师范大学出版社，2004：72、82.

# 第十三章　信仰与自信：大学生马克思主义信仰教育中的个体认同研究

在中共十八届六中全会上，习近平指出，全党同志必须把对马克思主义的信仰、对社会主义和共产主义的信念作为毕生追求，坚定对中国特色社会主义的道路自信、理论自信、制度自信、文化自信。[①] 上述表述将信仰、信念与自信等关键词融汇在一起，凸显出坚定理想信念对于实现国家富强、民族振兴、人民幸福的重要意义。从结果上看，检验大学生马克思主义信仰教育的效果，主要评价标准是看他们是否形成了相应的认同。认同（identity）是重要的社会整合力量，指的是一种被赋予具有军事、暴力等"硬权力"（hard power）所无法企及的，独特和具有非凡能量的"软权力"（soft power）形态。[②] 从本质上看，所有的认同都是社会认同，它表征的是认同的社会属性。以认同的对象为标准，可以区分出社会认同与个体认同。这里的社会认同和个体认同，指的是以社会为对象的认同和以个体为对象的认同。进一步说，在笔者的概念系统中，以对象为分类标准，认同包括社会认同与个人（自我）认同，其中，个人（自我）认同又分为个体认同与非个体的个人（自我）认同。几种认同形式的相互关系见图13-1。

---

[①] 中共十八届六中全会在京举行[N]. 人民日报，2016-10-28.
[②] 李友梅，肖瑛，黄晓春. 社会认同：一种结构视野的分析——以美、德、日三国为例[M]. 上海：上海人民出版社，2007：1.

```
                        ┌─ 个体认同
        ┌─ 个人（自我）认同 ┤
        │               └─ 非个体的个人（自我）认同
       ─┤
        └─ 社会认同
```

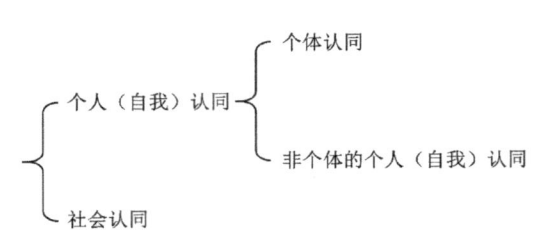

图 13-1　认同谱系

个体认同是现代社会一个人以自己为主体尺度对自己质的规定性进行经验性描述或概括性表达、期盼，通过反思性的理解对"我是个体"做自我定位、归类或体认，经过生活积淀形成个体主体性、个体意识、个体性自我、个体人格等个性特征并将其对象化，构建个体生活世界、把握各种现实关系的过程。[①] 个体认同蕴含着一个人以"现代人"特有的本质和形式生存的丰富意义，具有不同于社会认同、个人（自我）认同的特定内涵，其目标在于成为个体。个体的核心素质是独立人格、自由个性和理性精神；换言之，个体认同的目标就在于让自己成为独立人、自由人和理性人。大学生认同是高校德育的重要内容，大学生对马克思主义和社会主义核心价值观的认同是一种社会认同，同时也是一种个体认同。已有的相关研究成果丰硕，但基本上都是从社会认同视角展开，与之相比，对大学生个体认同的研究还很薄弱。在大学生理想信仰教育过程中，仅仅关注社会认同而忽视个体认同，容易导致大学生品德发展的异质化和片面化，有悖于人的自由全面发展。

## 一、"有我的信仰"与"无我的信仰"：中国社会文化中个体认同的缺失

关于信仰的内涵和外延，历来有不同的理解，以致"中国人有没有信仰"成为长期以来人们聚讼纷纭的话题。《现代汉语词典》对"信仰"一词的解释是："对某人或某种主张、主义、宗教极度相信和尊敬，拿来作为自己行动的

---

[①] 尹岩. 个体认同论[M]. 北京：中国社会科学出版社，2020：60-61.

榜样或指南；相信并奉为准则或指南的某种主张、主义、宗教等。"① 这个定义有两点值得注意：一是它强调了信仰在知行方面的一致性，即"相信和尊敬"（知）和"拿来作为自己行动的榜样或指南"（行）；二是信仰的对象十分宽泛，包括某人或某种主张、主义、宗教等。但是，在邓晓芒看来，只有将精神和物质严格区分开来，才会有真正意义上的信仰。信仰是对世俗的超越，是对彼岸世界的纯精神对象的信服，纯精神层面的信仰不会随世俗生活的改变而改变。②邓晓芒的信仰概念内涵很明确，其对象仅仅指彼岸世界的纯精神对象，不包括世俗生活中的财产、权力等要素。在他看来，儒家精神指向的是世俗世界，因此不能被看作一种信仰，而应该被叫作信念。"所以我们可以说中西信仰的一个最明显的区别就是中国的信仰基本上还是世俗的，西方基督教的信仰是超越的。"③

人类意识的超越性，在于它能够"超越"全部的存在——无论是"物理世界"（世界Ⅰ）、"精神世界"（世界Ⅱ）还是"文化世界"（世界Ⅲ）的存在，而把一切的存在都"扬弃"为对人来说是唯一真实的存在——意义的存在。④人是追求意义的动物，在追求意义的过程中，人实现对自我的超越。我们认为，超越性是信仰的本质属性；进一步而言，用金观涛的话来说，作为信仰的本质属性的超越性，提供的是一种独立于社会存在、基于个体传递的普遍观念。⑤金观涛将它命名为"超越突破"。金观涛以四种具有独特社会结构的古文明为对象，分析了它们在衰落过程中，包含超越视野的普遍观念如何一步步脱离社会，成为不依赖社会的独立存在。金观涛提出的理论框架颇具启发，他认为普遍价值的目标和手段各有两类，两两组合有四种可能，由此我们得到超越视野在理论上的四种类型。其中，第四种是目标在此世，达到目标依靠个体内心的力量，善是每个个体凭内心可以判定并实现的。这两种要素之组合为第四种超越视野。中国以道德为终极关怀及对其反思开启了第四种类

---

① 中国社会科学院语言研究所词典编辑室. 现代汉语词典[M]. 7版. 北京：商务印书馆，2016：1462.
② 邓晓芒. 中西信仰观之辨[J]. 东南学术，2007（2）：22-26.
③ 邓晓芒. 在张力中思索[M]. 福州：福建教育出版社，2009：132-133.
④ 孙正聿. 属人的世界[M]. 长春：吉林人民出版社，2007：123.
⑤ 金观涛. 轴心文明与现代社会：探索大历史的结构[M]. 北京：东方出版社，2021：10.

型。① 鉴于此，笔者认为，信仰的超越性分为精神意义上的超越和世俗意义上的超越。就信仰而言，超越性是一种精神品质（性质），而超越的方式（方向）可能是指向精神的，也可能是指向世俗的，两者分别可以被称为形而上的信仰和形而下的信仰。形而上的信仰体现为一种纯粹精神，希伯来宗教的救赎、印度宗教的解脱都是靠价值目标离开此世，并最终独立于社会；与此同时，也应当承认，儒家精神虽然指向的是形而下的世俗世界，但因其精神内核仍然是超越性的（有学者称为"内在超越"），因而同样属于一种信仰。马克思主义作为一种崇高的精神追求，具有面向现实社会的实践品质，体现了形而上与形而下的有机统一，是最具科学性和真理性的信仰。

基于上述分析，笔者提出道德信仰、逻各斯信仰、宗教信仰和马克思主义信仰四种信仰的基本类型。表 13-1 对这四种信仰各自的对象、层次、代表人物、具体内容、理论性质等进行归纳，表 13-1 的内容贯穿全文始终，在后面的分析过程中我们还要回到表 13-1 上来。

表 13-1　四种信仰类型的比较

| 信仰类型 | 对象 | 层次 | 代表人物 | 具体内容 | 理论性质 |
| --- | --- | --- | --- | --- | --- |
| 马克思主义信仰 | 共产主义 | 形而上+形而下 | 马克思 | 人的自由全面发展 | 历史唯物主义 |
| 宗教信仰 | 人格神 | 形而上 | 奥古斯丁 | 上帝 | 客观唯心主义 |
| 逻各斯信仰 | 理念 | 形而上 | 柏拉图 | 真、善、美 | 客观唯心主义 |
| 道德信仰 | 德性 | 形而下 | 孔子 | 仁、义、礼、智、信 | 主观唯心主义 |

在一项调查中，对于"马克思主义信仰"一词的看法问题，52%的大学生对"马克思主义信仰"的第一感觉是"人人都需要"，有 36%的大学生认为是"一种科学"，选择"宗教""神秘感""不清楚"的大学生分别占 3%、4%、3%，选择"与我无关""其他"的大学生各占 1%。② "人人都需要"这种表述，从词义上看，也包含了"我也需要"；但是，词语的生命在于使用。在日常生活世界里，"人人都需要"中的主语"人人"，淡化了自我作为个体的重要性，实际意思很容易演变为"别人都需要，而我可以不要"。将马克思主义作为"一种科学"，也可能隐含着"反正我又不搞科学研究，更不会当科学家"这样的意

---

① 金观涛. 轴心文明与现代社会：探索大历史的结构[M]. 北京：东方出版社，2021：77-78.
② 徐秦法. 新时代马克思主义信仰教育研究[M]. 北京：人民日报出版社，2020：132.

思，因此马克思主义也与我无关。所以，虽然这两个选项的选择人数在数量上占绝对优势，但实际上未必能说明绝大部分大学生已经确立了马克思主义的信仰。进一步说，问题的实质在于，在谈及马克思主义信仰时，大学生是否将自我作为个体，建立在对马克思主义的理性认识基础之上，以独立和负责的态度看待马克思主义之于个人人生的意义。这就是"有我的信仰"与"无我的信仰"的区别。前者对马克思主义的信仰，主要是建立在明确的自我意识基础之上，充分运用自身的理性思维能力，掌握马克思主义的基本理论和方法，坚信其科学性和真理性，并付诸积极的行动，在实践中践行马克思主义，实现自身的价值。后者则是打着马克思主义旗号，将它作为一种宗教来对待，放弃独立思考，推卸个人责任，崇拜某些现世的权威，将自己完全交给它，跪倒在它的脚下，唯它马首是瞻，在这种信仰下，偶像越伟大，自己越渺小。[①]

是否具备一定的理性能力，这是判断个体认同是否建立的重要标准。在"德法"课上，教师组织学生谈论信仰。因为是在QQ群匿名发言，所以能一定程度上反映出学生的真实想法。下面是A、B两名学生的发言。

学生A：我感觉，我没有，你说上帝、神仙、菩萨，我知道这是不存在的，既然不存在，信他们又有什么用，所以每次家里让我去拜一拜，总觉得是无理取闹。再说共产主义，虽然从小到大，都说要当共产主义的接班人，到现在，还是不知道共产主义到底是什么。

学生B：怎么会不知道共产主义是什么呢？只是说不知道具体的理论罢了。倒不用讲有没有信共产主义，反正从小就是在共产主义的教育下，要节俭勤劳，尊师重教，尊敬生命，格局再大一点什么共同富裕，

---

① 需要说明的是，不宜笼统地谈论宗教信仰。对自由、自我等概念的理解，不同宗教之间的差别十分明显。责任假定每一个人都享有思想自由和道德自由，而这两种自由的本质，世界各宗教有不同的描述。在东方宗教中，神圣者通常被理解为一个弥漫一切、无所不在的实在，它不仅遍布精神世界，而且遍布物理世界。对比起来，西方各种宗教对神圣者的理解就人的自由的定义提出了不同的问题。在犹太教看来，人应当敬重上帝，但不应盲目服从，以致牺牲自己的才干或丧失首创精神；上帝的旨意是人要根据上帝的诫命最为充分地发展创造的潜力。按照犹太教对自由的这种独特理解——与至高无上的上帝相互影响甚至达到质疑并影响上帝行为的地步，犹太教的形象化描述使人的价值与地位被极大地提高了，并对西方人对人的认识产生了意义重大的影响。（蒙克. 宗教意义探索[M]. 朱代强，赵亚麟，孙善玲，译. 成都：四川人民出版社，2010：331-335.）本书根据不同的语境，从不同角度关注宗教信仰的不同内容和特点。

好像从小到大接受的思想就都是这些。你要是突然说我不信共产主义，我也不知道我在信啥。我有自己的世界观方法论，但是最开始我就是跟着国家走的，按照它给我的思想走，在长大的过程中思想逐步成熟，有了自己的想法，但是国家的思想随着我思想的成熟也一直存在，他们是启蒙我三观的思想。

在上述发言中，学生 A 呈现的是一种"有我的无信仰"状态，学生 B 的状态则可以命名为"无我的信仰"。学生 A 有明显的自我感觉，意识到上帝、神仙、菩萨"是不存在的"，但同时又迫于家庭压力，不得不"去拜一拜"，并认为这是一种"无理取闹"；与之类似，"当共产主义的接班人"与"知道共产主义到底是什么"，在自己身上也存在明显的矛盾，他自知自己是一个没有信仰的人。与之相对，学生 B 一方面认为自己知道共产主义是什么，依据是节俭勤劳、尊师重教、尊敬生命、共同富裕等耳熟能详的说法；另一方面他又承认，"反正从小就是在共产主义的教育下"，"你要是突然说我不信共产主义，我也不知道我在信啥"。也就是说，他的所谓信仰，并不是建立在理性认识和自我反思的基础上的，更多的是一种非理性的随大流，也就是人们常说的"总得信点什么吧，要不活着没意思"。虽然学生 B 也会用"启蒙"这样的词，但对"国家的思想"和"我的思想"两者之间的关系，存在的是朦胧的认识，哪些是"国家的"、哪些是"我的"，两者之间又怎样产生影响、共同建构现在的"我"，这些问题超出了学生 B 的认知范围。这就是一种典型的"无我的信仰"。更重要的是，由于缺乏个体认同，学生 B 还意识不到自己的矛盾状态，也分不清真我和假我。在"无我的信仰"者看来，"真实"并不重要，只要"真诚"就够了。

关于这一点，可以对当代大学生中的"小粉红"群体做进一步分析。虽然没有权威的定义，但"小粉红"被普遍看作具有强烈国家认同感的"90 后""00 后"，他们组织松散、标新立异，具有强烈的情感驱动性和娱乐化倾向。[①] 由于缺乏个体认同，"小粉红"的国家认同体现出明显的极端性，即将

---

① 丁慧民，张任远. 网络政治参与中"小粉红"形态特征与引导研究[J]. 新媒体研究，2018（8）：107-107，123.

国家和个人对立起来，在"站国家"[①]的同时旗帜鲜明地"反个人"——这里的个人包括了他们自己。2020年，一种社会心态被广泛观察到：年轻人普遍在宏观层面对国家前途充满信心，却在微观层面对个人生活前景态度悲观，恐惧就业、婚姻、生育。[②] 实际上，这里所谓的"宏观层面"和"微观层面"，更多的是从社会学视角提出的看法；更重要的问题在于，缺乏个体认同的"小粉红"，其当下的整个人生都是苍白无力缺乏意义的。正因为如此，他越是感到自身的无力，就越需要寄居于强大的国家之上，他越是看到国家的强大，就越发感到自身的渺小，对国家的极度信任和对自我的高度不信任，两者形成了一种负面强化。对人的成长而言，这实际上是一个非常宏观、同时也非常重要的问题，需要引起全社会的重视。

从"无我的信仰"者和"小粉红"身上，可以看到中国社会传统文化镌刻在个人身上的深深印记。在谈及传统中国人的人格和心态时，邓晓芒有如下分析：

> 儒家文化在当代所具有的意义只存在于人们的潜意识中，只表现在人们不自觉的思维方式中，而在人们有意识的行为活动中，谁都知道这些传统的潜规则是不适应当前的现实生活的。只不过知道归知道，人们虽然并不按照这些被鼓吹的原则去做，却习惯于将它们写在字面上，挂在口头上，希望让别人去做、去建立一个"好的社会风气"。这就造成了当前国人一种奇特的心态，即尽管不相信那些冠冕堂皇的道德口号，很少有人真心地按照那些说出来的话语行事，但私下里却又认为，那是人们应该按照去做的基本行为规范，虽然自己做得不怎么样，但必须教给孩子们，尤其是别人家的孩子们去做。[③]

这段话生动地刻画出传统中国人"无我的信仰"状态。"写在字面上""挂在口头上"的"冠冕堂皇的道德口号"，并不曾内化为国人为人处世的真正准则。在"无我的信仰"谱系中，从普通人在日常生活中的"表演"，到不同场合

---

① "站国家"："小粉红"常用语，意思是不管具体情况如何，无条件地站在国家一方，始终与国家意志保持一致。
② 余亮. 小粉红的系谱、生态与中国青年的未来[J]. 文化纵横，2021（5）：98-108.
③ 邓晓芒. 传统文化的反思与再造[J]. 同舟共进，2016（2）：8-12.

中的"说一套，做一套"，再到极端环境下的"当面喊哥哥，背后抄家伙"，人格分裂的程度渐趋严重，但各类代表人物也并不少见，时至今日，还时常曝出相关新闻。从个体行动的视角上看，传统中国人表现在知与行方面的分离甚至矛盾，背后的一个重要原因就是缺乏个体认同。缺乏个体认同的信仰是"无我的信仰"，它只是在按照正确的方式进行表演，并未涉及表演者内心深处那个真实的自我。诚如鲁迅所形容的："什么保存国故，什么振兴道德，什么维持公理，什么整顿学风……心里可真是这样想？一做戏，则前台的架子，总与在后台的面目不相同。"① 随着反腐败斗争的持续深入，屡有曝光政治上的"两面人"，他们在台上唱调子，在台下收票子；在人前说一套打扮自己，在人后做一套放纵自己。可谓毫无理想信仰，完全违背初心。近年来，大学校园里"精致的利己主义者"屡被提及，一些大学生的圆滑世故令有识之士颇为忧虑。要想找回理想，重拾初心，形成真正的信仰，就需要勇于面对自我，通过个体认同形成独立人格、自由个性和理性精神，搭建信仰与自信的桥梁。

## 二、信仰与自信：个体认同之于人的自由全面发展的重要意义

实际上，信仰不仅仅涉及主体行为所作用的对象，更是一种人格要素。赵志毅认为，人格系统的"核心"是信念，信念既植根于个体的"潜意识"之内，又通达个体的"超意识"之中。② 弗洛姆也采用了同样的视角。他认为，信仰是一个人的基本态度，是渗透在他全部体验中的性格特性，信仰能使人毫无幻想地面对现实，并依靠信仰而生活。③ 他进一步区分了"非理性信仰"和"理性信仰"，认为非理性信仰是盲目地相信某个人或某些事，它植根于对个人的或非个人的非理性权威的屈从。相反，理性信仰是在理智和情感的生产性活动中所产生的坚定信念。④ 弗洛姆所谈的理性具有浓厚的启蒙色彩，它是以人的独立性为前提的，从一个侧面说明个体认同对于信仰和自信的重要

---

① 鲁迅. 鲁迅全集（第3卷）[M]. 北京：人民文学出版社，2005：345.
② 赵志毅. 论品德结构与人格系统的关系[J]. 教育研究，2011（1）：82-86. 赵志毅在这里谈到的"信念"，与"信仰"同义，两者不做区分。
③ 弗洛姆. 为自己的人[M]. 孙依依，译. 北京：生活·读书·新知三联书店，1988：184.
④ 弗洛姆. 为自己的人[M]. 孙依依，译. 北京：生活·读书·新知三联书店，1988：188-189.

意义。《现代汉语词典》对"自信"的解释是:"相信自己;对自己的信心;对自己有信心。"[①]三种解释分别对应的是动词、名词、形容词。从总体上看,自信意味着对自己的信心。"信心"是一种"相信自己的愿望或预料一定能够实现的心理"[②]。这种相信达到一定程度,就会发展成为信念,在此基础上进一步上升,就可能发展成为信仰。

就人格形成和发展的本身要求而言,马克思主义信仰的确立,需要建立在个体认同的基础之上。人类解放是马克思的主导价值取向和终极追求,这一追求在马克思科学的世界观和方法论的指导下,从空想"质变"为科学,获得了得以实现的蓝图和所要达到的终极状态。马克思为人类解放这一主导价值取向奠定了最终的目标和归宿——每个人的自由全面发展。[③]在调查中,关于影响马克思主义信仰教育的主要因素(多选题),有52.9%的被试者选择了"无法实践或缺乏亲身感受马克思主义信仰存在",还有43.1%的被试者选择了"部分领导干部即马克思主义信仰者的不当言论和行为对学生的影响"。[④]上述两个选项所选人数最多,它们均属于外部归因,实际上有意无意地推卸了大学生自我作为独立、自由和理性个体的责任。正如格根(Kenneth Gergen)所言,所有行为表现的不足都是内部缺陷的外显表达。试图为自己所做的辩解:"那不是我的错","父母不管我",或者"我事先不知道这件事的后果",等等,都是为了逃避或抵御可怕的指责——你真逊色![⑤]与之相对,真正具备了马克思主义信仰的人,不会根据外部世界改变自身看法,他们会诉诸自身内部寻找行为依据,也就是直面信仰,依信仰而行动。更有甚者,外部的消极现实会从相反的角度得到解释,从而使得他们的信仰更为坚定。从根源上说,上述调查结果是大学生的自由全面发展不充分导致的,在这种状态下,人的活动的自主性受到破坏,这不是解放而是奴役。在马克思看来,解放不仅是一种历史性的活动,而且是自主性的活动。自主活动是人的现实地改造外部世界的具体的、历史的、现实的创造活动,同时也是人类自身在

---

① 中国社会科学院语言研究所词典编辑室. 现代汉语词典[M]. 7版. 北京:商务印书馆,2016:1739.
② 中国社会科学院语言研究所词典编辑室. 现代汉语词典[M]. 7版. 北京:商务印书馆,2016:1462.
③ 刘同舫. 马克思的哲学主题[M]. 北京:人民出版社,2017:115.
④ 徐秦法. 新时代马克思主义信仰教育研究[M]. 北京:人民日报出版社,2020:133.
⑤ 格根. 关系性存在:超越自我与共同体[M]. 杨莉萍,译. 上海:上海教育出版社,2017:24.

大工业物质生产中已经能看得到的一种现实可能性，即人的自觉自由活动或历史的主导地位。① 它意味着"把人的世界和人的关系还给人自己"②。缺乏个体认同的所谓信仰，实际上是一种对真实自我的欺骗和对自身责任的逃避。

进一步说，在马克思主义经典作家看来，人的个体性与社会性是辩证统一的，而且，"首先应当避免重新把'社会'当作抽象的东西同个人对立起来。个人是社会的存在物。因此，他的生命表现，即使不采取共同的、同其他人一起完成的生命表现这种直接形式，也是社会生活的表现和确证"③。根据这个观念，对于自称有信仰者而言，是否形成了个体认同（即自信），这是检验他们信仰的真假与否的重要标准。以个体认同为基础的信仰是"有自信"，缺乏个体认同的信仰是"不自信"。诚如爱默森（Ralph Emerson）所说："一切的美德都包含在自我信赖里。"④ 对于包含了自信的信仰而言，当信仰的对象转变为主体自身时，信仰便与自信融合在一起。犹如社会认同与个体认同，信仰与自信之间也存在辩证统一的关系，两者构成一枚硬币的两面。信仰与社会认同联系在一起，以非我为对象；自信与个体认同联系在一起，以自我为对象。自信意味着信仰层面的个体认同，自信是个体认同在"有我的信仰"领域的实质和体现。

在一项调查中，对于"是否了解真正的马克思主义"这一问题，有85%的大学生认为"了解"；对于马克思主义科学性的看法，只有7%的大学生认为"马克思主义体现人的超越性，彰显了人的自由主体性"，与之相对，更多人选择的是"马克思主义揭示了历史发展规律"（46%）、"马克思主义体现了科学真理性和人民利益价值性"（42%）。⑤ 实际上，马克思主义不仅揭示了历史发展规律，体现了科学真理性和人民利益价值性，而且体现人的超越性、彰显人的自由主体性，三者相互联系，彼此融合，从实证研究的科学性角度

---

① 张一兵. 马克思哲学的历史原像 [M]. 北京：人民出版社，2009：310-312.
② 马克思，恩格斯. 马克思恩格斯文集（第1卷）[M]. 中共中央马克思恩格斯列宁斯大林著作编译局，编译. 北京：人民出版社，2009：46.
③ 马克思，恩格斯. 马克思恩格斯文集（第1卷）[M]. 中共中央马克思恩格斯列宁斯大林著作编译局，编译. 北京：人民出版社，2009：188.
④ 爱默森. 爱默森文选 [M]. 张爱玲，译. 北京：生活·读书·新知三联书店，1986：20.
⑤ 徐秦法. 新时代马克思主义信仰教育研究 [M]. 北京：人民日报出版社，2020：131.

看，对于马克思主义科学性的看法，设置为多选题更为妥当。更重要的问题在于，85%的大学生认为自己了解马克思主义科学性，但是，重视马克思关于人的自由主体性的观点的，只占总样本的7%，两者存在巨大的反差。这与我们的日常经验观察是一致的：经过这些年持续不断的马克思主义信仰教育，很多大学生都认为自己已经形成了马克思主义的信仰；但在现实社会生活中，马克思强调的自由被有意无意地忽视了，不少大学生自认为的马克思主义信仰实际上是"无我的信仰"。对自由意志和自我意识的忽视导致个体认同的缺失，一旦遭遇现实社会的冲击，"无我的信仰"往往会撕下那层薄薄的"信仰"面纱，迅速向现实投降。所以，别看"小粉红"在网上慷慨激昂，甚至在现实社会中也会有一些过激举动，但一旦遭遇"社会毒打"，除了哭泣之外什么都不会。

在认同领域，自信表现为对主体自我意识和自由意志的肯定，自信与信仰的结合意味着个体认同与社会认同的结合。必须承认，西方社会最早建立起个体认同意义上的信仰。如表13-1所示，西方的逻各斯与物质的东西完全划分开来。为什么会这样呢？因为逻各斯已经成了西方人独立的自我意识本身的一种尺度和法则，它是一种逻辑法则。[①] 承袭这种思维方式和文化精神，现代基督教信仰是一种建立在自信基础上的信仰。在谈及康德宗教哲学时，邓晓芒认为，信仰不是外来的，而是出于人的自由意志的必然要求。[②] 邓晓芒在这里提到的上帝，是现代基督教意义上的上帝，产生于16世纪路德（Martin Luther）发起的宗教改革运动。路德领导的宗教改革最终催生了基督教的新教（Protestant）分支，这么命名是因为这些改革者反对罗马教会的某些教义和习俗。新教试图寻找基督教体验的必要因素，并按照其生活。它非常强调个人与上帝建立关系的能力，尤其突出了个人"与上帝的直接联系"，认为尽管牧师协助宗教礼拜式的进行，但他们不是上帝和个人之间的中介人，每个人都与上帝有直接的关系。[③] 宗教改革运动的一个突出贡献，就是将横亘于个人与上帝之间的教会抽离，让个人直接与上帝对话，人们在对上帝的信仰过程中

---

[①] 邓晓芒. 中西信仰观之辨[J]. 东南学术, 2007（2）: 22-26.
[②] 邓晓芒. 康德宗教哲学与中西人格结构[J]. 湖北大学学报（哲学社会科学版）, 1998（5）: 1-5.
[③] 莫洛伊. 体验宗教：传统、挑战与嬗变[M]. 张仕颖, 译. 北京: 北京联合出版公司, 2018: 347-348.

找到了自身的价值，实现了自我与上帝的统一。因此，邓晓芒认为，基督教有一个很重要的特点，即它是一种自我意识的宗教，是建立在自我意识之上的，建立在个人灵魂的独立性之上的。[1] 现代基督教的上帝已经与信徒的自我合二为一，信仰上帝其实就是信仰自我（自信），面向上帝进行忏悔实质上就是从内心深处对自我进行反思，这样的反思最深刻，同时也最真诚。

在教学过程中可以发现，对于从古到今中国社会常见的"说一套，做一套"的"两面人"甚至"多面人"现象，不少大学生归因于当事人的信仰不够虔诚，换言之，那些"好的"道德主张本身是没有问题的。这些大学生没有意识到，一旦与主体相分离，再好的道德主张也就失去了意义，在现实社会中，往往还会导致上演一出出滑稽剧。还有一些大学生认为，这是中国传统文化被破坏而导致的恶果。实际上，从古至今的中国人大都缺乏宗教信仰（主观唯心主义），同时也没有柏拉图的理念论之类的逻各斯信仰（客观唯心主义），因而形而上的信仰极其稀缺，更多的是追求形而下的东西。以孔子为代表的儒家仁爱思想指向的是此岸世界，大儒们追求的是"为天地立心，为生民立命，为往圣继绝学，为万世开太平"，这些目标很宏伟，但都是现世的功业，而不是具有超越性的精神意义上的真善美。对主体而言，一切现实世界的对象都是"非我"，只有面向超现实的真善美本身，才可能找到"真我"。传统中国人长期生活在儒表法里的社会中，自我人格的同一性本来就缺乏制度性的根基，加之缺少形而上的精神支撑，无法面对真实的自我，导致他们在遭遇挫折后，很容易放弃道德追寻，从理想的"大儒"变成现实的"法儒"和"道儒"。正如谭嗣同在《仁学》中所言："二千年来之政，秦政也，皆大盗也；二千年来之学，荀学也，皆乡愿也。惟大盗利用乡愿，惟乡愿媚大盗。"

于是，问题产生了：对于没有宗教信仰传统的中国人而言，信仰和自信从何而来？国学大师钱穆认为，"中国人的最高信仰，乃是天、地、人三者之合一"[2]。在他看来，这种天地人融合在一起的境界，甚至超越了基督教、佛教和现代科学，是一种具有中国特色的终极理想。但是，如果换个角度思考，

---

[1] 邓晓芒. 中西信仰观之辨[J]. 东南学术，2007（2）：22-26.
[2] 钱穆. 中华文化十二讲[M]. 北京：九州出版社，2017：99.

"天、地、人三者之合一"也许恰恰表明中国传统社会在个体认同方面存在的严重缺失。传统中国人的自我意识没有独立起来，没有建立独立的内心的精神生活，也没有个人独立的精神需要。个人与群体是融合为一，不可分割的。所以，中国人在群体关系中，他人就是我，我就是他人，宇宙就是我心，我心就是宇宙。[1] 这种自我与他人、与社会、与世界不做区分的状态，往往容易导致个人自我意识的缺失，既看不到作为独立个体应当享有的权利，也不承担相应的责任。诚如鲁迅所言："中国人向来有点自大。——只可惜没有'个人的自大'，都是'合群的爱国的自大'。"[2] 这种缺少个体认同的自大，最终形成的往往不是"天、地、人三者之合一"的"至人""神人""圣人"，而是乌合之众。[3] 可以说，在现代社会，个体认同是实现人的自由全面发展的起点，同时也是贯穿人的解放的主线。就大学生马克思主义信仰教育而言，如果不能形成和确证个体认同，社会认同则很可能成为束缚人而非解放人的力量，让人们沉浸在所谓"天人合一""物我两忘"的虚幻世界中，忘却现实社会中作为个体的人的权利和责任。

## 三、形而上与形而下：马克思主义信仰教育中个体认同的确立

沿着上述逻辑进一步追问，新的问题出现了：如果建立个体认同对于中国社会的现代建设和人的自由全面发展的确十分重要，那么，对于当代大学生信仰教育而言，体现信仰与自信相融合的"有我的信仰"何以可能？

就现实教育过程而言，用适合于中国人的信仰代替西方的宗教信仰，不少学者都沿着这种思路进行过探索，比较典型的有李泽厚和蔡元培：摒弃了

---

[1] 邓晓芒. 中西信仰观之辨[J]. 东南学术，2007（2）：22-26.
[2] 鲁迅. 鲁迅全集（第1卷）[M]. 北京：人民文学出版社，2005：327.
[3] 儒家能否被称为一种宗教，历来看法不一。持肯定态度的诺斯们（John B. Noss & David S. Noss）认为，孔子本人感到他有天做他的后盾，必须把他与其他宗教领袖相提并论。他具有一种非常独特的先知意识，他清楚地感到他对其时代肩负的使命之一就是传递天之永恒意义，因为这一意义根源于世界的道德秩序。对他来说，他的学说似乎是以事物的终极本质作为坚实基础的。因此，我们没有理由不把这一信念看成是一种从属于宗教的信念。（诺斯，诺斯. 人类的宗教[M]. 江熙泰，刘泰星，吴福临，等译. 成都：四川人民出版社，2005：386.）即便如此，也需要看到，孔子的"宗教信仰"是建立在"天人合一"的基础之上的，它不具备基督教面向上帝进行忏悔、从内心深处对自我进行反思的特点，因而缺乏形成个体认同的根基。

康德对人类生活意义问题的宗教式答案，李泽厚用美学来替代神学[①]，蔡元培"以美育代宗教"[②]。他们在各自领域做出了积极的探索，但似乎未能从根本上提供解决问题的方案，当代中国人信仰缺失的问题依然严峻。在纽曼（John Newman）的名著《大学的理念》(The Idea of a University)的"校后记"中，何光沪历数当今社会种种负面现象，提醒人们"我们已成了世界罕见的公然把追逐权力和金钱（'升官发财'）作为目标挂在嘴上、唱在歌里、贴在公众场合而不知羞愧的民族"，进一步反思数十年"思想品德教育"的效果，并沉痛地问道："对十几亿人来说，这是一种什么样的'德育'？这几十年的教育，难道不值得大反思、大改革？"[③] 就大学生信仰教育而言，治本之策在于围绕"有我的信仰"，实现个体认同与社会认同的结合，从而树立马克思主义信仰。中国人没有宗教信仰，这是一个事实。马克思主义信仰不是宗教信仰，作为一种精神追求，马克思主义与中华优秀传统文化在精神上存在高度契合，在实践中体现社会认同与个体认同辩证关系，这就从理论上提供了马克思主义信仰教育的可能性。基于表13-1所列的四种信仰类型，围绕形而上与形而下的对立统一关系，探讨马克思主义信仰教育中大学生个体认同的路径。

第一，区别马克思主义信仰与宗教信仰，提供形而下的现实观照。马克思主义作为信仰和宗教信仰有本质区别。陈先达认为，马克思主义的信仰，是以事实为依据的信仰，是建立在规律基础上的信仰；宗教信仰是建立在"信"的基础上的信仰，我"信"因而我信仰。宗教信仰不追问"为什么可信"，而是"信"；科学学说不是问"信什么"，而是要问"为什么可信"。[④] 从他的论述可以看到，马克思主义信仰与宗教信仰的一个重要区别，类似于弗洛姆对理性信仰与非理性信仰的区分；理性精神是个体认同的核心要素之一，换言之，这种区分也就是"有我的信仰"和"无我的信仰"的区别。当然，就基督教体系而言，作为一种无我的信仰，主要是指的新教改革之前的信仰，至于新教改革就是一个重新发现自我的过程。（相关内容，前文已有论述。）

---

[①] 孔夫子与康德的"对话"[N]. 中华读书报，2013-08-07.
[②] 高平叔. 蔡元培教育论著选[M]. 北京：人民教育出版社，2011：87-91.
[③] 纽曼. 大学的理念[M]. 高师宁，何克勇，何可人，等译. 北京：北京大学出版社，2016：286.
[④] 陈先达. 马克思主义信仰十讲[M]. 北京：人民出版社，2018：30.

这里需要解决一个问题：基督教新教与马克思主义都强调主体的个体认同，两者的区别何在？刘建军的分析可以提供一个思路：在信仰对象的物象形态上，马克思主义者所信奉和追求的共产主义伟大理想是人类实践活动的最宏伟目标。在它身上，人类实践活动的目标特性体现得非常明显。而宗教徒所信奉和追求的则是个超自然存在物——上帝，它已完全丧失了人类实践目标的特性，因而看起来与人改造世界的实践活动目标相去甚远，甚至毫不相干。[1] 马克思指出："凡是把理论引向神秘主义的神秘东西，都能在人的实践中以及对这种实践的理解中得到合理的解决。"[2] 宗教信仰不仅可以论证正义（自由、民主、平等等共同价值）是客观存在的，同样也可以论证邪恶（"自私是人的本性"、"人不为己天诛地灭"、阴谋论等）是客观存在的——所以基督教有上帝和撒旦之分。这是一个形而上学的命题，属于马克思所说的"把理论引向神秘主义的神秘东西"。与之相对，马克思主义以实践为核心，为行动者提供了形而下的现实观照。所以，同样强调人的精神性、超越性，马克思主义信仰去除了宗教（包括新教）神秘主义的部分，强调作为个体的人的现实性、"社会关系的总和"。对于大学生而言，作为一个独立、自由和理性的个体，意味着勇于做自己：我可以不面向上帝而生，但我可以（而且应当）面向真理而生；除了叩问内心、反躬自省，我还需要诉诸积极的实践，在改造现实世界的过程中实现自身的价值。这里体现的是作为信仰的马克思主义有别于宗教信仰的独特性，也是有为青年和"小粉红"的重要区别。

第二，继承创新中华优秀传统文化，建立形而上的精神追求。中华优秀传统文化强调讲仁爱、重民本、守诚信、崇正义、尚和合、求大同的价值理念和精神境界，它们具有现代意义和积极价值。要实现这些价值，就需要具备孟子所谓的"大丈夫"人格。诚如鲁迅所言，我们自古以来，就有埋头苦干的人，有拼命硬干的人，有为民请命的人，有舍身求法的人，他们是中国的脊梁。[3] 但是，诚如前文所分析的，由于传统中国人的信仰基本上都停留在形

---

[1] 刘建军. 马克思主义信仰论[M]. 北京：中国人民大学出版社，1998：85.
[2] 马克思，恩格斯. 马克思恩格斯选集（第1卷）[M]. 中共中央马克思恩格斯列宁斯大林著作编译局，编译. 北京：人民出版社，2012：135-136.
[3] 鲁迅. 鲁迅全集（第6卷）[M]. 北京：人民文学出版社，2005：122.

而下的道德层面，缺少形而上的直面真、善、美本身的内涵，因此具有一定的不确定性。例如，除了孟子所说的"士大夫"和鲁迅所说的中国的"脊梁"，我们还可以看到诸如方孝孺那样的忠臣，维护的是皇帝的孙子还是另一个儿子当皇帝这样的所谓"道统"，对此，资中筠评论道："至少从秦统一中国的两千年中，一代一代的中国士大夫为帝王的'家事'操心，耗尽聪明才智，献出理想、忠诚，多少人为之抛头颅、洒热血，这种努力推动历史前进了么？"[1]中国传统文化中缺少个体认同，因而导致不管是士大夫还是方孝孺，都多多少少缺乏直面真理的意识，直到现在，"为知识而知识""为学问而学问"还往往被许多国人当作不切实际的空谈之举，经世致用还是他们心心念念的目标。

从个体认同的角度，马克思主义信仰可以从信仰的形而上层面提供"疗救"。作为一种信仰，马克思主义高扬人文主义旗帜，强调自由的重要性，有利于大学生建构个体认同。马克思之所以认为人的类特征恰恰就是自由的自觉的劳动，就是因为人的劳动是按照真、善、美的尺度进行的。"动物只是按照它所属的那个种的尺度和需要来建造，而人却懂得按照任何一个种的尺度来进行生产，并且懂得怎样处处都把内在的尺度运用到对象上去；因此，人也按照美的规律来建造。"[2]这里，马克思讲的是人的自由活动的尺度问题，实际上就是讲真、善、美的问题。[3]"宗教并不是唯一的信仰方式。对宗教的不信仰，可以是对科学、真理、人的本质力量的信仰等。"[4]实际上，非常重视信仰的"纯粹性"的邓晓芒也主张在超越具体的宗教和教派之上的一种信仰，就是所谓的"精神性的信仰"，这是对"真善美"这些人类精神价值的信仰。[5]需要再次强调的是，这里的真、善、美、自由、正义等人类精神价值，是"绝对的""超世俗的"，正因为如此，它们才不会消失，才具有永恒性，才能成为信仰的对象。这不同于传统中国"相对的""世俗化的"仁、义、礼、智、信，以及天道、天理等观念。

---

[1] 资中筠. 读书人的出世与入世[M]. 北京：中国社会科学出版社，2002：323-324.
[2] 马克思，恩格斯. 马克思恩格斯选集（第1卷）[M]. 中共中央马克思恩格斯列宁斯大林著作编译局，编译. 北京：人民出版社，2012：57.
[3] 袁贵仁. 马克思主义人学理论研究[M]. 北京：北京师范大学出版社，2017：253.
[4] 李德顺. 价值论[M]. 北京：中国人民大学出版社，2013：142-143.
[5] 邓晓芒. 中西文化比较十一讲[M]. 长沙：湖南教育出版社，2007：28.

第三，提倡"为追求真理而读书"，实现形而上与形而下的辩证统一。正如前文所分析的，建立在个体认同基础上的马克思主义信仰，是主体与自我的对话，而这种对话同时也是面向真理（真善美）本身的。对大学生而言，"为什么读书"或者"读书有什么用"是一个重要问题。通过明确读书的目的，可以让他们更好地认识自己，在个体认同的基础上形成真正的、"有我"的马克思主义信仰，从而实现社会认同与个体认同、信仰与自信的辩证统一。基于表13-1，表13-2围绕"为什么读书"这一问题，列出了读书的三种境界，接下来将综合前面两点进行分析。

表 13-2　读书的三种境界

| 层次 | 信仰类型 | 内容 | 功利性 | 方向性 | 主客体关系 |
|---|---|---|---|---|---|
| Ⅲ | 形而上信仰 | 为追求真理而读书 | 超功利 | 为自己Ⅱ | 主客体统一 |
| Ⅱ | 形而下信仰 | 为富国强民而读书 | 大功利 | 为他人 | 主客体分离 |
| Ⅰ | 无信仰 | 为当官发财而读书 | 小功利 | 为自己Ⅰ | 主客体分离 |

对大学生而言，读书是一种"自然而然"而且"势所必然"的行为，但是，在这种具有普遍性的行为背后，不同主体有着不同的动机，从而体现出不同的境界。层次Ⅰ是为了自己当官发财而读书，这是典型的个人型伦理利己主义和功利主义的混合，前者体现为"为自己"，后者体现为"小功利"——这是与为富国强民而读书的"大功利"相对而言的。这种行为实际上并不具备精神上的超越性，所以并无信仰可言。正因为如此，虽然这种现象在现实社会中十分常见，但一直为我们的主流意识形态所反对。与之相对，儒家历来主张的是层次Ⅱ，即为富国强民而读书，这是一种更高的境界，历来为中国人所推崇，前文谈论的仁人志士均属此类。但是，不管是层次Ⅰ的为当官发财而读书，还是层次Ⅱ的为富国强民而读书，两者有一个共性，即在确立读书目标时，都体现出主体与客体的分离。我与你、我与他、我与家庭、我与国家社稷、我与黎民百姓，两者之间均存在明显的界限。与之相对，层次Ⅲ为追求真理而读书则跨越了这条界限，在追求真理的过程中，主体面对的是自我，在这种超功利的追求中，形而上的信仰得以形成。

举例来说，"为中华之崛起而读书"的名言广为人知，它是少年周恩来的宏伟志向，表现了为国家和民族而奋斗终身的责任感和使命感。实际上，人的动机是很复杂的，周恩来读书的动机并不止此一项。1963年7月22日，周恩来在北京市高等学院应届毕业生大会上的报告中谈道："人不是生而知之，而是学而知之。中国这句古话很有道理。我们现在要更进一步，要活到老，学到老，做到老，改到老。学然后知不足，越学就越感到我们不知道的东西太多了，知道的东西太少了。"[①] 这段话说明，除了"中华之崛起"的外部动机之外，周恩来读书至少还有源自个体的内驱力。更重要的是，在周恩来身上，这种个体内外的动机有机地结合在一起，推动他成就了一番伟业。如前文所述，就信仰的"纯粹"意义而言，真正符合马克思主义信仰要求的，是为追求真理而读书，这是一种具有超功利性的形而上信仰，在个体认同的基础上体现了形而上与形而下、主体与客体之间的对立统一。教师在用周恩来的事例激励大学生好好读书时，需要把握好形而上和形而下的辩证关系，在去除信仰体系中的神秘主义色彩的同时，充分重视马克思主义信仰的精神性、超越性，从而为真正的信仰教育奠定坚实的基础。

---

① 周恩来. 周恩来文化文选[M]. 北京：中央文献出版社，1998：457.

# 第十四章　大中小学爱国主义教育优化路径探析

## ——以"三水平六阶段"理论与品德三维结构说的结合为视角

2022年10月，党的二十大报告延续党的十九大报告再次提出"加强爱国主义、集体主义、社会主义教育"，两篇报告在时代新人培育举措上始终将爱国主义教育摆在首位。2023年10月，《中华人民共和国爱国主义教育法》由第十四届全国人大常委会第三次会议审议通过，以法治方式推动和保障新时代爱国主义教育。这些举措无不凸显了当前爱国主义教育的极端重要性。在统筹推进思想政治教育一体化建设的背景下，有关大中小学爱国主义教育一体化建设的理论研究和实践探索引起了广泛关注并取得了显著成效，有效实现爱国主义教育的一体贯穿、循序渐进、螺旋式上升成为当前思政课建设的一项紧迫课题。[①] 但是，其中存在的诸多问题也需要引起足够的重视。一方面，就理论研究而言，梳理现有的成果不难发现，当前学者的研究思路往往侧重过程导向，即聚焦教师、学校、教育行政部门等教育实施主体，从教育内容、课程内容、教育方法、教师队伍等几个方面提出优化大中小学爱国主义教育路径的举措。相应地，针对大中小学爱国主义教育的最终效果，以期望达到的一体化教育成效反思教育举措的研究数量则较少，而且有关大中小学爱国主义教育效果的研究主要集中在评价机制的构建、评价主体的厘定及评价方法的纠正等衍生问题上，缺乏对个体品德结构的系统性探讨，而后者往往是更具基础性和根本性的问题。另一方面，回归现实的社会场域和教育情境，不难发现由于缺乏对个体品德结构要素的审视，在应对复杂多变的社会现实

---

① 王雯姝，迪拉热·艾则孜. 大中小学思政课一体化视域下爱国主义教育的目标层次及着力点[J]. 思想理论教育导刊，2023（3）：141-147.

和具体的教育情况时，当前的爱国主义教育往往显得"力不从心"、解释力不足。鉴于此，优化新时代大中小学爱国主义教育路径，不能仅仅停留在爱国主义教育一体化"能否实现"的理性系统分析视角上，还要在此基础上进行接续补充，即从自然系统视角进一步深化关于爱国主义一体化"最终成效如何"的研究。聚焦个体的品德结构，从教育效果反观教育过程，实现定量分析与定性分析、教育效果与教育过程的统一，增强新时代爱国主义教育的针对性，切实提高大中小学爱国主义教育的质量和成效。

## 一、大中小学爱国主义教育的现状及问题

2019年3月18日，习近平总书记在学校思想政治理论课教师座谈会上指出："在大中小学循序渐进、螺旋上升地开设思想政治理论课非常必要，是培养一代又一代社会主义建设者和接班人的重要保障。"[1] 作为大中小学思政课的核心内容之一，爱国主义教育是落实立德树人根本任务的关键，也是贯穿思政课建设内涵式发展、时代新人现代人格培育的一条主线。在庆祝新中国成立70周年之际，中共中央、国务院印发《新时代爱国主义教育实施纲要》，明确了爱国主义教育的指导思想、总体要求、基本内容和载体手段等几个方面的内容。其中，自统筹推进大中小学思政课一体化建设以来，深入开展中国特色社会主义和中国梦教育、弘扬民族精神和时代精神、传承中华优秀传统文化等内容已成为爱国主义教育的核心内容，在不同学段的思政课课堂上以多样化的方式和手段得到了体现。然而，教育场域中重视爱国主义教育宏大叙事的传统、屡有发生的爱国主义教育表演行为，以及现实生活中层出不穷的两面型、利益型、非理性型、群体型等伪爱国主义分子，无不反映出当前爱国主义教育一体化建设中仍存在诸多困境。

第一，大中小学爱国主义教育重政治、轻道德。一方面，当前爱国主义教育叙事存在重政治、轻道德的现象。作为各学段爱国主义教育的方式之一，近年来爱国主义教育叙事在不同学段中取得了一定成效。然而，审视现实却

---

[1] 习近平主持召开学校思想政治理论课教师座谈会强调：用新时代中国特色社会主义思想铸魂育人 贯彻党的教育方针落实立德树人根本任务[N]. 人民日报，2019-03-19.

不难发现，传统爱国主义教育叙事视角存在偏重于宏大叙事方式和一元性话语的问题。[1] 所谓宏大叙事，是指一种不需要论证也不需要怀疑的基础性、本质性、确定性的叙事，这种叙事强调了一元和权威主义的逻辑，并将偶然、异质、多元、差异等因素边缘化。[2] 爱国主义教育宏大叙事往往过分凸显政治性、确定性、宏观性话题，忽视对道德性、多样性、微观性内容的观照，导致爱国主义教育宏大叙事与日常生活叙事的对立，产生极大危害。对爱国主义教育本身而言，该做法违背了思想政治教育规律和教育教学规律，使得爱国主义教育对教育对象来说变得"触不可及""不接地气""虚无缥缈"，无法真正激发起学生的认同感与共鸣感，无法切实提高爱国主义教育的亲和力和现实成效。对个体发展而言，这种过分强调民族情怀与国家命运的爱国主义教育方式，违背了个体成长发展的规律，不利于整体提升个体在知情意行等层面的道德水准。马克思和恩格斯指出："个人总是并且也不可能不是从自己本身出发的。"[3] 忽视个体自身的生命体验和道德实践，往往会阻碍人的自由全面发展，无法满足时代新人培育的现实需要。另一方面，当前爱国主义教育内容中也存在重政治、轻道德的现象。社会主义教育立德树人的目标是"明大德、守公德、严私德"。[4] 爱国作为立德之源，也要明大德、守公德、严私德。基于此，对小学思政课教师而言，开展爱国主义教学活动应重点结合小学生的道德习惯、道德表现、文明礼仪等基础教育展开，便于为中学、大学阶段的爱国主义教育打牢个体道德基础。然而，尽管教材设计上体现了两块内容的结合，但现实中碍于课时安排和"大单元"授课模式等因素，教师在开展爱国主义教育时往往不能很好地将政治教育与道德教育融合衔接起来。此类问题犹如不起眼的"蚁穴"，短期看来造成的影响并不大。但是，教育是一个顺序性、连续性、渐进性的过程，微不足道的问题若不加以干涉往往会引发一

---

[1] 张晓婧，刘建军．新时代大学生爱国主义教育叙事的特性、主体与策略[J]．河海大学学报(哲学社会科学版)，2022（2）：30-36.

[2] 蒋红群．论现代性困境下思想政治教育叙事形式的转换[J]．思想教育研究，2011（9）：26-28.

[3] 马克思，恩格斯．马克思恩格斯全集（第3卷）[M]．中共中央马克思恩格斯列宁斯大林著作编译局，编译．北京：人民出版社，1960：274.

[4] 戴艳军，郑呈杰．关于立德树人之"德"的哲学思考——以私德、公德、大德的厘清与扩展为线索[J]．思想理论教育，2023（7）：55-61.

系列连锁反应。这样的现象并不少见：有些学生在课堂上表现得乖巧伶俐、彬彬有礼，私底下却脏话连篇，有些言语甚至十分粗鄙。更值得反思的是：无论是在大学、中学还是小学，与那些教学生"如何成功"的教师相比，意识到这种现象的危害并有意识地予以纠正的老师在数量上并不占优势。

第二，大中小学爱国主义教育重认知、轻行动。墨子提出获取知识的三种方式：亲知、闻知、说知。在此基础上，著名教育家陶行知指出："现在一般学校里所注重的知识只是闻知，几乎以闻知概括一切知识。亲知是几乎完全被挥于门外。说知也被忽略，最多也不过是些从闻知里推想出来的罢了。"[1] 传统大中小学爱国主义教育往往在知情意行四个方面存在矛盾和冲突，或者片面强调某一方面而忽视了不同方面间的交叉融合。这类问题突出体现在当前爱国主义教育评价的过程中。教育评价是包括教学工作评价、课程评价、教师评价、学生评价、学生品德评价、中小学学校评价等层面在内的系统性工程。[2] 在当前大中小学爱国主义教育评价中，就学生品德评价而言，教育者更多关注的是学生的道德认知水平，而非道德行为能力；就学生的行为评价而言，评价的重点集中在学生日常行为规范的认知层面，而非日常行为层面。[3] 大中小学爱国主义教育重认知、轻行动的问题还体现在具体的教育实施过程中。例如，某些情况下学校爱国主义教育仅涉及认知教育，或者重视受教育者的情感熏陶却忽略其行为的外化。2023年9月3日上午，南京举行抗战胜利78周年庆祝活动。活动现场，一名嘴上涂着鲜艳口红、说着一套与其年龄极其不符的话语的小学生面对着镜头侃侃而谈。针对这则采访，不少网友表示自己的观感体验不佳，称自己感受到的不是"少年智则国智，少年强则国强"的历史使命感和荣耀感，而是一种割裂感。这种割裂感来源于本该真情流露的、自然朴素的爱国情感和现实中具有表演性质的爱国行为之间的冲突。违背教育对象身心发展的客观规律，无视个体道德内化、外化的作用机制，简单直接地要求学生按照一套固定的神态表情、话语方式进行爱国主义教育表演，最终效果往往会适得其反。需要注意的是，爱国是知行合一的内容呈

---

[1] 陶行知. 陶行知全集（第2卷）[M]. 成都：四川教育出版社，2005：5.
[2] 胡中锋. 教育评价学[M]. 北京：中国人民大学出版社，2008：1-2.
[3] 齐学红. 中小学品德评价存在的误区及其改革对策[J]. 课程·教材·教法，2012（3）：86-90.

现，知行合一是爱国价值观形成的必然路径。[①] 作为提高道德教育实效性的重要途径，道德内化是将社会道德规范、行为准则、社会习俗等转化为个体的道德认知、信仰和行为。[②] 简言之，个体只有经过了道德内化，才能形成稳定的道德人格与行为模式，收获"从心所欲不逾矩""发自内心觉得对""不虑而行"等实际效果。对此，大中小学爱国主义教育目标、方法等的设定要在认知、情感和行为的合一上下功夫，真正让爱国价值观根植于学生的思想深处，升华为学生的深厚情感，外显于学生的实践活动。

第三，大中小学爱国主义教育重社会、轻个人。在具体的社会情境中，两面型爱国者的存在一定程度上反映出当前爱国主义教育重社会、轻个人的问题。主体是否在场很大程度上会影响其对待外在的人和事持有的态度及采取的行动。大中小学爱国主义教育培养的理应是能融合自我在场与不在场两种情境、对人对己采取同一套价值评判标准的爱国者。然而，现实中却不乏这样一类人：当所处的情境与自身没有直接利害关系时，他们可以做到毫无保留地"站国家""挺中国"；而一旦关系到自身，他们又悄无声息地当起了"缩头乌龟"，采取"暗处观望""按兵不动"的战术。简言之，他们"精明地计算着个人的利益得失，对个人有利的事往前冲，对他人、社会和国家有利而对自己不利的事往后躲"[③]。可以说，这种"爱国者"在自我和社会层面是分裂的、不统一的，他们仅仅是在公共领域和社会层面做到了爱国，在私人领域和个体层面，他们是不爱国的。举例来说，当前留学生在海外遭受种族歧视的新闻时有发生。在一则"博主在英国街头拍摄街景时，遭路过女生比画种族歧视手势，立刻勇敢回击"的话题讨论下，有网友指出："我相信大多数海外留学生在国外遇到种族歧视分子时，能够主动站出来表达自己的立场吧，但说实话，换作我，可能会选择容忍不作声，多一事不如少一事嘛，从小受到的教育就是不要做'出头鸟'。"除上述提到的两面型爱国者之外，现实生活中还有诸多利益型、非理性型、群体型等伪爱国者大量存在，若不予以纠正，会损害爱国主义教育的现实效果。而解决这类问题，培养能协调好社会与个人关

---

① 曾永平，吴海婷. 知行合一：大学生爱国价值观培育的逻辑进路[J]. 学校党建与思想教育，2020（3）：39-42.
② 赵瑞芳. 青少年道德内化动力：内涵·缺失·提升[J]. 中学政治教学参考，2015（30）：58-60.
③ 骆郁廷. 新时代爱国主义教育的"破"与"立"[J]. 思想理论教育导刊，2020（2）：55-59.

系的新时代爱国青年，大中小学爱国主义教育大有可为。著名教育家蔡元培曾言道："人格之发展，在洞悉夫一身与世界种种之关系，而开拓其能力，以增进社会之利福。"① 至善人格的实现强调的是个人与社会的统一，而不是非此即彼，将二者割裂开来。同理，培养现代人格的大中小学爱国主义教育也并非片面追求个体至善，而要立足于社会之中，实现个体与社会至善的统一。② 若将个人与社会的关系摆在二元对立的局面，在这种"二元对立"的陈腐观念的指引下，个人会压抑个性、丧失权益，于自身发展百害而无一利，集体也会由于缺乏凝聚力而丧失发展动力。

上述问题已然成为阻碍当前大中小学爱国主义教育一体化建设和人的自由全面发展的现实梗堵，需要引起重视并予以解决，而解决问题的主要思路是要将关注点放到"人"这一主体身上。人的现代化与教育的现代化二者之间是辩证统一的：一方面，好的国家依赖于好的个体，而好的个体则需要好的教育。③ 独立、自由、理性的现代人格培育离不开现代化的教育。另一方面，教育的现代化要顺应独立、自由、理性的现代人格培育的现实需要。对此，优化大中小学爱国主义教育的路径需要依据教育对象的道德需要和特征变化做出调整，使其关注点回归到问题的根本上，着眼于个体品德结构的完善上，聚焦于教育对象现代人格的养成上，以人的现代化发展促进大中小学爱国主义教育的现代化，以大中小学爱国主义教育的现代化助推人的现代化发展。

## 二、品德三维结构说与"三水平六阶段"理论的逻辑关系

按照马克思的观点，"我们越往前追溯历史，个人从而也是进行生产的个人，就越表现为不独立，从属于一个较大的整体"④。资本主义时代中人的现代化需要摆脱极强的人身依附性后方可取得，人类也只有进入共产主义社会，

---

① 蔡元培. 中学修身教科书[M]. 北京：北京联合出版社，2014：164.
② 刘淑萍，佘飚. 试析青年学生道德自我成长及其培育[J]. 东南大学学报(哲学社会科学版)，2020（S1）：118-121.
③ 高平叔. 蔡元培教育论著选[M]. 北京：人民教育出版社，2011：289.
④ 马克思，恩格斯. 马克思恩格斯文集（第8卷）[M]. 中共中央马克思恩格斯列宁斯大林著作编译局，编译. 北京：人民出版社，2009：6.

自身的异化状态才能得以结束，人才能实现其本质的复归，开启真正人的历史，最终实现自由全面发展。这是马克思关于未来社会人的现代化的美好展望。弗洛姆也指出，现代人格应该是生产型人格，具备这类人格的个体获得了人格的自我同一性，是一种健康、良好的人格。他们能尽最大可能发挥自身潜能，充分发展个体自我本质力量，体现了人之为人的创造力。[①] 现代人格培育对个体发展和社会进步具有重要意义，需要以人的现代化助推大中小学爱国主义教育的现代化。在以现代人格培育为工作重点，聚焦个体品德结构的完善，优化大中小学爱国主义教育现实进路的过程中，品德三维结构说可作为重要的理论依据和支撑。

### （一）品德三维结构说的理论要旨及特点

作为德育理论研究的核心问题，品德结构也是心理学、教育学、伦理学和社会学共同关注的问题，无论是对德育理论的建构还是对中国式现代化建设都具有深远的意义。班华曾经提出品德三维结构说（即旧的品德三维结构说），认为品德由心理内容、心理形式和心理能力三个维度组成。[②] 在其研究基础上，我们把原来的能力维替换为层次维，提出了新的品德三维结构说[③]，并通过实证研究[④] 验证了品德三维结构说理论的科学性和可行性。新的品德三维结构说从品德内容、形式和层次三个维度出发，明确了"现代人格"的评判标准，分别是品德内容的普遍性、形式的完整性和层次的协调性。具体而言，品德内容普遍性，是指主体在思想、政治、道德和法律四个方面的水平均达到了理想化水平，不存在明显的"短板"；品德形式完整性是指主体的道德认知、道德情感、道德意志和道德行为相互协调，达到统一互促的程度；品德层次协调性是指主体能够协调好与自我、他人和社会的关系，尤其是处理好在场和不在场的关系，避免人格分裂。此外，品德内容、形式、层次三个维度分别与"表里合一""知行合一""人我合一"的特点一一对应。换句话说，若

---

① 弗罗姆. 自为的人[M]. 万俊人, 译. 北京: 国际文化出版公司, 1988: 62.
② 班华. 思想品德结构与新时期德育任务[J]. 华东师范大学学报（教育科学版），1986（2）: 25-29.
③ 陈卓, 刘秒. 品德三维结构说: 实践导向的理论探讨[J]. 教育科学研究, 2022（2）: 12-19.
④ 陈卓, 王坤, 金梦柳. 实践导向的品德三维结构说——基于浙江省大学生的实证研究[J]. 教育学术月刊, 2022（7）: 11-19.

个体的品德内容是普遍的，能在政治、道德、法律等层面实现均衡发展，发自内心地相信并愿意践行所信奉的价值观，则可说其品德是表里合一的；若个体的品德形式是完整的，能实现道德认知与行为的有效结合，则可说其品德是知行合一的；若个体的品德层次是协调的，能够正确处理好自我在场与不在场的关系，采取相同的价值标准对待自我和非我，则可说其品德是人我合一的。应当注意到，思想品德的完整结构是由三个维度组成，但并非机械相加，而是按一定的关系与联系组合而成的有机整体，三者互相制约、互相包含。新时代开展爱国主义教育一体化建设工作要综合把握这三个维度间的联系，不能顾此失彼，也不能简单组合。

### （二）"三水平六阶段"理论与品德三维结构说的结合

以往对德育基本问题的探讨，大多是从事实经验出发，致使很多德育理论问题的解释缺乏科学性。[①] 后经大量的实证研究发现，人的道德发展是一个渐进的过程，从低层次认知到高层次认知的转换过程，也就是道德发展阶段由低到高的发展过程。这一研究为探究儿童和青少年道德发展状况提供了理论基础。其中，柯尔伯格提出的道德发展阶段论影响甚大。柯尔伯格用"三水平六阶段"来表示儿童道德发展水平的阶段划分，"三水平"包括前习俗水平、习俗水平和后习俗水平，"六阶段"分别是惩罚和服从定向阶段、工具性的相对主义阶段、"好孩子"定向阶段、尊重权威和维护秩序阶段、社会契约定向阶段、普遍原则的道德定向阶段。[②] 柯尔伯格的道德发展阶段论揭示了个体道德发展的规律，概括起来讲就是学生身心发展既有规律可依（顺序性、连续性、阶段性），同时又有不均衡性，为我们在纵向上把握不同学段学生道德发展的阶段性规律、推进大中小学爱国主义教育一体化提供了理论依据。但是，推进具有现代性意义上的大中小学爱国主义教育，应当将视角聚焦于学生品德结构的完善程度上。对此，需要在纵向研究的基础上进行横向拓展，将品德三维结构说与道德发展的"三水平六阶段"理论结合起来，建立一个"纵横交叉"的理论体系。同时，以个体道德发展阶段性规律、认知发展特点等发展

---

① 客洪刚. 科尔伯格德育理论特点及其对学校道德教育的启示[J]. 黑龙江高教研究，2012（1）：105-108.
② 柯尔伯格. 道德教育的哲学[M]. 魏贤超，柯森，等译. 杭州：浙江教育出版社，2000：5-8.

心理学理论为依据，总结不同学段个体品德的表里、知行、人我关系，为优化各学段爱国主义教育提供理论借鉴。

值得注意的是，虽然柯尔伯格道德发展阶段理论模型的提出使道德现象这种纯粹哲学——伦理学的问题得到了比较客观的科学证明，但该理论模型总体来说偏向理想化层面。由于个体的道德反应不是以一种整齐划一、按部就班的方式发展，会受到外部环境、教育、社会交往等客观因素的影响，在一定范围之内变化，不同个体之间道德发展的速度不完全一致，可能有时既属于这个阶段又属于那个阶段，有的人也可能在某个年龄时停滞在某个特定阶段上。鉴于此，我们基于应然层面提出个体表里、知行、人我关系情况，但这并不意味着对实然层面的忽略：关注现实生活即可知，生活中始终能达到"三个合一"的人少之又少。正所谓"取法于上，仅得为中；取法于中，故为其下"，"三水平六阶段"理论与品德三维结构说的结合体现的正是理论与现实之间的张力。表14-1列出了两者结合的具体内容。

表14-1 "三水平六阶段"理论与品德三维结构说的结合

| "三水平六阶段"理论 ||| 品德三维结构说 |||
|---|---|---|---|---|---|
| 道德发展水平 | 道德发展阶段 | 对应学段 | 表里关系 | 知行关系 | 人我关系 |
| 前习俗阶段 | 惩罚和服从定向阶段 | 小学 | 规则外化 | 行为主导 | 他人中心 |
| | 工具性的相对主义阶段 | | | | |
| 习俗阶段 | "好孩子"定向阶段 | 中学 | 规则内化 | 认知主导 | 自我中心 |
| | 尊重权威和维护秩序阶段 | | | | |
| 后习俗阶段 | 社会契约定向阶段 | 大学 | 表里合一 | 知行合一 | 人我合一 |
| | 普遍原则的道德定向阶段 | | | | |

说明：处于青春期的个体自我意识发展进入第二次飞跃期，以此阶段为分水岭，前后两个不同阶段上的特点体现了品德与爱国主义教育"正—反—合"的发展规律。最终指向的"三个合一"，是个体在表里、知行、人我关系中达到的一种较为理想化、协调化的应然状态。

基于表14-1，以个体道德发展的阶段性规律、认知发展特点等发展心理学理论为依据，可将各学段学生的表里、知行、人我关系总结如下。

1. 不同学段个体的表里关系

表里合一是个体发自内心地相信和坚定的某种道德理想和道德信念，并在现实情境中自觉践行，这在一定程度上反映了社会规则的内化程度。

小学生处于道德发展的第一、二阶段，表里关系中规则是外化的。对处于该阶段的个体而言，规则是存在于自身以外的东西而不是内化的，个体遵守规则是为了获取奖赏或满足个人目的。① 换句话说，小学生的道德认识和道德行为主要反映家长和教师的指令要求，只遵守对自己有利的社会规则。

中学生处于道德发展的第三、四阶段，表里关系中规则是内化的。处于该阶段的个体已经内化了社会规则②，相较于小学阶段，初中生遵守规则是为了得到他人的认同，高中生已可以自觉服从社会规范和遵守公共秩序，道德行动更加自觉和坚定，他们在处理道德问题时把自己当作社会的一员，表里合一程度有所提升。

大学生处于道德发展的第五、六阶段，表里关系在应然状态下实现合一。处于该阶段的个体已经发展到超越现实道德规范的约束，达到完全自律的境界。当社会规则与他们内心的道德准则发生冲突时，内心的准则往往占优势。③ 他们的道德行为不再依靠外力、强制力等表现，具有批判性思维，道德原则是自己选定的，行为变得十分坚定和自觉，表里关系达到积极的统一。

2. 不同学段个体的知行关系

知行合一是指个体能够将道德认知与行为有效结合，这在一定程度上反映的是个体诉诸某种道德情境时采取的方式，即道德认识与道德行为的契合度。

小学生处于道德发展的第一、二阶段，知行关系中行为占主导。小学生思维发展具有具体性，虽也在逐步向抽象逻辑思维过渡，但仍带有很大的具体性。低年级小学生掌握的概念大都是具体的、可以直接感知的，他们难以指出概念中本质的东西。只有到了中高年级后，小学生才能够进行抽象的逻辑思维。④ 小学生的思维特点使得他们在道德情境中更倾向于付诸直接的经验感知活动。

中学生处于道德发展的第三、四阶段，知行关系中认知占主导。初中生

---

① 刘万伦，田学红. 发展与教育心理学[M]. 北京：高等教育出版社，2014：64-65.
② 刘万伦，田学红. 发展与教育心理学[M]. 北京：高等教育出版社，2014：65.
③ 刘万伦，田学红. 发展与教育心理学[M]. 北京：高等教育出版社，2014：66.
④ 白学军，王敬欣，等. 发展心理学[M]. 天津：南开大学出版社，2013：154.

的抽象逻辑思维属于经验型，需要感性经验的直接支持。高中生的抽象逻辑思维属于理论型，他们已经能用理论做指导来分析综合各种事实材料。①此外，升学压力迫使高中生必须进行长时间和繁重的学习活动，使得他们在道德情境中更倾向于进行间接经验的感知。

大学生处于道德发展的第五、六阶段，知行关系在应然状态下实现合一。大学生的辩证思维和创造思维等高级思维形式愈发成熟。②他们在学习、掌握知识方面所面临的目标不再是对知识的获取和占有，而是如何运用知识、经验、技能及道德规范更好地解决各种问题，承担和履行社会责任与义务，以达到对社会的新的适应，取得自我的发展③，知行关系达到积极的统一。

3. 不同学段个体的人我关系

人我合一是指个体能够正确处理好自我在场与不在场的关系，采取相同的价值标准对待自我和他人，这在一定程度上反映的是个体主要以自我还是他人为中心。

小学生处于道德发展的第一、二阶段，人我关系中以他人为中心。自我意识包含自我概念、自我评价、自我体验和自我控制等方面。小学生的自我意识开始加速发展，但尚未达到成熟稳定的状态。例如，在自我评价上，他们依赖于他人对自己的评价；在自我控制上，他们会按照学校和家长的要求来约束和调节自己的行为。④

中学生处于道德发展的第三、四阶段，人我关系中以自我为中心。处于该阶段的个体正在经历自我意识的第二次飞跃期，形成心理的自我意识，对自我、他人、事物的认识有自己的思想和观点，改变过去崇拜父母、听从父母指挥的倾向，产生强烈的自主要求和独立性，遇到与自己相关的事情总是独立处理和解决，越来越把注意力指向自身。⑤

大学生处于道德发展的第五、六阶段，人我关系在应然状态下实现合一。

---

① 白学军，王敬欣，等. 发展心理学[M]. 天津：南开大学出版社，2013：199-200.
② 白学军，王敬欣，等. 发展心理学[M]. 天津：南开大学出版社，2013：213.
③ 马莹. 发展心理学[M]. 北京：人民卫生出版社，2013：230.
④ 刘爱书，庞爱莲. 发展心理学[M]. 北京：清华大学出版社，2013：213-214.
⑤ 白学军，王敬欣，等. 发展心理学[M]. 天津：南开大学出版社，2013：181.

处于该阶段的个体关注的是对所有人类要求的同等考虑、对每个人价值和尊严的尊重。[1]他们能协调多种观点，并且能根据所有人的观点来决定什么是对的能力，开始希望自己成为一个诚实、公正及关心他人的人。[2] 他们努力探求真实的自我，思索人与人之间应该如何相处，弄清世界和社会是什么样子[3]，人我关系达到积极的统一。

### 三、大中小学爱国主义教育的优化路径

优化大中小学爱国主义教育路径需要联系实际，动态把握不同学段学生的表里、知行和人我关系，不能割裂品德结构三个维度之间的客观联系，不能只是机械性地进行理论层面的解读。具体来说，爱国主义教育既是一项关于大中小学、理论与实践、感性与理性的系统工程，也是一项涉及主体、目标、内容、方法、载体等要素的系统工程。[4]首先，目标起到统领全局、引领方向的作用，大中小学爱国主义教育目标的设定应当关注个体品德内容、形式、层次的全方位提升，防止片面化、单一化倾向。对此，优化大中小学爱国主义教育目标，需要综合考量个体的表里、知行、人我关系。其次，优化大中小学爱国主义教育内容时，以"表里关系"为主要依据。再次，由于教育方法具有明显的实践导向，秉持简约原则和实际运用的需要，优化大中小学爱国主义教育方法时以"知行关系"为主要遵循依据。最后，优化大中小学爱国主义教育的师生关系时，以"人我关系"为主要依据。总的来说，分别从表里、知行、人我关系分析爱国主义教育的内容、方法、师生关系，主要是出于条分缕析的便利；在爱国主义教育的实际过程中，这些原则是相互交织、彼此渗透在一起的。

---

[1] 苏彦捷. 发展心理学[M]. 北京：高等教育出版社，2012：319.
[2] 林崇德. 发展心理学[M]. 杭州：浙江教育出版社，2019：356.
[3] 白学军，王敬欣，等. 发展心理学[M]. 天津：南开大学出版社，2013：219.
[4] 王林平，郝鑫. 系统论视域下大中小学爱国主义教育一体化探析[J]. 中学政治教学参考，2021（41）：15-17.

## （一）基于品德结构发展规律，明确大中小学爱国主义教育的目标

优化大中小学爱国主义教育目标要顺应个体表里、知行、人我关系"正—反—合"的发展规律，实现个体爱国品格的全方位提升。具体而言：第一，小学阶段的爱国主义教育，要顺应小学生表里关系中"规则外化"、知行关系中"行为主导"、人我关系中"他人中心"的发展特点，初步实现小学生爱国品格的表里、知行、人我合一。其中，小学生爱国品格的表里合一，是指小学生初步了解与实际生活场景相关的爱国主义政治、法治、道德常识，提高爱国行动的自觉性；爱国品格的知行合一，是指小学生在认知学习的基础上，能够从日常生活中的点滴小事做起，面向学校、家庭、社会等情境，积极将爱国情感转化为爱国行动；爱国品格的人我合一，是指小学生能够积极向同学、老师、家长等榜样看齐，在践行爱国行为时主动为他人考虑、替他人着想。第二，中学阶段的爱国主义教育，要顺应中学生表里关系中"规则内化"、知行关系中"认知主导"、人我关系中"自我中心"的发展特点，进一步提升中学生爱国品格的表里、知行与人我合一程度。其中，中学生爱国品格的表里合一，是指中学生掌握具备一定理论深度的爱国主义的政治、法治、道德常识，进一步坚定行动的自觉性；爱国品格的知行合一，是指中学生既要打牢爱国主义思想基础，同时要提高自身分析和解决现实问题的能力；爱国品格的人我合一，是指中学生在独立思考的同时，能够主动站在他人的立场上思考问题，并就自身困惑的问题积极与老师沟通交流，防止产生偏执的爱国主义价值观。第三，大学阶段的爱国主义教育，要坚持"三个合一"的发展特点，在更高水平上实现大学生爱国品格的表里、知行和人我合一。其中，大学生爱国品格的表里合一，是指大学生发自内心地相信爱国主义价值观，自觉关注社会现实问题，爱国成为大学生的坚定信仰和精神支撑；爱国品格的知行合一，是指大学生能积极参与各类社会实践活动，切实把爱国主义情感转换为报效祖国、服务社会的实际行动；爱国品格的人我合一，是指大学生能够养成对人、对己采取同一套价值标准的习惯，实现"爱自己"与"爱集体""爱社会""爱国家"的和谐统一。

## （二）聚焦表里关系的发展，完善大中小学爱国主义教育的内容

教育者要遵循个体表里关系"正—反—合"的发展规律，合理安排爱国主义教育的内容。具体来说：第一，小学生处于规则外化阶段，在付诸道德实践时可能是出于父母和老师的权威，缺乏行动的自觉性。对此，教师爱国主义教育内容的选择应注重与实际生活场景相联系。在政治教育方面，可以引导学生认识国家的具体形态，如国旗的颜色与形状、国歌和国徽的象征意义、升国旗时的仪态仪表等，以启蒙小学生的爱国认知，培养其爱国情感，端正其爱国行为；在法治教育方面，引导学生从日常遵守《中小学生行为守则》做起，初步树立守法意识和规则意识、养成守法习惯，为后续开展爱国主义法律教育奠定基础；在道德教育方面，对其进行社会主义核心价值观教育，鼓励小学生树立文明礼貌、助人为乐、爱护公物、保护环境等社会公德意识，实现个人品德和社会公德的双向提升、相互促进。第二，中学生已可以将社会规则内化，他们的道德行动变得自觉和坚定起来。故教师在选择爱国主义教育内容时应兼顾生活性与理论性。在政治教育层面，教师要由围绕国家物质象征和意义展开的教育深化为关于国家人文精神、经济制度和政治制度而展开的教育[1]，如抽象的国家概念、国家机构、国家利益、国际关系与国际地位等；在法治教育层面，教师要结合实际案例向学生普及宪法和法律，明确公民的权利与义务，引导学生辨别网络中"低级红""高级黑"等不良爱国现象，使崇尚自由平等、公平正义的法治精神深入学生内心；在道德教育方面，深化社会主义核心价值观教育，使文明、友善、奉献等社会公德在潜移默化中成为学生的行为习惯，外化于学生日常的学习和生活过程中，使其成为公德与私德兼备的公民。第三，进入大学阶段，就应然层面而言，个体表里较为合一，道德行为不再依靠外力、强制力等表现，行为变得十分坚定和自觉。对此，教师应当强化理论深度，聚焦社会现实问题和当代爱国主义理论和实践难题，进行系统化的爱国主义教育。在政治教育层面，通过系统讲解中国特色社会主义共同理想、共产主义远大理想、中国特色社会主义政治经济与文

---

[1] 王雯姝，迪拉热·艾则孜. 大中小学思政课一体化视域下爱国主义教育的目标层次及着力点[J]. 思想理论教育导刊，2023（3）：141-147.

化，帮助学生了解中国人民为什么选择马克思主义和中国共产党，进而筑牢信仰之基并将理想信念转化为实际的爱国行为；在法治教育层面，引导学生深刻认识宪法在国家法治体系中的重要作用，在生活和工作中养成依法办事、维护法律权威、敢于同违法行为作斗争的良好习惯；在道德教育方面，教师要努力实现高等教育的固本归元，培育学生的健全人格，培养明大德、守公德与严私德的新时代爱国者。

### （三）聚焦知行关系的发展，优化大中小学爱国主义教育的方法

教育者要遵循个体知行关系"正—反—合"的发展规律，选择恰当的爱国主义教育方法。具体而言：第一，在小学生的知行关系中行为占主导。小学生大多通过直接感知与直接经验来掌握概念。这就为从娃娃抓起，培育小学生的爱国行为习惯提供了良好的契机。对此，教师要在开展爱国主义认知教育的基础上，丰富爱国主义实践教育渠道。例如，教师可以采取仪式性教育法，通过组织学生参加升国旗仪式，使学生从中了解国家、集体与个人的基本关系；运用情境教学法，充分挖掘少先队活动、班队会、六一儿童节等情境中的爱国主义教育因素，让学生在亲身体验中感受爱国主义教育的可触摸性、可感知性、鲜活性[1]；实施情感教育法，引导学生学会向自己的父母、同学、老师、家乡、社会、祖国等表达情感。在此基础上，鼓励他们从小事做起，将情感转化为实际行动。第二，在中学生的知行关系中认知占主导。中学生主要是通过间接经验来掌握概念，加之必须进行长时间繁重的学习活动，知行合一程度不高。故该学段爱国主义教育方法选择的重点要在帮助学生实现品格的知行合一上下功夫。践行知行合一，需要破除教育的顽疾，依据我国国情来加强实践教育，让课堂面向生动的现实世界，发展学生分析和解决真实问题的能力。[2] 对此，中学思政课教师既要采取理论教育法、课堂练习法、议题式教学法等帮助中学生打牢爱国主义的思想基础；同时，辅之以体验式教学法、课外实践活动法等方法，多渠道、多平台丰富爱国主义教育的实践载

---

[1] 王晓燕. 课程统整视角下推进大中小爱国主义教育一体化的思考[J]. 当代教育与文化，2020（5）：45-50.
[2] 郭元祥. 知行合一："知""行"范畴的蕴含及其教育指引[J]. 华中师范大学学报(人文社会科学版)，2023（5）：185-194.

体,帮助学生在实践中切身感受到国家的发展蜕变,进一步激发学生爱国的认同感、使命感和荣誉感。例如,可以组织学生参观全国爱国主义教育示范基地和国防教育基地等,鼓励学生参加"第二课堂"中的爱国主义教育志愿者活动、党团日活动、基层走访调研活动、寒暑假实践活动等,使学生在体验和交流互动过程中实现知与行的统一。第三,理想状态下,大学生知行较为合一,他们在学习、掌握知识方面的目标不再是对知识的获取和占有,而是如何运用知识、经验、技能及道德规范更好地解决各种问题。但是,受制于现实情况的复杂多变性及个体自身道德发展水平的参差性,大学生的知行关系在实际状态下仍存在诸多不和谐因素,故爱国主义教育方法的选择仍要关注理想与现实之间的张力。鉴于大学生身心发展的特点,高校教师在开展爱国主义教育专题教学时,应当着重凸显"讲道理""把道理讲深讲透"的理性思维导向,可以选择性运用或综合运用明理法、寻思法、故谬法、设疑法和研讨法等以理性为主的方法,引导学生课前带着问题思考,课上围绕主题深度交流探讨,不断纠正错误思想并深刻领悟正确理念,最终达到以正确的理论指引实践的教育效果。总的来说,高校思政课教师讲深、讲透爱国主义相关理论,是遵循大学生道德发展规律的客观要求,也是引导大学生切实把爱国情感转换为报国行动的现实需要。

### (四)聚焦人我关系的发展,和谐大中小学爱国主义教育的师生关系

教育者要遵循个体人我关系"正—反—合"的发展规律,恰当处理爱国主义教育中的师生关系。具体来说:第一,作为一种双向互动的人际关系,小学生对教师的态度和教师对小学生的期望是这一关系的重要组成部分。[①]小学生在人我关系中主要以他人为中心,他们依赖于他人对自己的评价,会按照学校和家长的要求来约束和调节自己的行为,无法协调好自我在场与不在场的关系。对此,教师开展爱国主义教育要善用罗森塔尔效应[②],积极向学生表达自己良好的期望,以热情、积极、赞扬的方式鼓励小学生们学习和践行爱国主义教育的内容。同时,教师要不断提升自身素质,丰富人格魅力,规范自

---

① 林崇德. 发展心理学[M]. 杭州:浙江教育出版社,2019:373.
② 罗森塔尔效应也被称为期待效应、皮格马利翁效应,是指期望什么,就可能得到什么。

己的言行举止，不搞"两套标准"，以自身的实际爱国行动为学生树立良好的榜样模范。此外，还要注意发挥家长的作用，通过"家校联合"巩固学校爱国主义教育的效果，防止产生"5+2=0"[①]的尴尬局面。第二，中学生在人我关系中以自我为中心，他们产生强烈的自主要求和独立性，遇到与自己相关的事情总是独立处理和解决，越来越把注意力指向自身，具有极大的主体性、积极性与能动性。但是，受制于当前的教育体制，中学阶段追求升学率已然是一个不争的事实，思政课教师照本宣科、勾画重点、死记硬背等现象也较为普遍。[②] 在此背景下，师生关系俨然成为主导与被主导、支配与被支配、灌输与被灌输的不平等关系。对此，教师在进行爱国主义教育时要尊重和保护中学生的独立思考能力，予以积极互动、适度引导和有效启发。同时，应当对中学生由于社会经验、知识积累不足导致的问题及时纠正、耐心说服，防止他们产生明于责人而不善于责己、过分孤立自我等偏执的爱国主义价值观，帮助中学生协调好自我在场与不在场的关系。第三，就应然层面而言，大学生人我较为合一，他们能根据所有人的观点来决定什么是对的能力，也希望自己成为一个诚实、公正及关心他人的人。但是，由于现实情况的复杂性和环境的多变性，他们基本上会遇到各种各样的矛盾和冲突，往往会感到困惑，不确定自己应该做什么，难以克服困难。对此，教师开展爱国主义教育需要密切关注大学生的人格状况，少些轰轰烈烈、形式主义的爱国主义教育宣传与表演，以"接地气"的形式引导大学生养成对人、对己采取同一套价值标准的习惯，帮助他们实现"爱自己"与"爱集体""爱社会""爱国家"的和谐统一。

---

① 指学校五天的正面影响被校外两天的负面影响抵消。
② 袁春霞. 当前中学爱国主义教育的困境及对策[J]. 教学与管理，2013（22）：43-45.

# 第十五章　思想政治理论课灌输—启发式教学的实践路径

## ——以"思想道德与法治"课为例

### 一、问题的提出：思政课灌输—启发式教学

2019年3月18日，习近平总书记在学校思想政治理论课教师座谈会上发表重要讲话指出，推动思想政治理论课改革创新，"要坚持灌输性和启发性相统一"[①]。近年来，关于思想政治理论课教学过程中如何理解和践行灌输性和启发性相统一，部分学者进行了积极探索，取得了若干显著成果，涉及发挥教师主导作用和学生主体地位、注重思政课内容理论性和价值引领性、注重教学方法的守正创新[②]，完善教学的内容逻辑、强化教学的固着点、激发学习动机[③]，坚持灌输性原则和启发性方法的统一[④]等诸多方面。

作为一种实践活动，自中华人民共和国成立以来，马克思主义灌输理论一直是德育的指导思想，"灌输"已经成为马克思主义教育的基本原则，在德育过程中发挥着重要作用。[⑤]在比较"教育"与"灌输"两个概念[⑥]的基础上，我们进一步区分了"教育中的灌输"与"灌输式教育"，强调在思想政治教育中

---

① 习近平主持召开学校思想政治理论课教师座谈会强调：用新时代中国特色社会主义思想铸魂育人 贯彻党的教育方针落实立德树人根本任务[N]．人民日报，2019-03-19．
② 王荣，祖力亚提·司马义．新时代高校思政课坚持灌输性和启发性相统一的实践路径[J]．学校党建与思想教育，2022（8）：59-61．
③ 施丽红，吴成国．高校思想政治理论课坚持灌输性与启发性相统一的实践路径分析[J]．思想教育研究，2021（3）：85-89．
④ 冯秀军，咸晓红．思想政治理论课改革创新要坚持灌输性和启发性相统一[J]．思想理论教育导刊，2019（7）：74-78．
⑤ 陈卓，郭娅玲．新中国德育理论中的"灌输"研究[J]．社会科学战线，2019（6）：243-251．
⑥ 陈卓，王雪鉴．灌输与教育：论道德教育的意图、内容与方法[J]．内蒙古社会科学，2013（5）：157-162．

贯彻"教育中的灌输"这一根本原则。[①] 就教学领域而言，自古以来，中外教育都注重教学过程研究，可以分为两种：一种是教授—接受式教学，其特点是教师与学生之间的知识传递。另一种是问题—探索式教学，其特点是以教师指导、学生主动探索的方式获取知识。[②] 实际上，在现实的教学过程中，没有绝对的灌输，也不存在绝对的启发，人们看到更多的是灌输和启发在不同程度上的结合。鉴于此，笔者根据韦伯的"理想类型"概念，在教育和教学领域，分别提出了三种教育/教学类型：灌输式教育（教学）、启发式教育（教学）和交往—灌输式教育（教学），并在比较研究的视角下，进一步分析了三种教育/教学类型各自的特点。

基于上述研究，进一步提出灌输—启发式教学的概念，它综合了灌输式教学与启发式教学各自的优点，具体而言，在教学目标上，它既不单纯强调获得知识，又不单纯强调培养"解放兴趣"和"交往理性"，而是主张"教育即生长"，将知识作为促进学生发展的工具；在师生关系上，它既不以教师为中心，忽视学生的自主性，又不认为师生之间完全平等，过分提倡学生的自主选择，而是在主张师生平等的同时，强调教师是"平等中的首席"；在教学过程上，它既不过分重视"客观世界""社会世界"的系统性知识传承，又不过分强调"生活世界"中的"交往""对话"，而是主张借助伟大作品培养社会意识，通过问题探讨实现"经验的不断改造"。作为一种理想类型，灌输—启发式教学建立起思政课教学理想和现实的联系，可以用来审视教学实际过程中的各种（正面的和负面的）现象。可以说，灌输—启发式教学是对灌输式教学和启发式教学的理性认识和反思；同时，把灌输—启发式教学作为参照标准，以理想愿景观照现实教学，是思政课教学研究的新视角，同时也是推进思政课教学改革的必然要求。

在理论探讨形成一定成果之后，接下来的研究重心是理论成果在思政课教学过程中的运用。就课程与教学论的总体情况而言，大多数的课程设计是对三种基本设计的修订和阐释：以学科为中心的设计；以学习者为中心的设

---

[①] 陈卓."教育中的灌输"：高校思想政治教育的根本原则[J]. 河北科技大学学报（社会科学版），2014（4）：102-107.

[②] 王道俊，郭文安. 教育学[M]. 北京：人民教育出版社，2009：183.

计；以问题为中心的设计。① 在我们的理论框架中，上述三种课程设计类型分别对应于思政课教学中的灌输式教学、启发式教学和灌输—启发式教学。以问题为中心的设计将个人置于社会背景中，但它们区别于以学习者为中心的设计——以问题为中心的设计在学生到来之前就已计划好了（尽管它们后来会根据学生的关注点及其处境做出调整）。② 以问题为中心的设计意味着教师基于一定的价值观（价值体系），根据学生的身心发展特征和社会需要而设计问题，并围绕不同层次的问题展开教学。这里体现出的是以问题为中心的设计与共同价值命题的有机融合。正如波斯纳（George Posner）等人所言，我们所得出的一系列有关"为什么"问题的答案来自越来越基本的价值观和教育假设，最终来自生活本身。学程规划者却很少审视这些基本的价值观和假设，但这些价值观和假设却是构建一个学程理论基础的基础，它们包括个人在社会中的作用、教育的社会作用、社会和人类的本质和目标、未来与现在的关系、什么知识最有用，以及相对于什么目标而言这些知识应该是有用的。③ 灌输性和启发性相统一体现在思政课具体的教学过程中，其核心在于共同价值命题与以问题为中心的设计两者的辩证统一。

鉴于此，本书在前期理论探讨的基础上，针对高校"德法"课教学，从思政课教学实践的角度探讨灌输—启发式教学的运用；换言之，实现关注焦点从灌输—启发式教学理论的建构转向该理论在相关课程教学实践中的具体运用。这是一个从理论层次向方法层次的转变。从总体上看，教学方法有不同层面的划分，按照从抽象到具体的顺序，可以概括为以下三种：作为指导思想的方法（即"德育原则"）、作为德育方式总和的方法（一般而言的"德育方法"）、作为具体操作技能的方法（即"德育方式"）。④ 根据这种分类，可以从宏观、中观和微观三个层面，以专题教学补充完善教材内容，以问题教学法破解教学难题，以共同价值命题为基础选择教学方法和技巧。宏观和中观层面是以问题为中心的设计在"德法"课教学过程中的具体呈现方式（"问题"分别体现为"专题"和"难题"），在现实意义上更多地表现为启发性对灌输性的补

---

① 奥恩斯坦，亨金斯. 课程：基础、原理和问题[M]. 王爱松，译. 上海：华东师范大学出版社，2020：264.
② 奥恩斯坦，亨金斯. 课程：基础、原理和问题[M]. 王爱松，译. 上海：华东师范大学出版社，2020：280.
③ 波斯纳，鲁德尼茨基. 学程设计：教师课程开发指南[M]. 赵中建，等译. 上海：华东师范大学出版社，2010：92.
④ 鲁洁，王逢贤. 德育新论[M]. 南京：江苏教育出版社，2010：318-320.

充；微观层面则是在具体教学方法和技巧运用过程中对共同价值的坚守，在现实意义上更多地表现为灌输性对启发性的补充。通过上述三个层面的教学实践，形成"德法"课灌输—启发式教学的基本结构，体现灌输与启发之间的辩证关系，为推动思政课教学实现灌输性和启发性相统一提供有益的借鉴。

## 二、宏观层面：以专题教学补充完善教材内容，体现灌输性和启发性相统一

在思政课教学过程中，我们尝试运用专题教学探索运用灌输—启发式教学的有效途径。"专题"指的是"专门研究或讨论的题目"[①]，思政课专题教学以问题为导向，以教材为依据，以说理为手段，以认同为目标，有利于培养大学生的问题意识，更好地抵制和反对各种错误思潮，切实提高教学质量，乃是当前教学改革的主要方向。[②] 专题教学中的问题具有鲜明的导向性，具体而言，可以表述为三点：一是专题教学的题目设计即为问题；二是各专题教学内容应由若干相互联系的具体问题连接起来，设置上做到层次鲜明、逻辑清晰；三是专题的凝练和选择应集焦点、难点、重点和亮点于一身。[③] 可见，专题教学以问题为中心，这里的问题是具有典型性的中心问题。中心问题是被学生发现并作为学习焦点的问题。如果一个学生发现一个课程的中心问题，他可能会说："现在我明白了这个课程是关于什么的，而且我也明白了它的目的。"[④] 此外，专题设计要遵循系统性、逻辑性原则，兼顾高校各门政治理论课的主要内容，有目的、有重点、有难点、有热点地加以选择设计。[⑤] 进一步说，专题教学聚焦中心问题，因而往往较容易突破学科边界，体现出多学科整合的趋势。基于上述分析，思政课专题教学意味着在教师的主导下，聚焦中心问题，通过研究性教学和探究性学习，实现不同学科知识的综合，促进教师和学生之间的良性互动，从而体现灌输性和启发性相统一。

---

① 中国社会科学院语言研究所词典编辑室. 现代汉语词典[M]. 7版. 北京：商务印书馆，2016：1719.
② 张有奎，彭元清. 高校思想政治理论课专题教学的若干关系探析[J]. 思想理论教育，2022（1）：77-82.
③ 陈红，米丽艳. 高校思想政治理论课专题教学设计的六大要素[J]. 思想理论教育导刊，2019（9）：99-102.
④ 波斯纳，鲁德尼茨基. 学程设计：教师课程开发指南[M]. 赵中建，等译. 上海：华东师范大学出版社，2010：56.
⑤ 蒋荣. 高校思政课研究型教学：实施路径与效果评估[M]. 北京：中国社会科学出版社，2021：79.

在以问题为中心开展专题教学时，采取的立场不是"教教科书"，而是"用教科书教"。前者网络式地把握教科书中的内容，无批判地接受并根据教科书展开讲解；后者并不是仅仅把教科书当作某种程度的参考而已，而是以学科内容与教材的区别为前提，对教科书的内容与教材做出批判性分析，运用补充教材以弥补其不足之处，旨在最大限度地发挥教科书功能，从而体现为一种深度学习。[1] 根据"德法"课的教学目标及青年大学生身心发展的规律，笔者在教材每一章内容中设计了一个相对应的教学专题，并与具体的教学目标相对应。这些教学专题立足思想政治教育学科，同时运用了其他学科的知识。通过设计教学专题，力图从宏观教学层面体现灌输性和启发性相统一。具体内容见表15-1。

表 15-1　"德法"课灌输—启发式教学中的专题教学设计

| 序号 | 教学专题（启发性） | 教材内容（灌输性） | 教学目标 | 其他学科 |
| --- | --- | --- | --- | --- |
| 1 | 清华大学与南翔技校之比较 | 绪论　担当复兴大任　成就时代新人 | 掌握大学学习新特点及本课程的特点和基本教学要求，尽快适应大学新生活 | 高等教育学、教育史 |
| 2 | "荒岛奇遇"测试 | 第一章　领悟人生真谛　把握人生方向 | 理解人的本质，科学地对待人生中的基本问题 | 心理学、伦理学、人类学 |
| 3 | 小学生演讲"我的梦想"观后讨论 | 第二章　追求远大理想　坚定崇高信念 | 认识理想信念对大学生成才的重要意义，树立马克思主义的理想信念 | 伦理学、社会学 |
| 4 | "小粉红"现象透视 | 第三章　继承优良传统　弘扬中国精神 | 认识国家与个人之间的辩证关系 | 哲学、政治学 |
| 5 | 社会主义核心价值观实践调研 | 第四章　明确价值要求　践行价值准则 | 坚定对社会主义核心价值观的自信，做社会主义核心价值观的积极践行者 | 伦理学、社会心理学、教育管理学 |
| 6 | "动物是否有道德"专题研讨 | 第五章　遵守道德规范　锤炼道德品格 | 理解道德的起源与本质，正确把握道德的功能与作用 | 哲学、伦理学、生物学、心理学 |
| 7 | 法家之"法"与法治社会之"法"的比较 | 第六章　学习法治思想　提升法治素养 | 明确建设社会主义法治国家的主要任务，树立社会主义法治观念 | 哲学、法学、社会学、历史学 |

---

[1] 钟启泉. 深度学习[M]. 上海：华东师范大学出版社，2021：71.

在表 15-1 中，教学专题 1—7 分别对应"德法"课的绪论到第六章，具体而言：专题 1 是清华大学与南翔技校之比较。教师通过展示清华大学校友和南翔技校校长的讲话，让学生思考并讨论谁的话更有道理，旨在通过比较两所截然不同的高等教育机构，揭示大学的特点，进而让初入大学的青年大学生掌握大学学习新特点及该课程的特点和基本教学要求，尽快适应大学新生活。为了完成这个专题教学，需要综合运用教育学一级学科中高等教育和教育史两个二级学科的相关知识。专题 2 是"荒岛奇遇"测试。采用中小学生常见的测试形式，通过在课堂上进行一个关于"荒岛奇遇"的测试，先由教师讲述故事经过，之后让学生对故事中的五个人物（妻子、丈夫、渔夫、老人、朋友）进行排序：从高到低排列出自己最喜欢到最不喜欢的人。五个人物分别代表五种不同价值观。待学生排序完毕后，教师根据学生选择情况并结合教材相关内容进行点评，从而让学生更好地理解人的本质，科学地对待人生中的基本问题。为了完成这个专题教学，需要综合运用心理学、伦理学、人类学等学科的相关知识。专题 3 是小学生演讲"我的梦想"观后讨论。教师播放近年来网上流行的一个视频——《杭州小学生谈理想：我的梦想就是发财》，让学生带着问题思考：如果你是这名演讲学生的家长，你会怎么办？通过讨论让学生认识到理想信念对大学生成才的重要意义，使其树立马克思主义的理想信念。为了完成这个专题教学，需要综合运用伦理学、社会学等学科的相关知识。专题 4 是"小粉红"现象透视。教师课前先布置任务，让学生查找关于"小粉红"的资料，并阅读教师提供的三篇论文。围绕关于"小粉红"的三个问题，在课堂上展开讨论。在教师的引导下，肯定"小粉红""站国家"的积极意义，同时认识到他们由于缺乏个体认同而导致的个人与国家的对立，进而学会认识国家与个人之间的辩证关系。为了完成这个专题教学，需要综合运用哲学、政治学等学科的相关知识。专题 5 是社会主义核心价值观实践调研。该部分内容放在课外综合实训环节进行。教师布置相关任务，明确具体要求，让学生以小组为单位，利用实践教学周的时间完成调研，并在下次上课时派代表上台介绍调研过程和成果。教师根据学生汇报情况进行点评。通过教学，让学生坚定社会主义核心价值观自信，做社会主义核心价值观的积极践行者。为了完成这个专题教学，需要综合运用伦理学、社会心理学、教育管理学等学科的相关知识。专题6是"动物是否有道德"专题研讨。教师课前布置任务，让学生围绕"动物有道德吗"这个问题，查找相关资料。正式上课时，教师根据学生查找的资料和发言情况，通过苏格拉底式问答法，让学生了解道德起源的"动物本能论""神启论""天赋论""情感欲望论""善良意志论"，进而深入学习马克思主义的道德观，从历史唯物主义的视角理解道德的起源与本质、功能与作用。为了完成这个专题教学，需要综合运用哲学、伦理学、生物学、心理学等学科的相关知识。专题7是法家之"法"与法治社会之"法"的比较。教师介绍商鞅、韩非等人的法家思想，让学生根据教材中关于习近平法治思想和全面依法治国的内容，讨论法家之"法"与法治社会之"法"的异同，进而明确建设社会主义法治国家的主要任务，树立社会主义法治观念。为了完成这个专题教学，需要综合运用哲学、法学、社会学、历史学等学科的相关知识。

总之，思政课灌输—启发式教学，通过专题教学补充完善原有教材内容，其思路正是尝试协调以问题为中心（启发）与以学科为中心（灌输）之间的关系，从而体现灌输性和启发性相统一。需要说明的是，专题教学的形式本身也是多样的，大致而言，在思政课教学中，可以区分出"激进的专题教学"和"温和的专题教学"，我们的探索属于后者。有一种观点认为，高校思想政治理论课专题教学意味着改变传统的按教材章节系统讲授的方式，按照课程内容的内在逻辑关系对教材内容进行重组拓展。[1] 这种观点代表的是"激进的专题教学"。笔者在"德法"课中设计的专题教学与之不同，它没有从总体上打破教材章节系统，而是在保持教材原有体例的基础之上，围绕教学目标，针对教学的重点和难点，以专题的形式对教材相关内容进行深化和拓展。为了不至于对原有教材体例造成过大冲击，在教材每一章中只选择了一个专题进行灌输—启发式教学，也没有过多考虑七个专题之间的关系——鉴于教材体例自身的逻辑性、系统性，这些专题本身就安排在各个章节之中，不至于出现大的问题。随着教学改革的不断深入，可以考虑在下一阶段尝试开展进一步改革。

---

[1] 陈大文，程娟. 论高校思想政治理论课专题教学的难点问题[J]. 思想理论教育导刊，2019（12）：81-85.

## 三、中观层面：以问题教学法破解教学难题，体现灌输性和启发性相统一

问题教学法指的是通过设置情境，提出并解决问题进行教学的方法。[①] 在整个教学方法体系中，它的概括化程度居中，因此成为思政课灌输—启发式教学在中观层面的典型代表。问题教学法为杜威首创。杜威认为只有问题才能引起学生的学习动机，使学生的思维品质得到发展；主张采用游戏或模拟的方式，让学生学习解决现实存在或与生活有联系的问题。他于20世纪初以活动教育为基础，在其著作《我们怎样思维》(How We Think) 一书中概述了这种方法及其步骤。杜威强调，"思维就是提疑问"，"讲课的艺术大体上包括两个方面，即向学生提问，指导题目的探究，以及养成他们独立探索的习惯"，"提问的艺术完全是一种指导学习的艺术"。他还提出了实施问题教学法的几个要点。[②] 杜威是"无灌输的道德教育"(moral education without indoctrination)的积极提倡者，以他的研究为基础，思政课灌输—启发式教学将由以学生为主提出问题扩充到师生双方均是提出问题的主体。在问题的设计方面，教师的重要地位无可替代。实际上，杜威并非一概排斥教师的主导作用，他明确提出："如果只是放任儿童的兴趣，让他无休止地继续下去，那就没有'生长'，而'生长'并不是消极的结果。"[③] 从这里也可以看到，"纯然"状态的灌输式教学和启发式教学也许是一种理想类型，与教学的现实状况存在一定距离。

灌输—启发式教学中的"问题"，指的是"要研究讨论并加以解决的矛盾、疑难"[④]；换言之，这里的问题依靠现有知识无法直接给出答案。进一步说，问题教学法中的"问题"有特定含义，亦称"难题"。泛指机体不能利用现成反应予以应答的刺激情境。狭义指人不能利用现成的知识（包括概念、规则和方法）达到既定目标的刺激情境。难题不同于简单的问题，前者的解决需要依

---

[①] 杜成宪, 郑金洲. 大辞海（教育卷）[M]. 上海：上海辞书出版社, 2014: 131.
[②] 杜威. 我们怎样思维·经验与教育[M]. 姜文闵, 译. 北京：人民教育出版社, 2005: 217-218.
[③] 杜威. 民主主义与教育[M]. 王承绪, 译. 北京：人民教育出版社, 1990: 106.
[④] 中国社会科学院语言研究所词典编辑室. 现代汉语词典[M]. 7版. 北京：商务印书馆, 2016: 1376.

据某种策略，将与之有关的知识经验重新组合、转换；后者可依据已有的知识立即做出应答。① 从思政课教学的中观层面看，难题才能区分灌输与启发，而这种区别正是建立在价值观的差异性的基础上。反之，如果没有价值观之间的差异甚至冲突，所呈现出的往往不是难题，灌输与启发也便无从谈起。例如，在"社会公德"教学中，关于公共场所使用文明用语的道德规范，是学生从小就开始接受的教育，已经成为当今社会的一种共识，只要教师针对现实社会中的现象，指出这方面存在的问题，大学生立即就能理解并接受，几乎在同一时间就能意识到自己之前若干言行与此规范相违背之处。在这个过程中，学生只是唤醒了已有的知识，而非获得新知识，因此，灌输与启发是同时进行的同一个（或一组）行为，不存在价值观（价值系统）上的根本差异。这类问题是问题教学法应当避免的。

　　学程的理论基础往往是以提出课程想要解决的问题或情境开始的。课程的开发源于解决一些实际问题的愿望。在一些人认为他们想减少或消除一些条件时，一个实际问题（与理论问题相对）就出现。② 在确定了相关教学专题后，面向教学一线的现实问题在于，如何围绕教学专题确定具体问题，并以这些问题为中心设计课程，进一步在教学过程中搭建沟通学科和学习者的桥梁，从而体现灌输性和启发性相统一。很明显，细化的教学专题越多，课程的焦点就越不明显。如果我们有大量的教学专题（五个以上），我们可能会将其组织成主要问题，而每个问题又都有相关的子问题。此程序将保留课程的范围，促使我们检验其一致性。③ 延续宏观层面的思路，"德法"课在每个专题下均设置若干问题，以问题为中心进行课程设计，实现知识灌输与问题启发的辩证统一。诚如有研究者所言："问题始终作为媒介架起了灌输之理与启发之术之间的桥梁，让思想政治理论课教学充满了问题意识和逻辑魅力。"④ 虽然笔者不认同将灌输与启发的关系概括为"道（理）""术"之别，但通过问题教学法，搭建知识与问题、灌输与启发之间的桥梁，从而使得灌输—启发式

---

① 顾明远．教育大辞典[M]．上海：上海教育出版社，1998：1634-1635．
② Walker D. Fundamentals of Curriculum[M]. New York: Harcourt Brace Jovanovich, 1990: 162.
③ 波斯纳，鲁德尼茨基．学程设计：教师课程开发指南[M]．赵中建，等译．上海：华东师范大学出版社，2010：56．
④ 于瑾，胡晓红．坚持灌输性与启发性相统一的思想政治理论课教学实践[J]．思想教育研究，2019（9）：85-88．

教学能够进一步在思政课教学中真正落地，在这方面我们的思路却是一致的。表 15-2 列出了"德法"课中围绕七个教学专题设计的相关具体问题。

表 15-2　"德法"课灌输—启发式教学中的教学问题设计

| 序号 | 教学专题 | 知识（灌输性） | 问题（启发性） |
| --- | --- | --- | --- |
| 1 | 清华大学与南翔技校之比较 | 1.大学学习新特点<br>2.本课程的特点和基本教学要求 | 1.清华大学校友和南翔技校校长的话，谁更有道理<br>2.你所在的学校，应该学清华还是学南翔 |
| 2 | "荒岛奇遇"测试 | 1.人的本质<br>2.人生中的基本问题 | 1.故事中的五个人物，从最喜欢到最不喜欢，你的排序是什么<br>2.你认同此次测试的参考答案吗，为什么 |
| 3 | 小学生演讲"我的梦想"观后讨论 | 1.理想信念对大学生成才的意义<br>2.马克思主义的理想信念 | 1.视频中的这位小学生说得对吗<br>2.如果这位小学生是你的孩子，听完他的演讲，你想对他说些什么 |
| 4 | "小粉红"现象透视 | 国家与个人之间的辩证关系 | 1.你周围有"小粉红"吗<br>2."小粉红"有哪些特点<br>3.你愿意成为"小粉红"吗 |
| 5 | 社会主义核心价值观实践调研 | 社会主义核心价值观的内涵及意义 | 1.为什么选择现在的题目<br>2.调研过程是怎样的<br>3.通过此次调研，你有哪些收获和感悟 |
| 6 | "动物是否有道德"专题研讨 | 1.道德的起源与本质<br>2.道德的功能与作用 | 1.道德是先天的还是后天的<br>2.道德源自动物本能、神的启示还是天赋<br>3.道德在本质上是情感欲望还是善良意志 |
| 7 | 法家之"法"与法治社会之"法"的比较 | 1.建设社会主义法治国家的主要任务<br>2.社会主义法治观念 | 1.法家之"法"是否等于法治社会之"法"<br>2.具体而言：两者的本质、目标、性质、手段有哪些差异 |

据表 15-2 所示，针对"德法"课中的七个教学专题，笔者采用灌输—启发式教学进行了以问题为中心的设计，每个教学专题均有若干个与之对应的具体问题。由于以问题为中心的设计从社会问题及学生的需要、兴趣和能力出发，因而存在几种不同的类型。对内容和学习者的发展的双重重视，使以问题为中心的设计区别于其他重要的课程设计类型。一些以问题为中心的设计聚焦于持续不变的生活情境。另一些人则集中关注当代社会问题，还有一些人致力于生活领域。一些人甚至关心社会的建构。不同类型的以问题为中心的设计，在他们强调社会需要与个人需要相对立的度上有所不同。[1] 在"德法"课设计中，笔者综合采用了上述几个方面的内容：专题 2（"荒岛奇遇"测

---

[1] 奥恩斯坦，亨金斯.课程：基础、原理和问题[M].王爱松，译.上海：华东师范大学出版社，2020：280.

试）属于持续不变的生活情境；专题3（小学生演讲"我的梦想"观后讨论）、专题4（"小粉红"现象透视）、专题5（社会主义核心价值观实践调研）涉及当代社会问题；专题6（"动物是否有道德"专题研讨）属于生活领域；专题1（清华大学与南翔技校之比较）、专题7（法家之"法"与法治社会之"法"的比较）涉及社会的建构。"一个完整的充分的问题展示是问题的一种模式，它能够解释问题的症状、起因和缘由，以及对问题的意义的解析，它还能够解释该问题为什么值得注意，为什么不能再忽视。"[1] 显然，就"德法"课的理论基础而言，彻底展示一个问题几乎是不可能的。但是，在实际的教学过程中，教师展示的问题越充分、越彻底，通过对这门课程的学习就越可能解决它。就问题教学法而言，课程的组织大部分依赖于所学习的问题的性质。内容通常超出科目边界。它也必须针对学生的兴趣、关注点和能力。[2] 不管是宏观层面的教学专题还是中观层面的教学难题，以问题为中心的教学设计必然意味着在一定程度上对原有学科边界和教材体例的突破，这种突破为灌输—启发式教学提供了现实可能性。

## 四、微观层面：以共同价值命题为基础选择教学方法和技巧，体现灌输性和启发性相统一

微观层面的灌输—启发式教学，关注的是教学方法（方式）和技巧的结合，它有比较具体的技术，可以进行具体操作，其功能多种多样，每一类方法的运用都有其更具体的要求、实施的步骤、注意事项。分析微观层面的灌输—启发式教学，需要透过具体教学方法和技巧的运用，进一步关注它们背后的价值观和假设。这里体现为一种"从微观入，以宏观出"的思维方式。思政课灌输—启发式教学所说的灌输，并不意味着忽视学生的动机、兴趣和爱好等，而是侧重于强调多种教学方法和技巧背后的具有普遍意义的价值观。在问及"应该传授哪些价值观"时，对该问题的回答之一是：最重要的价值观

---

[1] Walker D. Fundamentals of Curriculum[M]. New York: Harcourt Brace Jovanovich, 1990：171.
[2] 奥恩斯坦, 亨金斯. 课程：基础、原理和问题[M]. 王爱松, 译. 上海：华东师范大学出版社, 2020：280.

是永恒的，它们包括诚实、正直、勇气、责任、同情等。[①] 思政课灌输—启发式教学强调的是"和平、发展、公平、正义、民主、自由的'共同价值'"；换言之，这里灌输的是一种具有客观必然性的真理，表征的是人们对共同价值的坚定信念和不懈追求。所谓"教学有法但无定法"，灌输—启发式教学中的教学方法和技巧是多元的，但隐藏在这些方法和技巧背后的教学规律则是一元的。就思政课教学而言，坚守和弘扬全人类共同价值，与认识和遵循思政课教学规律，两者在逻辑上是融贯的。这里所说的灌输是"蕴含规律性、自觉性和实效性的科学方法和实践过程"[②]。从这个意义上说，微观层面的灌输—启发式教学体现了灌输性和启发性相统一，同时也体现了真理和价值相统一。此外，由于共同价值与方法（技巧）两者在性质上的差别，坚持灌输性和启发性相统一意味着：在微观层面运用灌输—启发式教学时，同时要体现道与术、抽象与具体的辩证统一。

《中国教育大百科全书》介绍了九种启发式教学的方法和技巧，它们分别是：励志法、明理法、创境法、激情法、设疑法、寻思法、研讨法、故谬法和类比法。[③] 就九种教学方法和技巧而言，根据实施过程中侧重点的不同，可以将它们分为两组：一是以感性为主的灌输—启发式教学，包括激情法、励志法、创境法和类比法；二是以理性为主的灌输—启发式教学，包括明理法、寻思法、故谬法、设疑法和研讨法。就思政课教学的微观层面而言，灌输—启发式教学旨在将共同价值贯穿于具体教学方法和技巧的运用过程始终。一方面，将激情法、励志法、创境法和类比法作为启发式教学的方法和技巧，一个重要原因在于它们是激发学生学习兴趣的前提条件。但是，在强调上述方法和技巧的启发性（侧重于激发学生兴趣、调动学生积极性）的同时，也不能忽视它们背后共同价值所要求的灌输性（集中体现为教学内容上的真理性），否则就很容易在教学实践过程中出现因为一味"煽情""催泪"而变异为心灵鸡汤，有意无意地造成"低级红、高级黑"的局面，甚至导致整个思政课教学变成了劣质的宣传、笨拙的表演和夸张的作秀。另一方面，将明理法、寻思

---

[①] 埃利斯. 课程理论及其实践范例[M]. 张文军, 译. 北京：教育科学出版社, 2005: 28.
[②] 王方. 思想政治理论课灌输性和启发性相统一的价值与实现路径[J]. 学校党建与思想教育, 2019 (9): 22-24, 39.
[③] 顾明远. 中国教育大百科全书（第一卷）[M]. 上海：上海教育出版社, 2012: 1459.

法、故谬法、设疑法和研讨法归为一组，主要是由于这五种教学方法和技巧体现了理性思维的特点，这使得它们与第一组相比体现出明显区别，因而也更具理论上的"灌输"色彩。这一点在明理法上表现得最为明显。通过明理法，可以有效激发学生强烈的求知欲望，激励他们树立攀登科学高峰的雄心壮志，这方面体现出教学的启发性。但是，明理法的核心在于在进行某一学科、某一堂课的教学时，首先让学生明确学习这一学科、学习这一堂课的重要意义、任务和要求，这些做法本身就体现了教学的灌输性（目标的确定性、教师的主导性、知识的选择性），蕴含着教师对共同价值的理解，否则道理是说不清道不明的。至于另外四种教学方法和技巧，无论是寻思、故谬，抑或设疑、研讨，均需要建立在一个稳固的价值坐标体系之上，这是以理性为主的灌输—启发式教学的思想基础和价值原点，也是当前社会流行的"底层逻辑"和"底层价值"所表达的一种意义。缺乏这种灌输性，思政课教学就很可能由"寻思"始，以"胡思乱想"终；由"故谬"始，以"彻底荒谬"终；由"设疑"始，以"怀疑一切"终；由"研讨"始，以"胡搅蛮缠"终。在现实的思政课教学中，面对如此乱象，教师如果不能实现以共同价值为核心的灌输，则往往只能诉诸政治话语和权力体系，思政课教学的效果将会大打折扣。

综合上述分析，笔者制作了表15-3，用以展现"德法"课灌输—启发式教学在微观层面中教学方式与技巧的运用，以及相对应的各个教学专题所蕴含的共同价值命题。其中画"√"的地方表示在相关教学专题采用了相对应的教学方法和技巧。

表15-3 "德法"课灌输—启发式教学中的方法技巧与共同价值命题

| 序号 | 教学专题 | 共同价值命题（灌输性） | 灌输—启发式教学 方法和技巧（启发性） ||||||||
|---|---|---|---|---|---|---|---|---|---|---|
| | | | 以感性为主 |||| 以理性为主 ||||
| | | | 激情法 | 励志法 | 创境法 | 类比法 | 明理法 | 寻思法 | 故谬法 | 设疑法 | 研讨法 |
| 1 | 清华大学与南翔技校之比较 | 塑造大学生的现代人格 | | | | | √ | | √ | | |
| 2 | "荒岛奇遇"测试 | 确立积极进取的人生态度 | | | √ | √ | | | | √ | |

第三部分　路径探讨

续表

| 序号 | 教学专题 | 共同价值命题（灌输性） | 灌输—启发式教学 方法和技巧（启发性） ||||||||
|---|---|---|---|---|---|---|---|---|---|---|
| | | | 以感性为主 |||| 以理性为主 ||||
| | | | 激情法 | 励志法 | 创境法 | 类比法 | 明理法 | 寻思法 | 故谬法 | 设疑法 | 研讨法 |
| 3 | 小学生演讲"我的梦想"观后讨论 | 实现人的自由全面发展 | | √ | √ | | | √ | √ | | √ |
| 4 | "小粉红"现象透视 | 促进社会认同与个体认同相统一 | | | | | √ | √ | | √ | √ |
| 5 | 社会主义核心价值观实践调研 | 践行社会主义核心价值观 | √ | √ | | | √ | √ | | | |
| 6 | "动物是否有道德"专题研讨 | 树立马克思主义道德观 | | | √ | | √ | | | √ | √ |
| 7 | 法家之"法"与法治社会之"法"的比较 | 坚持人民的依法治国主体地位 | | | | √ | √ | | √ | √ | |

根据表15-3内容，在"德法"课教学过程中，针对前文所述的七个专题，可以按照如下思路探究灌输—启发式教学在微观层面的实施路径。在关注九种教学方法和技巧的启发性的同时，也注重分析它们背后隐藏的根据共同价值要求所产生的灌输性要求。具体而言：在专题1（清华大学与南翔技校之比较）的教学过程中，教师通过比较分析，揭示大学的特点（明理法），并进一步假设如果清华大学按照南翔技校的方式办学，将会造成什么样的结果（故谬法），让学生进一步理解大学学习新特点，以及该课程的特点等相关内容，从而更好地塑造大学生的现代人格（共同价值）。在专题2（"荒岛奇遇"测试）的教学过程中，教师创设荒岛奇遇这一故事情境（创境法），将故事中的人物与当前社会现象中的典型现象进行类比（类比法），针对测试的参考答案进一步提出问题（设疑法），从而引导学生在比较甄别的过程中，确立积极进取的人生态度（共同价值）。在专题3（小学生演讲"我的梦想"观后讨论）的教学过程中，教师首先让学生带着问题观看视频（寻思法），之后组织学生进行讨论（研讨法），进而在课堂互动中采用"反话正说"的方式剖析错误观点（故谬法），让学生深入地理解马克思关于人的自由全面发展学说的核心观点（共

279

同价值），进而激励学生树立积极进取的人生态度（励志法）。在专题4（"小粉红"现象透视）的教学过程中，教师让学生思考"小粉红"现象中的困惑（设疑法），进而通过课堂集体讨论（研讨法），引导学生如何看待和解决"小粉红"只爱国家不爱国人（甚至也不爱自己）的问题（寻思法），让学生了解马克思主义关于人的个人性与社会性的辩证统一的观点（明理法），促进学生社会认同与个体认同的辩证统一（共同价值）。在专题5（社会主义核心价值观实践调研）的实践教学过程中，教师事先结合社会现实，布置作业明确问题（寻思法），在学生汇报实践教学成果时，有针对性地引导学生的激情（激情法），进而激励他们抱定宗旨砥砺前行，努力在现实生活中践行社会主义核心价值观（励志法）（共同价值）。在专题6（"动物是否有道德"专题研讨）的教学过程中，教师事先提出问题让学生课前预习（设疑法），在课堂上组织学生围绕专题进行讨论（研讨法），进而根据相应命题创设相关情境（创境法），运用马克思主义的道德观（共同价值）说明道德的起源和本质（明理法）。在专题7（法家之"法"与法治社会之"法"的比较）的教学过程中，教师在课堂上提出问题让学生思考（设疑法），并故意混淆法家之"法"与法治社会之"法"导出荒谬结论（故谬法），接着运用法治/法制讨论中经典的"水治"与"刀制"的类比（类比法），进而讲清楚两者的本质区别，让学生明确坚持人民在依法治国中的主体地位（明理法）（共同价值）。

  总之，通过对七个专题的教学进行简要介绍，可以看到在灌输—启发式教学的微观过程中，"启发"强调的是运用不同的教学方法和技巧，激发学生兴趣、爱好，发挥其积极性、主动性与创造性；"灌输"则表征着对共同价值的坚守和弘扬。这也是对前文关于宏观和中观层面灌输—启发式教学的回应——两者在教学实践中的方向正好相反。正如冈特（Mary Gunter）等所言："价值在你心中，不是在你的课堂计划中。价值不是生活的规划，正如这些价值能界定教学会话的议题一样。"[1] 如果没有共同价值命题作为基础，教学方法和技巧的运用就成了无源之水、无本之木，非但不可能达到灌输—启发式教学预期的效果，还可能走向历史虚无主义和多元文化主义。当前西方发达国家在这方面的教训值得引以为鉴。

---

[1] 冈特，埃斯蒂斯，斯瓦布. 教学模式[M]. 尹艳秋，等译. 南京：江苏教育出版社，2006：219.

# 参考文献

## 中文文献

[1] 《思想政治教育学原理》编写组. 思想政治教育学原理 [M]. 北京：高等教育出版社，2018.

[2] 埃里克森. 同一性：青少年与危机 [M]. 孙名之，译. 杭州：浙江教育出版社，1998.

[3] 埃利斯. 课程理论及其实践范例 [M]. 张文军，译. 北京：教育科学出版社，2005.

[4] 艾萨克森. 爱因斯坦传 [M]. 张卜天，译. 长沙：湖南科学技术出版社，2014.

[5] 爱默森. 爱默森文选 [M]. 张爱玲，译. 北京：生活·读书·新知三联书店，1986.

[6] 爱因斯坦. 爱因斯坦文集（第三卷）[M]. 许良英，赵中立，张宣三，编译. 北京：商务印书馆，2009.

[7] 奥恩斯坦，亨金斯. 课程：基础、原理和问题 [M]. 王爱松，译. 上海：华东师范大学出版社，2020.

[8] 白学军，王敬欣，等. 发展心理学 [M]. 天津：南开大学出版社，2013.

[9] 班华. 思想品德结构与新时期德育任务 [J]. 华东师范大学学报（教育科学版），1986（2）25–29.

[10] 北京大学哲学系外国哲学史教研室. 古希腊罗马哲学 [M]. 北京：生活·读书·新知三联书店，1957.

[11] 本书编写组. 思想道德与法治 [M]. 北京：高等教育出版社，2021.

[12] 边慧敏，李向前. 新时代高校思想政治工作指导手册 [M]. 北京：东方出版社，2020.

[13] 波斯纳，鲁德尼茨基. 学程设计：教师课程开发指南 [M]. 赵中建，等译. 上海：华东师范大学出版社，2010.

[14] 伯格，卢克曼. 现实的社会建构：知识社会学论纲 [M]. 吴肃然，译. 北京：北京大学出版社，2019.

[15] 布尔迪厄. 国家精英：名牌大学与群体精神 [M]. 杨亚平，译. 北京：商务印书馆，2005.

[16] 布朗. 自我 [M]. 陈浩莺，译. 北京：人民邮电出版社，2004.

[17] 布鲁巴克. 教育问题史 [M]. 单中惠，王强，译. 济南：山东教育出版社，2012.

[18] 布鲁贝克. 高等教育哲学 [M]. 王承绪，郑继伟，张维平，等译. 杭州：浙江教育出版社，2002.

[19] 蔡元培. 中学修身教科书 [M]. 北京：北京联合出版公司，2014.

[20] 蔡志良. 灌输与选择的整合：道德教育的基本原则与方法取向 [J]. 中国教育学刊，2004（7）：8-11.

[21] 操奇. 启蒙的天敌：犬儒理性论略 [J]. 哲学研究，2015（6）：91-96.

[22] 曹世敏. 品德结构的文化研究 [J]. 教育理论与实践，1996（6）：28-34.

[23] 曹文彪. 科学与人文：关于两种文化的社会学比较研究 [M]. 上海：学林出版社，2008.

[24] 陈秉公. 思想政治教育学原理 [M]. 北京：高等教育出版社，2006.

[25] 陈大文，程娟. 论高校思想政治理论课专题教学的难点问题 [J]. 思想理论教育导刊，2019（12）：81-85.

[26] 陈桂生. 德育引论 [M]. 上海：华东师范大学出版社，2018.

[27] 陈桂生. 中国德育问题 [M]. 福州：福建教育出版社，2006.

[28] 陈红，米丽艳. 高校思想政治理论课专题教学设计的六大要素 [J]. 思想理论教育导刊，2019（9）：99-102.

[29] 陈嘉明. 信念、知识与行为 [J]. 哲学动态，2007（10）：53-59.

[30] 陈琼珍．现代人格及其塑造 [M]．广州：中山大学出版社，2018．

[31] 陈万柏，张耀灿．思想政治教育学原理 [M]．北京：高等教育出版社，2015．

[32] 陈先达．马克思主义信仰十讲 [M]．北京：人民出版社，2018．

[33] 陈向明．质的研究方法与社会科学研究 [M]．北京：教育科学出版社，2000．

[34] 陈欣银．道德价值结构研究的几个问题 [J]．华东师范大学学报（教育科学版），1987（2）：53-62．

[35] 陈新夏．唯物史观价值取向当代建构的前提性考查 [J]．哲学研究，2019（2）：23-32．

[36] 陈学明，黄力之，吴新文．中国为什么还需要马克思主义：答关于马克思主义的十大疑问 [M]．天津：天津人民出版社，2013．

[37] 陈泽河，戚万学．中学德育概论 [M]．济南：山东教育出版社，1991．

[38] 陈卓，郭娅玲．新中国德育理论中的"灌输"研究 [J]．社会科学战线，2019（6）：243-251．

[39] 陈卓，刘秒．品德三维结构说：实践导向的理论探讨 [J]．教育科学研究，2022（2）：12-19．

[40] 陈卓，王坤，金梦柳．实践导向的品德三维结构说——基于浙江省大学生的实证研究 [J]．教育学术月刊，2022（7）：11-19．

[41] 陈卓，王雪鉴．灌输与教育：论道德教育的意图、内容与方法 [J]．内蒙古社会科学，2013（5）：157-162．

[42] 陈卓，翁孙哲．思想·道德·修养：高校德育课程性质分析 [J]．河北科技大学学报（社会科学版），2013（2）：101-107．

[43] 陈卓．"教育中的灌输"：高校思想政治教育的根本原则 [J]．河北科技大学学报（社会科学版），2014（4）：102-107．

[44] 陈卓．道德教育与思想政治教育之比较——基于开放系统的视角 [J]．江苏教育研究，2017（1）：3-8．

[45] 陈卓．道德教育与思想政治教育之比较——基于权力的视角 [J]．陕西师范大学学报（哲学社会科学版），2016（1）：151-157．

[46] 陈卓. 交往与灌输：三种教育类型的比较研究[J]. 内蒙古社会科学，2017（5）：185-191.

[47] 陈卓. 教学活动中的交往与灌输：三种教学类型的比较研究[J]. 中国高教研究，2017（2）：87-92.

[48] 陈卓. 新加坡品格与公民教育教科书研究——基于小学《好品德 好公民》教科书的文本分析[J]. 上海教育科研，2017（1）：54-57.

[49] 陈卓. 新制度主义视野下的布尔迪厄教育思想研究[J]. 外国教育研究，2014（11）：12-22.

[50] 成少钧，陈俊岭. 渗透品格教育 深化德育工作[J]. 教育与职业，2009（20）：80-82.

[51] 程东旺. 潜规则下的伦理生态解析[J]. 理论导刊，2014（1）：55-58.

[52] 慈继伟. 正义的两面[M]. 北京：生活·读书·新知三联书店，2001.

[53] 戴艳军，郑呈杰. 关于立德树人之"德"的哲学思考——以私德、公德、大德的厘清与扩展为线索[J]. 思想理论教育，2023（7）：55-61.

[54] 刀尔登. 中国好人：刀尔登读史[M]. 太原：山西人民出版社，2009.

[55] 邓晓芒. 传统文化的反思与再造[J]. 同舟共进，2016（2）：8-12.

[56] 邓晓芒. 康德宗教哲学与中西人格结构[J]. 湖北大学学报（哲学社会科学版），1998（5）：1-5.

[57] 邓晓芒. 批判与启蒙[M]. 武汉：崇文书局，2019.

[58] 邓晓芒. 人论三题[M]. 重庆：重庆大学出版社，2008.

[59] 邓晓芒. 新批判主义[M]. 武汉：湖北教育出版社，2000.

[60] 邓晓芒. 信仰三题：概念、历史和现实[J]. 马克思主义与现实，2015（4）：33-40.

[61] 邓晓芒. 在张力中思索[M]. 福州：福建教育出版社，2009.

[62] 邓晓芒. 中西文化比较十一讲[M]. 长沙：湖南教育出版社，2007.

[63] 邓晓芒. 中西信仰观之辨[J]. 东南学术，2007（2）：22-26.

[64] 邓永霞. 新时期高校思想政治教育目标的内涵、发展及实现[J]. 山东青年政治学院学报，2017（4）：57-61.

[65] 迪亚斯. 十种人性：谁在决定我们的善恶选择[M]. 杨红梅，译. 北京：

中信出版社，2021.

[66] 蒂洛，克拉斯曼. 伦理学与生活 [M]. 程立显，刘建，等译. 北京：世界图书出版公司北京公司，2008.

[67] 丁慧民，张任远. 网络政治参与中"小粉红"形态特征与引导研究 [J]. 新媒体研究，2018（8）：106-107，123.

[68] 董平. 论"知行合一"的四重向度 [J]. 社会科学战线，2019（2）：25-35.

[69] 窦芬，李巧灵，王书豪. 自我分化与大学生经验回避：羞怯的中介作用及其性别差异 [J]. 心理发展与教育，2021（4）：517-524.

[70] 杜成宪，郑金洲. 大辞海（教育卷）[M]. 上海：上海辞书出版社，2014.

[71] 杜时忠. 德育研究 [M]. 福州：福建教育出版社，2019.

[72] 杜时忠. 制度比榜样更重要——新时期学校德育制度建设初探 [J]. 人民教育，2001（9）：40-41.

[73] 杜时忠. 制度德育论的理论来源、实证依据与实践方式 [J]. 华中师范大学学报（人文社会科学版），2023（3）：160-169.

[74] 杜瓦斯. 社会心理学的解释水平 [M]. 赵蜜，刘保中，译. 北京：中国人民大学出版社，2011.

[75] 杜威. 民主主义与教育 [M]. 王承绪，译. 北京：人民教育出版社，1990.

[76] 杜威. 我们怎样思维·经验与教育 [M]. 姜文闵，译. 北京：人民教育出版社，2005.

[77] 方熹. 规则与德性：规范伦理学的发展之路探寻 [J]. 湖北大学学报（哲学社会科学版），2014（5）：20-24.

[78] 方竹兰. 人格现代化是中国现代化之根本 [J]. 理论与现代化，2005（6）：11-13.

[79] 费孝通. 乡土中国 [M]. 北京：人民教育出版社，2021.

[80] 费兹科，麦克卢尔. 教育心理学：课堂决策的整合之路 [M]. 吴庆麟，等译. 上海：上海人民出版社，2008.

[81] 风笑天. 社会调查中的问卷设计 [M]. 天津：天津人民出版社，2001.

[82] 冯秀军，咸晓红. 思想政治理论课改革创新要坚持灌输性和启发性相统

一 [J]. 思想理论教育导刊, 2019 (7): 74-78.

[83] 弗罗姆. 自为的人 [M]. 万俊人, 译. 北京: 国际文化出版公司, 1988.

[84] 弗洛姆. 逃避自由 [M]. 陈学明, 译. 北京: 工人出版社, 1987.

[85] 弗洛姆. 逃避自由 [M]. 刘林海, 译. 上海: 上海译文出版社, 2015.

[86] 弗洛姆. 为自己的人 [M]. 孙依依, 译. 北京: 生活·读书·新知三联书店, 1988.

[87] 冈特, 埃斯蒂斯, 斯瓦布. 教学模式 [M]. 尹艳秋, 等译. 南京: 江苏教育出版社, 2006.

[88] 高峰. 对美国品格教育的深层透视——兼论中西方德育的理路分野 [J]. 思想理论教育, 2014 (8): 14-19.

[89] 高峰. 美国公民教育的基本内涵 [J]. 比较教育研究, 2005 (5): 55-60.

[90] 高平叔. 蔡元培教育论著选 [M]. 北京: 人民教育出版社, 2011.

[91] 高宣扬. 当代社会理论（上册）[M]. 北京: 中国人民大学出版社, 2005.

[92] 戈夫曼. 日常生活中的自我呈现 [M]. 冯钢, 译. 北京: 北京大学出版社, 2008.

[93] 戈夫曼. 日常生活中的自我呈现 [M]. 冯钢, 译. 北京: 北京大学出版社, 2022.

[94] 歌德. 歌德的格言和感想集 [M]. 程代熙, 张惠民, 译. 北京: 中国社会科学出版社, 1982.

[95] 格根. 关系性存在: 超越自我与共同体 [M]. 杨莉萍, 译. 上海: 上海教育出版社, 2017.

[96] 宫睿. 价值多元论与进步 [J]. 哲学研究, 2009 (6): 94-100, 129.

[97] 古人伏. 德育学教程 [M]. 上海: 华东化工学院出版社, 1993.

[98] 顾明远. 教育大辞典 [M]. 上海: 上海教育出版社, 1998.

[99] 顾明远. 中国教育大百科全书（第一卷）[M]. 上海: 上海教育出版社, 2012.

[100] 郭元祥. 知行合一:"知""行"范畴的蕴含及其教育指引 [J]. 华中师范大学学报（人文社会科学版）, 2023 (5): 185-194.

[101] 郭祖仪. 论品德心理结构的社会心理模式 [J]. 陕西师范大学学报（哲学

社会科学版），2000（2）：151-157.

[102] 哈贝马斯. 交往行为理论（第1卷）[M]. 曹卫东，译. 上海：上海人民出版社，2018.

[103] 海德格尔. 海德格尔选集[M]. 孙周兴，译. 上海：上海三联书店，1996.

[104] 韩树华. 论人的思想品德结构[J]. 教育研究，1983（10）：42-49，65.

[105] 韩文根. 美国学校的品德教育对我国中小学德育的启示[J]. 教学与管理，2013（22）：87-88.

[106] 何怀宏. 良心论：传统良知的社会转化[M]. 北京：北京大学出版社，2017.

[107] 黑格尔. 精神现象学（上卷）[M]. 贺麟，王玖兴，译. 北京：商务印书馆，1979.

[108] 黑格尔. 小逻辑[M]. 贺麟，译. 北京：商务印书馆，1980.

[109] 胡进. 美国中小学品德教育概况[J]. 外国中小学教育，1999（6）：5-8.

[110] 胡君进. 道德教育作为一种人性平衡术——一种对于德育本质的卢梭式探讨及其启示[J]. 中国教育学刊，2020（9）：87-92.

[111] 胡锐军. 大学生"躺平"心态的文化根源及其矫治路径分析[J]. 国家教育行政学院学报，2022（1）：56-64.

[112] 胡萨. 价值观教育的关键：唤醒与激活价值观的"原初意义"——基于发生现象学的视角[J]. 教育研究，2020（8）：65-74.

[113] 胡适. 胡适文存4[M]. 北京：华文出版社，2013.

[114] 胡中锋. 教育评价学[M]. 北京：中国人民大学出版社，2008.

[115] 怀特海. 教育的目的[M]. 庄莲平，王立中，译. 上海：文汇出版社，2012.

[116] 黄光国. 中国人的人情关系[M]// 文崇一，萧新煌. 中国人：观念与行为. 南京：江苏教育出版社，2005.

[117] 黄希庭，夏凌翔. 人格中的自我问题[J]. 陕西师范大学学报（哲学社会科学版），2004（2）：108-111.

[118] 黄裕生. 权利的形而上学[M]. 北京：商务印书馆，2019.

[119] 霍妮. 我们内心的冲突 [M]. 刘春艳, 译. 北京: 煤炭工业出版社, 2017.

[120] 霍尼. 我们时代的神经症人格 [M]. 冯川, 译. 南京: 译林出版社, 2016.

[121] 加迪纳. 克尔凯郭尔 [M]. 刘玉红, 译. 南京: 译林出版社, 2013.

[122] 江畅, 陶涛. 中国传统价值观现代转换面临的任务 [J]. 湖北社会科学, 2019（3）: 174-182.

[123] 蒋红群. 论现代性困境下思想政治教育叙事形式的转换 [J]. 思想教育研究, 2011（9）: 26-28.

[124] 蒋荣. 高校思政课研究型教学: 实施路径与效果评估 [M]. 北京: 中国社会科学出版社, 2021.

[125] 蒋一之. 品德发展与道德教育 [M]. 杭州: 浙江大学出版社, 2013.

[126] 金炳华. 马克思主义哲学大辞典 [M]. 上海: 上海辞书出版社, 2002.

[127] 金观涛. 轴心文明与现代社会: 探索大历史的结构 [M]. 北京: 东方出版社, 2021.

[128] 金生鈜. 德性与教化——从苏格拉底到尼采: 西方道德教育哲学思想研究 [M]. 长沙: 湖南大学出版社, 2003.

[129] 金正连. 新时代党建与思想政治工作探索实践 [M]. 北京: 光明日报出版社, 2021.

[130] 康翠萍. 培养人的自我意识: 新时代高等教育质量观追问 [J]. 大学教育科学, 2019（5）: 18-19.

[131] 康德. 实践理性批判 [M]. 韩水法, 译. 北京: 商务印书馆, 2000.

[132] 柯尔伯格. 道德教育的哲学 [M]. 魏贤超, 柯森, 等译. 杭州: 浙江教育出版社, 2000.

[133] 克尔凯郭尔. 致死的疾病 [M]. 张祥龙, 王建军, 译. 北京: 中国工人出版社, 1997.

[134] 客洪刚. 科尔伯格德育理论特点及其对学校道德教育的启示 [J]. 黑龙江高教研究, 2012（1）: 105-108.

[135] 孔夫子与康德的"对话" [N]. 中华读书报, 2013-08-07.

[136] 孔汉思, 库舍尔. 全球伦理: 世界宗教议会宣言 [M]. 何光沪, 译. 成都: 四川人民出版社, 1997.

[137] 勒庞. 乌合之众: 大众心理研究 [M]. 秦传安, 译. 哈尔滨: 哈尔滨出版社, 2011.

[138] 李丹. 李伯黍心理学文选 [M]. 北京: 人民教育出版社, 2008.

[139] 李德顺. 价值论 [M]. 北京: 中国人民大学出版社, 2013.

[140] 李德顺. 普遍价值及其客观基础 [J]. 中国社会科学, 1998（6）: 4–14.

[141] 李辉, 宋笔锋, 宣建林. 坚持德育为先 创新航空科技人才思想品德教育培养模式——以西北工业大学航空科技人才培养为例 [J]. 中国高教研究, 2009（4）: 82–83.

[142] 李沁柯, 夏柱智. 破碎的自我:"小镇做题家"的身份建构困境 [J]. 中国青年研究, 2021（7）: 81–88, 95.

[143] 李胜, 裘丽. 基于"过程—结构"视角的环境合作治理模式比较与选择 [J]. 中国人口·资源与环境, 2019（10）: 43–51.

[144] 李友梅, 肖瑛, 黄晓春. 社会认同: 一种结构视野的分析——以美、德、日三国为例 [M]. 上海: 上海人民出版社, 2007.

[145] 李泽厚. 批判哲学的批判: 康德述评 [M]. 北京: 生活·读书·新知三联书店, 2007.

[146] 廖春红. 试析莫里斯符号学的意义观 [J]. 北方论丛, 2006（4）: 80–82.

[147] 列维－布留尔. 原始思维 [M]. 丁由, 译. 北京: 商务印书馆, 1981.

[148] 林崇德. 发展心理学 [M]. 北京: 人民教育出版社, 2018.

[149] 林崇德. 发展心理学 [M]. 杭州: 浙江教育出版社, 2019.

[150] 林及芬, 何贵兵. 国内近年品德心理结构研究综述 [J]. 应用心理学, 1993（4）: 45–50.

[151] 凌霞. 新时代思政课建设研究 [M]. 北京: 九州出版社, 2020.

[152] 刘爱书, 庞爱莲. 发展心理学 [M]. 北京: 清华大学出版社, 2013.

[153] 刘晨, 康秀云. 美国新品格教育的复归背景、目标转向与理论超越 [J]. 外国教育研究, 2017（12）: 90–102.

[154] 刘登珲, 李华. "五育融合"的内涵、框架与实现 [J]. 中国教育科学（中

英文），2020（5）：85-91．

[155] 刘富华，孙维张．索绪尔与结构主义语言学 [M]．长春：吉林大学出版社，2003．

[156] 刘海龙．宣传：观念、话语及其正当化 [M]．北京：中国大百科全书出版社，2020．

[157] 刘华锦．大学课堂文化：困境中的反思与重构 [J]．西南民族大学学报（人文社科版），2017（11）：225-229．

[158] 刘建军．马克思主义信仰论 [M]．北京：中国人民大学出版社，1998．

[159] 刘世文．当代中国思想文化建设上的一个重大问题——论社会主义核心价值体系与人类共同价值的关系 [J]．人文杂志，2011（4）：61-65．

[160] 刘淑萍，佘飐．试析青年学生道德自我成长及其培育 [J]．东南大学学报（哲学社会科学版），2020（S1）：118-121．

[161] 刘铁芳．追寻生命的整全：个体成人的教育哲学阐释 [M]．北京：高等教育出版社，2017．

[162] 刘同舫．马克思的哲学主题 [M]．北京：人民出版社，2017．

[163] 刘同舫．马克思人类解放思想史 [M]．北京：人民出版社，2019．

[164] 刘万伦，田学红．发展与教育心理学 [M]．北京：高等教育出版社，2014．

[165] 刘伟．说话的三条底线 [J]．百姓，2002（10）：25．

[166] 刘向军．人民幸福、民族复兴是共产党人最高的价值理想 [J]．红旗文稿，2018（3）：18-19．

[167] 刘争先．论学校道德教育的正当性——基于对美国新品德教育的考察 [J]．湖北社会科学，2014（10）：172-176．

[168] 卢翠荣，代俊兰．新媒体时代大学生法治意识培育研究 [J]．河北大学学报（哲学社会科学版），2022（1）：152-160．

[169] 卢格．人生发展心理学 [M]．陈德民，周国强，罗汉，等译．上海：学林出版社，1996．

[170] 鲁洁，王逢贤．德育新论 [M]．南京：江苏教育出版社，2010．

[171] 鲁洁．论教育之适应与超越 [J]．教育研究，1996（2）：3-6．

[172] 鲁迅. 鲁迅全集（第 1 卷）[M]. 北京：人民文学出版社，2005.

[173] 陆优优. 大学生参与高校治理的理论基础与实践路径 [J]. 思想理论教育，2019（2）：102-106.

[174] 罗尔斯. 正义论 [M]. 何怀宏，何包钢，廖申白，译. 北京：中国社会科学出版社，1998.

[175] 罗兰. 罗曼·罗兰文钞 [M]. 孙梁，译. 桂林：广西师范大学出版社，2004.

[176] 罗兰. 莫斯科日记 [M]. 袁俊生，译. 北京：东方出版社，2014.

[177] 罗兰. 约翰·克利斯朵夫（全四册）[M]. 傅雷，译. 上海：上海译文出版社，2018.

[178] 罗素. 人类的知识——其范围与限度 [M]. 张金言，译. 北京：商务印书馆，1983.

[179] 罗素. 一个自由人的崇拜 [M]. 胡品清，译. 长春：时代文艺出版社，1988.

[180] 罗旭，刘梦，王建宏. 知识分子在知行合一中主动担当作为 [N]. 光明日报，2019-03-04.

[181] 骆郁廷. 新时代爱国主义教育的"破"与"立" [J]. 思想理论教育导刊，2020（2）：55-59.

[182] 马川. "00后"大学生心理健康水平的实证研究——基于近两万名 2018 级大一学生的数据分析 [J]. 思想理论教育，2019（3）：95-99.

[183] 马春玲，关俊威. 从品德结构研究中存在的问题看其构成要素 [J]. 学术交流，2012（2）：22-25.

[184] 马金森. 作为学生自我塑造的高等教育 [J]. 王晓娜，译. 教育研究，2020（1）：86-97.

[185] 马克思，恩格斯. 马克思恩格斯全集（第 1 卷）[M]. 中共中央马克思恩格斯列宁斯大林著作编译局，编译. 北京：人民出版社，1960.

[186] 马克思，恩格斯. 马克思恩格斯全集（第 27 卷）[M]. 中共中央马克思恩格斯列宁斯大林著作编译局，编译. 北京：人民出版社，1972.

[187] 马克思，恩格斯. 马克思恩格斯全集（第 3 卷）[M]. 中共中央马克思恩

格斯列宁斯大林著作编译局，编译. 北京：人民出版社，1960.

[188] 马克思，恩格斯. 马克思恩格斯文集（第 10 卷）[M]. 中共中央马克思恩格斯列宁斯大林著作编译局，编译. 北京：人民出版社，2009.

[189] 马克思，恩格斯. 马克思恩格斯文集（第 1 卷）[M]. 中共中央马克思恩格斯列宁斯大林著作编译局，编译. 北京：人民出版社，2009.

[190] 马克思，恩格斯. 马克思恩格斯文集（第 5 卷）[M]. 中共中央马克思恩格斯列宁斯大林著作编译局，编译. 北京：人民出版社，2009.

[191] 马克思，恩格斯. 马克思恩格斯文集（第 8 卷）[M]. 中共中央马克思恩格斯列宁斯大林著作编译局，编译. 北京：人民出版社，2009.

[192] 马克思，恩格斯. 马克思恩格斯文集（第 9 卷）[M]. 中共中央马克思恩格斯列宁斯大林著作编译局，编译. 北京：人民出版社，2009.

[193] 马克思，恩格斯. 马克思恩格斯选集（第 1 卷）[M]. 中共中央马克思恩格斯列宁斯大林著作编译局，编译. 北京：人民出版社，2012.

[194] 马莹. 发展心理学 [M]. 北京：人民卫生出版社，2013.

[195] 梅. 焦虑的意义 [M]. 朱侃如，译. 桂林：漓江出版社，2016.

[196] 蒙克. 宗教意义探索 [M]. 朱代强，赵亚麟，孙善玲，译. 成都：四川人民出版社，2010.

[197] 莫洛伊. 体验宗教：传统、挑战与嬗变 [M]. 张仕颖，译. 北京：北京联合出版公司，2018.

[198] 默顿. 社会理论和社会结构 [M]. 唐少杰，等译. 南京：译林出版社，2008.

[199] 宁虹，胡萨. 教育理论与实践的本然统一 [J]. 教育研究，2006（5）：10-14.

[200] 牛力平. 灌输原则要坚持 具体方法应改进 [J]. 思想政治工作研究，1989（4）：19-20.

[201] 纽曼. 大学的理念 [M]. 高师宁，何克勇，何可人，等译. 北京：北京大学出版社，2016.

[202] 努力构建德智体美劳全面培养的教育体系——二论学习贯彻习近平总书记全国教育大会重要讲话精神 [N]. 光明日报，2018-09-14.

[203] 诺思．制度、制度变迁与经济绩效 [M]．刘守英，译．上海：上海三联书店，1994．

[204] 诺斯，诺斯．人类的宗教 [M]．江熙泰，刘泰星，吴福临，等译．成都：四川人民出版社，2005．

[205] 帕菲特．理与人 [M]．王新生，译．上海：上海译文出版社，2005．

[206] 朋霍费尔．狱中书简 [M]．高师宁，译．北京：新星出版社，2011．

[207] 彭聃龄．普通心理学 [M]．北京：北京师范大学出版社，2019．

[208] 彭锋．重回在场——兼论哲学作为一种生活方式 [J]．学术月刊，2006（12）：46-52．

[209] 戚万学，唐汉卫．学校德育原理 [M]．北京：北京师范大学出版社，2012．

[210] 戚万学．现代西方道德教育理论研究（下卷）[M]．北京：人民教育出版社，2020．

[211] 齐学红．中小学品德评价存在的误区及其改革对策 [J]．课程·教材·教法，2012（3）：86-90．

[212] 钱理群．二十六篇：和青年朋友谈心 [M]．上海：东方出版中心，2018．

[213] 钱穆．中华文化十二讲 [M]．北京：九州出版社，2017．

[214] 钱忠源．转变德育观念 加强基础品德教育 [J]．教育改革，1993（4）：2-4．

[215] 秦晖，金雁．田园诗与狂想曲：关中模式与前近代社会的再认识 [M]．北京：语文出版社，2010．

[216] 秦晖．传统十论：本土社会的制度、文化及其变革 [M]．太原：山西人民出版社，2019．

[217] 秦晖．传统十论 [M]．北京：东方出版社，2014．

[218] 卿云．大学生思想政治教育目标层次性探析 [J]．学校党建与思想教育，2013（26）：15-17．

[219] 邱地，谢朝晖．高校美育面临的困境与对策探讨 [J]．教育探索，2015（6）：87-90．

[220] 饶舒琪．全球公民教育：困惑及其澄清 [J]．比较教育研究，2019（3）：

24-30.

[221] 施丽红，吴成国．高校思想政治理论课坚持灌输性与启发性相统一的实践路径分析[J]．思想教育研究，2021（3）：85-89．

[222] 施特凡．希特勒[M]．王世英，译．石家庄：河北教育出版社，2001．

[223] 施彦军．依法治校背景下现代大学生民主参与高校管理法治化建设问题多维透视[J]．黑龙江高教研究，2020（7）：55-60．

[224] 石军．制度德育研究十五年：历史回顾与现实反思[J]．湖南师范大学教育科学学报，2016（1）：65-70．

[225] 石烨，刘长海．日本小学"部编本"德育教材研究[J]．上海教育科研，2019（1）：66-70．

[226] 宋萑．质性研究的范式属性辨[J]．全球教育展望，2018（6）：56-66．

[227] 苏彦捷．发展心理学[M]．北京：高等教育出版社，2012．

[228] 孙隆基．中国文化的深层结构[M]．桂林：广西师范大学出版社，2004．

[229] 孙正聿．属人的世界[M]．长春：吉林人民出版社，2007．

[230] 塔沙克里，特德莱．混合方法论：定性方法和定量方法的结合[M]．唐海华，译．重庆：重庆大学出版社，2010．

[231] 檀传宝．道德教育是学校德育的根本[J]．全球教育展望，2001（6）：9-14．

[232] 檀传宝．德育原理[M]．北京：北京师范大学出版社，2007．

[233] 檀传宝．第三次浪潮：美国品德教育运动述评[J]．北京大学教育评论，2003（2）：33-37．

[234] 檀传宝．劳动教育的本质在于培养劳动价值观[J]．人民教育，2017（9）：45-48．

[235] 檀传宝．学校道德教育原理[M]．北京：教育科学出版社，2015．

[236] 唐辉一，陈倩，吴俊华．大学生社会性发展与心理健康的关系：述情障碍的中介作用及其性别差异[J]．心理发展与教育，2021（5）：735-742．

[237] 陶圣屏．手机即自我：大学生智能手机使用行为深描研究[J]．现代传播（中国传媒大学学报），2019（11）：144-150．

[238] 陶行知．陶行知全集（第2卷）[M]．成都：四川教育出版社，2005．

[239] 陶行知. 陶行知全集（第 4 卷）[M]. 成都：四川教育出版社，2005.

[240] 陶行知. 陶行知文集 [M]. 太原：山西教育出版社，2021.

[241] 田敏. 余华小说的悲剧意识与"活着"哲学 [J]. 求索，2011（3）：206-208.

[242] 童星. 应急管理案例研究中的"过程—结构分析"[J]. 学海，2017（3）：63-68.

[243] 汪凤炎. 中国传统德育心理学思想及其现代意义 [M]. 上海：上海教育出版社，2007.

[244] 汪民安. 现代性 [M]. 南京：南京大学出版社，2020.

[245] 王道俊，郭文安. 教育学 [M]. 北京：人民教育出版社，2009.

[246] 王方. 思想政治理论课灌输性和启发性相统一的价值与实现路径 [J]. 学校党建与思想教育，2019（9）：22-24，39.

[247] 王芳. 美国品德教育缩影——基于对 Mary Munford 学校的实际观察 [J]. 思想理论教育，2010（2）：22-23.

[248] 王海明. 论品德结构 [J]. 湖南师范大学社会科学学报，2008（2）：25-30.

[249] 王洪，岳童，符明秋. 从情感认同到自我认同：价值观认同的内隐实验研究 [J]. 广东社会科学，2021（5）：64-73.

[250] 王健敏. 道德学习论 [M]. 杭州：浙江教育出版社，2002.

[251] 王洁生. 灌输是原则，不是方法 [J]. 思想政治工作研究，1988（3）：14-15.

[252] 王林平，郝鑫. 系统论视域下大中小学爱国主义教育一体化探析 [J]. 中学政治教学参考，2021（41）：15-17.

[253] 王玲仙，熊峰. 经济转型升级背景下浙江高等职业教育发展分析 [J]. 成人教育．2012（4）：32-34.

[254] 王玲仙，熊峰. 浅论工学结合对高职学生敬业精神的培养 [J]. 学校党建与思想教育．2009（35）：70-71.

[255] 王玲仙，熊峰. 增强高职思想政治理论课课堂教学效果的路径选择 [J]. 学校党建与思想教育．2007（12）：43-45.

[256] 王铭玉. 现代语言符号学 [M]. 北京：商务印书馆，2013.

[257] 王晴锋. 戈夫曼与符号互动论：形似与神离 [J]. 宁夏社会科学，2018（2）：115-122.

[258] 王荣，祖力亚提·司马义. 新时代高校思政课坚持灌输性和启发性相统一的实践路径 [J]. 学校党建与思想教育，2022（8）：59-61.

[259] 王少梅. 论道德教育的基础性与基础德育 [J]. 黑龙江高教研究，2004（2）：133-134.

[260] 王树青，曹晖，苏霞. 亲子依恋、分离—个体化对大学生自我同一性状态的影响：自我不一致的中介作用 [J]. 心理与行为研究，2017（3）：343-350，378.

[261] 王树青，宋尚桂. 大学生自我同一性与亲子依恋、因果取向之间的关系 [J]. 心理与行为研究，2012（1）：32-37.

[262] 王树青，佟月华. 分离—个体化对大学生自我同一性状态的影响：因果取向的中介作用 [J]. 中国特殊教育，2018（8）：91-96.

[263] 王树青，张光珍，陈会昌. 大学生亲子依恋、分离—个体化与自我同一性状态之间的关系 [J]. 心理发展与教育，2014（2）：145-152.

[264] 王雯姝，迪拉热·艾则孜. 大中小学思政课一体化视域下爱国主义教育的目标层次及着力点 [J]. 思想理论教育导刊，2023（3）：144-147.

[265] 王晓燕. 课程统整视角下推进大中小爱国主义教育一体化的思考 [J]. 当代教育与文化，2020（5）：45-50.

[266] 王新玲. 美国品德教育教程简介 [J]. 外国教育研究，1989（2）：44-47.

[267] 王彦. 论思想政治教育的本质为价值观生成 [J]. 求实，2014（12）：82-85.

[268] 王祎颜. 置身于苦难与阳光之间——浅析《活着》主人公福贵的生存哲学 [J]. 东南传播，2014（5）：117-119.

[269] 王莹. 从知识精英到纳粹分子：德国魏玛时期的大学生研究 [M]. 武汉：武汉大学出版社，2014.

[270] 威廉斯. 关键词：文化与社会的词汇 [M]. 刘建基，译. 北京：生活·读书·新知三联书店，2005.

[271] 韦冬雪. 对"道德教育"、"德育"与"思想政治教育"概念之辨析 [J]. 探索，2007（1）：120-123.

[272] 韦特. 希特勒的世界：一部心理传记 [M]. 贾宇琰，译. 北京：中央编译出版社，2017.

[273] 维之. 人类的自我意识 [M]. 北京：现代出版社，2009.

[274] 魏缙，陈卓. 论德育中的"灌输"隐喻 [J]. 教育学术月刊，2021（10）：27-32.

[275] 魏贤超. 论柯尔伯格对道德教育的建构主义探讨 [J]. 华东师范大学学报（教育科学版），1987（1）：45-58.

[276] 温尼科特. 成熟过程与促进性环境：情绪发展理论的研究 [M]. 唐婷婷，译. 上海：华东师范大学出版社，2017.

[277] 沃特斯. 现代社会学理论 [M]. 杨善华，李康，汪洪波，等译. 北京：华夏出版社，2000.

[278] 吴宏政. 思想政治教育中价值认同的三个环节 [J]. 长白学刊，2017（4）：45-48.

[279] 吴明隆. 问卷统计分析实务：SPSS 操作与应用 [M]. 重庆：重庆大学出版社，2010.

[280] 吴晓明，陈立新. 马克思主义本体论研究 [M]. 北京：北京师范大学出版社，2012.

[281] 郗浩丽. 客体关系理论的转向：温尼科特研究 [M]. 福州：福建教育出版社，2007.

[282] 习近平. 论党的宣传思想工作 [M]. 北京：中央文献出版社，2020.

[283] 习近平. 论坚持全面依法治国 [M]. 北京：中央文献出版社，2020.

[284] 习近平. 习近平谈治国理政（第四卷）[M]. 北京：外文出版社，2022.

[285] 习近平在北京大学考察时强调：抓住培养社会主义建设者和接班人根本任务努力建设中国特色世界一流大学 [N]. 光明日报，2018-05-03.

[286] 习近平在全国教育大会上强调：坚持中国特色社会主义教育发展道路　培养德智体美劳全面发展的社会主义建设者和接班人 [N]. 人民日报，2018-09-10.

[287] 习近平主持召开学校思想政治理论课教师座谈会强调：用新时代中国特色社会主义思想铸魂育人 贯彻党的教育方针落实立德树人根本任务 [N]. 人民日报，2019-03-19.

[288] 夏征农，陈至立. 辞海 [M]. 6版. 上海：上海辞书出版社，2010.

[289] 夏中义，富华. 苦难中的温情与温情地受难——论余华小说的母题演化 [J]. 南方文坛，2001（4）：28-39.

[290] 咸立水. 思想透视 德育对策——浅谈青少年思想品德教育 [J]. 思想政治课教学，2004（3）：56-58.

[291] 肖贵清，武传鹏. 社会主义核心价值观融入高校思想政治理论课的重要意义及其路径 [J]. 思想教育研究，2017（3）：73-77.

[292] 肖鸣政. 试论品德在现代人力资源结构及其开发中的作用——兼谈品德与"情商"的关系 [J]. 中国人民大学学报，1999（4）：90-93.

[293] 肖兴政. 品德结构新论 [J]. 西南师范大学学报（哲学社会科学版），1996（2）：40-42.

[294] 肖政鸣. 人才品德测评的理论与方法 [M]. 北京：中国劳动社会保障出版社，2008.

[295] 谢承育. 余华《活着》中徐福贵的悲剧形象解析 [J]. 参花（上），2016（8）：120.

[296] 谢弗，基普. 发展心理学：儿童与青少年 [M]. 邹泓，等译. 北京：中国轻工业出版社，2009.

[297] 谢弗. 儿童品格的由来：社会性与人格发展 [M]. 陈会昌，译. 北京：人民邮电出版社，2021.

[298] 邢贲思，周汉民. 人生知识大辞典 [M]. 北京：中国青年出版社，1992.

[299] 熊峰，周琳. "工匠精神"的内涵和实践意义 [J]. 中国高等教育. 2019（10）：61-62.

[300] 熊峰，周增遂. 数智时代高职创新创业育人生态系统建构 [J]. 中国高等教育. 2021（22）：59-61.

[301] 熊峰. "四融合"打出思政课实践教学"组合拳" [N]. 中国教育报. 2021-04-08.

[302] 熊建生. 思想政治教育内容结构论 [M]. 北京：中国社会科学出版社，2012.

[303] 休厄尔. 历史的逻辑：社会理论与社会转型 [M]. 朱连璧，费滢，译. 上海：上海人民出版社，2012.

[304] 徐爱杰. 美国品德教育运动的基本观点及分析 [J]. 中国教育学刊，2006（4）：30-32.

[305] 徐成立，罗秋兰，孙军，等. 高校体育课程思政建设现实困境与优化策略 [J]. 体育文化导刊，2021（9）：98-104.

[306] 徐建龙，孟凡平，郝文清，等. 伦理学理论与应用 [M]. 合肥：合肥工业大学出版社，2009.

[307] 徐秦法. 新时代马克思主义信仰教育研究 [M]. 北京：人民日报出版社，2020.

[308] 徐玉明，张惠绒，王艳红. 警察院校学生品德特征结构与品德素质培育方法的探讨 [J]. 教育理论与实践，2005（22）：25-27.

[309] 续润华. 孔子与苏格拉底启发式教学的比较 [J]. 黑龙江高教研究，1992（1）：121-124.

[310] 薛殿会. 思想品德的结构及其形成 [J]. 教育研究，1983（1）：25-28.

[311] 杨洪猛. 大学生社会支持、自我和谐与主观幸福感的关系研究 [J]. 教育理论与实践，2020（21）：30-33.

[312] 杨家友. "难得糊涂"论 [M]// 湖北大学哲学学院. 价值论与伦理学研究（2012年卷）. 北京：新华出版社，2013.

[313] 杨韶刚. 道德教育心理学 [M]. 上海：上海教育出版社，2007.

[314] 杨韶刚. 西方道德心理学的新发展 [M]. 上海：上海教育出版社，2007.

[315] 叶浩生. 心理学理论精粹 [M]. 福州：福建教育出版社，2000.

[316] 叶澜. 教育研究方法论初探 [M]. 上海：上海教育出版社，2014.

[317] 叶澜. 思维在断裂处穿行——教育理论与教育实践关系的再寻找 [J]. 中国教育学刊，2001（4）：1-6.

[318] 叶奕乾. 现代人格心理学 [M]. 上海：上海教育出版社，2011.

[319] 易刚，林伯海. 共同价值与社会主义核心价值观的关系探究 [J]. 思想理

论教育，2016（7）：40-43.

[320] 易继苍，陈卓. 道德教育与思想政治教育之比较——基于知识要素的视角 [J]. 当代教育论坛，2016（6）：46-55.

[321] 尹发跃王宏杰，余戒，等. 如何写好科研项目申报书 [J]. 中国研究生，2004（6）：20-21.

[322] 尹怀斌. 品格与品格教育：概念、视角和基础——当代西方品格教育理论研究 [J]. 道德与文明，2012（6）：103-109.

[323] 尹岩. 个体认同论 [M]. 北京：中国社会科学出版社，2020.

[324] 尹岩. 个体认同论纲 [J]. 江汉论坛，2017（1）：95-102.

[325] 于海. 西方社会思想史 [M]. 南京：译林出版社，2008.

[326] 于瑾，胡晓红. 坚持灌输性与启发性相统一的思想政治理论课教学实践 [J]. 思想教育研究，2019（9）：85-88.

[327] 余亮. 小粉红的系谱、生态与中国青年的未来 [J]. 文化纵横，2021（5）：98-108.

[328] 俞吾金. 从"道德评价优先"到"历史评价优先"：马克思异化理论发展中的视角转换 [J]. 中国社会科学，2003（2）：95-105，206.

[329] 袁春霞. 当前中学爱国主义教育的困境及对策 [J]. 教学与管理，2013（22）：43-45.

[330] 袁铎. 犬儒主义：基于历史与当代社会的审思 [J]. 河南师范大学学报(哲学社会科学版)，2016（3）：17-20.

[331] 袁贵仁. 对人的哲学理解 [M]. 郑州：河南人民出版社，1994.

[332] 袁贵仁. 马克思主义人学理论研究 [M]. 北京：北京师范大学出版社，2017.

[333] 曾永平，吴海婷. 知行合一：大学生爱国价值观培育的逻辑进路 [J]. 学校党建与思想教育，2020（3）：39-42.

[334] 翟学伟. 关系与中国社会 [M]. 北京：中国社会科学出版社，2012.

[335] 翟学伟. 中国人行动的逻辑 [M]. 北京：生活书店出版有限公司，2017.

[336] 张春兴. 教育心理学 [M]. 杭州：浙江教育出版社，1998.

[337] 张海平，朱福棣，周鸿. 试论思想品德的内在结构与形成过程 [J]. 湖北

大学学报（哲学社会科学版），2003（6）：120-124.

[338] 张灏. 烈士精神与批判意识：谭嗣同思想的分析 [M]. 桂林：广西师范大学出版社，2004.

[339] 张灏. 幽暗意识与时代探索 [M]. 广州：广东人民出版社，2016.

[340] 张慧欣，杜晶波. 思想政治教育学原理新编 [M]. 沈阳：东北大学出版社，2016.

[341] 张苗苗. 思想政治教育的本质是核心价值观教育 [J]. 教学与研究，2014（10）：90-96.

[342] 张倩倩. 大学生思想政治教育目标实现途径研究 [D]. 长春：长春理工大学，2017.

[343] 张青根，沈红. 独生子女与非独生子女大学生批判性思维能力的差异性分析 [J]. 复旦教育论坛，2018（4）：58-64.

[344] 张夏青. 品格教育的伦理学基础：反思与批判 [J]. 山西大学学报（哲学社会科学版），2015（2）：108-113.

[345] 张晓婧，刘建军. 新时代大学生爱国主义教育叙事的特性、主体与策略 [J]. 河海大学学报（哲学社会科学版），2022（2）：30-36.

[346] 张秀芹. 马克思主义信仰的内涵及其主要特征 [J]. 河海大学学报（哲学社会科学版），2010（3）：18-21，90-91.

[347] 张耀灿，王智慧. 思想品德结构的生存论视域 [J]. 湖北社会科学，2013（8）：172-177.

[348] 张耀灿，郑永廷，吴潜涛，等. 现代思想政治教育学 [M]. 北京：人民出版社，2006.

[349] 张一兵. 马克思哲学的历史原像 [M]. 北京：人民出版社，2009.

[350] 张有奎，彭元清. 高校思想政治理论课专题教学的若干关系探析 [J]. 思想理论教育，2022（1）：77-82.

[351] 章志光. 试论品德的心理结构 [J]. 北京师范大学学报，1990（1）：7-17.

[352] 赵瑞芳. 青少年道德内化动力：内涵·缺失·提升 [J]. 中学政治教学参考，2015（30）：58-60.

[353] 赵阳. 思想政治教育的现状与挑战 [J]. 中学政治教学参考，2021（29）：99.

[354] 赵义良. 中国式现代化的本质意蕴与价值追求 [J]. 中国特色社会主义研究，2022（1）：5-12.

[355] 赵毅衡. 哲学符号学：意义世界的形成 [M]. 成都：四川大学出版社，2017.

[356] 赵志毅. 论品德结构与人格系统的关系 [J]. 教育研究，2011（1）：82.

[357] 郑杭生. 社会学概论新修 [M]. 北京：中国人民大学出版社，2002.

[358] 郑永廷. 人的现代化理论与实践 [M]. 北京：人民出版社，2006.

[359] 郑永廷. 思想政治教育方法论 [M]. 北京：高等教育出版社，2010.

[360] 中共十八届六中全会在京举行 [N]. 人民日报，2016-10-28.

[361] 中共中央国务院印发《新时代爱国主义教育实施纲要》[N]. 光明日报，2019-11-13.

[362] 中共中央文献研究室. 十八大以来重要文献选编（中）[M]. 北京：中央文献出版社，2016.

[363] 中共中央文献研究室. 习近平关于全面依法治国论述摘编 [M]. 北京：中央文献出版社，2015.

[364] 中国社会科学院语言研究所词典编辑室. 现代汉语词典 [M]. 7版. 北京：商务印书馆，2016.

[365] 钟启泉. 深度学习 [M]. 上海：华东师范大学出版社，2021.

[366] 周恩来. 周恩来文化文选 [M]. 北京：中央文献出版社，1998.

[367] 周晔. 心有所信 方能行远 [N]. 人民日报，2021-01-19.

[368] 朱贻庭. 伦理学大辞典 [M]. 上海：上海辞书出版社，2002.

[369] 朱智贤. 心理学大词典 [M]. 北京：北京师范大学出版社，1989.

[370] 资中筠. 读书人的出世与入世 [M]. 北京：中国社会科学出版社，2002.

[371] 邹红军. 新时代高等教育质量观就是培养人的"自我意识"吗——与康翠萍教授商榷 [J]. 高教发展与评估，2021（2）：17-26，116.

[372] 左其沛. 略谈对品德心理的几个基本问题的看法 [J]. 上海教育科研，1999（2）：47.

[373] Berkowitz M. The Science of Character Education[M]//Damon, William. Bring in a New Era in Character Education. Palo Alto: Hoover Institution

Press, 2002.

[374] Carol G. In a Different voice: Psychological Theory and Women's Development[M]. Cambridge: Harvard University Press, 1982.

[375] Gregory S. Ethnomethodological Readings of Goffman[M]//Treviňo. Goffman's Legacy. New York: Rowman & Littlefield Publishers, 2003.

[376] Blumer H. Action vs. Interaction: Relations in Public-Microstudies of the Public Order by Erving Goffman[J]. Society, 1972（9）: 50–53.

[377] Glover J. I: The Philosophy and Psychology of Personal Identity[M]. London: Penguin Press, 1988.

[378] Lind G. The Moral Judgment Test: Comments on Villegas de Posada's Critique[J]. Psychological Reports, 2006（2）: 580–584.

[379] Maxwell J A.Understanding and Validity in Qualitative Research[J]. Harvard Educational Review, 1992（3）: 279–300.

[380] Walker D. Fundamentals of Curriculum[M]. New York: Harcourt, Brace, Jovanovich, 1990.

[381] Wolfgang A, Berkowitz M. Moral Education and Character Education: Their Relationship and Roles in Citizenship Education[J]. Journal of Moral Education, 2006（4）: 495–518.

# 附　录

## 深度访谈提纲

### 一、访谈基本资料

1. 性别
2. 年级
3. 专业类别
4. 任课教师
5. 访谈时间

### 二、访谈主要内容

（说明：题目中的课程指的是"德法"课。）

1. 你喜欢上这门课吗？你认为这门课程与中学的政治课有什么不同点或相同点吗？
2. 教师上课讲的内容贴近你的生活吗？
3. 课后你会思考上课内容吗？如果是，最能引发你思考的内容是什么？
4. 在课堂上你会主动回答问题吗？什么情况下，你会主动回答问题？
5. 在课堂上你和任课教师的关系如何？你理想中的师生关系是怎样的？
6. 课堂上，是教师讲授多还是学生讨论、小组展示较多？是否还有其他教学方式？
7. 你会质疑教师上课所讲的内容吗？
8. 你会在课堂上做其他事（如：做其他科目作业、刷手机等）吗？
9. 课堂教学是否结合你所学的专业？
10. 对于当前的课程教学，你有什么意见或建议吗？

# 后　记

　　品德结构是思想政治教育理论研究的重要问题，也是心理学、教育学、伦理学和社会学共同关注的问题，无论是对思想政治教育理论的建构还是对现代社会的建设都具有深远的意义。早在20世纪80年代，南京师范大学资深教授班华先生就提出了品德三维结构说。说实话，作为晚辈后学，我们当时只是将它作为一个感兴趣的知识点记下来，并未进行更为深入的了解。时隔20年，新时代呼唤培育时代新人，品德三维结构说又一次进入了研究视野。这次，我们是带着深度学习、深入探究的态度来对待它的。

　　生活是最好的老师，在读了20年的"无字之书"之后，回首再来看品德三维结构说，我们的感受和当初相比有如天地悬隔。经历了酸甜苦辣，看过了世间百态，在生活中摸爬滚打之后再静观人生，似乎渐渐能体会班华先生当初提出品德三维结构说的深意。"西湖美景共君游，利禄功名不必愁。"终于可以寻得一块清静地，暂且忘却世间纷扰，静下心来干自己想干的事、做自己想做的人了。

　　当前学术界的一个热点话题是探索如何走中国式现代化道路，现代化的最终目标是实现人自由而全面的发展。干自己想干的事、做自己想做的人，这种状态就是自由吗？有人认为，庄子追求真实而自由的生活，他不把荣华富贵、功名利禄放在眼里，认为那是名缰利锁。他说太庙里面有一头小牛，身上披着绸缎，旁边有很多人伺候它，好像生活得很好，但是一旦被牵上祭坛，再想做一只孤独的牛犊还可能吗？根据这种说法，庄子不为世俗功名利禄所羁绊，遵循内心的自由而生活，因此活得真实。然而，也有人提出了与庄子截然相反的看法。他认为，道家（主要是在庄周以后的形态中）实际上是一种"思想润滑油"，具有很浓的犬儒色彩。道家是一种主要面向弱者的"贵柔"学说，这就把无为等同于苟且了。由此看来，庄子的人生哲学非但不是真实而自由的，反而是在强权之下的颠倒黑白、自欺欺人。上述两种观点孰对孰错？

当然，我们也不赞成现今流行的一种说法，按照这种说法，赞赏庄子思想的有赞赏的道理，反对这一思想的也有反对的道理，作为读者，我们自有自己的另一套道理。"孰对孰错"这一说法本身就不对，正确的说法是：没有对错，或者说大家都对，只要真诚地相信自己认可的道理就行了。正如朋霍费尔所言，"愚蠢是一种道德上的缺陷"。我们看到身边不少这样的人：他（她）们干着愚蠢的甚至是邪恶的事情，却一脸真诚。非但是"一脸"真诚，而且是"浑身上下"都散发着真诚的气息。面对这种"满身"真诚的蠢人，一个真正的马克思主义者是不会表示赞许的。

道德上的真诚还需要与理智上的智慧相结合，这样才可能成为"真人"。教师的职务是"千教万教，教人求真"，学生的职务是"千学万学，学做真人"。这两句话是陶行知先生最著名的教育箴言之一，也是我们推崇的人生座右铭。做一个真人需要真诚，但仅有真诚是远远不够的。真人是真实的人，真实的人是追求真理的人，只有在追求真理的过程中，我们才能找到那个真实的自我，探寻真我的过程就是追求真理的过程。然而，真理是什么，这本身又是一个复杂的问题。

就是在这样不断追问的过程中，我们开启了品德结构研究之旅。我们认为，品德三维结构说为综合全面地理解品德、探寻真我提供了理论基础。新的品德三维结构说用"层次维"替换了旧的品德三维结构说中的"能力维"，更好地体现了"人的本质不是单个人所固有的抽象物，在其现实性上，它是一切社会关系的总和"这一历史唯物主义的基本观点，也为我们深入探究高校时代新人现代人格培育的有效机制和途径奠定了基础。在此基础之上，我们尝试提出灌输—启发式教育（教学），以期立足教育（教学）效果研究成果，进一步优化教育（教学）过程。

自古以来，"人心难测"就是一条公理。但是，作为以马克思主义为信仰的教育研究者和工作者，我们相信"人心可测"，并决定继续完善品德三维结构说和三维互构式思想政治教育，在师友们的帮助下，带领学术团队在"测人心"的这条道路上继续走下去。目前的研究虽然取得了初步成效，但还有大量问题没有展开，下一步要做的工作还有很多。仅仅相信"人心可测"是远远不够的，还需要解决"人心如何测"的问题。

从品德三维结构说到三维互构式思想政治教育，坚持思想政治教育效果与思想政治教育过程相结合，这是我们探索时代新人现代人格培育始终围绕的一条主线。在提出新的品德三维结构说的基础上，我们结合相关实证研究，提炼出时代新人现代人格的三个基本范畴（共相与殊相、现实与理想、群体与个体），进而围绕三条教育支线（价值建构、真知探寻、个体认同）提出并实施三维互构式思想政治教育。下一步的研究重心是贯彻理论与实践相结合的原则，围绕高校思想政治教育制度育人、学校思想政治理论课坚持灌输性和启发性相统一这两个主题，从课堂教学和学校教育两个不同角度，进一步完善品德三维结构说理论建构和实践运用。

本书前言，各部分前言，以及第二、六、七、八、九、十、十五章由陈卓（浙江理工大学）负责；第三、四、五、十一、十二、十三、十四章由熊峰（浙江机电职业技术大学）负责；第一章由孙宁（宁波卫生职业技术学院）负责。

感谢浙江理工大学刘秒、王坤、金梦柳、李丽芬、张万利、吴欢、封娜、倪佳妮、李丝语、郑舒嘉对书稿成稿做出的贡献。感谢浙江大学代玉启教授、杭州师范大学余龙进教授、浙江工商大学李建伟副教授，以及浙江理工大学、浙江机电职业技术大学的诸多同人，正是你们的支持和帮助，保证了项目组在理论探讨和实证研究方面进展顺利。

感谢浙江省教育厅，本书能列入"浙江省2023年度高校思想政治工作质量提升综合改革与精品建设项目"中的"高校思想政治工作研究文库"。感谢浙江理工大学学术著作出版资金资助。这无疑是对我们前期工作的肯定，同时也是对我们后续研究的鼓舞。

本书是教育部大中小学思政课一体化共同体建设（浙江省）研究成果、

浙江省习近平新时代中国特色社会主义思想研究中心浙江理工大学研究基地研究成果。

期待来自各方面的批评。

谨以此书向班华先生致敬！